犯罪研究丛书
总主编 黄 立

GUOJI FANZUI ZHUANTI TANSUO

国际犯罪专题探索（一）

主　编◎黄　立　王水明　龙加燊
著　者◎徐检波　詹金门　危　翌　龙玉梅
熊嘉忻　贺梦琳　Eileen · Skinnider

中国检察出版社

专题三　人体器官交易罪

危　婴

专题四　危害国际环境罪

龙玉梅

目录

专题一　危害人类罪
——以其定义为研究重点

徐检波

专题二　海　盗　罪
——以其定义为研究重点

詹金门

专题五　劫持人质罪
——兼论其在我国的设立

熊嘉忻

专题六 毒 品 罪
——以刑事司法协助为研究重点

贺梦琳

专题七 加拿大有组织犯罪立法是否符合其应履行的《打击跨国有组织犯罪公约》和《打击贩卖人口、走私移民议定书》框架下的国际义务

Eileen Skinnider 著

王水明 龙加燊 刘亚辉 译

专题一

危害人类罪

——以其定义为研究重点

徐检波

导论　危害人类罪定义中的争议问题

危害人类罪（Crimes against Humanity），也被翻译为违反人类罪、违反人道罪、反人道罪或反人类罪，[①] 是一种国内法上的罪行，[②] 但更是国际刑法中最严重的犯罪之一，是敌视人类、敌视人类生活、敌视人类生命的严重罪行，是引起整个国际社会关注的最严重的国际犯罪。根据《国际刑事法院罗马规约》（以下简称《罗马规约》）第 7 条，危害人类罪是指在广泛或有系统地针对平民人口进行的攻击中所实施的各种犯罪。由此可知，危害人类罪并不是一个单一的国际犯罪，而是侵犯人类基本权利，危害国际社会的一类罪行。

危害人类罪的相关规定最早可追溯到 1907 年《海牙第四公约》的“马顿斯条款”。[③] 作为国际刑法中的一类犯罪，危害人类罪的概念最早出现在 1920 年 8 月 10 日协约国对奥斯曼土耳其帝国的《色佛尔和约》（Treaty of Serves）中。[④] 但是，此时的危害人类罪被包括在战争罪中，并不是一类独立的罪名。

最早从法律上正式确立这一罪行并实际裁决和执行的国际文件则是 1945 年 8 月公布的《欧洲国际军事法庭宪章》（Charter of International Military Tribunal of Europe/at Nuremberg）。该宪章实现了危害人类罪与战争罪的初步分离，为国际刑法特别是危害人类罪法律的发展作出了巨大的贡献。该宪章中关于危害人类罪的规定被 1946 年 1 月《远东国际军事法庭宪章》（Charter of International Military Tribunal for the Far East）所采用，后来又被 1950 年通过的《纽伦堡原则》所确认。

后来，国际法委员会议定的 1954 年《危害人类和平与安全治罪法草案》（Draft Code of Crimes Against the Peace and Security of Mankind，以下简称《治罪法草案》）以及 1991 年、1994 年和 1996 年的《治罪法草案》都对危害人类罪作了规定，其中 1996 年的《治罪法草案》规定得最为详细，而且明确规定了 11 种危害人类的罪行。20 世纪 90 年代，联合国安理会先后制定的 1993 年《前南斯拉夫国际刑事法庭规约》（以下简称《前南刑庭规约》）和 1994 年《卢旺达国际刑事法庭规约》（以下简称《卢旺达刑庭规约》）都规定了危害人类罪。1998 年国际外交代表大会通过的《罗马规约》第 7 条规定了范围最广的危害人类罪，该条规定代表了国际刑法关于危害人类罪的最新发展，也是得到国际社会最广泛接受的关于

---

① 这些表述上的差异，主要是不同时期的翻译方式不一，加之参照的语言文本有别造成的，但是它们在含义上并无实质的差异。本文之所以采用危害人类罪这个表述，是因为在 1994 年的《卢旺达国际刑事法庭规约》和 1998 年的《国际刑事法院罗马规约》的正式中文文本中，该类罪行被统一表述为“危害人类罪”。

② 现在已经有一些国家在国内法中规定了危害人类罪，如英国、加拿大、比利时、新西兰等。

③ 马呈元：《国际刑法论》，中国政法大学出版社 2008 年版，第 300 页。

④ 缪因知：《论国际法上反人道罪的发生范围与管辖权的演进》，载《安徽大学法律评论》2007 年第 2 期，第 127—142 页。

危害人类罪的法律规定。至此，危害人类罪的定义，通过多边国际条约的形式被较为广泛的国际社会所接受。

对危害人类罪研究作出巨大贡献的外国学者毫无疑问首推前国际刑法学协会主席、美国学者 M. 谢里夫·巴西奥尼教授。他的著作《国际刑法上的危害人类罪》（M. Cherif Bassiouni：Crimes against Humanity in International Criminal Law）着重对危害人类罪的历史演变、合法性原则、与战争法的关系、构成国际性犯罪的因素以及危害人类罪各种行为的认定等进行研究。英国著名律师、学者罗伯·杰弗瑞所著的《危害人类罪：为了全球正义的斗争》（Robertson Geoffrey：Crimes against Humanity：the Struggle for Global Justice）着重从阿根廷前独裁者皮切偌特案件和北约 1999 年对前南斯拉夫联盟的“人道主义干涉”两个典型案例入手对危害人类罪加以分析。此外，还有一些英语论文对危害人类罪进行了专题研究，如美国学者 Darryl Robinaon 的 Defining “Crimes against Humanity”。

相比之下，国内学者对危害人类罪的研究就薄弱多了，也可以说才刚刚开始。目前国内涉及这个问题的大部分著作，研究模式和深度大致相同：首先简要介绍危害人类罪的历史沿革和国际法渊源，然后直接根据有关国际法文件的规定及背景资料来论述危害人类罪的具体行为方式和构成特征。上述研究一般篇幅较小，因此对危害人类罪的研究仅仅停留在比较肤浅的层面。在相关论著中，王秀梅博士的学位论文《国际刑事法院》和凌岩教授的著作《跨世纪的海牙审判》中以专节对危害人类罪进行了较深入的研究，但这两部著作限于其主题，并未对危害人类罪进行全面的研究，对危害人类罪的理论基础也仅仅是稍有涉及。另外，杜启新博士的学位论文《国际刑法中的危害人类罪》可以说用较大的篇幅对危害人类罪进行了比较全面的研究，着重论述了危害人类罪的历史演变、《罗马规约》中规定的危害人类罪的构成要件以及恐怖主义行为是否构成危害人类罪。关于危害人类罪的论文，在中国期刊网上仅能找到屈指可数的几篇论文，而且篇幅都较小并且仅论述了危害人类罪的个别方面，如许楚敬副教授的《危害人类罪的定义》、杜启新博士的《危害人类罪的主观要件》等。

如前所述，我国对危害人类罪问题的理论研究还不够深入系统，所以对危害人类罪进行研究，具有较为重要的理论价值和实践意义。

具体而言，研究危害人类罪主要有以下几个方面的意义：

第一，有利于深化对国际刑事法院的研究。国际刑事法院是人类历史上建立的第一个常设国际刑事审判机构，是国际社会对法治、正义不懈努力的巨大成就。尽管我国还没有加入国际刑事法院，但我国从一开始就参与了国际刑事法院的筹备工作，并为国际刑事法院的最终建立作出了巨大的贡献。中国学者也对国际刑事法院给予了高度的评价，都在积极地探讨中国与国际刑事法院的关系问题，以促进中国与国际刑事司法的进一步合作与融合。中国政府也一直在密切地关注国际刑事法院的运作，因而加强对国际刑事法院的研究，显然对中国有着非比寻常的现实意义。危害人类罪是国际刑事法院管辖的四种严重国际罪行之一，所以对危害人类罪的研究可以加强和深化中国对国际刑事法院的研究。

第二，有利于促进我国在司法领域对人权保护的研究。纵观危害人类罪的历史发展过程，我们可以清楚地看到危害人类罪的发展受到了人权理论和人权保护运动的深刻影响。危害人类罪最初规定在战争法中是出于人道主义的理念而对战争行为的约束，并不是出于保护人权的目的。但随着对危害人类罪的逐步深入研究以及人类对人权保护热情的高涨，危害人类罪才被人类认识到其之所以应该规定为一种受国际强行法约束的严重国际罪行并不仅仅是因为其严重违反了人道主义法，更重要的是其践踏了人类的基本人权，冲击了人类的基本良知，对人类的和平与安全带来了巨大的威胁。正因为如此，众多的国际人权法文件也将危害人类罪行为纳入其中，与此同时国际人道主义法也不断吸收人权法的内容，危害人类罪实现了和人权保护的交融。制裁危害人类罪行为就是对人类人权的最重要保护之一，我国正致力于加强人权保护，研究危害人类罪，可以丰富我国在司法领域对人权保护的研究。

第三，有利于促进我国刑事法律走向国际化。对危害人类罪进行处罚已经得到国际社会的普遍认同，也是有效保护人类基本人权不被肆意践踏的法宝。我国对危害人类罪的态度也是如此，在前南斯拉夫国际刑事法庭和卢旺达国际刑事法庭对危害人类罪行的追诉中我国所采取的积极支持和参与的态度就是最好的见证。尽管我国并未加入国际刑事法院，但作为一个人口众多的大国和联合国安理会常任理事国，我国必将受到国际刑事法院的影响，并在其中发挥不可忽视的作用。因此，我国有必要完善相关的刑事法律政策，以适应时代发展的需要。危害人类罪是国际刑法中的四大罪行之一，加强对危害人类罪的研究对我国刑事法律的国际化必将起到不可小视的推动作用。

然而，早在《欧洲国际军事法庭宪章》和《远东国际军事法庭宪章》中出现危害人类罪的定义时，就存在“危害人类罪”是否应与武装冲突相联系的争议。随后的相关国际法文件中界定危害人类罪的定义的要素也有一定区别，因此争议一直存在。尽管《罗马规约》中的定义已经被较为广泛的国际社会所接受，但对其定义中的各个要素的争议却并没有停息。

争论的主要问题包括：危害人类罪的犯罪时间，即是否必须与武装冲突①相联系？危害人类罪的犯罪对象，即如何理解“平民人口”？危害人类罪的犯罪方式，即如何理解“广泛或有系统地”这一方式？以及危害人类罪的主观方面，即如何理解“故意”、“明知”？等等。本文将对这些问题逐一加以分析。

---

① “武装冲突”这一概念是在第二次世界大战后随着一系列国际公约的签订而确立起来的，在此之前一直只有战争这个概念。“武装冲突”这一概念的发展首先要归功于1949年《日内瓦公约》及其1977年的《第二附加议定书》，它们将“战争”与“武装冲突”并列起来。随后，许多国际公约就用“武装冲突”代替了“战争”。

第一章　危害人类罪的犯罪时间

第一节　国际法中界定危害人类罪犯罪时间的历史演变

国际法中对危害人类罪的犯罪时间的规定就是指危害人类罪行为发生在战时还是平时的规定，也就是危害人类罪定义中是否规定危害人类罪与武装冲突的相关联性。所以，我们对危害人类罪的犯罪事件的认定应该从相关的国际法文件和国际司法实践对危害人类罪的定义中是否有武装冲突的相关联性来把握。

一、20 世纪 20 年代初至 50 年代中期：危害人类罪与武装冲突联系紧密

19 世纪末 20 世纪初，危害人类罪仅仅是战争罪的附属产品。在人类意识到危害人类罪行的严重性，并决定用国际法对其加以规制的时期，危害人类罪和战争罪一直密切相关，它和武装冲突也就自然紧密相连，而且危害人类罪的有关事项被规定在战争法中。1899 年和 1907 年各项海牙公约及 1929 年 7 月 29 日《关于改善战地武装部队伤者病者待遇的日内瓦公约》和《关于战俘待遇的日内瓦公约》对其内容已有规定，这些公约当时援用的概念是"人道主义法"（Laws of Humanity）。① 可见在这些国际法文件中，危害人类罪与战争罪浑然一体，武装冲突与危害人类罪牢牢捆绑在一起。

20 世纪初发生了令世人永远无法忘记的两次世界大战，也将危害人类罪与武装冲突紧紧地拴在了一起。两次世界大战中，除了战场上的血雨腥风之外，德、日法西斯还实施了针对广大平民的"震撼人类良心的"的战争罪行和危害人类罪行。为了更有力地保护基本人权，惩罚危害人类罪行，1945 年 8 月公布的《欧洲国际军事法庭宪章》最早从法律上正式确立这一罪行，并对发生在"二战"中的危害人类罪行进行了实际裁决和执行。1945 年的《欧洲国际军事法庭宪章》第 6 条（c）对危害人类罪规定如下：

"（c）违反人道罪：系指在战争爆发以前或在战争期间（before or during the war）对平民进行的屠杀、灭绝、奴役、放逐或其他非人道行为，或借口政治、种族或宗教的理由而犯的属于法庭有权受理的业已构成犯罪或与犯罪有关的迫害行为，不管该行为是否触犯进行此类活动的所在国的法律。"②

随后，1946 年 1 月的《远东国际军事法庭宪章》第 5 条（c）也对危害人类罪进行了基本一致的规定。

由于 1945 年的《欧洲国际军事法庭宪章》和 1946 年的《远东国际军事法庭宪章》主要解决战争问题，因此在对危害人类罪进行定义时将为危害人类罪界定于"战争爆发以前

---

① M. Cherif Bassiouni. Crimes against Humanity in International Law［M］. Netherlands：Martinus Nijhoff Publishers，1992，p. 166.

② 赵秉志、王秀梅编：《国际刑事审判规章汇编》，中国人民公安大学出版社 2003 年版，第 2 页。

或在战争期间”（before or during the war），刻意强调危害人类罪行发生的时间特征，这一特征显然给危害人类罪的定义打下了时代的烙印。

二、20世纪50年代末至90年代初：危害人类罪与武装冲突初步分离

危害人类罪与武装冲突的分离首先归功于《同盟国管制德国委员会第10号法案》（法案名为Punishment of Persons Guilty of War Crimes, Against Peace and Against Humanity，即《惩罚战争罪、破坏和平罪、危害人类罪罪犯》，以下简称《管制委员会第10号法案》）。在纽伦堡审判和东京审判过程中，《管制委员会第10号法案》第2条（c）也规定了危害人类罪，并且在危害人类罪的定义中取消了“在战争之中或之前”的用语，进而取消了危害人类罪必须与战争罪相关的规定。审判司法人员案（Justice Case）和埃因斯茨格鲁朋案（Einsatzgruppen Case）的法庭认为，《管制委员会第10号法案》的条文并未显示危害人类罪必须是为了执行或有关于破坏和平罪或战争罪而实施。[①] 这就意味着法庭可以自由地管辖德意志帝国在发动侵略战争之前针对德国国民实施的行为，而不用再将这些行为与发动侵略战争联系在一起。

随后的几个国际法文件在危害人类罪与武装冲突的关系上与《管制委员会第10号法案》保持了一致。1948年的《防止和惩治灭绝种族罪公约》（Convention on the Prevention and Punishment of the Crime of Genocide）第1条就规定“缔约国确认灭绝种族行为，不论发生于平时或战时，均系国际法上的二种罪行，承允防止并惩治之”，[②] 也就是说，排除了危害人类罪定义中的“战时”限制性要件。1950年国际法委员会编纂的《纽伦堡原则》第6条丙款给出的危害人类罪的定义，除了保留《欧洲国际军事法庭宪章》的定义风格外，删掉了“在战争之中或之前”的时间限制。1954年国际法委员会在《纽伦堡原则》的基础上提出了第一个《治罪法草案》，草案第2条第11款就是对危害人类罪定义的规定，但没有要求危害人类罪行必须与武装冲突相关。1968年《战争罪行及反人道罪不适用法定时效公约》在对危害人类罪进行定义时也没有武装冲突相关性要求。该公约第1条规定：“一九四五年八月八日纽伦堡国际军事法庭组织法明定并经联合国大会一九四六年二月十三日第3(I)号决议及一九四六年十二月十一日第95（I）号决议确认的危害人类罪，无论系在战时抑在平时，以武装攻击或占领迫使迁离及因种族隔离政策而起之不人道行为……即使此等行为并不触犯行为地国内法。”[③] 1991年《治罪法草案》第21条规定了“有计划或大规模侵害人权行为”，实际上就是危害人类罪，1994年《治罪法草案》第20条对危害人类罪进行界定时也规定“不论是在平时还是在战时”，显而易见，这两个国际法委员会编纂的国际刑法文件并没有危害人类罪与武装冲突的相关性要求。

让人无比遗憾的是，1993年《前南刑庭规约》抛弃了前面几个国际法文件中的正确做法，再次将危害人类罪拉回了武装冲突的阴影中。

《前南刑庭规约》将一些行为规定为危害人类罪，如谋杀，灭绝，奴役，驱逐出境，监

---

① 杜启新：《国际刑法中的危害人类罪》，知识产权出版社2008年版，第53页。

② 缪因知：《论国际法上反人道罪的发生范围与管辖权的演进》，载《安徽大学法律评论》2007年第2期，第127—142页。

③ 缪因知：《论国际法上反人道罪的发生范围与管辖权的演进》，载《安徽大学法律评论》2007年第2期，第127—142页。

禁，酷刑，强奸，基于政治、种族、宗教原因的迫害和其他不人道行为，只要这些行为是直接针对任何平民人口的发生在武装冲突中的行为，不论是国内武装冲突还是国际武装冲突。①

在这一定义中，“国际或国内武装冲突中所犯的针对平民的罪行”一语与“武装冲突”（committed in armed conflict）要素联系在一起，要求危害人类罪只能发生在武装冲突中。不管是国际性的或是非国际性的武装冲突，必须是危害人类罪不可缺少的一个罪行构成要件。

根据前南斯拉夫问题国际刑事法庭（以下简称前南法庭）审判庭的论述，“实行在武装冲突中”一语，要求武装冲突的存在以及行为与武装冲突之间存在一定的联系。有证据充分表明，被告人的行为发生在武装冲突的过程和持续中。这些危害行为肯定在时空上与武装冲突联系起来，而且不能不与武装冲突联系起来。

在塔迪奇（Tadic）案中，上诉庭认为，危害人类罪中被告人的危害行为必须在地理或时间上与武装冲突相联系。前南法庭在塔迪奇案等的判决中，也明确指出只要是武装冲突涉及领土内的危害人类罪行，即使与武装冲突不直接相关，也都受规约和法庭管辖，实际上意味着所有前南冲突地区发生的危害人类罪行都受到法庭管辖。②

三、20 世纪 90 年代中期以来：危害人类罪完全独立

1994 年的《卢旺达刑庭规约》给出的危害人类罪的定义，对危害人类罪与武装冲突的分离起到了至关重要的作用。为了惩治卢旺达境内发生的大规模的危害人类罪行，联合国安全理事会决定成立卢旺达国际刑事法庭并通过了《卢旺达刑庭规约》。《卢旺达刑庭规约》在管辖的危害人类犯罪行为种类上与《前南刑庭规约》基本重合，其显著区别在于后者规定了危害人类罪行的“武装冲突”要件，而前者没有此项规定。根据《卢旺达刑庭规约》的规定，该法庭对类似于谋杀，灭绝，奴役，驱逐出境，监禁，酷刑，性暴力，基于政治、种族或宗教原因的迫害和其他的危害人类行为具有管辖权，只要这些行为是出于民族、政治、人种、种族或宗教原因，在广泛的或有计划的攻击平民中犯下的罪行。

随后，国际法委员会又提出了 1996 年的《治罪法草案》，其中规定的危害人类罪的定义则与《卢旺达刑庭规约》中的相关规定基本一致。

1998 年《罗马规约》获得通过，标志着危害人类罪彻底摆脱了武装冲突因素的干扰，完全走向独立。《罗马规约》第 7 条也是关于“危害人类罪”的规定。由于在这以前，对平民进行大规模或有系统攻击的危害人类行为是应被限制在战争时期还是应包括和平时期有不同规定，所以在国际刑事法院成立的讨论过程中，意见不太统一。但国际社会最后决定不再要求有与“武装冲突”这一要素相联系。其具体行文为：

为了本规约的目的，“危害人类罪”是指在广泛或有系统地针对任何平民人口进行的攻击中，在明知这一攻击的情况下，作为攻击的一部分而实施的下列任何一种行为：谋杀；灭绝；奴役；驱逐出境或强行迁移人口；违反国际法基本规则，监禁或以其他方式严重剥夺人身自由；酷刑；强奸、性奴役、强迫卖淫、强迫怀孕、强迫绝育或严重程度相当的任何其他

---

① Robert Cryer, Prosecuting International Crimes [M]. London: Cambridge University Press, 2005, p. 250.

② 朱文奇：《国际刑法》，中国人民大学出版社 2007 年版，第 66—67 页。

形式的性暴力；基于政治、种族、民族、族裔、文化、宗教、性别，或根据公认的国际法不容的其他理由，对任何团体或集体进行迫害；强迫人员失踪；种族隔离罪；故意造成重大痛苦，或对人体或身心健康造成严重伤害的其他性质相同的不人道行为。①

从《罗马规约》第7条可以清楚地看出，受其管辖的危害人类罪行不以与武装冲突相关为限。也就是说，一国在未发生武装冲突的情况下，政府或任何组织的任何“广泛或有系统”的严重危害人类行为，都可能构成国际法层面上的危害人类罪。

这是到目前为止，危害人类罪的发生范围的一次最为深广的向非武装冲突时期的扩张，把针对平民的有系统的、大规模的侵犯人权的行为规定为刑事犯罪的趋势推到了顶峰。

此后成立的几个特设国际刑事法庭的规约都对危害人类罪进行了定义，但是都没有“与武装冲突相联系”的要求。东帝汶严重罪行特别法庭组织法第2000/11号法和《塞拉利昂特别法庭规约》对危害人类罪的规定与《罗马规约》的规定基本相似，柬埔寨非常法庭所适用的《联合国和柬埔寨王国政府关于按照柬埔寨法律起诉在民主柬埔寨时期所犯罪行的协定》中规定的危害人类罪的定义则与《卢旺达刑庭规约》的规定相似。

第二节　危害人类罪在战时和平时均可发生

一、危害人类罪可以发生在平时已成为国际习惯法

对于国际法上追究的危害人类罪行是否必须与武装冲突相关，我们可以从相关国际法律文件以及国际刑事司法实践中看出。

不可否认，最开始危害人类罪起源于战争法而被要求必须与武装冲突相联系，这应该也是危害人类罪“出生”时的正常现象。

1945年《欧洲国际军事法庭宪章》、1946年《远东国际军事法庭宪章》中“战前或战时”的规定意味着对危害人类罪行与战争相关的要件要求。有学者认为，“战前或战时”说明危害人类罪行的武装冲突相关性要求是微弱的。因为，“战前”只是一个时间概念，而不是逻辑必然性方面的描述。② 笔者认为这一说法有待商榷，正因为在这两大《宪章》中规定了“战前或战时”的时间概念，所以危害人类罪自然就与武装冲突紧密联系在一起。如果当时发生的危害人类罪行不是发生在“战前或战时”这个时间内，自然就与武装冲突没有联系，但这种行为是不受两大《宪章》约束的，也就不构成当时国际法上的危害人类罪。尽管两大《宪章》规定危害人类罪行发生在“战争发生前或战争期间”，但审判实践告诉我们，事实上包括战前的与武装冲突无关联的行为和战争期间发生在后方的与武装冲突无直接关联的行为。

另外，两大《宪章》之所以强化危害人类罪行与破坏和平罪和战争罪，尤其是与战争罪之间的关联性，是有其历史原因的：第一，其中的历史目的在于避免关于《宪章》中关于危害人类罪的条款在国际法上是没有渊源的全新造法的批评。这样做也有利于从“合法

---

① Robert Cryer, Prosecuting International Crimes [M]. London: Cambridge University Press, 2005, p. 250.

② 缪因知：《论国际法上反人道罪的发生范围与管辖权的演进》，载《安徽大学法律评论》2007年第2期，第127—142页。

性原则”的角度加强《宪章》中有关该类犯罪的法律效力。因为建立纽伦堡国际法庭和远东国际刑事法庭的主旨就是审判在欧洲发动、实行侵略战争的罪行以及与侵略战争相关的罪行，而关于战争罪的法律规定，以前的国际法文件中已相当充分，所以法庭对与破坏和平罪、战争罪有关的危害人类罪行进行审判可以最大限度地满足合法性原则的要求。反之，将更容易招致基于合法性原则提出的质疑。① 第二，纽伦堡法庭的判决也清楚地表明，该国际法庭主要针对的是发动和实施侵略战争的行为，而不是对人权的侵犯。第三，此两大法庭宪章管辖的是“战前或战时”的危害人类罪行为，这里的“战”具有特定性。1950 年国际法委员会在报告中说：在《纽伦堡原则》中删掉“战前或战时”是因为这个限定语是指一个特定的战争，即 1939 年的战争。② 这说明在两大宪章中规定“战前或战时”是具体环境下危害人类罪的时代烙印，并不能说明危害人类罪无论在什么时候都必须与武装冲突相联系。

随后的几个国际法文件中，危害人类罪与武装冲突实现了初步分离，就是危害人类罪不必总是要和武装冲突相联系的有力见证。《管制委员会第 10 号法案》和《纽伦堡原则》中的危害人类罪的定义，除了保留《欧洲国际军事法庭宪章》的定义风格外，删掉了“在战争之中或之前”的时间限制。《防止和惩治灭绝种罪公约》第 1 条就规定“缔约国确认灭绝种族行为，不论发生于平时或战时”。1968 年《战争罪行及反人道罪不适用法定时效公约》第 1 条明确规定危害人类罪行“不论发生于平时或战时”。

1993 年《前南刑庭规约》中危害人类罪的定义是前南斯拉夫当时当地的特殊情况下的产物。《前南刑庭规约》强调，危害人类罪是在国际性或国内性的武装冲突中直接针对平民实施的犯罪行为。这是由于《前南刑庭规约》是针对前南斯拉夫的特殊形势而制定的，并不是普遍适用的危害人类罪的概念。尽管《前南刑庭规约》和 1945 年的《欧洲国际军事法庭宪章》、1946 年的《远东国际军事法庭宪章》都要求危害人类罪与武装冲突相联系，但是《前南刑庭规约》却没有“战前和战时”这样的规定，这是因为战前在前南斯拉夫境内并没有发生危害人类的罪行。

值得一提的是，在实际判决中，前南法庭对危害人类罪与武装冲突的相关性作了宽泛的解释，使与武装冲突没有直接关系的危害人类的罪行也被追诉，从而大大削弱了危害人类罪发生在“战时”的特性。前南法庭认为，当存在国家之间武装部队的交战，或存在一国之内政府和有组织的武装团体或有组织的武装团体之间的长时间的武装暴动时，即存在武装冲突。国际人道法的适用始于武装冲突的起始及交火的结束，终于取得全面的和平，也适用于达成和平协议之前的国内武装冲突。国际人道法持续适用于全部战争国家的全部领土，或在国内冲突中受控于一方的全部领土，不论是否发生实际战斗。③

前南法庭在塔迪奇（Tadic）一案中的法理阐述也表明，习惯国际法并不要求危害人类罪必须与武装冲突相关联。法庭认为：

---

① M. Cherif Bassiouni, Crimes against Humanity in International Law [M]. Hague: Kluwer Law International, 1999, p. 39.

② M. Cherif Bassiouni, Crimes against Humanity in International Law [M]. Hague: Kluwer Law International, 1999, p. 37.

③ Decision on Defence Motion for Interlocutory Appeal on Jurisdiction, Prosecutor v. Tadic, 2 October 1995, UN Doc. IT-94-I-AR72, paras. 70.

现行的国际习惯法中危害人类罪不必和武装冲突相关联。的确，正如检察官所指出的，习惯国际法根本就不要求危害人类罪必须与武装冲突相关联。因此，安理会在《前南刑庭规约》第5条中规定危害人类罪行为必须发生在国内或国际武装冲突中，实际比国际习惯法规定的范围要窄得多。①

由此可知，危害人类罪不以国际武装冲突为要件，已经是国际习惯法确定的一项规则，要求与战争有关联明显地限制了危害人类罪的习惯国际法概念。

1994年《卢旺达刑庭规约》使危害人类罪的定义恢复了其在习惯国际法中的本来面目。《卢旺达刑庭规约》第3条明确规定，“法庭应有权对在广泛而又系统地针对任何民族、政治、人种、种族或宗教团体的平民人口进行的攻击中，作为攻击的一部分实施了下列犯罪行为而负有责任的人进行起诉”。② 可见，按照本定义，发生在平时的危害人类罪也属于法庭管辖下的犯罪。中国著名国际法学家刘大群法官指出：“目前，习惯国际法的发展趋势已表明，危害人类罪是独立于战争罪或破坏和平罪以外的一种罪行，因此，无论在战时还是在平时，都可以实施，不需要与武装冲突有任何联系。”③

国际法委员会分别于1954年、1991年、1994年和1996年提出了四个《治罪法草案》，无一例外的是，四个草案中危害人类罪的定义都没有规定该罪必须与武装冲突相关联。

1998年《罗马规约》的规定继续保持了习惯国际法中危害人类罪“不需与武装冲突有任何联系”的本色。尽管国际刑事法院筹备委员会自1996年成立以后，直至1998年7月罗马外交大会召开这段时间里，其就危害人类罪是否应与武装冲突建立联系始终无法达成一致意见。但在联合国建立国际刑事法院问题筹备委员会起草《罗马规约》的过程中，大多数国家的意见却认为，鉴于危害人类罪的严重情节和其对整个人类、国际和平与安全的危害程度，无论发生在何时何地，都应该无例外地受到审判和处罚，而不必与战争或武装冲突建立联系。④ 最终，1998年《罗马规约》在反复论证后没有作出危害人类罪必须与武装冲突相关的规定。国际刑事法院《罗马规约》第7条关于危害人类罪的定义，与国际习惯法在该罪行方面的基本概念是相一致的。著名国际法教授 Payam Akhavan 认为，《罗马规约》第7条的危害人类罪定义表明危害人类罪已经与武装冲突彻底脱钩，而且危害人类罪已经成为一个深深植根于国际人权法的独立的概念。⑤

《罗马规约》所规定的危害人类罪的定义已经获得广泛的承认，这种承认本身可以说就是对国际习惯法中的危害人类罪的定义的承认和发展。东帝汶严重罪行特别法庭组织法第2000/11号法和《塞拉利昂特别法庭规约》对危害人类罪的规定，与国际刑事法院《罗马规约》的规定基本相似，柬埔寨非常法庭所适用的《联合国和柬埔寨王国政府关于按照柬埔寨法律起诉在民主柬埔寨时期所犯罪行的协定》中规定的危害人类罪的定义，则与《卢旺

---

① Decision on Defence Motion for Interlocutory Appeal on Jurisdiction, Prosecutor v. Tadic, 2 October 1995, UN Doc. IT-94-I-AR72, paras. 70. pp. 141-142.

② 赵秉志、王秀梅编：《国际刑事审判规章汇编》，中国人民公安大学出版社2003年版，第32—35页。

③ 李世光等：《国际刑事法院罗马规约评释》，北京大学出版社2006年版，第79页。

④ 李世光等：《国际刑事法院罗马规约评释》，北京大学出版社2006年版，第79—80页。

⑤ Payam Akhavan, Reconciling Crimes Against Humanity with the Laws of War [J]. Journal of International Criminal Justice, 2008, 3: pp. 46-50.

达刑庭规约》的规定相似。《罗马规约》从1998年获得通过后，到2001年生效表明其通过了国际社会和众多国家的考验，已经被相当一部分国家所接受。2001年4月3日，英国议会下议院通过《国际刑事法院法（2001）》（The International Criminal Court Act 2001）。2000年6月，加拿大通过《危害人类罪与战争罪法（2000）》（Crimes against Humanity and War Crimes Act 2000）。新西兰议会于2000年制定了《国际犯罪与国际刑事法院法（2000）》（International Crimes and International Criminal Court Act 2000）。德国联邦议会于2002年通过了一项新的《国际刑法典》（Code of Crimes against International Law）。比利时议会2003年修正了《严重违反国际人道主义法行为处罚法》（Law Concerning the Punishment of Grave Breaches of International Humanitarian Law）。①

中国政府对《罗马规约》中的危害人类罪的态度也表明这一定义符合习惯国际法的要求。1998年《罗马规约》获得通过时没有把"武装冲突"规定为危害人类罪的要件。对此，我国政府持保留立场，认为根据国际习惯法，危害人类罪应发生在战时或与战时有关的非常时期。《罗马规约》删去战时这一重要标准，与国际社会建立国际刑事法院以惩治最严重的国际犯罪的宗旨是相违背的。② 但是在2002年国际刑事法院成立的时候，中国外交部发言人刘建超在阐述中国对《罗马规约》有所保留的原因时指出：规约有关规定没有严格遵循补充性原则，可能影响有些国家司法体系对有关罪行的管辖；规约没有解决侵略罪的问题，特别是没有确立安理会根据联合国宪章对侵略行为进行判定的权力，中国对今后以何种机制解决侵略罪的问题表示关切；规约对检察官自行调查权缺乏必要的制衡，容易造成不负责任的滥诉。③ 我们不难看出，与1998年相比，中国政府不再将《罗马规约》没有把"武装冲突"规定为危害人类罪的要件作为对《罗马规约》有所保留的原因，实际上是默示承认了习惯国际法中危害人类罪不需与武装冲突相关联的定义。

综上所述，笔者认为，危害人类罪不仅可以发生在战时，也可以发生在平时。危害人类罪不需与武装冲突相关联已经成为习惯国际法。

二、危害人类罪可以发生在平时能够更广泛地惩治危害人类的罪行

设立危害人类罪的目标表明，不与武装冲突相关联可以更好地惩治危害人类罪行。设立危害人类罪的目标就是要保护人类的基本人权和自由。国际刑法通过制裁危害人类罪等严重侵犯人权和基本自由的国际犯罪，对国际人权的保护发挥了重要作用。任何法律的产生、存在与发展都是为了维护特定的社会秩序和保护特定的社会利益，并表现为对特定价值的追求。巴西奥尼教授指出："纵观法律发展的历史，很明显，所有的法律规范，包括国际法律规范，都体现着某种价值。不同的法律制度和各种法律学科的区别就在于它们所以体现的价值是来源于宗教，还是伦理道德，或者社会公共利益。"④ 国际法的产生、存在和发展是为了维护正常的国际秩序，保护国际社会的共同利益，并实现国际和平与安全和对人类基本人权和自由的尊重。正如《奥本海国际法》所指出的那样："第二次世界大战是由一个残忍地

---

① 马呈元：《国际刑法论》，中国政法大学出版社2008年版，第185—192页。

② 王光亚：《谈国际刑事法院规约》，载《法制日报》1998年7月29日。

③ 刘建超解释中国未加入国际刑事法院规约原因，http：//news. anhuinews. com/system/2002/07/12/000059912. shtml，2009年4月2日访问。

④ 马呈元：《国际刑法论》，中国政法大学出版社2008年版，第79—82页。

否定基本人权的国家挑起的，结局是加强了这样的信念，即国际承认和保护人权，不但是与国际法目标的开明的概念相符合的，而且也是与国际和平的基本需要相符合的。”① 尊重人权和基本自由已经成为现代国际社会的共同利益，虽然并非任何侵犯人权和基本自由的行为都是国际犯罪，但其中某些具有严重性质的行为，例如危害人类罪行，已经构成国际犯罪是不争的事实。

纽伦堡国际法庭的审判实践表明，不与武装冲突相关联可以更好地惩治危害人类罪行。在纽伦堡国际法庭的审判实践中，在有关迫害犹太人的问题上，法庭宽泛地解释了与武装冲突的关联性这个标准，从而判断攫取德国境内犹太人的财产是为了给战争努力筹措资金，因而是为了“执行或有关于”侵略战争。这种扩张性的解释将发生在战场之外的、与战争没有直接关联的危害人类罪行认定为单纯的危害人类罪的做法，是法庭对与战争相关联和危害人类罪行应受惩罚性两者折中的结果。这个案例反映出，如果《欧洲国际军事法庭宪章》中没有与武装冲突相关联的要求，法庭在对危害人类罪行进行惩处时就不必将本来与战争无直接关系的行为勉强戴上与武装冲突相关的帽子。另外，纽伦堡国际法庭在其判决中还表示：“虽然其中许多罪行是可恶的、可怖的，但这些行为并未被完全证实是在推行侵略战争，或是在与此类罪行有关的活动中实施的。因此，本庭不能笼统地发表声明：在 1939 年以前推行的那些行为，就是《欧洲国际军事法庭宪章》所规定的危害人类罪。”② 由此可以看出，由于《欧洲国际军事法庭宪章》中的与武装冲突相关性规定，导致一些危害人类的罪行没有受到惩罚。

危害人类罪的严重危害性表明只有割断危害人类罪与武装冲突的相关性才能更好地惩治危害人类罪行为。从《罗马规约》对危害人类罪的定义中可以看出，该罪行的范围，罪恶程度和它的规模、危害性，都足以对国际社会构成危险，并对人类的基本良知引起震惊。1998 年时任联合国秘书长安南在联合国设立国际刑事法院罗马外交大会上指出：“除非最恶之罪——危害人类罪——受到法律的制裁，就没有全球的正义可言；在当代，我们比任何时候都更加认识到，对一个种族实施灭绝种族罪实际上就是对我们所有人的攻击——这是一种危害人类罪。”③ 危害人类罪要求是“广泛的或有系统的对平民人口的攻击”，尽管这种“广泛的或有系统的对平民人口的攻击”频繁地发生在战前或战时（即与武装冲突有联系），但谁也不能否认“广泛的或有系统的对平民人口的攻击”在不存在武装冲突时也会发生，人类发展的历史也已经证明了这一点。何况发生在和平时期的危害人类罪行很可能要比发生在战争期间的同类行为更使人类的良知受到震撼和难以容忍。既然武装冲突期间发生在非前线的后方地区的严重危害人类行为可以构成危害人类罪，我们又有什么理由说在和平时期“广泛的或有系统的对平民人口的攻击”不构成危害人类罪，不应该受到同样的惩治呢？由此我们也可以判断出《罗马规约》对危害人类罪的定义对惩治危害人类的罪行起到了积极的作用。

---

① ［英］詹宁斯、瓦茨修订：《奥本海国际法》（第一卷·第二分册），王铁崖等译，中国大百科全书出版社 1998 年版，第 357 页。

② P. A. 施泰尼格尔编：《纽伦堡审判》，商务印书馆 1985 年版，第 223—224 页。

③ 联合国设立国际刑事法院全权代表外交大会文件 A/CONF. 183/1。

第二章　危害人类罪的犯罪对象

第一节　国际法中对危害人类罪犯罪对象的界定

一、关于平民、人口的界定

犯罪行为是针对平民人口实施的，这是危害人类罪定义对危害人类罪犯罪对象的限定。根据《罗马规约》第7条规定，危害人类罪是根据国家或组织攻击平民人口的政策或为了推行这种政策，针对任何平民人口而进行的广泛或系统（有计划）的攻击行为，其犯罪对象是与“武装部队”相对应的“任何平民人口”，针对武装部队成员的攻击不构成此罪。何谓“平民人口”，《罗马规约》没有作出规定。那么定义中的“任何平民人口”应该怎样界定呢？或者说怎样界定才能使该罪的确立真正达到对平民保护的目标呢？

“任何”一词表明该罪既可以针对他国的居民犯下，也可以针对本国的居民和无国籍人犯下。

根据1949年8月12日《关于战时保护平民之日内瓦公约》第4条规定，平民包括：①

（1）平民是不实际参加战事的人员。也就是说，平民一旦参加战事，即视同军人。

（2）平民居民包括所有作为平民的人。

（3）在平民居民中存在有不属于平民的定义范围内的人（正在参与敌对行动的战斗人员——笔者注），并不使该平民居民失去其平民的性质。

“人口”是指危害人类罪受害人的集体性质，强调了攻击的集体性而非被害人的身份或处境，个人受害不是因为他个人的属性，而是因为他是集体的一员。但是，“人口”的集体性并不意味着危害人类罪行必须针对某一国家、地区或社区的所有平民，只是表明在战争罪中或国内法规定的单一的或孤立的犯罪行为不能构成危害人类罪。

二、关于放下武器的军人是否平民的界定

危害人类罪并不意味着危害行为侵害的平民仅是严格意义上的平民，还包括放下武器的军人。对前战斗员是否属于平民的判断，与他们是否穿着制服没有关系。只要犯罪发生时他们已经放下武器、不再携带武器，不再参与敌对行动或者由于生病、受伤、被拘禁以及其他原因丧失战斗能力，不能再参加敌对行动，就属于平民。在决定被害人是否为平民时，判断的标准是犯罪时被害人的特定情况（specific situation），而不是被害人的身份（status）。前南第一初审分庭在审查检察官诉米尔·姆斯克西奇、米洛斯拉弗·拉边奇案件（即Vulovar Hospital案）的裁决中认为，“一个医院里的病人、平民和抵抗战士都放下了他们的武器，他们都是危害人类罪的受害人”。②

---

① 王铁崖等编：《战争法文献集》，解放军出版社1986年版，第304—306页。

② 杜启新：《国际刑法中的危害人类罪》，知识产权出版社2008年版，第8页。

三、关于在特殊情况下持有武器的人是否平民的界定

那么，是不是持有武器的人员就绝对地被排除在危害人类罪的“平民人口”之外呢？持有武器的人在一般情况下不能成为危害人类罪的受害人，这一规定不适用于特定情况下持有武器的人员（包括武装战士）。例如，实施抗击行为的个人（抵抗运动的成员）。那些积极地抗击者的抗击行为——尽管抗击者持有武器——不应该妨碍其作为平民的属性，那些积极参加抗击的人同样可以作为危害人类罪的受害者。根据安理会第780号决议设立的专家委员会曾说：“似乎很明显，第5条（《前南国际法庭宪章》——笔者注）首先和主要的适用于平民，意指非为战斗员的人民。但这不一定意味着把在某一特定时间配有武器的人排除在外。”专家委员会然后根据前南斯拉夫的情况举出一个例子并总结说：“一个一家之长在这种情况下持枪保护他的家庭不因此失去他作为平民的地位。也许单独的警察或地方卫队（自卫队员）做同样的事也是这种情况，即使他们携手防止大变动。”① 可见，持有武器的人（包括平民、警察和战士），只要没有实际参加战斗，就可以认定为危害人类罪定义中的“平民人口”，就可以成为危害人类罪行的受害人。

第二节　界定危害人类罪犯罪对象应考虑的因素

一、对平民人口的认定应符合国际法的立法精神

危害人类罪在国际法中得以确立的原因就是要禁止针对人类尊严的暴行以保证基本人权，因此对平民人口的认定应符合国际法的立法精神。我们在对危害人类罪中的“平民人口”进行界定时就应该从切实保护平民的角度出发，对危害人类罪中的“平民人口”作广泛的界定。正如前南法庭在审理尼克利奇案时指出，危害人类罪“必须针对平民，由罪行的实施者特意选择出来的一群人”。可见，危害人类罪中的“平民”的定义是十分广泛的，不仅包括了一般的平民，而且包括所有不实际参加战斗的人员，如战俘、医务人员和维持秩序的警察。这首先被国际人道法主要原则和规则的目的所保证。

根据国际法的立法精神，即使是在武装冲突期间，敌方战斗人员也可能被认定为危害人类罪中的“平民”。危害人类罪的受害人一般情况下是平民，而当这类犯罪出现在武装冲突期间时，没有参加或不再参加武装敌对活动的人以及在习惯国际法上规定的敌对方战斗人员均可能成为受害人。如果将这些受害人排除在“平民人口”的范围之外（仅仅因为他们曾经是战斗人员），他们就不能得到国际法中有关危害人类罪行的规定的保护。这样的做法实际上已经违背了危害人类罪保护人类尊严和保证基本人权的立法精神。

二、对平民人口的认定应参考国际刑事法庭的判例

基于危害人类罪的定义规定，有人提出为何只保护“平民”而不保护士兵？国际刑事法庭的判例给了我们一个明确的答案。

法国里昂上诉法院在Barbie案中对“平民”的认定得到了国际法的普遍认可。审理Barbie案的法国法庭论述道：“以一种成系统的方式、以国家政策的方式进行的不人道和迫

① 根据安理会第780号决议建立的专家委员会的最终报告，联合国文件号：U. N. SCOR，49th Sess，Anex，at 22，U. N Doc. S/1994/674（1994）。

害行为，这些行为不仅针对在政治、种族、宗教上不同的人们，而且也针对反对他们政策的反对者，无论这些行为形式如何，都被认为是危害人类罪。”① 法院在判决中说，即使抵抗成员在平民中间出现，不仅一般人口被认为是平民性质的人口，而且，如果其他先决条件被满足，抵抗成员本身也可被认为是危害人类罪的受害人。

前南法庭认为法国里昂上诉法院对 Barbie 案的判决具有指导意义，对“平民人口”的认定应给予广义上的解释。前南国际法庭在库布雷斯季奇（Kupreskic）案与在 Vulovar Hospital 案中认定平民人口时指出，危害人类罪可能发生在被害人一度持有武器的情况下。② 在这一点上，前南法庭按照规约第 5 条，认为战士在传统上不能成为危害人类罪的受害人，这一规定不适用于特定情况下实施抗击行为的个人。法庭认为那些积极地抗击者的抗击行为不应该妨碍其作为平民的属性，那些积极参加抗击的人同样可以作为危害人类罪的受害者。因此《前南刑庭规约》第 5 条首先主要适用于平民，平民意味着不是战士。然而，这不应该推出任何关于在特殊情况下持有武器的人都不属于平民的结论。在 Blaskic 案件③的判决中，前南法庭认为，危害人类罪不仅意味着可对严格词义上的平民实施，而且还可对以下两类人实施：第一，某一抵抗运动的成员；第二，原先属于参战人员（是否穿戴制服，在所不问），但在犯罪实行时，因为放下武器、不再佩带武器或者最终尤其是由于受到伤害或受到拘禁后丧失战斗能力而不再参加敌对行动的人。在确定受害者是否为平民时，必须考虑犯罪实行时该人所处的特定境遇，而不仅仅是其身份。最后，还可得出结论，即使在某一国际保护的平民人口中存在一些士兵，也不改变该人口的平民性质。④

三、对平民人口的认定应考虑反恐战争的实际状况

恐怖主义犯罪与危害人类罪有很多重叠的内容，对危害人类罪中的“平民人口”进行广泛的界定，有利于更好地打击恐怖犯罪，切实地保护平民人口。恐怖主义犯罪是一种严重危害人权，包括人类生命、自由、健康、安全与福祉等主要内容的行为，国际社会在打击恐怖主义犯罪、维护和平与发展及充分保护人权平衡之间正面临着严峻的挑战。我国有学者认为恐怖活动犯罪的对象是无辜平民（以及其他非武装人员及民用设施等非战斗性目标），并强调这是恐怖活动犯罪与战争罪的区别。然而认为恐怖活动犯罪的对象一定是非武装人员及民用设施等非战斗性目标，在一般情况下是可取的，但也有很多例外情况，恐怖活动犯罪人针对的目标就是武装人员，例如，车臣恐怖主义者将俄军士兵的头颅砍下当做足球嬉戏，并制成视频在网络上流传。这种行为能说因为其侵害的是武装战斗人员就不构成恐怖活动吗?⑤ 恐怖主义犯罪的侵害对象是广泛而不特定的。意大利法学家隆尔巴迪指出：“恐怖主义是不分青红皂白的行为，它并不旨在打击那些被敌视为敌手的人，而是谋略制造动乱和恐

---

① See Judgement of Kupreskic et al (IT－95－16), para. 547.

② 根据安理会第 780 号决议建立的专家委员会的最终报告，联合国文件号：U. N. SCOR，49th Sess，Anex，at 22，U. N Doc. S/1994/674（1994）。

③ Blaskic 案件判决，http：//www. un. org/icty/blaskic/trialcl/judgement，2008 年 12 月 9 日访问。

④ Blaskic 案件判决，http：//www. un. org/icty/blaskic/trialcl/judgement，2008 年 12 月 9 日访问。

⑤ 高铭暄、张杰：《关于我国刑法中“恐怖活动犯罪”定义的思考》，载《法学杂志》2006 年第 5 期。

惧，至于受害者是谁，它漠不关心。"① 笔者认为，尽管恐怖主义犯罪的侵害对象是广泛而不特定的，但是毫无疑问是经过精心选择的。如果犯罪分子在袭击的目标混杂于平民人口中时，犯罪分子的恐怖活动无疑会造成平民人口的伤亡。如果不对危害人类罪中的平民人口作广义界定，就会使犯下严重的国际罪行的恐怖分子被按照一般罪行来进行处罚。

① 转引自黄风：《引渡制度》，法律出版社 1997 年版，第 185—186 页。

第三章　危害人类罪的犯罪方式

危害人类罪的一个突出特征就是它的犯罪方式，即危害人类罪罪行是以“广泛”或“有系统”的方式实施的。《卢旺达刑庭规约》是第一个将“广泛”和“有系统”纳入危害人类罪定义的有约束力的国际刑法文件。随后，1996年《治罪法草案》和1998年《罗马规约》中的危害人类罪定义均沿用了这个规定。

第一节　危害人类罪的“广泛或有系统”

一、对“广泛”（widespread）的理解

何谓“广泛”？在《罗马规约》中没有明确规定。

在国际刑法中“广泛的”一般是就犯罪侵害的严重程度而言的。“广泛”概指攻击行动属于大规模（large scale）的性质，针对大批的受害人。“广泛性”要求是“针对大量被害人，集体性实施大量的、频繁的、大规模的具有相当严重性的行为”。①

最初的危害人类罪定义使用的是“大规模的”（large scale）一词，而不是“广泛的”，其含义是指“该行为是直接针对大多数的受害者”。

受此影响，在卢旺达问题国际刑事法庭（以下简称卢旺达刑庭）和前南法庭的判决中，主要以地理范围和受害人数来解释“广泛的”（widespread）。如前南法庭在Blaskic案中指出，“广泛性是指实施行为的规模和受害者的数量”，并且是故意实施的大规模犯罪行为。而卢旺达刑庭在阿卡耶苏（Akayesu）案中较为完整地界定了“广泛”的含义。该案中，法庭认为“广泛性攻击”可以定义为：以相当严重的方式集体实施的指向众多受害者的范围和规模宏大的频发行动。据此，“广泛性攻击”需具备以下要件：一，攻击行为的受害者众多；二，攻击行为具有相当的严重性；三，攻击行为是集体实施的；四，攻击行为的范围广；五，攻击行为的规模大；六，攻击行为具有频发性。②

值得指出的是，前南法庭对Jelisic案的判决阐明的法理表明，“广泛”不能单纯从地域范围的意义上来理解，无论攻击行为实际发生的地域范围大小，只要其行为系针对平民人口发动的广泛或有系统的攻击之一部分，就可认定其构成危害人类罪。

因此，受害人的人数、犯罪的恶劣程度、犯罪的规模、攻击的频发性等均是衡量广泛性的标准。其中，受害人人数的众多性和犯罪的规模是构成广泛性最基本的要素。犯罪侵袭的人数越多，在一定程度上就说明犯罪的规模越大。而受害人的数量和犯罪规模都说明了犯罪

---

①　卢建平、郭键：《国际刑事法院〈罗马规约〉犯罪构成要件刍议——以危害人类罪作为样本》，载《河北法学》2007年第7期，第39—42页。

②　高铭暄、王俊平：《论罗马规约规定的危害人类罪的前提要件》，载《南开学报》2007年第1期，第127—132页。

的严重程度。

二、对“有系统”（systematic）的理解

何谓“有系统”？在《罗马规约》中也没有明确规定。“有系统”指的是攻击行动的背后存在一项政策或计划，强调罪行的有条理性、有计划性和有组织性。“有系统”也可以叫做“系统化”，是指攻击的行为具有不断持续发生的特性。①

“有系统”也可称为“有计划”，在《卢旺达刑庭规约》的中文文本中，就把“systematic”翻译成“有计划”，意指攻击行动的各个阶段都是作出了仔细策划和周密安排的，攻击的参与者之间都能相互支持、配合以达到行动的协调。

前南法庭和卢旺达刑庭在审判实践中都对“有系统”进行了解释。在Blaskic案中，前南法庭认为，“有系统”的特征应具有如下四个要素：一是存在着一个政治目标、实施攻击的某种计划或者意识形态；二是针对某一平民群体大规模地实施某种犯罪行为或者持续不断地实施相互联系的非人道行为；三是准备或使用大量的公共或私人资源；四是在定义中蕴涵着高层政治和（或者）军事权威制定的有条理的计划。② 卢旺达国际刑事法庭在阿卡耶苏案中认为，“有系统”的概念可以界定为“高度一致的协调组织并且伴随着基于涉及大量公共或私人资源的某种共同政策而采取的某种惯常模式”。据此可见，“有系统”的界定应从以下要素入手：一、攻击行为具有高度一致的协调组织性；二、攻击行为采用惯常模式；三、攻击行为背后存在某种共同政策；四、涉及大量公共或私人资源。③ 这些要求排除了孤立的非人道行为，即由一名实施者出自其个人动机并针对单个受害人的情况。④ 但是，在实践中，针对一个或多个受害者的个人行为如果与广泛地或有系统地攻击平民人口的行为有联系，或是构成攻击平民行为的组成部分，也可以认定为危害人类罪。⑤

根据以上界定，我们可以发现，“有系统”概念中不可缺少的构成要素就是存在某种政策或计划。

三、对“广泛或有系统”的理解

攻击的“广泛性”或“有系统性”是选择关系而非并列关系，也就是说一旦行为符合这两个特征中的一个，法庭就不用考虑另一个特征是否具备而直接认定符合危害人类罪的这一要件。有时某个行为者一个单独的行为也有可能构成危害人类罪，只要这个行为是其他更为广泛的或者有系统的攻击的一个组成部分。在前南法庭早先判决尼科利奇（Niklic）案中，判决认为行为的背景应是广泛的和有系统的，但是在塔迪奇案中对这一要件作了改变。法庭解释这种改变理由时指出，其目的是防止排除孤立的和任意的行为。若要求危害行为同时实施在广泛的和系统的背景下，便会使孤立的和任意的行为被排除在外。《卢旺达刑庭规约》的定义在《前南刑庭规约》的基础上进行了改进，特别强调危害人类罪行为在意图上具有“广泛性”的明知或“有计划”的特征。

---

① 杜晓君：《论性暴力危害人类罪的构成要件》，载《法学杂志》2007年第3期，第144—146页。

② Blaskic案件判决，http：//www. un. org/icty/blaskic/trialcl/judgement，2008年12月9日访问。

③ 高铭暄、王俊平：《论〈罗马规约〉规定的危害人类罪的前提要件》，载《南开学报》2007年第1期，第127—132页。

④ 李世光等：《国际刑事法院罗马规约评释》，北京大学出版社2006年版，第78页。

⑤ Blaskic案件判决，http：//www. un. org/icty/blaskic/trialcl/judgement，2008年12月9日访问。

根据国际刑事法院《罗马规约》第 7 条，对平民的“攻击”是指“大规模的”或是“有系统的”。国际刑事法院《罗马规约》第 7 条在取消与武装冲突有联系的要素后，“大规模或有系统”攻击这两个因素就显得非常重要。因此，法院在“罪行构成要件”（Elements of Crimes）中进一步规定：

每项危害人类罪的最后二项要件描述行为发生的背景。这些要件明确指出了必须是参加且明知系广泛或有系统地针对平民人口进行的攻击。国际刑事法院将危害人类罪定义为具有“广泛或有系统地针对任何平民”进行的攻击，另外，“罪行构成要件”（Elements of Crimes）中进一步规定：

“针对平民人口进行的攻击”意指，根据国家或组织攻击平民人口的政策，或为了推行这种政策，针对任何平民人口多次实施《罗马规约》第 7 条第 1 款所述行为的行为过程。这些行为不必构成军事攻击。由此可了解到，“攻击平民人口的政策”是指国家或组织积极推动或鼓励这种攻击平民人口的行为。①

第二节　危害人类罪的“攻击行为”

《罗马规约》中的危害人类罪概念已经被国际社会广泛接受，以下的论述将以《罗马规约》第 7 条的规定为基础展开。危害人类罪中的“攻击”具体表现为下列 11 种行为中的任何一种行为：谋杀；灭绝；奴役；驱逐出境或强行迁移人口；违反国际法基本规则，监禁或以其他方式严重剥夺人身自由；酷刑；强奸、性奴役、强迫卖淫、强迫怀孕、强迫绝育或严重程度相当的任何其他形式的性暴力；基于政治、种族、民族、族裔、文化、宗教、性别，或根据公认的国际法不容的其他理由，对任何团体或集体进行迫害；强迫人员失踪；种族隔离罪；故意造成重大痛苦，或对人体或身心健康造成严重伤害的其他性质相同的不人道行为。因为国际社会对其中的几种攻击行为争议较小，笔者仅对“谋杀”、“灭绝”等几种具体罪行加以论述。

《犯罪要件》中指出：“每项危害人类罪的最后二项要件描述行为发生的背景。这些要件明确指出了必须是参加且明知系广泛或有系统地针对平民人口进行的攻击。”② 由此可知，危害人类罪行中各具体罪行均要求：实施的行为属于广泛或有系统地针对平民人口进行的攻击的一部分；犯罪行为人知道或有意使该行为属于广泛或有系统地针对平民人口进行的攻击的一部分；实施的行为是根据国家或组织攻击平民人口的政策，或为了推行这种政策。在以下对各具体罪行的论述中，笔者不再对这些要件进行赘述。

一、对“谋杀”（murder）的理解

谋杀，即故意杀害，无论有无预谋。危害人类罪中的谋杀与国内刑法中的谋杀的概念有所不同。具体来说，危害人类罪中的谋杀是指以故意杀害或致死他人的方式，广泛或有系统地针对平民人口实施的攻击行为。③ 这种实施行为属于广泛或有系统地针对平民人口进行攻击的一部分，且行为人知道或有意使该行为属于广泛或有系统地针对平民人口攻击的一

① 朱文奇：《国际刑法》，中国人民大学出版社 2007 年版，第 66—67 页。

② 赵秉志、王秀梅编：《国际刑事审判规章汇编》，中国人民公安大学出版社 2003 年版，第 133 页。

③ 赵秉志、王秀梅编：《国际刑事审判规章汇编》，中国人民公安大学出版社 2003 年版，第 134 页。

部分。

在《欧洲国际军事法庭宪章》第6条第1款第1项、《管制委员会第10号法案》第2条第1款第1项、《前南刑庭规约》第5条第1款第1项和《卢旺达刑庭规约》第3条第1款第1项以及《纽伦堡原则》、1954年《治罪法草案》第2条和1996年《治罪法草案》第18条中，谋杀行为都被视为一种危害人类的罪行。依据《犯罪要件》注释的要件，谋杀包括杀害一人或多人。其中，“杀害”与“致死”一词相通，所有使用这两个概念之一的要件均可适用。

危害人类罪中的谋杀是一种故意犯罪，包括直接故意和间接故意。在前南法庭审理的马蒂诺维奇案①中，被害人原是穆斯达尔地区的警察，在战争爆发前，被告人曾从事走私活动，与被害人有仇。战争中，被告将被害人关进了监狱，并指使其下属对被害人进行长达几个小时以上的折磨和毒打。最后，被害人被枪杀。虽然被告不在被害人被枪杀的现场，但是，被告完全了解对被害人实施的暴行的情况，足以证明被告存在着杀人的意图。被告的目的显然是报私仇，但是，被告的行为构成了当时对穆斯林平民人口大规模的或有系统的攻击的一部分，而且被告知道这种情况，因此，符合危害人类罪的要素。法庭认定被告犯下了危害人类罪中的谋杀罪。②

尽管危害人类罪中的谋杀罪认定基本上依据了各国刑法的普遍标准，但由于这里的谋杀属于一种国际犯罪，具有“广泛性”和“系统性”的特征。这种不同使得成立危害人类罪中的谋杀罪要求不同的危害程度和举证责任。基于各国法律中对谋杀行为都有明确的规定，所以《罗马规约》中没有对谋杀行为作出相应的解释，因为这是涉及危害人类罪罪行时的习惯做法。正如国际法委员会所承认的那样：“谋杀是在每个国家国内刑法中很容易被理解、很好被界定的一种犯罪，这种被禁止的行为不需要任何额外的解释。”

二、对“灭绝”（extermination）的理解

灭绝，即大规模地杀害和故意施加某种生活状态，包括切断食物和药物的来源，目的在于毁灭局部人口。危害人类罪中的灭绝罪行是大规模杀害平民人口，或作为这种犯罪行为的组成部分。③ 在《欧洲国际军事法庭宪章》第6条第1款第2项、《管制委员会第10号法案》第2条第1款第2项、《前南刑庭规约》第5条第1款第2项和《卢旺达刑庭规约》第3条第1款第2项以及《纽伦堡原则》、1954年《治罪法草案》第2条和1996年《治罪法草案》第18条中，灭绝罪都视为一种危害人类的罪行。

前南法庭的一审法庭在柯斯蒂奇（Kistic）案中提供了一个很好的定义，灭绝罪的要素为：“（1）被告或其下属参与了杀害某些指定的或具体的人员；（2）该行为或不行为是非法的和故意的；（3）非法的行为或不行为必须是广泛的或有系统的攻击的一部分；（4）该攻击必须是针对平民人口所实施的。”该审判庭还认为，要确定灭绝罪，除了满足危害人类罪的一般要件，还要证明某一特定的人口是攻击的目标，且由于这种成员资格或身份被杀害或强加某种生活状态。法庭也指出，按照塔迪奇案的上诉判决，在这种罪名中不需要证明被害

---

① 王秀梅等：《国际刑事审判案例与学理分析》，中国法制出版社2007年版，第304页。

② 前南国际刑事法庭案例：Prosecutou v. Naletilic and Matinovic，IT—98—34—T，2003年3月31日判决书，第162页。

③ 赵秉志、王秀梅编：《国际刑事审判规章汇编》，中国人民公安大学出版社2003年版，第134页。

人基于政治、社会、宗教等理由被歧视。危害人类罪中的灭绝行为本身并不限于存在一种“意图完全或部分消灭一个民族、族裔、种族或宗教团体”的情况，因为那是灭绝种族罪的先决条件。①

危害人类罪中的灭绝不仅适用于杀害一个团体任何部分平民个人的情形，还适用于杀害一个团体的某些成员而其他成员不被伤害的情形。正如《犯罪要件》中所解释的，危害人类罪中的灭绝是行为人可以利用不同的、直接的或间接的杀害方法杀害一人或多人，包括施加某种生活状态，目的是毁灭部分人口。危害人类罪中的灭绝应被理解为严重罪行，这些行为务必针对被保护人实施。例如，一项出于军事必要而实施的军事行动，这些军事行动可能会使普通的平民遭到杀戮。在这种情况下，无论作为种族灭绝罪的犯罪意图能否得到证明，这种行为都可作为危害人类罪来惩罚。

三、对“奴役”（enslavement）的理解

奴役是国际法最早确认的一种危害人类罪，在许多国际公约中都有明确的规定，是指对一人或多人行使与所有权相关的任何或一切权利，包括在贩卖人口过程中，特别是贩卖妇女、儿童过程中行使这种权利。②

在《欧洲国际军事法庭宪章》第6条第1款第3项、《管制委员会第10号法案》第2条第1款第3项、《前南刑庭规约》第5条第1款第3项和《卢旺达刑庭规约》第3条第1款第3项以及《纽伦堡原则》、1954年《治罪法草案》第2条和1996年《治罪法草案》第18条中，奴役都视为一种危害人类的罪行。

危害人类罪中的奴役罪的罪行要件是行为人对一个或多个行使附属于所有权的任何或一切权利，如买卖、出租或互易这些人，或以类似方式剥夺其自由。传统意义上奴隶制与奴隶贩卖等奴役罪行在近代已不常见，但是其他形式的奴役，如强迫劳动、贩卖人口却仍然存在。国际法委员会在对奴役的解释中指出：“奴役系指违反久已确立和广泛接受的国际法标准，使他人处在被奴役、服劳役和强迫劳动的地位。”③《欧洲国际军事法庭宪章》第6条第3款规定，奴役是一种危害人类的罪行，强迫劳动是其中的一种形式。在前南国际刑事法庭审理的库纳拉奇案中，被告关押妇女达一至三个月，强迫其从事家务劳动，以后，还将一些妇女转卖给其他人，法庭认定被告犯下了危害人类罪中的奴役罪。前南国际刑庭在弗彻案中曾详尽地讨论了危害人类罪中的奴役罪：“在与起诉书有关的时期里，作为危害人类罪的奴役罪在习惯国际法中包括对某人行使任何或全部有关所有权的权利。因此，审判庭认为该罪的行为要素是对某人行使任何或全部有关所有权的权利。该罪的心理要素为故意行使这些权利。根据该定义，奴役罪包括了控制权与所有权的因素：限制或控制个人的自主权、自由选择权、自由迁移权，而且通常，行为者可从中得到好处。不需要证明受害者的同意或自由意志，这通常是不可能的和不相关的；例如，威胁或使用武力或其他形式的强迫、对暴力的恐惧、欺骗或虚假的承诺、滥用职权、受害者处于易受攻击的情势、被羁押或被监禁、心理压迫或低级社会经济地位。奴役罪的其他形式为剥削、强迫劳动或苦役，经常没有报酬，还包

① 前南国际刑事法庭案例：Prosecutor v. Kistic，IT—98—33—T，2001年8月2日判决书，第492页。

② 赵秉志、王秀梅编：《国际刑事审判规章汇编》，中国人民公安大学出版社2003年版，第134页。

③ 根据安理会第780号决议建立的专家委员会的最终报告，联合国文件号：U. N. SCOR，49th Sess，Anex，at 22，U. N Doc. S/1994/674（1994）。

括肉体上的折磨、性要求、卖淫和贩卖人口。”①

四、对“酷刑”（torture）的理解

所谓“酷刑”是指故意致使在被告人羁押或控制下的人的身体或精神遭受重大痛苦，除了正当法律裁判所带来或附加的痛苦。②

酷刑在《管制委员会第10号法令》和国际法委员会1996年制定的《治罪法草案》中都被列为危害人类犯罪。《世界人权宣言》第5条和《公民权利及政治权利国际公约》第7条都对酷刑行为进行了规定。1984年联合国大会通过了《禁止酷刑和其他残忍、不人道或有辱人格待遇或处罚公约》（以下简称《酷刑公约》），根据该公约第1条第1款对酷刑所作的定义可知，酷刑并不是只限于刑讯逼供或使用刑具、严刑拷打，酷刑罪的范围要宽得多，即“蓄意使某人在肉体或精神上遭受剧烈疼痛的任何行为”。

根据《罗马规约》的规定可知，酷刑罪在行为特征上表现为非法侵犯他人的人身权利、民主权利和其他与人身权利有关的权利，从而对他人施加肉体上和精神上的折磨行为。《罗马规约》中规定的“酷刑”定义与前南国际刑事法庭在司法时践中采用的酷刑定义相似，不再要求《酷刑公约》中规定的公职人员的介入，而且也不要求实施酷刑的目的要求。该罪行的要素只要求：行为人使一人或多人身体或精神遭受重大痛苦；这些人在行为人羁押或控制下；这种痛苦并非纯因合法制裁而引起，也非合法制裁所固有或附带产生的。

五、对“迫害”（persecutions）的理解

“迫害”是一种严重违反人权法的罪行，更是一种严重违反国际刑法的危害人类罪行，是行为人严重违反国际法规定，严重剥夺一人或多人的基本权利。③

在《欧洲国际军事法庭宪章》第6条、《管制委员会第10号法案》第2条、《前南刑庭规约》第5条、《卢旺达刑庭规约》第3条、《纽伦堡原则》、1954年《治罪法草案》第2条和1996年《治罪法草案》第18条中，“基于政治、人种或宗教方面的迫害”都被视为一种危害人类的罪行。

早在纽伦堡审判中就有以基于政治、种族或宗教的理由进行迫害作为危害人类罪起诉纳粹德国的官员。在司法案中，被告是纳粹第三帝国的法官和检察官，由于利用司法手段迫害犹太人被定为危害人类罪中的迫害罪。④ 前南国际刑庭在库布雷斯季奇案⑤中指出：危害人类罪中的迫害罪是“根据歧视理由，对习惯国际法或条约法中规定的基本权利严重的或悍然的违反，其严重程度达到了危害人类罪中其他罪行的程度”。

《罗马规约》第7条第1款第8项规定：“基于政治、种族、民族、族裔、文化、宗教、第三款所界定的性别，或根据公认的国际法不容的其他理由，对任何可以识别的团体或集体进行迫害，而且与任何一种本款提及的行为或任何一种本法院管辖权内的犯罪结合发生。”第2款第7项又进一步规定：“‘迫害’是指违反国际法规定。针对某一团体或集体的特性，故意和严重剥夺基本权利。”《犯罪要件》规定：“犯罪行为人因某一团体或集体的特性而以

---

① 前南国际刑庭案例：Prosecutor v. Kanarac, et al, IT－96－23－1。

② 赵秉志、王秀梅编：《国际刑事审判规章汇编》，中国人民公安大学出版社2003年版，第136页。

③ 赵秉志、王秀梅编：《国际刑事审判规章汇编》，中国人民公安大学出版社2003年版，第139页。

④ 李世光等：《国际刑事法院罗马规约评释》，北京大学出版社2006年版，第98页。

⑤ 李世光等：《国际刑事法院罗马规约评释》，北京大学出版社2006年版，第100—105页。

这些人，或以该团体或集体为目标。”①

“迫害”是危害人类罪各个具体罪行中唯一对心理要件有特殊要求的罪行，即要求行为人具有特定的意图——歧视性意图。“基于政治、种族、民族、族裔、文化、宗教、性别，或根据公认的国际法不容的其他理由”在理论上被概括为迫害罪的歧视性理由，但这里对迫害罪的歧视性理由规定是开放性的。对这些歧视性的理由只要符合一项即可构成迫害罪，而不需要符合所有的条件，因为所有这些条件间的连接词都是“或”而不是“和”。前南国际刑事法庭在司法实践中即采用了这样的解释。

另外，根据《罗马规约》的规定，迫害罪必须与其他不人道的行为或任何一种国际刑事法院管辖内的犯罪结合发生时，才能定罪。之所以这样规定是因为危害人类罪中的迫害罪没有特定形式，其犯罪形态可以是多种多样的，为了避免国际刑事法院走入包罗万象的极端，特意对迫害罪的适用范围进行限制。

六、对“其他不人道行为”（other inhuman acts）的理解

《罗马规约》中对其他不人道行为罪的规定是：“故意造成重大痛苦，或对人体或身心健康造成严重伤害的其他性质相同的不人道行为。”该罪行的犯罪要素是：（1）行为人以不人道行为造成重大痛苦，或对人体或精神或身体健康造成严重的伤害；（2）行为的性质与《罗马规约》第7条第1款提及的任何其他行为相同；（3）行为人知道确定行为的性质的事实情况。②

前南国际刑事法庭在库布雷斯季奇案③中，着重介绍了这一罪行：“其他非人道罪行”的表达源自《伦敦协定》第6条第3款和《管制委员会10号法令》第2条第1款第3项。有人担心这类罪行缺乏准确性，其范围太宽泛以至于不能给法庭提供一个安全的尺度，因此，违背了刑法中的罪刑法定原则，故很有必要确定这类罪行的内涵。“其他非人道行为”是一个兜底条款，是有意使用的，因此，将该范畴的罪目一一列出没有必要。穷尽式地开列所有罪目只会制造逃避处罚的机会。④ 卢旺达国际刑事法庭曾在卡耶希马案中指出：“总而言之，要认定被告犯有危害人类罪中的其他非人道行为罪，被告所犯罪行必须与其他规定的罪行一样严重，并有意造成非人道的行为，而且，他必须明知其所犯罪行是在攻击的总环境下实施的。”

从国际刑法文件和国际司法实践可以看出，“其他不人道行为”是一个兜底条款，指的是在《罗马规约》第7条第1款第1至10项罪行以外的罪行。规约规定“其他不人道的行为”的目的主要是防止危害人类罪的其他新形式的行为逃脱法院的管辖。这是一个开放性的罪行，与其他10项规定立足于对现已发生过的罪行进行惩罚不同的是，这项罪行的规定旨在将来能对新出现的危害人类罪行进行惩罚。只要行为人犯有和危害人类罪中的其他罪行

---

① 赵秉志、王秀梅编：《国际刑事审判规章汇编》，中国人民公安大学出版社2003年版，第52—53、139页。

② 赵秉志、王秀梅编：《国际刑事审判规章汇编》，中国人民公安大学出版社2003年版，第52—53、140页。

③ 李世光等：《国际刑事法院罗马规约评释》，北京大学出版社2006年版，第100—105页。

④ 前南国际刑事法庭案例：Prosecutor v. Kupreskic，et al，IT－95－16－T，判决书第562段至第566段。

（《罗马规约》第 7 条第 1 款第 1 至 10 项罪目规定的罪行）的性质和严重程度相同，为习惯国际法所不容并且带来了确定的损害后果（给受害人肉体或精神上造成痛苦，例如截肢）的罪行（《罗马规约》第 7 条第 1 款第 1 至 10 项罪目除外）时，就可以认定该行为人犯了危害人类罪中的“其他不人道行为”罪，就应该受到惩罚。

第四章　危害人类罪的心理要件

从《罗马规约》规定的危害人类罪的定义中可以看出，危害人类罪必须具备一定的心理要件，即故意和明知。

第一节　危害人类罪的故意

一、国际刑法中的故意

根据国际刑法理论，故意是指行为人明知自己的行为会造成危害社会的结果并希望或者放任这种结果发生的心理态度。在刑法中，故意是犯罪的主观要件中最重要的因素。故意又分为直接故意和间接故意。所谓直接故意，是指行为人明知自己的行为会发生危害社会的结果，并且希望这种结果发生的心理态度；所谓间接故意，是指行为人明知自己的行为会发生危害社会的结果，并且放任这种结果发生的心理态度。巴西奥尼教授在他的《国际刑法典草案》总则部分第6条中提出，构成国际犯罪一般应包括四个要件，即实质要件、心理要件、因果要件和危害。心理要件（mental element），是指罪犯在实施犯罪行为时的心理状态，包括故意（intent）、明知（knowledge）、过失（recklessness）。① 巴西奥尼教授所称的故意类似于我国刑法理论中的直接故意，是指行为主体有意识地实施违反国际刑法的犯罪行为，或者其有意识的目的是要实现国际刑法规定的犯罪结果。故意作为国际刑法的一种规则，仅仅与一定的结果相关，这种结果通常是行为人期待的结果（如被害人死亡），而不必与行为实际引起的结果相连，实际的结果只作为量刑情节予以考虑。② 国际刑法规则对大部分犯罪都要求具备故意这一要件。1998年《罗马规约》也是如此。

二、对危害人类罪中“故意”的理解

危害人类罪是一种故意犯罪，因此不但要证明被告实施了这种行为，而且要证明被告故意对平民人口实施了广泛的或有系统的攻击。在《罗马规约》制定以前，各个国际法庭审理的危害人类案件都可以明显看出被告人是故意地犯下了危害人类的罪行，因此在这之前也极少有关于危害人类罪的犯罪意图的讨论和规定。

国际刑事法庭也曾对危害人类罪的“故意”进行解释。在塔迪奇案中，前南国际刑庭认为，要确定犯罪者有犯危害人类罪的意图，必须满足两个条件：（1）犯罪者必须知道他的行为发生时所处的广泛情况；（2）该行为必须不是纯粹为了与武装冲突无关的私人理由

---

① M. C. Bassiouni. A Draft International Criminal Code and Draft Statute for an International Criminal Tribunal [M]. Netherlands: Martinus Nijhoff Publishiers, 1987. p. 100.

② See Antonio Cassese. “INTERNANIONAL CRIMINAL LAW” [M]. London: Oxford University Press, 2003. p. 162.

而实施。[1] 在加拿大里吉拉诉芬达案中，多数法官决定，证明构成危害人类罪的心理要素是，被告人知道或故意不正视使他的行为成为危害人类罪的事实或环境。

另外，"故意"要求行为人实施危害人类罪行为不应该仅仅具有个人动机（如杀害某人），还应该具有参与或故意不正视使他的行为成为危害人类罪的事实或环境的动机因素。第二次世界大战后德国的英国占领区的最高法院审理的K和P女士案就说明了这一点。在该案中，被告人为达到与他的妻子离婚的目的，向盖世太保告发他的妻子同情犹太人和说反对纳粹的话，结果使其妻子被关进了集中营，迫害致死。法庭认定他犯了危害人类罪，因为犯罪者确实知道或推定他知道，他的行为是在当时德国大规模或有计划迫害犹太人的基础上发生的，且不是纯粹为完全与迫害犹太平民居民无关的个人动机所犯，他的行为与德国迫害犹太人的计划相吻合，足以使他对危害人类罪负责任。

《罗马规约》是第一个对危害人类罪的"故意"作出规定的国际法文件。《罗马规约》第30条"心理要件"规定："1. 除另有规定外，只有当某人在故意和明知的情况下实施犯罪的实质要件，该人才对本法院管辖内的犯罪负刑事责任，并受到处罚。2. 为了本条的目的，有下列情形之一的，即可以认定某人具有故意：（a）就行为而言，该人有意从事该行为；（b）就结果而言，该人有意造成该结果，或者意识到事态的一般发展会产生该结果。"这里的故意是指行为人对其非法行为及其危害结果的心理态度，是意识因素和意志因素的结合。由于在危害人类罪的定义中并没有直接对该罪的意志因素进行规定，危害人类罪行的意志因素的要求，应当遵循第30条的一般规定。根据《犯罪要件》，危害人类罪要求每项危害人类罪的最后两项要件描述行为发生时的必要背景情况，即"实施的行为属于广泛或有系统地针对平民人口进行的攻击的一部分。行为人知道或有意使该行为属于广泛或有系统地针对平民人口进行的攻击的一部分"。

综上所述，危害人类罪的主观方面只能是故意，包括我国刑法意义上的直接故意和间接故意。

第二节　危害人类罪的"明知"

一、国际刑法中的明知

国际刑法中的明知通常在两种情况下出现，而且具有两种不同的含义。

一种情况下出现的"明知"是一种意志因素，是指行为人明知自己的行为会发生危害社会的结果，并且放任这种结果发生的心理态度。这种意义上的"明知"和我国刑法中的间接故意基本相同。美国刑法通常将犯罪心态分为蓄意（intentionally）、明知（knowingly）、轻率（recklessly）、（犯罪性）疏忽（criminal negligence）。[2] 蓄意，是指自觉希望实施某种特定行为，或者自觉希望发生某种特定结果。明知，是指认识到行为的性质并自觉地去实施这种行为。蓄意和明知，由于大体上相当于（并非全等于）有些国家刑法中的希望故意和放任故意，因而也可以称做"蓄意故意"和"明知故意"。巴西奥尼教授在《国际刑法草

---

① Decision on Defence Motion for Interlocutory Appeal on Jurisdiction, Prosecutor v. Tadic, 7 May 1997, UN Doc. IT – 94 – 1 – T, paras. 618 – 713.

② 杜晓君：《论性暴力危害人类罪的构成要件》，载《法学杂志》2007年第3期，第144—146页。

案》中将犯罪的心理要件分为故意（intent）、明知（knowledge）、过失（recklessness）。① 这种类似于我国刑法中的间接故意的“明知”要求行为人清楚地了解自己的行为是国际刑法规定的犯罪，并且认识到它可能产生危害国际社会的结果。也就是说，这种意义上的“明知”既包括意识因素也包括意志因素。

另一种情况下出现的“明知”和我国刑法中的认识因素十分相似。在大陆法系中，“明知”不被认为是主观要件中的一个独立的类别，要么被故意所吸收要么被轻率所吸收。与之相反的是，一些普通法系国家普遍认为明知是犯罪心理要件中独立的一种类型。国际刑法规则可能受到美国谈判代表的影响，也将明知作为犯罪心理要件中的一种独立类型，不过“明知”的含义发生了一定的变化。

国际刑法规则中的明知包含两层意思：

“一、如果实体刑法规定某种特别事实或情势的存在，明知就意味着知晓这一事实或情势的存在；

二、如果实体刑法规则集中关注行为的结果，那么明知就意味着知晓行为很可能引起有害结果仍然冒引起这种结果的风险。”②

例如，《1977 年日内瓦公约第一附加议定书》第 85 条第 3 款第 5 项中严重违反协议的情形列举了在明知状态下将平民作为攻击目标。相似的是，《罗马规约》第 7 条第 1 款提供了危害人类罪的各种行为，当实施广泛的或有系统地针对平民人口的攻击时，必须明知存在这场攻击。

在《罗马规约》第 30 条“心理要件”中也有这样的规定：“3. 为了本条目的，‘明知’是指意识到存在某种情况，或者事态的一般发展会产生某种结果。‘知道’和‘明知’应当作相应的解释。”

值得强调的是，在国际刑法上明知一定情势并不意味着认识到那些情势的法律意义。它仅仅说明对某一特定国际规则所规定的事实情形的洞察。在国际刑法上，与大多数国内刑法一样，不要求知晓一行为作为国际犯罪的违法性，只考虑法律意义上的明知或缺乏明知，换句话说，国际刑法并不关注行为人对法律的主观态度，除非这一主观态度与法律要件重合。

总而言之，在大多数案件中，明知不应作为一项独立的犯罪心理状态，而是包含在故意或轻率中的组成部分。而在其他一些情况下，明知不可能被包含在任何一种主观犯罪心理中，只能作为独立的主观要件。

二、对危害人类罪中“明知”的理解

《罗马规约》第 7 条突出强调危害人类罪是“在广泛或有系统地针对任何平民人口进行的攻击中，在明知这一攻击的情况下，作为攻击的一部分实施的”不人道行为。《罗马规约》的通过，在危害人类罪的犯罪意图问题上，对国际法的发展作出了一个重大贡献。③ 尽管第 7 条关于危害人类罪的规定提及了“明知”，并未完整地揭示该罪的心理要件，这里只提及行为人的意识因素而没明确行为人的意志因素。第 7 条中的“明知”指的是行为人对

---

① M. C. Bassiouni. A Draft International Criminal Code and Draft Statute for an International Criminal Tribunal［M］. Netherlands：Martinus Nijhoff Publishiers，1987. p.100.

② 王秀梅等：《国际刑事审判案例与学理分析》，中国法制出版社 2007 年版，第 329 页。

③ 杜启新：《国际刑法中的危害人类罪》，知识产权出版社 2008 年版，第 110 页。

非法行为及危害结果之外的某些背景、情节或者大环境的认识。因此，第7条中提及的“明知”仅仅是要求行为人对其行为背景的明知。

值得注意的是，对非法行为及危害结果之外的某些背景、情节或者大环境的“明知”应该以什么样的程度作标准才能使法庭更好更准确地认定危害人类的罪行呢？前南法庭关于“明知”的问题在Kayishema案中有这样的论述：“犯罪人必须在历届行为所有的背景的情况下进行危害人类罪。”笔者认为，危害人类罪要求行为人必须明知广泛地或有系统地针对平民人口的攻击，这并不是强调行为人试图使平民人口遭受攻击，也不是意味着行为人知晓存在使平民遭受攻击的危险，这两方面都不是此处明知的真正含义，这里仅是强调行为人知晓攻击的情势。在这些情况下，明知是一种描述心理要件的通常方法，是必不可少的心理要件。危害人类罪的成立不要求行为人了解攻击的详细内容，也不要求行为人知道该攻击是依据一项政策而实施或者是为了执行一项政策。但行为人必须明知其行为和更广的攻击之间的联系，有意使其行为属于广泛或有系统的攻击的一部分。

总之，危害人类罪的行为人必须明知其行为和更广泛的攻击之间的联系，但他无须认识到攻击本身是一项政策的产物，也不必知道攻击的所有特性或背后的计划、政策的详情。

第三节　危害人类罪的“特殊故意”

一、国际刑法中的“特殊故意”

对于某些特殊的犯罪，国际刑事法律可能要求特殊的故意。国际刑法规范中的特殊故意是指除了要求意图通过实施某种行为引起一定的结果（如通过谋杀而致人死亡），同时还要求行为人在超出结果之外追求某一特定目的，对于犯罪而言，为了达到这样的目的，犯罪行为的直接结果不必一定完成。在国际刑法中，特殊故意一般只明确被要求在种族灭绝罪和恐怖主义犯罪中。①

二、对危害人类罪中“特殊故意”的理解

在特定情形下特殊故意也可作为危害人类罪中迫害罪的心理要件。此处的特殊情况是指迫害罪行的背后存在周密的民族霸权政策，这种政策的存在表明在以歧视为目的的迫害行为背后还有建立民族霸权统治制度的考虑。正如前南法庭在库布雷斯季奇案中所论述的，要构成迫害罪被告人的行为目的必须是基于歧视而进行的攻击罪行，具有试图从与被告人共同生活的社会驱逐出去的目的，最终实现民族的同一性。② 从前南法庭的这一论述中我们发现，前南刑庭也认识到了这个案件中被告人在实施迫害罪行时在具有歧视穆族居民的目的的背后还有驱逐穆族居民，最终实现克族民族同一性的终极目的。由此可见，前南法庭倾向于在特定情况下，危害人类罪中迫害罪的心理要件是特殊故意。

① 王秀梅等：《国际刑事审判案例与学理分析》，中国法制出版社2007年版，第326—337页。

② 王秀梅等：《国际刑事审判案例与学理分析》，中国法制出版社2007年版，第333页。

结　论

危害人类罪也称为反人道罪，是《罗马规约》规定的国际刑事法院管辖的4种罪名之一，是国际刑法中的一种严重犯罪。危害人类罪并不是一个单一的罪名，是一类罪行的总称。

根据《罗马规约》第7条，危害人类罪是指在广泛或有系统地针对平民人口进行的攻击中所实施的各种犯罪。

国际社会对危害人类罪的定义主要集中在是否应与武装冲突相关联、对定义中“平民人口”的理解、对“广泛或有系统”的理解以及危害人类罪的心理要件等几个问题上。

笔者认为，危害人类罪不与武装冲突相关联已经成为国际习惯法，即危害人类罪既可以发生在战时也可以发生在平时。承认危害人类罪在平时也可以发生能够更广泛地保护人权、惩治危害人类的罪行。不与武装冲突相联系，使发生在平时的危害人类罪行也接受法律的审判，能更广泛地惩治危害人类的罪行。

危害人类罪是对“平民人口的攻击”。“平民人口”是一个与“武装战士”相对的概念，但是危害人类罪中的“平民人口”应从广义上来理解。“平民人口”不仅包括一般的平民，而且包括所有不实际参加战斗的人员，如战俘、医务人员和维持秩序的警察。总而言之，对“平民人口”的界定应符合国际法的立法精神，应参考国际法庭的司法实践，应顺应反恐斗争的需要。

危害人类罪的攻击行为应该是“广泛或有系统”的攻击。“广泛”是指攻击的规模宏大或受害人的数量多，而“有系统”则是强调攻击行动的背后存在一项政策或计划，强调罪行的有条理性、有计划性和有组织性。攻击的“广泛性”或“有系统性”是选择关系而非并列关系，也就是说一旦行为符合这两个特征中的一个，法庭就不用考虑另一个特征是否具备而直接认定符合危害人类罪的这一要件。有时，某个行为者一个单独的行为也有可能构成危害人类罪，只要这个行为是其他更为广泛的或者有系统的攻击的一个组成部分。危害人类罪行中各具体罪行均要求：实施的行为属于广泛或有系统地针对平民人口进行的攻击的一部分；犯罪行为人知道或有意使该行为属于广泛或有系统地针对平民人口进行的攻击的一部分；实施的行为是根据国家或组织攻击平民人口的政策，或为了推行这种政策。

危害人类罪是一种故意犯罪，包括我国刑法意义上的直接故意和间接故意。除此以外，危害人类罪中迫害罪行还要求具有特殊的意图（特殊故意），即迫害罪行的背后存在周密的民族霸权政策，这种政策的存在表明在以歧视为目的的迫害行为背后还有建立民族霸权统治制度的考虑。

《罗马规约》第7条引入了“明知”的心理要件，这对危害人类罪的犯罪意图的规定是一个巨大贡献。尽管第7条关于危害人类罪的规定提及了“明知”，并未完整地揭示该罪的心理要件，这里只提及行为人的意识因素而没有明确行为人的意志因素。笔者认为第7条中的“明知”指的是行为人对非法行为及危害结果之外的某些背景、情节或者大环境的认识。

危害人类罪的定义是随着国际法的发展而发展的，关于危害人类罪的定义还会有不少的争议，这些争议也必将会促进危害人类罪定义的进一步发展和完善。

参考文献

一、中文部分

（一）著作类

1. 马呈元：《国际刑法论》，中国政法大学出版社2008年版。
2. 朱文奇：《国际刑法》，中国人民大学出版社2007年版。
3. ［美］谢里夫·巴西奥尼：《国际刑法的渊源与内涵》，王秀梅译，法律出版社2003年版。
4. ［英］詹宁斯、瓦茨修订：《奥本海国际法》，王铁崖译，中国大百科全书出版社1998年版。
5. 王铁崖、田如萱：《国际法资料选编》，法律出版社1982年版。
6. 林欣：《国际刑法问题研究》，中国人民大学出版社2000年版。
7. 凌岩：《跨世纪的海牙审判》，法律出版社2002年版。
8. 张旭：《人权与国际刑法》，法律出版社2004年版。
9. 周江陵：《武装冲突法概论》，东南大学出版社2007年版。
10. 卢有学：《战争罪刑事责任研究》，法律出版社2007年版。
11. 杜启新：《国际刑法中的危害人类罪》，知识出版社2008年版。
12. 高铭暄：《刑法学原理》，中国人民大学出版社1993年版。
13. 高铭暄、赵秉志主编：《刑法论丛（第六卷）》，法律出版社2002年版。
14. 宋健强：《国际刑事法院诉讼实证研究》，哈尔滨工业大学出版社2008年版。
15. 赵秉志：《外国刑法原理·大陆法系》，中国人民大学出版社2001年版。
16. 李世光、刘大群、凌岩等：《国际刑事法院罗马规约评释·上册》，王铁崖等译，北京大学出版社2006年版。
17. 赵秉志、王秀梅编：《国际刑事审判规章汇编》，中国人民公安大学出版社2003年版。
18. 《北大国际法与比较法评论（第2—5卷）》，北京大学出版社2002年版。
19. P. A. 施泰尼格尔编：《纽伦堡审判》，王昭仁等译，商务印书馆1985年版。
20. 王秀梅等：《国际刑事审判案例与学理分析（第一卷）》，中国法制出版社2007年版。

（二）论文类

1. 西蒙·切斯特曼：《一个完全不同的秩序：界定危害人类罪的犯罪要件》，载《比较法和国际法杂志》2000年第10期。
2. 许楚敬：《国际法上反人类罪的定义》，载《上海市政法管理干部学院学报》2002年第1期。

3. 杜晓君:《论性暴力危害人类罪的构成要件》，载《法学杂志》2007 年第 3 期。
4. 卢建平、郭键:《国际刑事法院〈罗马规约〉犯罪构成要件刍议——以危害人类罪作为样本》，载《河北法学》2007 年第 7 期。
5. 高铭暄、王俊平:《论〈罗马规约〉规定的危害人类罪的前提要件》，载《南开学报》2007 年第 1 期。
6. 高铭暄、张杰:《关于我国刑法中“恐怖活动犯罪”定义的思考》，载《法学杂志》2006 年第 5 期。
7. 缪因知:《论国际法上反人道罪的发生范围与管辖权的演进》，载《安徽大学法律评论》2007 年第 2 期。

（三）联大文件

1. 建立国际刑事法院预备委员会报告，联合国大会第 53 次会议正式记录，附件第 22 号，联合国文件号 U. N. Doe. A/51/22。
2. 前南国际刑庭案例：Prosecutor v. Kanarac, et al, IT－96－23－1。
3. 联合国设立国际刑事法院全权代表外交大会文件 A/CONF. 183/1。

二、外文部分

（一）Books

1. M. Cherif Bassiouni. Crimes against Humanity in International Law [M]. Hague: Kluwer Law International, 1999.
2. Robertson Geoffrey. Crimes against Humanity: the Struggle for Global Justice [M]. London: Penguin Books, 2000.
3. Robert Cryer. Prosecuting International Crimes [M]. New York: Cambridge University Press, 2005.
4. Atton Frye. Toward An International Criminal Court [M]. New York: Project Director Sponsored by the Council on Foreign Relations, 1999.
5. M. Cherif Bassiouni , International Criminal Law [M]. New York: Transnational Publishers, 1999.
6. Bruce Broomhall. International Justice and The International Criminal Crime [M]. London: Oxford University Press, 2003.
7. William A. Schabas. An Introduction to the International Criminal Court [M]. New York: Cambridge University Press, 2004.

（二）Articles

1. Matthew Daly. Medical Necessity as a Defense for Crimes against Humanity: An Examination of The Molokai Transfers [J]. Arizona Journal of International and Comparative Law Fall, 2007.
2. Hans－Peter Gasser. Acts of Terror, Terrorism and International Humanitarian Law [J]. International Review of the Red Cross. September 2002. Volume 84, No. 847.
3. Phyllis Hwang. Defining Crimes against Humanity in the Rome Statute of the International Criminal Court [J]. Fordham International Law Journal 1998. vol. 22.

4. Payam Akhavan. Reconciling Crimes Against Humanity with the Laws of War [J]. Journal of International Criminal Justice. Oxford University Press 2008. vol. 3. http//www. lexis. com.
5. Adam Day. Crimes Against Humanity as a Nexus of Individual and State Responsibility: Why the ICJ Got Belgium v. Congo Wrong [M]. Berkeley Journal of International Law, 2004. http//www. lexis. com.

专题二

海 盗 罪

——以其定义为研究重点

詹金门

导　论

海盗罪是一种古老的国际犯罪，早在古希腊罗马时期就有大量的海盗劫掠活动。海盗行为伴随着海上交通和海上贸易的产生与发展而从出现走向兴盛。但人们起初并不是把海盗行为当做一种犯罪，而是将之看成彼此间的战争。

自16世纪以来，随着国际贸易的不断发展和兴盛，海洋运输也日益增多，海盗行为已成为海上贸易、船舶航行和人身安全的严重威胁。这时就有一些国家的国内法开始考虑将之看成犯罪行为。

进入20世纪，国际社会对海盗罪定义的条约化开始不断地进行尝试。1924年，国际联盟国际法渐进编纂专家委员成立后首先将海盗罪问题作为研究主题之一。1932年，哈佛学院也提出了《哈佛海盗行为国际公约草案》。1937年，英、法、俄等国签订了《尼翁协定》及其补充协定，第一次将海盗犯罪定义条约化。1958年《日内瓦公海公约》第一次确认了海盗罪的定义，把习惯国际法中海盗罪的定义加以明确化，使之更具规范性。但其主要内容是来源于《哈佛海盗行为国际公约草案》，并没有在理论上作创造性的发展。1982年《联合国海洋法公约》完全采用了《日内瓦公海公约》中关于海盗罪定义的规定。

然而《联合国海洋法公约》问世以后，其关于海盗罪的定义在理论上存在广泛的争论，在打击海盗犯罪的实践中也出现了许多问题，难以适应实践中打击海盗犯罪的需要。因此，有必要对该公约中关于海盗罪的定义进行重新考察和探索，以求进一步完善海盗罪的定义，以适应打击海盗犯罪的现实需要。

因此，对海盗罪的定义展开研究既有着重要的理论意义，也有着重大的实践意义。

在国内，许多学者对海盗犯罪展开了研究。一些学者对海盗罪的犯罪构成、海盗犯罪的管辖权、制止海盗犯罪的国际合作和制止海盗犯罪的国际法规则的新发展作了详细的论述。如胡城军在其著作《论海盗犯罪》中对有关海盗罪规则的历史发展、有关海盗罪的各种国际公约及海盗罪与普遍管辖权和海上恐怖主义等方面作了详细的论述。王秋玲在《国际公约中海盗罪构成要件的修改与完善》一文中对海盗罪的犯罪构成及其完善作了分析。余华在《论国际刑法中的海盗》一文中对《联合国海洋法公约》中关于海盗罪的犯罪构成展开论述。冷新宇在《关于海盗罪的国际法规则的发展观察》一文中对联合国安理会关于索马里海盗的决议展开了新的探索。朱文奇在《索马里海盗与国际法》一文中对"海盗行为"的基本概念与国际法规定、惩治海盗与国际法上的普遍管辖权、联合国安理会决议与索马里海盗以及国际社会或国家在打击海盗方面的权利和责任等问题作了深刻的分析。郑雷在《论海盗罪普遍管辖权机制的局限性与变革》一文中对海盗罪面临的普遍管辖权困境作出了分析。综观各种文章，学者们对海盗罪的各种问题都展开了不同程度的论述，但对于海盗罪的定义这个争议较大的问题却较少涉及，并没有展开全面、详细而富有创新性的研究。

在国外，也有许多学者对海盗犯罪进行研究。这些学者关于海盗犯罪的论述主要在三个方面展开。第一，有的学者就海盗犯罪与恐怖主义的关系展开分析。例如，美国学者 Monica Pathak 在 Piracy at Sea and Maritime Terrorism Today 一文中认为《联合国海洋法公约》关于海盗罪的规定已经不能适应实践中打击海盗犯罪的需要，应该加以修改。接着，他进一步提出应该将海上恐怖主义行为也纳入海盗行为当中。第二，有的学者对《联合国海洋法公约》中有关海盗罪的定义进行分析，指出其存在的问题，并提出应在哪个方面进行修改。例如，Rosemary Collins and Daud Hassan 在 Applications and Shortcomings of the Law of the Sea in Combating Piracy：A South East Asian Perspective 一文中指出《联合国海洋法公约》关于海盗罪定义的规定是不适应现实中打击海盗犯罪的需要的，应在“公海要件”、“私人目的要件”和“两船要件”等方面加以修改。第三，有的学者就哈佛草案的有关背景资料进行分析，进而指出哈佛草案本身只不过是权宜之计，其意义在于为国际社会就海盗罪问题展开讨论进而得出一致的看法。例如，By Dr. Barry Hart Dubner 在 Human Right and Environmental Disaster – Two Problems That Defy the“Norms”of the International Law of Sea Piracy 一文中对哈佛草案的背景资料进行了分析，提出公约草案的目的是在总体上定义这个特别的管辖权。这个草案公约不会单独使其所定义的海盗行为成为法律上的犯罪行为或民事暴力侵权行为。至于是否使这种海盗行为成为刑事犯罪或民事侵权行为就由各国国内法决定。公约的效果就像传统的国际法效果一样。公约只定义管辖权和国家间相互的义务，至于如何以及多大程度上通过国内法来行使这种权力和权利就由各国自己决定。然后，他进一步指出设计草案公约框架就是为了便利详细地修改。来自共同建议的任何不同的决定可能很容易地融入这个一般的体制中。第四，有的学者认为应改革《联合国海洋法公约》关于海盗罪的普遍管辖权制度。例如，Joshua Michael Goodwin 在 Universal Jurisdiction and the Pirate：Time for an Old Couple to Part 一文中指出关于海盗罪的普遍管辖权制度已经不适合时代的发展，在现代应当对海盗犯罪采用其他的管辖权制度，以防止一些国家滥用普遍管辖权所导致的国际社会的紧张气氛。综合国外的许多学者的观点，许多学者对《联合国海洋法公约》中关于海盗罪的各种规定作出了分析，并指出了其中存在的问题，提出修改意见。但学者们并没有就公约中关于海盗罪定义应当怎样修改，具体修改的内容是什么，以及该内容的依据是什么等问题进行深入的探讨。

本论文的主要内容包括四个部分。第一部分研究了海盗罪定义的历史发展。本文希望从海盗罪定义的历史发展中发现定义海盗罪的普遍规律。第二部分分析了现代各种国际和国内的法中关于海盗罪定义的各种规定。本部分主要探讨了《联合国海洋法公约》中关于海盗罪定义的有关规定及其存在的问题，同时也研究了其他国际和国内的各种立法中关于海盗罪定义的各种规定，找出其积极因素。第三部分考察了《联合国海洋法公约》中关于海盗罪定义规定在实践中应用所存在的问题，发现了为适应实践中打击海盗犯罪的需要，海盗罪定义应作出怎样的修改。第四部分对海盗犯罪定义问题进行了重新的考量，并提出了完善海盗罪定义的设想。

本文采用的研究方法主要有历史分析法、实证分析法和比较分析法。本文采用历史分析法，意在研究历史上各种海盗罪定义的历史背景和历史条件，从中找出定义海盗罪的普遍规律。本文运用实证分析法，希望考察《联合国海洋法公约》中关于海盗罪定义规定在实践中应用所存在的问题，发现打击海盗犯罪实践中需要什么样的海盗罪定义。本文运用比较分析法，希望研究国际和国内的各种立法中关于海盗罪定义的规定，考察其存在的问题，找出其积极因素，从而为完善海盗罪定义提供理论根据。

第一章　海盗罪定义的历史发展

作为国际刑法第一罪，海盗罪有着悠久的历史。但是，海盗罪的定义却因社会历史条件的不同而不断变化。海盗罪经历了一个从国内法到国际法、从国际习惯法到国际成文法的历史发展过程。

第一节　内国法历史上的海盗罪定义

国际法中的海盗罪定义起源于国内法，而国内法将海盗行为上升为犯罪需要一个发展过程，并且各国关于海盗罪的定义也有很大的差别。

一、古希腊罗马时期的海盗罪

在英语中，"piracy"一词起源于古罗马时期的"pirata"一词。而"pirata"一词却是起源于古希腊时期的"peirates"一词。在古希腊，人们使用两个不同的词（leistes 和 peirates）来指海盗行为。荷马和其他古希腊经典时期（公元前 500 年—公元前 330 年）的作家使用过"leistes"一词。它意指海上武装抢劫和掠夺。历史学家发现公元前 267 年以后人们才使用"peirates"一词。peirates 意指我们现在所称的海盗行为和陆上的盗匪活动。① 在古希腊，海盗行为不论是作为一种生活方式还是作为战争或复仇的方式，都是合法的。直到公元前 4 世纪末，亚里士多德仍然把海盗行为看做与游牧、农作、渔捞、狩猎并列的五种基本的谋生方式。② 在这个时期，受害者将海上袭击者称呼为海盗，但海上袭击者本人却认为是合法的战争形式。③ 可见，在古希腊时期还没有法律意义上的海盗罪。

在古罗马，人们也使用两个不同的词 praedo 和 pirata 来描绘海盗行为。praedo 和 pirata 都是指陆上强盗和海上的海盗的意思。④ 在古罗马，海盗活动非常猖獗，基本上贯穿于整个古罗马时期。海盗组织的规模庞大、人数众多、组织严密、舰队的军事技术先进。罗马当局对海盗进行了多次清剿活动。其中，最为著名的是庞培领导的清剿活动。在这个时期，海盗活动可能是以下四种方式中的任何一种：常见的战争方式，罗马内部的政治斗争方式，奴隶和贫穷的平民反抗罗马统治的方式，⑤ 以及作为贩卖奴隶的一种渠道。

---

① Joshua and Michael Goodwin, Universal Jurisdiction and the Pirate: Time for an Old Couple to Part, Vanderbilt Journal of Transnational Law, 2006, p. 3.

② 转引自徐松岩：《古代海盗行为述论》，载《世界历史》1999 年第 4 期，第 66 页。

③ Joshua and Michael Goodwin, Universal Jurisdiction and the Pirate: Time for an Old Couple to Part, Vanderbilt Journal of Transnational Law, 2006, p. 3.

④ Joshua and Michael Goodwin, Universal Jurisdiction and the Pirate: Time for an Old Couple to Part, Vanderbilt Journal of Transnational Law, 2006, p. 3.

⑤ 徐松岩：《古代海盗行为述论》，载《世界历史》1999 年第 4 期，第 69 页。

在古罗马时期，虽然海盗行为被罗马人认为是不道德的行为，也被罗马法律所反对，著名的法学家西塞罗甚至将海盗称为“全人类的公敌”，但是它仍然不是罗马任何法律体系下的犯罪行为。罗马人务实地认为，海盗群体与他们周围的每一个人处于一种永久的战争状态中。[①] 也就是说，海盗是罗马的敌人，而不是罪犯；海盗行为是一种战争行为，而不是一种犯罪行为。可见，在古罗马时期也还没有法律意义上的海盗罪。

二、欧洲中世纪时期的海盗罪

到了中世纪，海盗进入了兴盛期，北欧海盗肆虐整个欧洲。北欧海盗又称维京海盗或维京人“Vikings”。公元8世纪末，北欧气候转暖，人口大量增加，贫瘠的土地已经无法养活彪悍的维京人。北欧海盗利用中世纪欧洲各国国内处于分裂状态的有利时机，由丹麦、挪威、瑞典地区的维京人兵分三路大肆劫掠欧洲各国。公元790年开始，直到1066年丹麦人的后裔征服英格兰，北欧海盗抢劫、掠夺欧洲长达两个多世纪。

北欧海盗的行为具有以下特点：第一，抢劫行为的主要地点发生在陆地上。第二，北欧海盗规模庞大，人数从多，战斗力强大。第三，北欧海盗抢劫的方式由最初的往返抢劫演变到定居抢劫，最后在当地建立起政权。从总体上看，北欧海盗与欧洲各国处于征服与反征服的战争状态。这种战争状态已不再是各国国内法的调整对象。可见，中世纪的海盗行为从整体上看并不是各国国内法律体系下的犯罪行为，而是一种战争活动。因此，中世纪的欧洲虽然有大量的海盗行为，但法律意义上的海盗罪仍然没有出现。

三、16世纪至19世纪欧美国家的海盗罪

16世纪以后，欧美一些国家的国内法陆续将海盗行为视为犯罪行为，并在法律中对海盗犯罪作了具体的规定。

（一）在16世纪至19世纪期间英国的海盗罪

1536年，英王亨利八世时期，英国制定了“海上犯罪法”，对海上犯罪作出了一些规定。该法就海上犯罪问题规定的具体内容是：“作为改革措施之一，立法由议会进行，由此所有在海上活动的或者河流、港口、小河及其他海军元帅有权管辖的地方，重罪犯、叛徒、抢劫者、杀人犯及其同伙都可规定治罪；可以考虑就像在陆地所犯相似罪行的治罪一样，交由国王任命的委员会，在郡或王国的其他地方，将这些罪犯拘留、听取证词、审判并判决。”[②] 该法律虽然没有将海上暴力犯罪行为明确规定为海盗罪，但它毕竟为英国利用国内法追究海盗行为创造了法律基础，迈出了第一步。我们可以把它看成国内法中海盗罪的雏形。

1700年，英国又针对亨利八世时期的“海上犯罪法”作了进一步规定，将该法律规定的犯罪行为明确地规定为海盗罪，并进一步完善了海盗罪的立法。

从1536年的海上犯罪法到1700年的海盗法令，这期间经历了整整一个多世纪。其原因主要在于当时的英国内政外交举步维艰，国库空虚，无力与法国和西班牙展开正面交锋，不得不采取私掠制度以鼓励国民抢劫和掠夺敌国的财产。工业革命后，英国的国力和军力大

---

① Joshua and Michael Goodwin, Universal Jurisdiction and the Pirate: Time for an Old Couple to Part, Vanderbilt Journal of Transnational Law, 2006, p. 3.

② 胡城军：《论海盗犯罪——兼论海盗犯罪在我国刑法中的适用》，中国检察出版社2009年版，第24页。

增，已经成为海上霸主，不再需要海盗的支持。因此，1700 年后英国开始打击海盗活动。实际上，私掠行为和海盗行为并没有什么不同，正如美国学者 Joshua Michael Goodwin 所说："除了颁发许可证和国家分享利润外，私掠行为和海盗行为在策略上并没有区别。"① 本质上，私掠行为和海盗行为都是在海上或通过海上的罪恶的抢劫和掠夺活动。

通过考察英国海盗罪的发展历程，我们不难发现一条界定海盗罪的规律：对于一个国家来说，一个海上犯罪行为是否构成海盗罪，根本上不在于学者们的理论和技术上的界定，而在于该国的国家利益和实际需要。世界各国是否接受某一行为构成海盗罪根本的考虑因素也在于此。而各国的一致接受也是某一行为构成国际习惯法中的海盗罪的认识基础。

（二）在 16 世纪至 19 世纪期间美国的海盗罪

美国在 1790 年制定了第一个海盗法令。该法令第 8 节对海盗犯罪作出了初步的规定："任何人（们）在任何特定国家管辖范围以外的公海或河流、港口、内湾和海湾犯有谋杀或抢劫或任何其他在一个县的范围内所犯罪，按美国法令应处以死刑；或任何船的船长或船员像海盗式地抛弃本船及价值 15 美元以上的物品，或将这样的船自愿地献给海盗；或船员对船长施以暴力，阻止并禁止船长对船和物品的自救，或在船上造反；则每一个这样的罪犯都应该把他们当海盗和重罪犯拘留和审判，并判处死刑。"1819 年 3 月，美国又制定了可操作性更强的海盗法令。该法令将海盗罪界定为："如果任何个人或群体，在公海上犯有按万国法所定义的海盗罪，应当随后被带到美国，接受被带到的那个区的巡回法庭审判。"在这里，海盗罪的定义由万国法来界定。由于当时没有国际条约，所以万国法就是指当时的国际习惯法。②

在 1810—1830 年间，美国又通过一些海盗案件的判例，对 1790 年和 1819 年的海盗罪定义作了进一步的发展和完善。

19 世纪初美国立法对海盗犯罪行为的规定，有较强的可操作性。由于它引入了国际法因素，有利于国际法和国内法的衔接以及各国在有关海盗罪的定义方面取得一致的认识。但其对海盗罪定义的规定并不明确，而且当时的美国法是按照万国法来确定海盗罪的，由于当时的万国法只有国际习惯法，所以海盗罪的定义也就难以确定了。

第二节　国际法历史上的海盗罪定义

进入 20 世纪以后，国际社会开始尝试将由国际习惯法调整的海盗犯罪加以法典化，并且取得了初步成果，为后来的立法奠定了基础。

一、《制止海盗行为草案》

1924 年，国际联盟国际法逐渐编纂专家委员会成立后，首先将海盗罪问题作为研究主题之一。1926 年 1 月，该委员会提出了《制止海盗行为草案》，并提交各国讨论。该草案主张采取明确的海盗行为定义，并通过一般适用的国际法适用于世界各国。该草案将海盗行为

---

① Joshua and Michael Goodwin, Universal Jurisdiction and the Pirate: Time for an Old Couple to Part, Vanderbilt Journal of Transnational Law, 2006, p. 5.

② 胡城军：《论海盗犯罪——兼论海盗犯罪在我国刑法中的适用》，中国检察出版社 2009 年版，第 33—34 页。

局限于公海范围内，主张未悬挂旗帜的船只、叛变后的军舰和未获承认的叛乱分子可能成为海盗罪的主体，排除了领海内和出于政治目的所为的与海盗行为相似的行为构成海盗罪的可能性，并将海盗行为与无限制潜艇攻击相区别。虽然该草案第一次试图以国际公约的形式定义海盗罪，但世界各国对该草案争议较大，并没有取得一致的意见，因此也没有形成正式的条约。国际联盟的尝试虽然失败了，但有关海盗问题的研究并未就此结束。

二、《哈佛海盗行为国际公约草案》

继国际联盟国际法渐进编纂专家委员会的努力之后，哈佛法学院也组织了一个专家小组对海盗罪的定义和范围进行研究。1932 年该研究小组提出了《哈佛海盗行为国际公约草案》。在这个研究过程中，该专家队伍调查了各种观点和思想。这些观点和思想来源于条约和习惯法，文明国家的国内法，国际法律判决和著名的国际法学家的著作等。① 哈佛草案的起草者把海盗行为当做具有特别的共同管辖权的基础。公约草案的目的是在总体上定义这个特别的管辖权。公约只定义管辖权和国家间相互的义务，至于如何以及多大程度上通过国内法来行使这种权力和权利，就由各国自己决定。②

《哈佛海盗行为国际公约草案》包括 19 个条文。其中第 3 条就海盗罪的定义作出了界定："海盗行为是指不属于国家领域管辖范围以内所犯的下列罪行：1. 任何一项所犯的暴力或掠夺行为，其目的是抢劫、伤害、奴役、拘禁或杀害一个人，或意图偷盗或损害财产，他们的意图并不是因为一项权利的主张而只是为私人目的，且这样的行为与来自于海上或在海上，或来自于空中或在空中的进攻有关。假如这样行为是与来自船上的进攻有关，那么这艘船或被卷入的另一艘船一定是海盗船或没有国家特征的船。2. 明知是海盗船，仍然自愿参与其中的行为。3. 教唆或故意便利前述 1、2 款所描述的行为。"③

上述海盗罪定义引发了广泛的争论。这些争论主要集中在私人目的、两船要件和不属于国家领域管辖范围以内三个方面。其中私人目的应该包括哪些内容引起了最大的争议。有学者认为"私人目的仅就各国把它看成的是公共目的的叛乱或革命而言"。④ 也有学者认为"哈佛草案的研究人员明显地认为海盗犯罪总体上已经过时了。他们认为为了权宜之计哈佛草案公约应该仅指私人海盗行为并且不应该包括政治犯罪，于是就排除了叛乱、交战状态和各种恐怖主义行为。研究人员并没有将草案公约起草时的现存的所有海盗习惯法包括进去"。⑤ 这也就是说出于权宜之计，哈佛草案才仅包括私人目的。也有学者认为"草案公约从海盗罪的定义中排除了因政治目的攻击个人或财产的所有情况。无论他们是代表国家还是

---

① Monica Pathak：Maritime Violence：Piracy at Sea and Maritime Terrorism Today，Windsor Review of Legal and Social Issues，November，2005，p. 3.

② Barry Hart Dubner：Human Right and Environmental Disaster—Two Problems That Defy the "Norms" of the International Law of Sea Piracy，Syracuse Journal of International Law and Commerce ，Spring，1997，p. 9.

③ Phillip A. Buhler：New Struggle with an Old Menace：Towards a Revised Definition of Maritime Piracy，International Trade Law Journal，winter，1999，p. 5.

④ Ethan C. Stiles：Reforming Current International Law to Combat Modern Sea Piracy，Suffolk Transnational Law Review，summer，2004，p. 2.

⑤ Barry Hart Dubner：Human Right and Environmental Disaster—Two Problems That Defy the "Norms" of the International Law of Sea Piracy，Syracuse Journal of International Law and Commerce ，Spring，1997，p. 11.

未被承认的叛乱组织或是未被承认的革命组织”。① 另外，虽然哈佛草案并没有明确地指出构成海盗罪要求一只船对另一只船的攻击，但从其隐含的意思中却可以明显地推断出必须存在两艘以上的船只，其中至少存在一艘船受到另一艘船的攻击。对于草案公约要求具备这种两船要件问题并没有争议。但这种要求的合理性以及是否符合实践的需要却引起了很大的争论。此外，公约草案将海盗行为仅限制在公海是否合理以及是否符合实际需要也引起了广泛的质疑。

虽然《哈佛海盗行为国际公约草案》关于海盗罪的定义在许多方面引发了广泛的争论。但其本身是对海盗罪进行明确定义的一个有益的探索。这种争论正是哈佛草案的作用所在，同时也是草案起草者想到达到的效果。“哈佛草案的起草只不过是权宜之计。”“设计草案公约框架就是为了便利详细地修改。来自共同建议的任何不同的决定都可能很容易地融入这个一般的体制中。”② 大家通过对海盗罪定义的争论，以增进相互交流和了解，同时又借此进行发展和完善，最后取得共识，并制定和签订大家都接受的有关海盗罪定义的公约。因此，可以说《哈佛海盗行为国际公约草案》为国际社会就海盗罪定义取得一致的认识，并且将之明确化和条约化迈出了重要的一步。

三、《尼翁协定》及其补充协定

尽管哈佛草案对海盗罪的定义进行了全面而深入的探索，但毕竟只是一种学术成果，并没有通过各国的签署而成为公约。1937 年英、法、俄等国签订的《尼翁协定》及其补充协定才第一次将海盗犯罪以国际条约的方式确定为国际罪行。西班牙内战期间，欧洲 26 个国家签订《不干涉协议》，禁止向西班牙输出武器和军用物资。但德国和意大利不仅承认佛朗哥叛军政权，而且进行包括武器援助在内的武装干涉，并对他国船只采取强制性行动。1937 年 8 月底至 9 月上旬，在地中海连续发生苏、英等国舰船遭到不明国籍潜艇袭击事件。9 月 14 日，为制止事态发展，英国、法国、苏联等九国在瑞士尼翁签订了《尼翁协定》，并当即生效。协定签订后，在地中海对中立国商船的攻击基本停止。《尼翁协定》的主要内容有：1. 参加各国认为，任何潜艇违犯 1930 年 4 月 22 日在伦敦签订的《限制和裁减海军军备国际条约》第四部分的规定，即构成海盗行为；即使海战法规受到遵守，也绝不容许西班牙纷争的任何一方行使交战权利或干涉商船在公海上的航行。2. 参加各国应饬令本国海军采取行动，保护不属于西班牙纷争任何一方的任何商船；对任何攻击此类商船的潜艇应予反击，并在可能情况下予以消灭。3. 地中海各国在各自的领水内执行任务；公海由英法舰队分区负责，各国应准许英法舰队在他们领水内采取行动和使用指定港口。4. 为便于执行上述规定，除在指定区域演习和事先通知其他参加国外，任何参加国的潜艇均不得在地中海活动；除紧急避难或预先通知外，各参加国也不准任何外国潜艇出现在各自的领水内。另外，9 月 17 日九国又签订了《补充协定》，规定关于反击潜艇海盗行为的条款也适用于水面舰艇和航空器。

值得一提的是，不论是当时的国际法理论还是习惯国际法规则，通常都将海盗罪的主体

---

① Monica Pathak: Maritime Violence: Piracy at Sea and Maritime Terrorism Today, Windsor Review of Legal and Social Issues, November, 2005, p. 3.

② Barry Hart Dubner: Human Right and Environmental Disaster—Two Problems That Defy the “Norms” of the International Law of Sea Piracy, Syracuse Journal of International Law and Commerce, Spring, 1997, pp. 9 – 10.

限定为出于私人目的而在公海上实施抢掠行为的私人，不包括军航、政府船舶和航空器。《尼翁协定》首次将潜水艇指挥员和其他官兵听从上级命令在公海的残暴行为也视为海盗行为，从而扩大了海盗罪犯罪主体的范围。虽然这一规定在当时有其积极意义，而且一些国际法学者也认为这种主体的扩大是“有道理的”,① 不过《尼翁协定》的这一规定并没有得到国际社会的广泛认可，后来的有关国际公约也没有沿用这一主张。

① ［英］劳特派特修订：《奥本海国际法》（上卷·第二分册），王铁崖、陈体强译，商务印书馆1981年版，第120页。

第二章　现代海盗罪的定义

在历史上，海盗罪的定义不是一成不变的。它会随着历史的发展而不断地进化。历史上关于海盗罪的定义与现代海盗罪的定义已有很大差别。在当代，有关国际组织、国际条约和各国国内法对海盗罪的定义也存在着不同的规定。

第一节　现代国际法中的海盗罪定义

1958 年，联合国第一次海洋法会议通过了《公海公约》。该公约第一次以公约的形式对海盗罪的定义作了全面而详细的规定。1982 年，联合国第三次海洋法会议通过了《联合国海洋法公约》。该公约是国际法历史上最为广泛、最为全面的一部海洋法规则。在现代海盗罪的定义中，《联合国海洋法公约》关于海盗罪定义的规定是最权威的，并且对世界各国都具有法律上的约束力。但是，该公约的有关规定也引起了很多争议。在打击海盗犯罪的实践中，它也难以适应各种情况的需要。为了适应实践的需要，一些国际组织对海盗罪的定义作出了进一步研究，试图对其进行发展和完善。

一、《联合国海洋法公约》的规定

1982 年的《联合国海洋法公约》关于海盗罪定义的规定完全采用了《公海公约》的规定。该规定被认为是对国际习惯法的编纂。因而它不仅对公约缔约国具有法律约束力，而且对非公约缔约国也具有法律约束力。该规定的内容在国际社会也引起了广泛的争论。

（一）海盗罪的定义

《联合国海洋法公约》第 101 条和《公海公约》第 15 条都规定，下列的任何行为构成海盗行为：

1. 私人船舶或私人飞机的船员、机组成员或乘客为私人目的，对下列对象所从事的任何非法的暴力或扣留行为，或任何掠夺行为：（1）在公海上对另一船舶或飞机，或对另一船舶或飞机上的人或财物；（2）在任何国家管辖范围以外的地方对船舶、飞机、人或财物。

2. 明知船舶或飞机成为海盗船舶或飞机的事实，而自愿参加其活动的任何行为。

3. 教唆或故意便利 1 或 2 项所述行为的任何行为。

（二）海盗罪的构成要件分析

根据以上的规定，结合我国的犯罪构成理论，国际法上的海盗罪构成要件包括：

1. 主体要件

构成海盗罪的主体必须是私人船舶或私人飞机的船员、机组成员或乘客。私人船舶或私人飞机是指代表政府的军舰、政府船舶或政府飞机等公共船舶或飞机以外的民用船舶或飞机。公共船舶或公共飞机不能成为海盗罪的主体。但并不是说它们若从事了类似于海盗行为的海上非法行为就不用承担责任，而是由它所代表的国家根据其他有关国际条约承担国际法上的责任。[①] 公约第102条还规定，军舰、政府船舶或政府飞机由于其船员或机组成员发生叛变并控制该船舶或飞机从事第108条所规定的海盗行为视同私人船舶或私人飞机所从事的海盗行为。

2. 主观方面要件

构成海盗罪在主观方面的要件必须是故意，同时还必须具有私人目的。公约并没有对“私人目的”的内容作出详细的规定。这引起了国际社会的广泛争议，本文亦将详细讨论。

3. 客观方面要件

构成海盗罪在客观方面的要件包括：

（1）海盗罪的实行行为必须是任何非法的暴力或扣留行为，或任何掠夺行为。根据上述公约的规定，海盗罪共同犯罪行为，即教唆行为、帮助行为，也构成海盗罪。

（2）犯罪地点必须是在公海或在任何国家管辖范围以外的地方。根据《联合国海洋法》的规定，公海是指不包括在国家的专属经济区、领海或内水或群岛国的群岛水域内的全部海域。[②] 如果海盗行为发生在领水就由该国国内法规定其是否构成该国国内法上的海盗罪，而不构成国际法上的海盗罪。在这里，在任何国家管辖范围以外的地方主要指无主地。

（3）犯罪对象存在两种情况。第一种情况是针对在公海上的另一船舶、飞机或其上之人或财物，即在公海上任何公共或私人的船舶、飞机或其上之人或财物。这里要求必须同时存在“至少两方船舶或飞机要件”，即攻击船舶或飞机和受攻击船舶或飞机。这就排除了公海上的船内叛变和同船内的船员或乘客对另一船员或乘客所为的非法的暴力或扣留行为，或任何掠夺行为及其共同犯罪行为。第二种情况是针对在任何国家管辖范围以外的地方的船舶、飞机、人或物。

（4）犯罪工具。构成公海上的海盗罪在犯罪工具上必须要求存在海盗船舶或飞机。公约第103条规定了海盗船舶或飞机的定义。此条规定：如果处于主要控制地位的人员意图利用船舶或飞机从事第101条所指的各项行为之一，该船舶或飞机就视为海盗船舶或飞机。如果该船舶或飞机曾被用以从事任何这种行为，在此船舶或飞机仍在犯有该行为的人员控制之下时，上述规定同样适用。

（三）关于海盗罪定义的争议

公约构成要件引发的争议主要集中在如下三个问题：

1. “为私人目的”的争议

公约没有对“为私人目的”包含哪些内容作出详细的规定。这是海盗罪构成要件中争议最大的问题。

有学者认为，《联合国海洋法公约》源于哈佛草案。但哈佛草案并没有打算将私人目的作为抢劫的目的要件，而是为了排除寻求国家独立的叛乱行为——这一政治目的才作此规定。因为，在国际习惯法中，为像争取国家独立这类公共目的攻击船只是应对海盗犯罪指控的合法的辩护。在创制哈佛草案的年代，许多从事民族独立斗争的殖民地国家和民族主义的

① ［英］詹宁斯、瓦茨：《奥本海国际法》（第一卷·第二分册），王铁崖等译，中国大百科全书出版社1995年版，第175页。

② 邵津：《国际法》，北京大学出版社、高等教育出版社2005年版，第145页。

叛乱分子经常利用海上袭击策略进行斗争。[①] 在当时，寻求国家独立的叛乱行为频频发生，哈佛草案主要是针对这一情况才规定私人目的要件有其现实根据。

也有学者认为，通常认为，由于宗教或者种族或者政治的原因所为的暴力行为不能被当做海盗罪对待。也有人建议“为私人目的”这个短语必须被理解为是为了将能够通过战争法救济的国家资助的海盗行为或私掠与不能通过战争法救济的海盗行为区别开来而作的规定，而不是为了排除其他目的。“为私人目的”要件的理由是它反映了一个根本问题，即海盗犯罪干扰商业运输和航行，而其他国家又不愿对政治动机的行为声称拥有管辖权，因此只能规定为“为私人目的”。[②]

国家资助的海盗行为或私掠一般由战争法来调整而不纳入国际法上的海盗罪是长期以来一贯的做法。哈佛草案针对这一情况而作出“为私人目的”的要件规定是有道理的。但是，是不是仅仅针对这种情况，而不包括其他情况呢？从哈佛草案中，我们无法知道。

还有学者认为，哈佛草案的研究人员明显地认为海盗犯罪总体上已经过时了。他们认为为了权宜之计哈佛草案公约应该仅指私人海盗行为并且不应该包括政治犯罪，于是就排除了叛乱、交战状态和各种恐怖主义行为。研究人员并没有将草案公约起草时的现存的所有海盗习惯法包括进去。[③] 这就是说哈佛草案规定“为私人目的”仅是出于权宜之计的考虑，在起草公约草案后还是可以修改的。这种观点是符合哈佛草案起草时的实际情况的。哈佛草案起草前，国际社会关于海盗罪的定义主要是在国际习惯法的基础上讨论。而国际习惯法关于海盗罪的定义的具体内容是难以确定的。大家讨论海盗罪定义也没有统一的基础。哈佛草案的起草目的就是提出一个方案供人们讨论，据此得出各方一致的看法。

还有学者认为，“为私人目的”可能被解释成不仅为了将寻求独立的叛乱行为从海盗罪中排除出而且要将所有没有私人目的的行为从海盗罪中排除出去。[④] 该观点对“私人目的”要件作出了最为严格的解释，但却没有考虑草案起草时的历史背景和社会条件。

在当代，关于为私人目的争议最多的是，私人目的是否排除海上恐怖主义目的。有学者认为，私人目的的对立面必须被理解成公共目的；公共目的就等同于国家授权的利益。除非恐怖分子得到国家的授权，否则他们就是海盗。无论主观目的是什么，他们在国际水域的攻击行为，都使他们成为海盗。[⑤]

但反对者认为，私人目的要件排除海上恐怖主义是有可能的。因为海上恐怖主义的公共目的是类似于不构成海盗罪的不被承认的民族主义叛乱行为。况且，恐怖主义和海盗犯罪的根源不同，目的也不同，相应地其解决的策略也是不同的。因此将海盗犯罪包括恐怖主义会

---

① Rosemary Collins and Daud Hassan: Applications and Shortcomings of the Law of the Sea in Combating Piracy: A South East Asian Perspective, Journal of Maritime Law and Commerce, January, 2009, p. 6.

② Lawrence Azubuike: International Law Regime against Piracy, Annual Survey of International and Comparative Law, spring, 2009, p. 6.

③ Barry Hart Dubner: Human Right and Environmental Disaster—Two Problems That Defy the “Norms” of the International Law of Sea Piracy, Syracuse Journal of International Law and Commerce , Spring, 1997, p. 11.

④ Malvina Halberstam: Terrorism on the High Sea: the Achille Lauro, Piracy and the IMO Convention on Maritime Safety, American Journal of International Law, April, 1988, p. 7.

⑤ Michael Bahar: Attaining Optimal Deterrence at Sea: A Legal and Strategic Theory for Naval Anti – Piracy Operations, Vanderbilt Journal of Transnational Law, pp. 10 – 12.

破坏反海盗体制。①

现代海上恐怖主义案件的出现令西方学者非常担心，而公约虽然对“为私人目的”没有明确定义，但显然将海上恐怖主义排除在外，这使得通过法律手段遏制海上恐怖主义较为艰难。为此，西方学者才纷纷献计献策，试图先将海上恐怖主义犯罪纳入海盗罪中，再依据海盗罪对海上恐怖主义犯罪行使普遍管辖权。

2. 犯罪地点的争议

公约规定，海盗行为必须发生在公海或在任何国家管辖范围以外的地方。这就排除了国际法上的海盗罪在领水的适用。有学者认为，相比于《公海公约》，联合国海洋法公约其他条款得到了发展。例如，相比于《公海公约》的3海里的限制，《联合国海洋法公约》采用了12海里的领水宽度，其领水的宽度扩大了4倍。《联合国海洋法公约》还创设了专属经济区制度。这些都使得公海相应地缩小。这就减小了海盗犯罪规定适用的地理范围。况且，起草联合国海洋法公约时重点是讨论创立专属经济区问题。相比之下，其海盗条款几乎完全逐字逐句地采用《公海公约》的规定，并很少讨论对其修改。也就是说，公约并没有对相关制度的变化带来的其适用情况的变化作出反应。② 另外，学者们普遍认为现代的海盗犯罪大多数发生在领水或专属经济区。“公海要件”的限制放纵了海盗犯罪，不利于国际社会对其进行打击。上述观点充分考虑了理论上和实践中各种情况的发展变化，是有道理的。

关于犯罪地点的另一个争议是，海盗罪规定是否适用于专属经济区。《联合国海洋法公约》第58条第2款规定，第88条至第115条以及其他国际法有关规则，只要与本部分不相抵触，均适用于专属经济区。根据这一规定，一些评论员主张只要不与《联合国海洋法公约》中专属经济区的规定相冲突，其第58条第2款支持将第101条应用于专属经济区。③但是，由于公约明确规定“公海要件”以及国际社会就沿岸国对专属经济区具有什么样的管辖权存在争议，海盗罪规定是否适用于专属经济区仍是一个无法确定的问题。

3. “至少两方船舶或飞机要件”的争议

公约规定，海盗行为必须在公海上针对对另一船舶或飞机，或对另一船舶或飞机上的人或财物。这里要求必须同时存在“至少两方船舶或飞机要件”，即攻击船舶或飞机和受攻击船舶或飞机。这就排除了公海上的船内叛变和同船内的船员或乘客对另一船员或乘客所为的非法的暴力或扣留或掠夺行为，或任何掠夺行为及其共同犯罪行为。在这里，构成海盗罪对“至少两方船舶或飞机要件”并没有异议。但有学者认为此项规定不合理，因为虽然针对同船船员或乘客的行为本身并不构成海盗罪，但当叛乱不仅针对船长而且针对船只，并且将船只和货物转换为他们自己使用时，船内叛乱就可以构成海盗罪。④

---

① Rosemary Collins and Daud Hassan: Applications and Shortcomings of the Law of the Sea in Combating Piracy: A South East Asian Perspective, Journal of Maritime Law and Commerce, January, 2009, pp. 6 – 7.

② Rosemary Collins and Daud Hassan: Applications and Shortcomings of the Law of the Sea in Combating Piracy: A South East Asian Perspective, Journal of Maritime Law and Commerce, January, 2009, pp. 4 – 5.

③ George D. Gabel, Jr: 21st Biennial Admiralty Law Institutes: Article: Smoother Seas Ahead: The Draft Guidelines as an International Solution to Modern – Day Piracy, Tulane Law Review, June, 2007, p. 5.

④ Michael Bahar: Attaining Optimal Deterrence at Sea: A Legal and Strategic Theory for Naval Anti – Piracy Operations, Vanderbilt Journal of Transnational Law, pp. 13 – 14.

（四）海盗罪定义的影响

长期以来，国际社会对于海盗罪的定义一直处于习惯法状态。国际社会对海盗罪定义的具体内容存在很多争议。既然法律上有争议，自然就带来了适用上的困难，也就不利于打击海盗犯罪。《联合国海洋法公约》签订和生效后，国际社会对国际法上的海盗罪定义就取得了统一的认识。它也为在公海上打击海盗犯罪创建了法律依据，维护了公海上的航行秩序。但由于公约制定时，海盗罪的定义并不是其讨论重点，公约对于其本身其他相关制度的发展没有在海盗罪的规定中作出相应的反应；加之国际实践的不断变化，使得海盗罪的定义难以适应实践中打击海盗犯罪的需要。因此，国际社会对公约中的海盗罪定义产生了许多争议。各国学者纷纷加入讨论，希望进一步完善公约中的海盗罪定义。

二、其他国际组织和国际公约的规定

由于《联合国海洋法公约》对海盗罪的定义并不能满足现实情况的需要，许多国际组织或根据本组织所代表的行业的需要，或根据打击海盗犯罪严峻形势的要求，纷纷提出了自己的海盗罪定义。

（一）国际海事局对海盗罪的定义

国际海事局将海盗罪定义为：登上任何船只，企图实施盗窃或其他犯罪行为，并且在犯罪行为进展过程中意图或能够使用武力。① 该定义大幅度地扩大了海盗罪所包含的范围。在犯罪主体上，该定义包括任何非法登上船只的主体，不管该主体是公共性质还是私人性质。在犯罪主观要件上，该定义只要求具备犯罪故意形态，排除了私人目的的限制，纳入了政治目的的行为，扩大到了所有的非法目的。在犯罪行为方面，该定义包括了几乎所有的常见的海上可能使用暴力的犯罪行为，而不仅局限于非法的暴力或扣留行为，或任何掠夺行为。在犯罪地点上，该定义排除了公海限制，扩大到了领水，甚至是船舶停泊的港口和码头。另外，该定义也没有了“另一船舶”要件的限制。但是，该定义将犯罪对象仅限于船舶，而没有考虑海域上空飞机内的暴力行为。

（二）《关于海盗和海上暴力行为的示范国内法》对海盗罪的定义

为了应对日益猖獗的海上非法行为，国际海事委员会于2001年在新加坡举行的该委员会第37届年会上，向与会各国代表推荐了《关于海盗和海上暴力行为的示范国内法》，以促使各国立法机关尽快制定相关法律，加大对海盗等危害海上安全行为的打击力度。

该示范国内法规定，任何人为了任何非法目的，有意地或轻率地从事下列行为就构成海盗罪：1. 从事1958年公海公海第15条所定义的海盗行为；2. 从事1982年海洋法公约第101条所定义的海盗行为；3. 从事根据（某一制定国）刑法典规定构成海盗罪的行为；4. 从事先前被（某一制定国的最高法院）认为是构成海盗罪的行为；5. 从事根据国际习惯法被认为是海盗行为的行为。②

该示范国内法没有对海盗罪直接下定义，而是通过纳入其他公约、国际习惯法和有关国内法的方式规定海盗罪的定义。虽然没有明确规定，但该示范国内法还是希望将所有国际法

---

① Phillip A. Buhler: New Struggle with an Old Menace: Towards a Revised Definition of Maritime Piracy, International Trade Law Journal, winter, 1999, p. 5.

② 编者：《〈关于海盗和海上暴力行为的示范国内法〉简介》，载《中国远洋航务公告》2001年第5期，第60页。

或国内法确认的海盗罪定义纳入其中，以尽可能地扩大海盗罪定义的范围。

制定示范法主要有四个目的：第一个目的，保证没有海盗或海上暴力行为是在受到影响的国家的管辖之外，保证对这些犯罪行为提起公诉并进行惩罚，或者将有关罪犯引渡到其他国家，在其他国家对其提起公诉并进行惩罚；第二个目的，使《1982 年联合国海洋法公约》里的有关海盗的条款发挥更大的作用，使《1988 年制止危及海上航行安全非法行为公约》（“SUA”公约）在批准或接受该公约（不管有没有加入 1988 年 SUA 议定书）的国家发挥更大的作用；第三个目的，使“SUA”公约（或其议定书）的条款统一作为国内法适用于那些颁布了示范法但既不是该公约又不是议定书的缔约方的国家；第四个目的，保证将属于示范法中海盗和海上暴力犯罪定义的事件报告给有关国家当局，并且将这个信息依次报告给有关国际组织。①

（三）《亚洲打击海盗及武装抢劫船只的地区合作协定》中海盗罪的定义

2001 年 10 月 4 日，日本组织 17 个国家和地区的代表召开了“亚洲打击海盗合作大会”。会议同意就打击海盗建立区域合作机制。2001 年 11 月，在东盟 +3（中、日、韩）峰会上，日本提出了正式建立区域合作机制问题。2004 年 11 月 4 日，《亚洲打击海盗及武装抢劫船只的地区合作协定》获得通过。2006 年 9 月 4 日，该《协定》正式生效。② 中国于 2006 年 10 月 27 日加入了该《协定》。

该《协定》规定，以下任何一行为构成海盗罪：“1. 任何私人船舶或飞机的船员、机组人员或乘客为私人目的对下列对象而进行的任何非法的暴力行为或扣押行为，或任何掠夺行为：（1）在公海上对另一船舶或船舶上的人或财物；（2）在任何主权国家的管辖范围外的地方对另一船舶或船舶上的人或财物；2. 在明知其为海盗船舶或飞机的情况下，自愿参与船舶或飞机的任何行为；3. 教唆或故意便利（1）或（2）项所述行为的任何行为。”该《协定》基本上采用《联合国海洋法公约》的规定。这表明国际社会对《联合国海洋法公约》中的定义还是认同的。但在犯罪对象上排除了飞机及其上的人或财物的规定。③

该《协定》是国际社会第一个专门打击海盗犯罪的区域条约，具有首创精神，有利于进一步落实《联合国海洋法公约》的规定。但是，该《协定》在海盗罪定义上基本采纳了《联合国海洋法公约》的规定，其定义同样无法避免《联合国海洋法公约》难以适应现实需要的缺陷。

第二节　现代内国法中的海盗罪定义

与国际法相比较，现代各国国内法对海盗罪的定义主要呈现出如下特点：1. 在内容上，一般包括《联合国海洋法公约》中规定的海盗罪。有些国家是通过直接规定具体海盗犯罪

① 编者：《〈关于海盗和海上暴力行为的示范国内法〉简介》，载《中国远洋航务公告》2001 年第 5 期，第 60 页。

② 杨翠柏：《〈亚洲打击海盗及武装抢劫船只的地区合作协定〉评价》，载《南洋问题研究》2006 年第 4 期，第 29 页。

③ 杨翠柏：《〈亚洲打击海盗及武装抢劫船只的地区合作协定〉评价》，载《南洋问题研究》2006 年第 4 期，第 30 页。

的形式将之转化为国内法。有些国家是通过直接适用国际法的方式将之纳入到国内法中。2. 在构成要件上，一般排除了国际法中的许多限制。首先，很多国内法排除了公海限制，将犯罪地点扩大到领海。其次，国内法一般排除了私人目的的限制，没有对政治目的问题作出限制，一般将海上恐怖主义也纳入海盗罪中。再次，国内法一般没有“两方船舶或飞机要件”的限制，将船内叛变和同船的乘客或船员的暴力行为也列入海盗罪中。

一、加拿大国内法的规定

《加拿大刑法典》第74条和第75条对海盗罪作出了规定。其第74条规定首先纳入了国际法上的海盗罪：“1. 依国际法，任何人为海盗行为，为海盗罪。2. 任何人，于加拿大境内外期间，犯有海盗罪，构成可诉罪，处终身监禁。”其第75条规定了本国法的其他海盗行为：“任何人，于加拿大境内外期间，为下列行为，构成可诉罪，处14年以下监禁：（1）偷盗加拿大船舶；（2）偷盗或未经合法许可，从船上扔下、损害或毁坏加拿大船上之货物、供应品或设备；（3）于加拿大船舶上，为意图或为反叛之行为；（4）谋议或唆使他人为（1）、（2）或（3）项所述之行为。”①

加拿大的海盗罪定义颇具特色。首先，它将海盗罪分为国内法中的海盗罪和国际法中的海盗罪；其次，它将盗窃船只和盗窃船内货物也规定为海盗罪；再次，它将同船谋反也纳入海盗罪中。

二、美国国内法的规定

1982年的《美国联邦法典》第18篇第81章第1651条至第1661条对海盗犯罪作了详细的规定。根据《美国联邦法典》的规定，海盗罪主要存在以下几种情况：“（1）在公海上实施国际公法规定的海盗罪，在美国被发现的，处终身监禁。（2）美国公民在公海上以外国势力名义实施的谋杀、抢劫或任何敌视美国或美国公民的行为，即为海盗，处终身监禁。（3）外国公民在海上对美国发动战争或攻击美国的交通工具，违反美国与该公民所在国订立的条约，该条约宣告该类行为为海盗行为，则该人为海盗，处终身监禁。（4）收受海盗财物，如无合法理由，并且具有明知心态，处10年以下监禁。②（5）任何一个海员如果对他的上级司令官实施暴力，对抗和阻止船长对其船队的保护，这样的行为是海盗，应当被判终身监禁。（6）任何人在公海或美国有海事管辖权的其他水域，通过惊吓、威胁或公开的武力，凶恶地进攻或猛烈地攻击别人的船只，目的是非法劫持船只，或掠夺船上所有的金钱、物品或商品。（7）任何人，如果从事海盗式地巡航或联营，或作为海盗船的一分子，登岸并在岸上抢劫，是海盗行为，应判处终身监禁。”③

美国国内法关于海盗罪定义包括了广泛的内容，并且非常具体翔实，有较强的可操作性。其独具特色之处在于：首先，它不仅确认了国际法规定的海盗罪，而且将双边条约规定的海盗罪纳入国内法；其次，它排除了“两方船舶或飞机”的限制，将船内叛变规定为海盗罪；再次，它将犯罪地点扩展至岸上，将登岸抢劫也列入了海盗犯罪。

---

① 《加拿大刑法典》，卞建林等译，中国政法大学出版社1999年版，第44—45页。

② 《美国刑法》，储槐植译，北京大学出版社2005年版，第214页。

③ 胡城军：《论海盗犯罪——兼论海盗犯罪在我国刑法中的适用》，中国检察出版社2009年版，第49—51页。

三、俄罗斯国内法的规定

《俄罗斯联邦刑法典》第 227 条规定："海盗行为（1）为了夺取他人财产，使用暴力或者以使用暴力相威胁袭击海洋船舶或内河船舶的，处 5 年以上 10 年以下的剥夺自由。（2）多次实施或使用武器或者其他可以作为武器使用的物品实施上述行为的，处 8 年以上 12 年以下的剥夺自由，并处没收财产。（3）本条第一款和第二款规定的行为，如果有组织的集团实施或过失致人死亡或造成其他严重后果的，处 10 年以上 15 年以下的剥夺自由，并处没收财产。"①

俄罗斯国内法对海盗罪的定义较为简单，难以包括现实中形形色色的海盗犯罪，可操作性不强。但它注意到了现代海盗犯罪中危害较大的有组织集团犯罪以及排除了"私人目的"的限制。

四、荷兰国内法的规定

《荷兰刑法典》在第 29 章对海盗犯罪作了详细的规定。该刑法典第 381 条规定："1. 有下列行为之一的，犯有海盗罪：（1）未经任何战事权力部门批准，不是国防部备案的海军舰队，明知目的是在公海上使用暴力袭击其他船只、船上的人或船上的物品而担任船长之职的，处 12 年以下监禁或处五级罚金；（2）明知目的是在公海上使用暴力袭击其他船只、船上的人或船上的物品而在该船只上做水手，或明知其目的后仍自愿留在船上做水手的，处 9 年以下监禁或处五级罚金。2. 虽有交战国的授权，但行为超越了交战国授权范围的，等同于无交战授权。3. 本法第 81 条的规定不适用于本条罪行。4. 上述各款对海军舰队船长与水手的规定，也分别适用于航空器的机长与机务人员；上述各款对船舶的规定，也适用于航空器；对公海的规定，也适用于国际空间。"②

荷兰国内法关于海盗罪定义的规定传统中带有超前，独具特色。首先，在犯罪主体上，未经交战国的授权或超越交战国授权的军舰成为海盗罪的可能主体。其次，它明显排除了"私人目的"的限制，不管是何目的，只要求具备"明知"就可以成立海盗罪的主观要件。它没有排除恐怖主义的海盗行为，只关注有没有国家授权，可见它试图将恐怖主义犯罪列入海盗罪中。再次，它超前地将犯罪地点扩展至国际空间。其实，在国际空间的暴力犯罪已不具备海盗罪危害海域之上航行安全的本质，应由国际空间法规定较为妥当。

五、菲律宾国内法的规定

《菲律宾刑法》第 122 条规定："公海上或菲律宾海域上一般的海盗罪与叛乱罪：不属于某船舶的船员或者乘客的任何人，在公海上或者菲律宾海域袭击或者夺取船只，或者夺取该船的全部或者部分货物、设备、船员或者乘客的个人财物的，处无期监禁。在公海上或者菲律宾海域发生的叛乱（船员针对船长实施的叛乱）行为，处以与前款相同的刑罚。"该刑法第 123 条规定："特别海盗罪。实施前条规定的任何犯罪的人，具有下列情形之一的，处无期监禁至死刑：1. 登船或者以点火方法夺取船只；2. 海盗们抛弃无自救手段的被害人；3. 伴随有谋杀、杀人、肉体伤害或者强奸行为。"③

---

① 《俄罗斯联邦刑法》，赵微译，北京法律出版社 2003 年版，第 379 页。

② 《荷兰刑法典》，颜九红、戈玉和译，北京大学出版社 2008 年版，第 162 页。

③ 《菲律宾刑法典》，陈志军译，中国人民公安大学出版社 2007 年版，第 44—45 页。

《菲律宾刑法》关于海盗罪的规定与该国所面临的海盗犯罪的具体特结合得很紧密。首先，它将犯罪地点扩大到了领水。这与菲律宾领水处于主要的国际航道上，并且在这个区域海盗犯罪频频发生有关；其次，该刑法还规定了特别海盗罪以加强对重大的财产（船舶）和人身的保护。

六、中国国内法的规定

在一国两制的框架下，中国的法律制度呈现出大陆、香港特区、澳门特区和台湾地区两岸三地四个法域的特点。其中，中国大陆没有关于海盗罪定义的规定。不过，中国香港特别行政区和中国台湾地区对海盗罪的定义有详细的规定。

（一）中国香港特别行政区的规定

中国香港特别行政区《刑事罪行条例》第19条规定："有暴力的海盗行为：任何人意图对任何船只犯海盗行为罪，或正在对任何船只犯海盗行为罪时，或紧接对任何船只犯海盗行为罪之前或之后有下列行为：（1）袭击以意图谋杀船只上或隶属该船只的任何人；或（2）伤害上述的人；或（3）非法作出任何可令上述的人生命受到危害的作为，即属犯罪，一经循公诉程序定罪，可处终身监禁。"第20条规定："海盗作为：1. 任何人有下述行为，即属作出海盗作为：（1）身为香港特别行政区居民而在任何外国授权的旗帜下或以获任何人的授权为借口，在海上对其他香港特别行政区居民作出海盗行为、抢劫其他香港特别行政区居民或对其作出敌对或抢劫的作为；或（2）在任何香港船舶上：（a）成为海盗、敌人或叛徒，并以海盗方式带同该船舶或任何船艇、军火或货品逃走；（b）自愿将该船舶或任何船艇、军火或货品交给海盗；（c）传递来自海盗、敌人或叛徒的任何劝诱性质的讯息；（d）袭击该船舶船长，以阻止他为保护其船舶及货品而动武；（e）禁闭该船舶船长；或（f）在该船舶上制造或试图制造叛变。2. 任何人作出海盗作为，即属犯罪，一经循公诉程序定罪，可处终身监禁。"第21条规定："与海盗进行交易等：任何人明知而：（1）与海盗进行交易；（2）向海盗供应军火或任何种类的物料；（3）装备船只以图与海盗进行交易、通讯或向其供应物资；或与海盗串谋或通讯，即属犯罪，一经循公诉程序定罪，可监禁10年。"第22条规定："发现在海盗船只上而不能证明并无同谋关系：（1）任何人在香港境内被发现在任何配备作海盗用途的船只上，即属犯罪，一经循公诉程序定罪，可监禁3年。（2）就根据第（1）款提出的控罪而言，如被控人证明：（a）其本人并非自愿在该船只上；或其本人并不知道该船只是配备作海盗用途的，即可以此作为免责辩护。"①

中国香港特别行政区关于海盗罪的规定既严格又具体，可操作性强，特点非常鲜明。首先，在主观要件上，它排除了"私人目的"的限制，只要求具备"明知"要件；其次，在犯罪地点上，它排除了"公海"的限制，只要求具备"在海上"要件；再次，它排除了"两方船舶或飞机"要件的限制，将同船海盗行为和船内叛变列入海盗罪中；最后，它对形形色色的共同犯罪形态作了详细的规定，非常有利于打击现实中的各种海盗犯罪。

（二）中国台湾地区的规定

中国台湾地区"刑法"分则第30章第333条规定："未受交战国之允准或不属于

---

① 中国香港《刑事罪行条例》，香港法律资讯研究中心，http://www.hklii.org/c_index.shtml，2010年3月3日访问。

各国之海军，而驾驶船舰，意图施强暴、胁迫于他船或他船之人或物者，为海盗罪，处死刑、无期徒刑或七年以上有期徒刑。船员或乘客意图掠夺财物，施强暴、胁迫于其他船员或乘客，而驾驶或指挥船舰者，以海盗论。因而致人于死者，处死刑；致重伤者，处死刑或无期徒刑。”①

中国台湾地区“刑法”关于海盗罪的规定比较接近传统习惯法中的海盗罪，将在现实中有争议的海上暴力犯罪纳入海盗罪中。它比较有特色的是：首先，它通过规定“未受交战国之允准或不属于各国之海军”，明显将海上恐怖主义犯罪纳入海盗罪中；其次，它也排除了“两方船舶或飞机”要件的限制，将同船暴力行为和船内叛变列入海盗罪中。

① 中国台湾地区“刑法”分则，法源法意网，http：//db. lawbank. com. tw/FLAW/FLAWDAT0201. asp? lsid = FL001424&beginPos =45，2010 年 3 月 3 日访问。

第三章　海盗罪定义在实践中的适用

在当代，《联合国海洋法公约》被认为是对国际习惯法的编纂。在关于海盗罪的定义方面，它是国际社会上唯一对世界各国都具有法律约束力的国际条约。但公约关于海盗罪的定义不仅在理论上引起了很多争论，而且在打击海盗犯罪的适用实践中也遇到了许多问题。就现在的国际形势而言，海盗犯罪极其猖獗的区域有三个：北非的亚丁湾、东南亚的马六甲海峡以及南中国海。这三个区域都是世界航运的咽喉要地，具有非常重要的战略意义。正是这种地理条件使得它们成为海盗捕猎商船的有利条件。但仔细考察这三个地区的政治、地理和社会情况，我们可以发现公约关于海盗罪定义在这些地区适用上是难以发挥有力地打击海盗的作用的。

第一节　海盗罪定义在亚丁湾的适用

近年来，频频出没在北非亚丁湾的索马里海盗让国际社会大伤脑筋。为什么惩治索马里海盗会那么艰难呢？这是各种因素综合作用的结果。其中，海盗罪定义难题也是国际社会不得不面临的挑战。

一、亚丁湾索马里海盗的特点

位于非洲大陆东部的索马里半岛，北临亚丁湾，东临印度洋。因扼守红海连接印度洋的通道，它的战略地位十分重要。由索马里和也门包围的亚丁湾位于印度洋与红海之间，是连接亚、非、欧三大洲和太平洋、印度洋、大西洋三大洋的海上国际航行的咽喉要道，被称做世界航运的生命线。据统计，每年通过苏伊士运河的船只约有 1.8 万艘，其中大多数要经过亚丁湾；世界 14% 的海运贸易和 30% 的石油运输要过往此地。① 亚丁湾东西长 1480 公里，平均宽度 482 公里。这就是说亚丁湾水域大部分处于两边沿岸国的领水和专属经济区里面。其中，索马里的领水和专属经济区占亚丁湾水域的 1200 多公里。但是，近年来索马里海盗犯罪非常猖獗，索马里附近海域已经成为世界上最危险的海域，严重影响国际航行和运输。

在政治上，1991 年 1 月西亚德政权被推翻后，索马里一直处于部族混战和军阀割据状态。目前活跃在索马里海域的海盗主要有四大团伙：第一伙叫“邦特兰卫队”（Puntland Group），第二伙叫“国家海岸警卫队”（National Volunteer Coast Guard），第三伙叫“梅尔卡”（Merkah），第四伙，即势力最大的海盗团伙叫“索马里海军陆战队”（Somalia Marine），其活动范围远至距海岸线 200 海里处。虽然形式上索马里存在一个过渡政府，但该政府在维和部队的帮助下也仅勉强能够维持对首都附近的控制。对于索马里的政治局势，借用广为流传的一个海盗的名言：“枪就是我们的政府。”

---

① 刘军：《索马里海盗问题探析》，载《现代国际关系》2009 年第 1 期，第 26 页。

在这种政治局势下，处于索马里漫长的领水和专属经济区部分的一带海域就无法维持正常的航行秩序了。这就是索马里海盗难以遏制的主要原因；同时，这也是海盗罪定义难以适用的主要原因。

二、海盗罪定义在亚丁湾适用中存在的问题

在亚丁湾，《联合国海洋法公约》规定的海盗罪定义在适用上的困惑主要有如下几个方面：

1. 公约将犯罪地点限制在公海上。根据公约的定义，公海之外的领水就无法适用公约的规定以打击海盗犯罪。在公海之外专属经济区水域，公约关于海盗罪定义的规定是否适用至少还是一个有争议的问题。实践中，它也难以适用。因此，在亚丁湾，属于索马里领水和专属经济区部分的漫长的海水域上，公约关于海盗罪的定义无法适用，而索马里过渡政府又没有力量维持其领水和专属经济区的航行秩序。这里就成了海盗的天堂。

2. 公约将海盗罪的主观要件限制于“为私人目的”，并且对“为私人目的”又没有下一个定义。但在现实中，索马里海盗是以维护海洋环境或保护索马里国家的渔业资源等政治口号实施海盗犯罪的。这种政治目的也可能成为海盗逃避审判的挡箭牌。

总之，从犯罪地点和犯罪主观要件来看，《联合国海洋法公约》关于海盗罪的定义无法解决打击海盗犯罪实践中遇到的法律难题。为此，2008 年联合国安理会连续通过 1816 号、1838 号、1843 号和 1851 号决议试图解决实践中打击索马里海盗所遇到的法律难题。但是这些措施只不过是权宜之计，并没有从根本上解决这个法律难题。

不过，有学者认为联合国安理会 1816 号决议是对海盗罪定义的扩大：“安理会 1816 号决议对海盗罪定义没有明确的规定，但是决议第七段肯定了相关国家可以进入索马里领海，以与国际法允许的在公海上实施打击海盗行为的规定一致的方式打击海盗。……对于 1816 号决议所指的‘海盗罪’而言，海盗行为超出了 1958 年《日内瓦公海公约》和 1982 年《联合国海洋法公约》规定的（a）款海盗罪仅发生在公海和国家管辖以外的地域限制，扩展到了一国领海内的扣留、掠夺船舶、飞机的行为。”① 但实际上这是对该决议的错误解读。理由如下：

联合国安理会 1816 号决议第七部分规定：“7. 决定自本决议通过之日起为期六个月内，在过渡联邦政府事先知会秘书长情况下同过渡联邦政府合作打击索马里沿海海盗和武装抢劫行为的国家可：（a）进入索马里领海，以制止海盗及海上武装抢劫行为，但做法上应同相关国际法允许的在公海打击海盗行为的此类行动相一致；（b）以同相关国际法允许的在公海打击海盗行为的行动相一致的方式，在索马里领海内采用一切必要手段，制止海盗及武装抢劫行为。”在这里，安理会确实授权其他国家进入索马里领海制止海盗和武装抢劫行为。但这里的措辞使用了“海盗和武装抢劫行为”。这说明如果犯罪行为发生在领海在法律上应该适用“武装抢劫行为”这一措辞，而不应适用“海盗”这一措辞。那么决议中为何还要使用“海盗”这一措辞呢？这是为了应对在公海上实施海盗犯罪后，逃回领海的情况。这种情况下可以称为海盗，也是符合公约的定义的。在公海实施海盗行为后逃入领海的情况在

① 冷新宇：《关于海盗罪的国际法规则的发展观察》，载《西安政治学院学报》2009 年第 6 期，第 79 页。

亚丁湾海域经常出现。所以安理会作此规定，并没有将公约规定的定义扩大。

况且，该决议的第9段进一步指出："申明本决议规定的授权仅适用于索马里局势，不影响会员国在任何其他局势中根据国际法所具有的权利或义务或责任，包括根据《公约》所具有的任何权利或义务"，并特别强调指出，此授权不应被视同订立习惯国际法。另外还申明，这一授权是在接到2008年2月27日索马里共和国常驻联合国代表给安全理事会主席的信之后才作出的，"该信转达了过渡联邦政府的同意意见"。在这里，授权进入领海也不能看成订立国际习惯法，而只是针对索马里海盗的临时措施，也不影响会员国在任何其他局势中根据国际法所具有的权利或义务或责任。

第二节 海盗罪定义在马六甲海峡的适用

马六甲海峡位于印度洋北部、马来半岛与印尼的苏门答腊岛之间，是连接南中国海与印度洋距离最短的通道，为亚洲、非洲、欧洲、大洋洲之间相互往来的海上枢纽，交通地位十分重要。① 海盗罪定义在马六甲海峡的适用与马六甲海峡的地理环境、沿岸国的军事力量和沿岸国的海事政策密切相关。

一、马六甲海峡海盗的特点

马六甲海峡由新加坡海峡和马六甲海峡组成，全长1080公里，呈西北—东南走向，西北部最宽处达370千米，东南部最窄处只有37千米，水深25～113米，由东南向西北海峡逐渐加深，可通行20万吨海轮。主航道靠近马来半岛一侧，宽1.5～2海里。海峡由沿岸的马来西亚、新加坡和印度尼西亚三国共管。该海峡每天有数千艘集装箱货船、油槽船、游艇通过，年通过船只5万艘以上。马六甲海峡全年通过的货物总价值约有5000亿美元，世界贸易的1/3都经由马六甲海峡运输。同时，它更是石油输出通道，每年大约有8000艘以上的油轮通过，是全球石油贸易量的40%。② 如此重要的国际航行通道却是海盗频频发生的区域。近年来，马六甲海峡海盗现在已经从普通的小海盗发展成为有组织的犯罪集团，甚至有些海盗集团还带有明显的政治目的。组织化、集团化、国际化成为当前马六甲海峡海盗发展的主要方向。伴随着海盗组织水平的升级，海盗攻击目标和活动内容的范围也迅速扩大。据统计，2006年，马六甲海峡发生了76起海盗犯罪事件。2007年虽然有所下降，但也发生了62起海盗犯罪事件。该水域已成为全球最危险的水域之一。

二、海盗罪定义在马六甲海峡适用中存在的问题

打击马六甲海峡海盗的法律难题与马六甲海峡的地理位置、沿岸国的海事政策和沿岸国的海军力量密切相关。

（一）海盗罪定义在马六甲海峡的适用受到地理范围的限制

《联合国海洋法公约》中的海盗罪定义明确地将犯罪地点限制在公海或任何国家管辖以外的区域。但马六甲海峡上覆水域全部是新加坡、马来西亚和印度尼西亚三国的领水和专属

① 潘一宁：《马六甲海峡安全与国际合作》，载《东南亚》2005年第2期，第35页。

② 韦朝晖：《马六甲海峡安全影响因素分析——马六甲海峡安全与沿岸国家的外交选择系列研究之一》，载《学术论坛》2007年第2期，第55页。

经济区。在领水中，公约定义明显不能适用；在专属经济区能否适用，至今还存在争议。既然存在争议，实践中必定难以适用。这就说明在马六甲海峡，《联合国海洋法公约》无法满足实践中打击海盗犯罪的需要。

（二）沿岸国的海事政策也无法满足打击海盗犯罪的需要

在打击海盗方面，印尼政府并没有多大的积极性，因为在印尼海域附近被海盗袭击的印尼籍的商船只占总数的4.5%，打击海盗不是印尼政府优先考虑的海事问题。

马来西亚政府对保护过往外国船只的兴趣也不大，因为大部分船只只是途经马六甲海峡，并没有停靠沿岸港口消费商品和服务，却免费地享受了沿岸国提供的导航和海事安全服务，如灯塔、浮标等公共产品，属于“搭便车”者。多年来，马来西亚一直呼吁马六甲海峡的使用国及马六甲海峡利益攸关者要分担马六甲海峡沿岸国管理马六甲海峡的费用。在“9·11”事件之前，除了日本积极响应外，其他国家并不积极。①

新加坡经济依赖港口贸易，因此对打击海盗非常积极。但新加坡只是个城市小国，其所拥有的领水和专属经济区并不大，对打击整个马六甲海盗作用不大。

（三）沿岸国的海军的力量也无法满足打击海盗犯罪的需要

即使马来西亚、新加坡和印度尼西亚对打击海盗高度重视，它们也没有足够的海军力量来执法。马六甲海峡海盗主要发生在印度尼西亚水域。印度尼西亚拥有长达3.5万公里的海岸线、1万多个岛屿和三百多万平方公里的领水。这还没有包括专属经济区。相比于如此广阔的海域来说，印度尼西亚的海军力量却非常弱，只有113艘军舰，其中只有30%的军舰可以航行执法。空军则由于缺乏经费，一半以上的飞机无法起飞。马来西亚皇家海警队和皇家海军虽然装备比印尼好些，但依然无法满足海上的保安任务。新加坡海岸警卫队和新加坡海军负责打击其领海的海盗，新加坡海岸警卫队有6个海上巡逻编队及80艘军舰。相比之下，新加坡海军力量较大。但新加坡管辖的海域狭小，对马六甲海峡的整体安全影响有限。② 以上三国的海军力量相对于茫茫大海和星罗棋布的岛屿来说，实在无法担负维护海上国际通道的安全和打击海盗犯罪的重任。更何况，他们的海军力量不可能全部用来执法。

由于公约关于海盗罪的定义不能适用于马六甲海峡，沿岸国政府又没有力量维护其领水和专属经济区的国际航行秩序，这就使得打击海盗犯罪既没有国际法依据，也没有足够的国内执法力量。由此，实践中就需要尽可能增加打击海盗的积极因素，包括完善相关国际法，为打击马六甲海盗提供国际法依据。

除了《联合国海洋法公约》之外，与马六甲海峡有关的条约主要有《亚洲地区打击海盗和海上武装抢劫的地区合作协定》和国际海事组织1988年制定的《制止危及海上航行安全非法行为公约》。其中，《亚洲地区打击海盗和海上武装抢劫的地区合作协定》中关于海盗罪的定义基本上采用《联合国海洋法公约》的规定。两者有着同样的缺陷。同时该《协定》还只是国际条约，只对缔约国有效，对非缔约国无法律约束力。此外，《制止危及海上航行安全非法行为公约》也不具有国际习惯法效力，也只对缔约国有效。并且，上述三个沿岸国都没有加入该公约。因此，它也无法发挥效力。

总之，《联合国海洋法公约》被认为是对国际习惯法的编纂，对世界各国都具有法律约

① 许可：《影响当代东南亚海盗兴衰的变量研究》，载《南洋问题研究》2009年第1期，第30页。

② 许可：《影响当代东南亚海盗兴衰的变量研究》，载《南洋问题研究》2009年第1期，第30页。

束力，是国际社会打击海盗唯一较有力的法律依据。但是，公约中关于海盗罪定义的规定却无法满足打击马六甲海盗实践的迫切需要。因此，完善海盗罪定义在打击海盗犯罪的实践上既有必要性又有现实紧迫性。

第三节　海盗罪定义在南中国海的适用

南中国海为东北—西南走向，其南部边界在南纬3度，位于南苏门答腊和加里曼丹之间，北边及东北至中国的两广、福建和台湾及台湾海峡；西边至菲律宾群岛，西南至越南与马来半岛，面积约356万平方千米，平均水深约为1212米。南中国海域的海盗问题比马六甲海峡更为复杂。海盗罪定义在南中国海的适用不仅与地理环境密切相关，而且还与国家的领土争端有重要关系。

一、南中国海海盗的特点

南海是太平洋和印度洋之间的重要航道，四周大部分为半岛和岛屿。周边国家有中国、菲律宾、马来西亚、文莱、印度尼西亚、新加坡、泰国、柬埔寨。南海是世界上第二繁忙的国际航道，每年有一半以上的世界超级油轮通过马六甲、巽他和龙目海峡，其中大多数继续航行至中国、日本、中国台湾和韩国。一些主要的原材料和能源，如原油、液化天然气、煤和铁矿石等，都是经南海运往这些东亚国家和地区。就石油与液化天然气而言，经南海转运的数量比经苏伊士运河转运的多3倍，比经巴拿马运河转运的多15倍。①

南海海盗非常猖獗。这里是海盗的乐园。目前活跃在南海海域的海盗拥有先进的航海设备和精良的武器装备，具有高度的流动性，行踪诡秘，有的已经走上了集团化、国际化的道路。具体而言，南海海盗主要包括三种类型：第一种是流窜作案的小股海盗，一般3个到5个人为一伙；第二种是以抢夺近海渔船和商船为主的海盗集团，但其规模也较小，通常在10人以下；第三种是具有黑社会背景的国际海盗辛迪加，其组织规模较大，通常在10人以上。国际海盗辛迪加作案技术先进，拥有先进的自动化武器和高科技设备。同时，他们组织严密、分工明确。通常，他们在东南亚各国港口都有自己的内线，作案后还有成熟的走私网络。

二、海盗罪定义在南中国海适用中存在的问题

海盗罪定义在南中国海的适用不仅与地理环境密切相关，而且还与国家的领土争端有重要关系。

（一）海盗罪定义在南中国海的适用受到地理范围的限制

南中国海海域大部分属于国家领水和专属经济区的一部分。由于涉及领水和专属经济区，《联合国海洋法公约》关于海盗罪定义的规定无法适用于此。与马六甲海峡一样，《亚洲地区打击海盗和海上武装抢劫的地区合作协定》与《制止危及海上航行安全非法行为公约》的适用效果也并不明显。

（二）海盗罪定义在南中国海的适用与领土争端相联系使得南海海盗问题更为复杂

南中国海海域是世界上对海权最敏感的地带，中国与东南亚一些国家存在岛屿领土的巨

---

① 李金明：《南海地区安全：打击海盗与反恐合作》，载《南洋问题研究》2008年第3期，第9页。

大争执，东盟内部也存在此类争议。这种争议往往成为海盗躲避打击的空间，海盗可以轻易地在两国甚至几国之间穿梭往返，使相关国家相互抗议。2003 年以后，南中国海的岛屿争夺问题开始升温，导致海盗事件迅猛上升。即使在该地区及时发现海盗犯罪，由于存在领土争端，及时赶来的有关国家的执法人员就会发生对峙。只要有关国家在这个区域成功地打击了海盗犯罪，就相当于在自己的领水上的一次成功的执法。毫无疑问，这就是一次成功的主权宣示。至此，一个打击海盗活动的执法行为就会演变成一个领土争端事件。这时哪个国家还会把注意力放在打击海盗上？

2002 年，中国与东盟各国签署了《南海各方行为宣言》（以下简称《宣言》），希望在全面和永久解决争议之前，有关各方可探讨或开展合作，可包括以下领域：1. 海洋环保；2. 海洋科学研究；3. 海洋科学研究；4. 搜寻与救助；5. 打击跨国犯罪，包括但不限于打击毒品走私、海盗和海上武装抢劫以及军火走私。在具体实施之前，有关各方应就双边及多边合作的模式、范围和地点取得一致意见。① 在这里，《宣言》明确地使用“海盗和海上武装抢劫”。这表明它所指的海盗罪的定义明显是指在公海或国家管辖范围以外的地区的犯罪行为。令人担心的是《宣言》发表后还是发生了有关国家违背宣言的行为，导致《宣言》的约束力难以保证。

因此，打击南海海盗既受到地理范围的限制，又与国家领土争端相联系。这使得在南海打击海盗犯罪更为复杂。在海盗罪定义中如何解决这样的情况是国际法面临的一个非常棘手的问题。

① 《南海各方行为宣言》，东方网，http：//news. qq. com/a/20090318/000420. htm，2010 年 3 月 6 日访问。

第四章　海盗罪定义的新思维

从古至今，海盗罪的定义不是一成不变的。它必定随着历史的发展而不断地变化。国际社会也必然根据当代的社会条件和社会实践来探索和界定海盗罪。

第一节　海盗罪定义的重新考量

笔者认为，有必要对《联合国海洋法公约》中的海盗罪定义进行重新考察，以求对其进一步完善。

一、海盗犯罪的实质是危害航海安全

海盗罪是一种古老的国际犯罪。“海盗行为，依照它的原始和严格的意义，是指一艘私有船舶在公海上以劫夺的意图对于另一艘船舶所作的任何未经授权的暴力行为。”① 1668年，英国著名的国际法学家奥林·詹金斯在谈到海盗问题时说：“所有海盗，从法律观点来看，都是人类的敌人，不是一个国家或某一类人民的敌人。他们是非法的……每个人都可以接受命令并武装起来反对他们，就像反对叛逆者和卖国贼那样去镇压和剿灭他们。”② 海盗被看成全人类的公敌，海盗罪也就被看成对全人类所犯下的罪行。

著名的国际法学家奥本海认为：“海盗一直被认为是逐出法外之人，一种违反人类的罪行者。按照国际法，海盗行为使海盗丧失了他本国的保护，因而丧失了他的国家属性；而且他的船舶，或者飞机，虽然过去可能具有悬挂某一国家旗帜航行的权力，也丧失了这种权力。国际法上的海盗行为是一种国际罪行；海盗被认为是一切国家的敌人，他可以被落入其管辖权的任何国家加以法办。”③ 穆尔法官作了进一步的阐述：“海盗行为是自成一类的。海盗行为既然是一种违反万国公法的罪行，而且发生的地点又是在任何国家均无管辖权的公海上，因此，他得不到他所悬挂的旗帜的保护，而是被视为不受法律保护的人，是‘人类的公敌’，对这种人任何国家都有权出于全人类的利益而予以逮捕和惩罚。”④ 海盗因实施海盗行为而丧失了国籍国法律的保护，而成为全人类的公敌，成为侵犯全人类利益的国际罪犯。

那么，海盗因何而成为全人类的公敌，成为得不到国籍国法律保护的国际罪犯呢？这是

---

① ［英］詹宁斯、瓦茨修订：《奥本海国际法》（第一卷·第二分册），王铁崖等译，中国大百科全书出版社 1998 年版，第 174 页。

② 蔡高强、胡斌：《海盗罪管辖权冲突及其解决》，载《太平洋学报》2009 年第 9 期，第 8 页。

③ ［英］詹宁斯、瓦茨修订：《奥本海国际法》（第一卷·第二分册），王铁崖等译，中国大百科全书出版社 1998 年版，第 174 页。

④ 兰红燕：《浅析国际法上海盗罪的认定及其性质》，载《国际关系学院学报》2009 年第 4 期，第 67 页。

因为他在海上不加区别地攻击正在航行的国际船只，从而危害了海上国际航行的安全和秩序，进而损害了整个国际社会的利益。可见，海盗罪的本质就是一种不加区别地攻击正在航行的国际船只，危害国际社会在海上国际航行的安全和秩序，损害全人类利益的国际犯罪。

二、海盗罪定义问题的关键是管辖权的设计

海盗罪定义与普遍管辖权和国家主权密切相关。《联合国海洋法公约》第 105 条规定："在公海上，或在任何国家管辖范围以外的任何其他地方，每个国家均可扣押海盗船舶或飞机或为海盗所夺取并在海盗控制下的船舶或飞机，和逮捕船上或机上人员并扣押船上或机上财物。扣押国的法院可判定应处的刑罚，并可决定对船舶、飞机或财产所应采取的行动，但受善意第三者的权利的限制。"这是对海盗罪实行普遍管辖权的典型规定。

那么，为什么要对海盗罪实行普遍管辖权呢？这是因为，海盗犯罪不加区别地攻击正在海上航行的国际船只，从而危害了海上国际航行的安全和秩序，进而损害了整个国际社会的利益。既然海盗犯罪危害了所有国家的利益，那么任何国家就都对海盗具有管辖权。对海盗犯罪行使普遍管辖权为国际社会有力地打击海盗犯罪提供了法律基础。

长期以来，人们一直认为惩治海盗犯罪就要实行普遍管辖权，而在领水、毗连区和专属经济区里实行普遍管辖权必然侵犯国家主权。但是，今天大部分的海盗犯罪又都发生在领水、毗连区和专属经济区里。这使得现实中适用海盗罪的定义打击海盗犯罪往往显得无能为力。这是海盗罪定义长期以来一直无法解决的困境。问题就在于对海盗罪就一定要实行普遍管辖权吗？当然不是。改革海盗罪的管辖权制度就可以解决海盗罪定义的这种困境。

因此，笔者认为，基于相关制度的变化和实践的需要，改革海盗罪的管辖权制度是必要的，理由有两点：

（一）相关制度的变化使得对海盗罪实行普遍管辖权，不能适应打击海盗犯罪实践的需要

《联合国海洋法公约》关于海盗罪的定义是完全采用《公海公约》，而《公海公约》中关于海盗罪的规定又基本上源自哈佛草案。但在起草哈佛草案时，专属经济区作为一种海洋制度还没有确立下来，并且《公海公约》对领水的规定也只有 3 海里。因此，在当时对海盗罪采用普遍管辖权基本上能够适用于海盗犯罪高发区。但《联合国海洋法公约》创设了专属经济区和 12 海里领水之后，海盗罪的适用地点缩小了，并且不能包括大部分的海盗犯罪高发地带。《联合国海洋法公约》给海盗罪下定义时并没有对这些制度的变化作出反应。也就是说，《联合国海洋法公约》定义海盗罪时，并没有考虑专属经济区的问题，也没有考虑其将领水宽度扩大至 12 海里所带来的问题。而今天的海盗犯罪又恰恰大部分发生在国家领水和专属经济区里。这就造成了今天海盗罪定义的困境。因此，相关制度的变化，管辖权制度必然也应随之变化，才能适应打击海盗犯罪实践的需要。

（二）普遍管辖权与国家主权的矛盾限制了海盗罪定义的适用范围，采用更灵活的管辖权制度可以为打击海盗犯罪提供更为有力的法律基础

如果在国家领水内对海盗犯罪实行普遍管辖权，就必然侵犯了国家主权。这就是不能将海盗犯罪的犯罪地点扩大到国家领水的根本原因。但是，从索马里到马六甲，再到南海，现代的海盗犯罪大部分是发生在国家领水和专属经济区的。这样，普遍管辖权反而对打击海盗犯罪造成了限制。由于公约对海盗罪采用普遍管辖权，国际社会基于对国家主权的尊重，权衡国家主权和普遍管辖权的轻重，公约只能将海盗罪的犯罪地点限于公海上，或在任何国家

管辖范围以外的任何其他地方。

其实，为了调和国家主权与普遍管辖权的矛盾，国际社会可以对海盗罪在坚持原则的条件下，对在领水和专属经济区里的海盗犯罪采取灵活的管辖原则。如果根据领水、专属经济区和公海，对海盗罪规定不同的管辖权，问题不就可以很好地解决了吗？事实上，只要在公海上，或在任何国家管辖范围以外的任何其他地方采取普遍管辖权而在领水、毗连区和专属经济区作出与国家主权不相冲突的管辖权制度安排，海盗罪的犯罪地点就可以扩大到领水、毗连区和专属经济区。

在安排对海盗犯罪的管辖权方面，《制止危及海上航行安全非法行为公约》中的规定颇具参考价值。《制止危及海上航行安全非法行为公约》第 6 条规定："1. 在下列情况下，每一缔约国应采取必要措施，对第三条所述的罪行确定管辖权：（1）罪行发生时是针对悬挂其国旗的船舶或发生在该船上；或（2）罪行发生在其领土内，包括其领海；或（3）罪犯是其国民。2. 在下列情况下，一缔约国也可以对任何此种罪行确定管辖权：（1）罪行系由惯常居所在其国内的无国籍人所犯；或（2）在案发过程中，其国民被扣押、威胁、伤害或杀害；或（3）犯罪的意图是迫使该国从事或不从事某种行为。3. 任何缔约国，在确定了第 2 款所述的管辖权后，应通知国际海事组织秘书长（以下称秘书长）。如该缔约国以后撤销该管辖权，也应通知秘书长。4. 如被指称的罪犯出现在某缔约国领土内，而该缔约国又不将他引渡给根据本条第 1 款和第 2 款确定了管辖权的任何国家，该缔约国应采取必要措施，确定其对第三条所述罪行的管辖权。5. 本公约不排除按照国内法行使的任何刑事管辖权。"

在这里，该公约首先尊重了国家的主权，将对海上犯罪的管辖权给予对有关领海具有主权的国家。其次，它规定了任意管辖权，将之授予国籍国和受害国。再次，它又引入了或引渡或起诉原则，以确保海上非法行为得到法律追究。尽管该公约对领水国使用了"应采取必要措施，对第三条所述的罪行确定管辖权"的强制性措辞，加重了领水国的义务，有点不妥当。但无论如何，这种试图通过调整管辖制度来调和国家主权与普遍管辖权之间的矛盾的思路是可取的。

也许有人会问，既然《制止危及海上航行安全非法行为公约》的制度安排更好，何不适用该《公约》？问题就在于该《公约》仅对缔约国有效，而对非缔约国没有法律约束力。这样，它就不具有普遍的约束力。

第二节　海盗罪定义的完善设想

笔者认为，对《联合国海洋法公约》关于海盗罪定义的规定，可以在如下几个方面进一步完善：

一、犯罪区域的扩大

鉴于打击海盗犯罪的实践需要，笔者主张将海盗罪的犯罪区域扩大到处于国际航道上的领水、毗连区和专属经济区。理由如下：

（一）将海盗罪犯罪区域扩大到处于国际航道上的领水、毗连区和专属经济区与国家主权并非完全相互矛盾

实际上，地域并不是决定一种非法行为是否构成海盗犯罪的实质因素。许多国家的国内

法也将海盗犯罪扩大到本国领水就是一个证明。只要安排的管辖权制度与国家主权不相冲突，海盗罪犯罪地点就可以扩大到领水、毗连区和专属经济区。

（二）犯罪区域的扩大不必包括所有国家的领水，而只需扩大到处于国际航道上的领水、毗连区和专属经济区

海盗罪是危害国际社会在海上国际航行的安全和秩序，损害全人类利益的国际犯罪。因此只需将海盗罪的犯罪区域扩大到处于国际航道上的领水、毗连区和专属经济区。其实海盗犯罪与国际航道密切相关。一般来说，海盗犯罪者并不考虑其犯罪区域是在公海还是在领水、毗连区和专属经济区，他们大部分只是在国际航道上针对另一船只实施犯罪行为。这样他们可以捕获更多的“猎物”。而在非国际航道，就只有比较少的船只航行。在这里他们也难以达到犯罪目的。

同时，将海盗罪的犯罪区域扩大到处于国际航道上的领水、毗连区和专属经济区，也是有其必要性的。首先，海盗在处于国际航道上的国家的领水、毗连区和专属经济区犯罪，危害了国际航行安全和秩序，危及整个人类社会的利益。这恰恰是海盗罪成为全人类公敌之本质所在。其次，虽然该水域属于国家的领水、毗连区和专属经济区具有国内性，但是这些水域也处于国际航道上，关系到整个国际社会的发展，具有国际性。再次，在处于国际航道上的领水、毗连区和专属经济区的海盗犯罪针对的是国际船只而不是其国内船只。最后，现实中海盗犯罪大部分是发生在处于国际航道上的领水、毗连区和专属经济区。从亚丁湾到马六甲再到南海，海盗犯罪案件大部分都发生在处于国际航道上的领水、毗连区和专属经济区。犯罪地点扩大到这些区域才能解决实践中的问题。

因此，将海盗罪的犯罪区域扩大到处于国际航道上的领水、毗连区和专属经济区既是可能的也是必要的。

二、犯罪范围的扩大

现代的海盗犯罪的一个新情况是海盗经常与恐怖组织结合在一起。一般来说，海盗犯罪是不应包括恐怖主义犯罪的。毕竟，在本质上恐怖主义犯罪针对的是特定国家，并没有危害国际航行的安全。另一方面，恐怖主义者在国际社会中往往具有两面性。对于特定国家的恐怖主义者来说，对另一个国家或民族就是自由的战士。在执行上，将恐怖主义行为纳入海盗罪也会遇到很大的阻力。有些国家的人民和民族会支持和庇护这些人。同时，它也会使得打击各种情况的海盗犯罪变得更为复杂。这也会削弱打击海盗犯罪的针对性和力度。

但是，下面一种情况却是可以讨论的。1985 年恐怖分子在地中海上扣押了在意大利登记的游艇艾切利·劳罗号。恐怖主义者威胁说除非关押在以色列的 50 名巴勒斯坦人获得释放，否则他们将杀死所有的乘客（船上有 454 人）。最后恐怖主义者虽然投降了，但有一个犹太种族的美国公民被杀。国际海事组织在 1985 年 11 月 20 日的一项决议中关切地指出这种攻击次数正在增加。同一年，联合国大会对此表示关切。这种关切的结果是 1988 年《制止危及海上航行安全非法行为公约》的制定。① 在这个案例中，恐怖分子的政治目的是针对以色列的，并不具备《联合国海洋法公约》所要求的私人目的要件，从而不构成海盗罪。

---

① ［英］詹宁斯、瓦茨修订：《奥本海国际法》（第一卷·第二分册），王铁崖等译，中国大百科全书出版社 1998 年版，第 181 页。

但其海上暴力行为却针对无关的第三国即意大利的船只。并且他们还杀死了无关国家的第三国国民，即一个犹太裔的美国人。

通过分析这个案例，我们可以得出如下结论：海盗犯罪应包括针对无关的第三国国家或国民的海上恐怖主义犯罪。理由有两点：

（一）本质上，针对无关的第三国国家或国民的海上恐怖主义犯罪已经构成了海盗罪

尽管针对无关的第三国国家或国民的海上恐怖主义犯罪具有政治目的，不具备《联合国海洋法公约》要求的“私人目的”要件，但其犯罪性质已经发生了转变，符合海盗罪的本质，构成了海盗罪。恐怖主义的行为是针对有关的特定国家的。但在上述的案例中恐怖分子的暴力行为针对的是无关的第三国的国家或国民，而不是针对其目的国以色列。这样，该恐怖分子的犯罪行为的性质就发生了改变。从性质上讲，他们的暴力行为是无区别地针对第三国的国家或国民及他们的财产，并且还危害了海上国际航行的安全和秩序。同时，恐怖分子的暴力行为已经超出了恐怖主义犯罪的目的，而将矛头指向了整个国际社会。这就危害了整个国际社会的海上航行的安全和秩序，危及了整个国际社会的利益。

（二）《联合国海洋法公约》关于海盗罪定义的理论来源并没有考虑到海上恐怖主义

从理论来源上讲，《联合国海洋法公约》关于海盗罪定义的规定基本上采用哈佛草案和公海公约的规定。有关研究人员起草哈佛草案和制定公海公约时并没有考虑到海上恐怖主义犯罪，更没有考虑到针对无关的第三国国家或国民的海上恐怖主义犯罪。在当时的国际历史条件下，现代的海上恐怖主义并没有出现过，因而也无法考虑这些问题。而现在上述案例向我们提出了这个问题。因此，国际公约所依据的社会条件和实践变化了，国际立法也理应随之而改变，才能满足国际社会打击海盗犯罪实践的需要。

因此，海盗罪应包括针对无关的第三国的国家或国民的海上恐怖主义犯罪。

三、犯罪行为的扩大

就海盗罪的客观方面而言，《联合国海洋法公约》还要求具备两方船舶或飞机要件，即针对另一船舶或飞机，或针对另一船舶或飞机上的人或财物。如果非法暴力不是针对另一船舶或飞机而是针对同船内的船员或乘客，这在以前国际习惯法上是构成犯罪的。并且现代的一些国家的国内法也将之纳入海盗犯罪的范围。但国际法委员会对此明确地说：“船上船员或乘客对该船自己或对船上的人员或财物所从事的行为，不能认为是海盗行为。”① 这是因为同船内的犯罪行为属于船旗国专属管辖，属于一国的内政。但是这个问题是值得讨论的。在这里，笔者主张海盗罪应包括足以影响国际航行安全的同船内的暴力行为。理由有如下四点：

（一）《联合国海洋法公约》关于海盗罪定义的理论来源并不是为了排除同船内的暴力行为

从源头上讲，《联合国海洋法公约》关于海盗罪的定义完全采用了《公海公约》的规定，而《公海公约》中关于海盗罪定义又基本上源自哈佛草案。但是在哈佛草案中，起草者规定两方船舶或飞机的要件只是为了排除同船内的小偷小摸行为。在当时的国际习惯法中，同船内的暴力行为还是构成海盗罪的。当时的许多国家的国内法也将之归入了海盗罪。

---

① ［英］詹宁斯、瓦茨修订：《奥本海国际法》（第一卷·第二分册），王铁崖等译，中国大百科全书出版社 1998 年版，第 178 页。

（二）同船内的暴力行为构成海盗罪已为一些国家的国内法所认同

现代的一些国家或地区的国内法将同船内的暴力行为纳入海盗罪中也说明了将足以影响国际航行安全的同船内的暴力行为纳入海盗罪的定义中在国际社会还是得到了一定程度上的认同。如美国关于海盗罪的最新版本即1982年的法典、加拿大现行的《加拿大刑法》和中国香港特别行政区的《刑事罪行条例》等都规定同船内的暴力行为构成海盗罪。

（三）影响国际航行安全的同船内的暴力行为符合海盗罪的本质

两方船舶或飞机要件并不是是否构成海盗罪的本质因素。海盗罪的本质是一种不加区别地攻击正在航行的国际船只，危害国际社会在海上国际航行的安全和秩序，损害全人类利益的国际犯罪。从实质上讲，只要同船内针对其他船员或乘客的暴力行为足以危害该船舶的国际航行活动，就构成了对国际航行秩序的危害，就构成了海盗罪。

（四）从各国维护公海航行安全的力量上看，将足以影响国际航行安全的同船内的暴力行为纳入海盗罪的定义中也是必要的

相对于茫茫公海来说，一个国家的执法力量是不足以维护本国船只的航行安全的，即使是像美国这样的超级强国。如果在一个国际水域上某一国家的船舶内发生针其他船员或乘客的暴力行为，并足以危害该船舶的国际航行活动，并且犯罪者已经控制了船舶，但是该国的海军力量又不足以赶到遥远的海域去执法，而其他国家的海军又正好在此巡航。在这种情况下，这支正在巡航的海军出于船旗国专属管辖的原则，就不能帮助船旗国制止这种非法行为。

当今时代，海上贸易是国际经济的生命线。如果船舶的国际航行安全受到威胁直接关系到整个国际社会的利益。而世界上的所有国家的海军力量都不足以单独维护本国的船舶在整个国际水域的安全。这样对这种同船内的非法暴力行为就无法制止了。怎么办？只有联合起来，开展国际合作和互助。

说到这里，还有一个问题要提及：如果允许一国军舰对其他国家的执法，那么这不是侵犯了一个国家的主权了吗？其实这与国家主权并不矛盾。试问，若是一国的船舶已被犯罪分子控制，船旗国还能对该船舶行使主权吗？还有，本质上这种情况是一种国家之间对国际海上犯罪的一种相互援助行为。但是，出于有关国家可能借此干涉别国的船舶的国际航行考虑，其执行程序上要严格规定，以防止这类事情发生。

因此，无论从源头上或是从国家认同上或是从实质上还是从实践上考察，足以影响国际航行安全的同船内的非法暴力行为，应该纳入海盗罪的范围内。

四、小结

根据上述论述，笔者认为海盗罪的定义应作如下的进一步完善："下列行为的任何行为构成海盗行为：（一）私人船舶或私人飞机的船员、机组成员或乘客为私人目的但不排除针对无关的第三国的国家或国民的海上恐怖主义目的，对下列对象所从事的任何非法的暴力或扣留行为，或任何掠夺行为：1. 在公海上对另一船舶或飞机，或对另一船舶或飞机上的人或财物；或者在公海上针对同船内的其他船员、机组成员或乘客或财物，足以危害该船舶的国际航行安全；2. 在任何国家管辖范围以外的地方对船舶、飞机、人或财物；或者在处于国际航道上的领水、毗连区或专属经济区内对另一船舶或飞机，或对另一船舶或飞机上的人或财物；或者在处于国际航道上的领水、毗连区或专属经济区内对同船内的其他船员、机组成员或乘客或财物，足以危害该船舶的国际航行安全。（二）明知船舶或飞机成为海盗船舶

或飞机的事实，而自愿参加其活动的任何行为。（三）教唆或故意便利（一）或（二）项所述行为的任何行为。”

根据上述定义，海盗罪的构成要件如下：

（一）主体要件

构成海盗罪的主体必须是私人船舶或私人飞机的船员、机组成员或乘客。关于海盗罪的主体要件与前述的《联合国海洋法公约》的论述相同。这里不再赘述。

（二）主观方面要件

构成海盗罪在主观方面的要件必须是故意，同时还必须具有私人目的。但这种私人目的并不能排除针对无关的第三国国家或国民的海上恐怖主义目的。

（三）客体要件

构成海盗罪在客体方面的要件是危害了世界各国船舶或飞机在海上的国际航行安全和秩序。

（四）客观方面要件

构成海盗罪在客观方面的要件主要有：

1. 客观行为

构成海盗罪在实行行为上必须实施了任何非法的暴力或扣留行为，或任何掠夺行为。另外，共同犯罪中的教唆行为和帮助行为也构成海盗罪的客观行为要件。

2. 犯罪对象

构成海盗罪包括对另一船舶或飞机，或对另一船舶或飞机上的人或财物；或者在针对同船内的其他船员、机组成员或乘客或财物，其行为足以危害该船舶的国际航行安全。这里要注意的是，足以危害船舶的国际航行安全的同船内的暴力行为无论发生在公海还是发生在处于国际航道上的领水、毗连区或专属经济区内，都构成海盗罪。

3. 犯罪地点

构成海盗罪的犯罪地点发生在公海上、在任何国家管辖范围以外的地方或在处于国际航道上的领水、毗连区或专属经济区内。

结　论

在当代，国际海上贸易蓬勃发展，是世界经济的生命线。国际海上航行的安全直接关系到各国海上贸易的安全，关系到国际社会的经济安全。但是只要存在海上贸易就会存在海盗。近几年，海盗犯罪严重干扰国际航行安全和秩序，给国际社会造成了巨大的损失。

目前，国际社会关于海盗犯罪的定义还是存在不同的看法。《联合国海洋法公约》被认为是对国际习惯法的编纂，因而对世界各国都具有法律约束力，不管是缔约国还是非缔约国都有遵守法律的义务。其关于海盗罪的定义是当今国际社会打击海盗犯罪唯一对世界各国具有法律约束力的法律依据。然而，其定义不仅在理论上存在一些争议，而且实践上也不能满足国际社会打击海盗犯罪的需要。

考察海盗罪定义的历史演变的经过、理论发展的过程和国际社会打击海盗罪的实践，我们可以认识到：海盗罪的定义必须随着相关理论的发展、社会条件的改变和国际实践需要的变化而不断地变化和完善。

因此，本文认为无论从源头上或是从实质上还是从实践上考察，《联合国海洋法公约》关于海盗罪定义的规定，可以在如下几个方面进一步地改进："下列行为的任何行为构成海盗行为：（一）私人船舶或私人飞机的船员、机组成员或乘客为私人目的但不排除针对无关的第三国的国家或国民的海上恐怖主义目的，对下列对象所从事的任何非法的暴力或扣留行为，或任何掠夺行为：1. 在公海上对另一船舶或飞机，或对另一船舶或飞机上的人或财物；或者在公海上针对同船内的其他船员、机组成员或乘客或财物，足以危害该船舶的国际航行安全；2. 在任何国家管辖范围以外的地方对船舶、飞机、人或财物；或者在处于国际航道上的领水、毗连区或专属经济区内对另一船舶或飞机，或对另一船舶或飞机上的人或财物；或者在处于国际航道上的领水、毗连区或专属经济区内对同船内的其他船员、机组成员或乘客或财物，足以危害该船舶的国际航行安全。（二）明知船舶或飞机成为海盗船舶或飞机的事实，而自愿参加其活动的任何行为。（三）教唆或故意便利（一）或（二）项所述行为的任何行为。"

参考文献

一、中文部分

（一）著作类

1. 李子迟：《千年海盗：全球海盗两千年的诡谲史诗》，重庆出版社2009年版。
2. 胡城军：《论海盗犯罪——兼论海盗犯罪在我国刑法中的适用》，中国检察出版社2009年版。
3. ［英］詹宁斯、瓦茨修订：《奥本海国际法》（第一卷·第二分册），王铁崖等译，中国大百科全书出版社1995年版。
4. 邵津：《国际法》，北京大学出版社、高等教育出版社2005年版。
5. 《加拿大刑法典》，卞建林等译，中国政法大学出版社1999年版。
6. 《美国刑法》，储槐植译，北京大学出版社2005年版。
7. 《俄罗斯联邦刑法》，赵微译，北京法律出版社2003年版。
8. 《荷兰刑法典》，颜九红、戈玉和译，北京大学出版社2008年版。
9. 《菲律宾刑法典》，陈志军译，中国人民公安大学出版社2007年版。

（二）论文类

1. 徐松岩：《古代海盗行为述论》，载《世界历史》1999年第4期。
2. 周明圣：《略论北欧海盗的对外劫掠活动》，载《绵阳师范学院学报》2009年第3期。
3. 编者：《〈关于海盗和海上暴力行为的示范国内法〉简介》，载《中国远洋航务公告》2001年第5期。
4. 杨翠柏：《〈亚洲打击海盗及武装抢劫船只的地区合作协定〉评价》，载《南洋问题研究》2006年第4期。
5. 刘军：《索马里海盗问题探析》，载《现代国际关系》2009年第1期。
6. 冷新宇：《关于海盗罪的国际法规则的发展观察》，载《西安政治学院学报》2009年第6期。
7. 潘一宁：《马六甲海峡安全与国际合作》，载《东南亚》2005年第2期。
8. 韦朝晖：《马六甲海峡安全影响因素分析——马六甲海峡安全与沿岸国家的外交选择系列研究之一》，载《学术论坛》2007年第2期。
9. 许可：《影响当代东南亚海盗兴衰的变量研究》，载《南洋问题研究》2009年第1期。
10. 李金明：《南海地区安全：打击海盗与反恐合作》，载《南洋问题研究》2008年第3期。
11. 蔡高强、胡斌：《海盗罪管辖权冲突及其解决》，载《太平洋学报》2009年第9期。

12. 兰红燕：《浅析国际法上海盗罪的认定及其性质》，载《国际关系学院学报》2009年第4期。

（三）网上资料

1. 香港《刑事罪行条例》，香港法律资讯研究中心，http：//www. hklii. org/c_index. shtml，2010年3月3日访问。
2. 中国台湾地区“刑法”分则，法源法意网，http：//db. lawbank. com. tw/FLAW/FLAWDAT0201. asp? lsid = FL001424&beginPos = 45，2010年3月3日访问。
3. 南海各方行为宣言，东方网，http：//news. qq. com/a/20090318/000420. htm，2010年3月6日访问。

二、外文部分

1. Joshua and Michael Goodwin, Universal Jurisdiction and the Pirate: Time for an Old Couple to Part, Vanderbilt Journal of Transnational Law, 2006.
2. Monica Pathak: Maritime Violence: Piracy at Sea and Maritime Terrorism Today, Windsor Review of Legal and Social Issues, November, 2005.
3. Barry Hart Dubner: Human Right and Environmental Disaster – Two Problems That Defy the "Norms" of the International Law of Sea Piracy, Syracuse Journal of International Law and Commerce , Spring, 1997.
4. Phillip A. Buhler: New Struggle with an Old Menace: Towards a Revised Definition of Maritime Piracy, International Trade Law Journal, winter, 1999.
5. Ethan C. Stiles: Reforming Current International Law to Combat Modern Sea Piracy, Suffolk Transnational Law Review, summer, 2004.
6. Rosemary Collins and Daud Hassan: Applications and Shortcomings of the Law of the Sea in Combating Piracy: A South East Asian Perspective, Journal of Maritime Law and Commerce, January, 2009.
7. Lawrence Azubuike: International Law Regime against Piracy, Annual Survey of International and Comparative Law, spring, 2009.
8. Malvina Halberstam: Terrorism on the High Sea: the Achille Lauro, Piracy and the IMO Convention on Maritime Safety, American Journal of International Law, April, 1988.
9. Michael Bahar: Attaining Optimal Deterrence at Sea: A Legal and Strategic Theory for Naval Anti – Piracy Operations, Vanderbilt Journal of Transnational Law.
10. George D. Gabel, Jr: 21st Biennial Admiralty Law Institutes: Article: Smoother Seas Ahead: The Draft Guidelines as an International Solution to Modern – Day Piracy, Tulane Law Review, June, 2007.

专题三

人体器官交易罪

危 塱

导　论

自“实验外科之父”Hunter医生在人身上成功地进行前磨牙替换手术以来，近代器官移植技术就以迅猛的速度发展起来。1954年，Merrill和Murray医师在美国波士顿Harvard医院成功地进行了第一例同卵双胞胎间肾移植，供体存活了8年之久。之后进行了非亲属之间的肾脏及其他器官的移植，成功率逐渐攀升。器官移植技术的渐趋成熟，为生命带来福音，使许多濒危病人获得了重生的希望。

但器官移植技术的成熟也使器官移植手术日益增多，对器官供体的需求成倍增长，于是出现人体器官严重供不应求的现象。市场规律告诉我们，有需要就会有市场，很多唯利是图之人在高额的利润驱使下从事器官买卖的行当。虽然大多数国内法禁止这种侵犯人权、毁损人类自身尊严的行为，但是效果并不是很明显，器官买卖行为仍然有增无减，地下市场进行的人体器官走私十分猖獗。

众所周知，器官移植技术的宗旨是救死扶伤、治病救人，它使成千上万的垂危病人获得重生。但人体器官交易扭曲了这一宗旨。卖出人体器官的根本目的是获取利益，多数情况下是金钱利益，而不是为了救死扶伤，挽救生命；购买人体器官的目的可能是再卖，也可能是为了移植、赠与。购买器官这一行为仍不应被我们接受，因为它在一定程度上贬低了人自身的价值，也极大地诱发了出卖器官的行为。不仅如此，人体器官交易还带来了一系列法律问题和社会问题，比如：为了获取器官而故意杀害他人；医生为了得到器官而提前结束病人的生命；成立跨国公司专门从事人体器官交易等。如果对这些行为不加以制止，其将会愈演愈烈，最终危害人类的根基。

日渐走向“国际化”的人体器官交易不仅严重损害了被害者的健康甚至生命，也对人类良知形成了巨大挑战，并迫使人们全面反思对人体器官交易的法律规制体系。

笔者发现，目前对人体器官交易的法律规制还主要集中在内国法规制范围，理论界的研究重点也放在如何完善国内的法律规制上面。

刘长秋博士是国内对这一问题研究较多的学者之一。她在《生命科技犯罪及其刑法应对策略研究》一书中，对人体器官交易相关的犯罪进行了详细的分类，并提出了借鉴外国刑法规制模式进行我国刑事立法的主张，为笔者对人体器官买卖的规制体系的重新构想提供了很好的背景材料。她还在多篇文章和著作中对人体器官交易的违法性这个先决问题进行了阐述，并提出了刑法规制设想，如《器官移植法研究》、《浅论对偷取他人器官行为之定性与处罚》、《人体器官买卖与捐献的法律分析》。另外两位学者刘俊森、古津贤合作的《非法人体器官交易的刑事立法研究》一文另辟研究渠道，从比较法的角度阐述了其他国家的人体器官交易犯罪的刑法规制模式，从而提出人体器官交易罪的构成，看了他们的研究后，让笔者更加坚信从国内法角度规制人体器官交易存在不足。还有其他的学者如顾海波教授、赵进华教授都对人体器官交易的国内法的规制作了研究。学者们在比较不同国家的刑法规制模式时，大多都提到每一种模式的弊端，但都采取“比例原则”，选择较好的模式。学者们的研究给了笔者一个大胆尝试的设想，从国际刑法的角度来完善人体器官交易的规制体系。

笔者在查找和阅读资料当中还发现，外国学者对人体器官交易的研究，主要集中在人体器官买卖应否合法化的争论中，而绝大多数国家都明文规定禁止人体器官交易。美国著名伦理学家威廉·梅（WilliamMay）从伦理学角度分析，应对人体器官交易予以禁止。而 MokhtarAl – Mahdi 博士在 *Donation*，*Sale Unbequeathed Possession of Human Organs* 中从法医学角度否认了利用买卖的器官进行器官移植的必要性。Alexander Powhida 在评论美国的《全国器官移植法》（*National Organ Transplant ACT*）时指出，人体器官交易是违反美国宪法的。这些学者虽然没有对人体器官交易的刑法规制作过多论述，但是解决了进行规制的前提问题，即人体器官交易是不符合人类基本利益的，是应该禁止的。而反对禁止人体器官交易的学者当中，多数是医学人士，他们从扩大器官供体来源的角度，分析应将人体器官交易合法化。他们的研究成果对笔者论证人体器官交易的违法性方面提供了充足的资料。

在笔者研究各国对人体器官交易的立法实践当中，徐久生、章敬华译的《德国刑法典》和罗结珍译的《法国新刑法典》提供了第一手资料，德国和法国在人体器官交易犯罪立法方面形成了两种不同的模式。我国澳门地区在人体器官交易的规制方面吸收了德国的立法模式，但规定得更加具体、可行。正如刘长秋在文章《澳门器官移植法研究——澳门器官移植法及其对大陆器官移植立法之启示》中所述，这对我国内地器官移植立法有很强的借鉴意义。

在对现有理论和实践立法进行研读之后，笔者得出结论：仅仅依赖国内法无法真正遏制人体器官交易行为，应当借助国际刑事立法来弥补国内法规制中存在的不足。但是只有国际犯罪才需要国家刑法来进行规制，人体器官交易是否达到了这样一个标准呢？

对人体器官交易是否达到了国家犯罪的标准，理论界还没有很系统的理论体系，只是散见于对人权、正义、伦理道德进行专门论述的著作和论文当中，如万慧进所著的《生命伦理学与生命法学》，郭自力的《生物医学的法律和伦理问题》，徐宗良、刘学礼合作的《生命伦理学》，刘长秋、赵志毅合作的《人体器官买卖的法律分析》，等等。笔者还将通过 WHO 调查收集到的多组数据和案例来证明人体器官交易的残忍性、反人权性、反正义性，如 *The Question of Organ Trafficking* 提供的案例，里面列举了多起人体器官交易的实例，并经过医学分析，其中存在重大危害性。另外，从 WHO 举行的数次会议中都把禁止人体器官交易作为其中的一个重要的问题来讨论也可以看出，人体器官交易已不是一个国家能够解决的问题，而是各国在进行器官移植方面都要面对的共同难题。由已有的这些文献，经过归纳总结，笔者认为人体器官交易的危害性已经达到国际犯罪的基本标准了，需要各国合作签订条约对其进行规制。

如何推动人体器官交易的国际刑法规制？这在国内、外理论界还无人涉足。笔者也只是从实证的角度来进行分析论证。给笔者最多启发的是世界医学大会数次的会议议题，其中在 1985 年的大会上，与会国签署了《制止人体器官交易宣言》，这说明各国在禁止人体器官交易方面达成了部分共识。WHO 也在 1987 年的 WHA43. 12 号决议采纳了宣言的意见，在其后的会议中，都把禁止人体器官交易作为一个重要议程，1982 年通过了 *Resolution* 42. 5 – *Preventing the Purchase and Sale of Human Organ*。在 2003 年的议程当中讨论得更是激烈，Dr. Frank Delmonico 在讨论中认为器官移植应建立全球合作机制。而人体器官交易又是人体器官移植当中必须要解决的问题。世界卫生组织通过的决议虽然对各国无拘束力，但却有重大指导意义，有望通过世界卫生组织的创导签订相关的国际条约。

基于借鉴以上学者的研究成果和国际组织的实践，笔者对以国际刑法规制人体器官交易进行了论证，并提出了初步设想，希望以此体现为国际刑法学的研究作点贡献的拳拳之心。

第一章　人体器官交易的概况

人体器官交易是指带有经济性质的器官转让行为，[①] 在大多数国家因捐赠器官而接受礼品或付款都是非法的。交易的器官不是内销就是出口并移植到来自美国、欧洲、阿联酋、沙特阿拉伯或以色列的病人身上。[②] 法律层面的禁止并没有成功遏制这一犯罪行为，且犯罪行为越来越隐蔽，规模越来越大。由于国家间缺乏合作，甚至有些国家对“器官移植旅游”[③] 采取默认态度，国际社会对人体器官交易行为的打击成效甚微。

第一节　人体器官交易的现状

为了全面了解和分析人体器官交易的基本情况，笔者试将其分为以下四种主要类型：

一、个人主动出卖人体器官

人体器官交易的地下市场在各国都存在，其中最为严重的地方当属印度和巴基斯坦地区。1994 年，印度有关部门对某地的一个贫民窟做过一次突击检查，令人吃惊的是，该区几乎所有的成年人都只有一只肾。[④]

2008 年 2 月，巴基斯坦农村一位 7 个孩子的母亲 Haleem Bibi，在她丈夫因为工伤事故而截去上肢后，为了补贴家用，把自己的一个肾脏以 1500 美元的价格卖给了一家诊所，然后这家诊所以 40000 美元的价格卖给了一个海外求肾者。这个居住在巴基斯坦东部 Jandala 村庄的家庭，仍然要靠借债维持生计，而且 Haleem Bibi 由于术后没有得到足够的休息和营养，健康状况越来越恶化。遭遇 Bibi 一家同样命运的人，在巴基斯坦和世界其他国家里，每天都有成百上千个，全球的器官交易市场愈演愈烈。[⑤] 虽然他们中的大多数是主动出卖自己的器官，但所有卖器官的人都是因生活所迫不得已而为之的，即使这样，也不能真正解决自己的贫困问题，“挖肉补疮”的做法只会让自己更加陷入贫困当中。

中国的情况也不容乐观。2001 年 9 月，山东德州电力公司司机马加山刚满 9 岁的儿子马可被医院确诊为急性淋巴细胞白血病。经过近一年的治疗，本就积蓄不多的马家变得一贫如洗、债台高筑。为了筹集进行骨髓移植所必需的高昂手术费用，马加山只能卖肾救子。虽然马加山的初衷是美好的、崇高的，但从事件的本身性质和长远利益来说，是不被肯定的，

---

① 郭自力：《生物医学的法律和伦理问题》，北京大学出版 2002 年版，第 146 页。

② Issue 302：The Question of Organ Trafficling，http：//www. who. int/bulletin/volumes/82/9/feature0904/en/index. html，2009 年 4 月 12 日访问。

③ 世界卫生组织：世界卫生组织执行委员会第 123 届会议临时议程项目 5［R］. 2008：9。

④ 钟安环：《生命的追问》，山东教育出版社 1998 年版，第 26 页。

⑤ Dilemma over live - donor transplantation，http：//www. who. int/bulletin/volumes/85/1/07 - 020107/en/，2009 年 4 月 12 日访问。

也是不被法律认可的。① 笔者认为，虽然不能将这种出卖自己器官以谋利的行为定为犯罪行为，但也应该以法律的形式加以禁止，因为这种行为为人体器官交易提供了市场。

二、个人强行摘除他人器官出卖

相对于个人主动出卖器官，被动出卖器官显得更加残忍和血腥。犯罪人采取绑架、麻醉、欺骗等各种手段，强行摘除他人器官，出卖给第三人或中介组织，以获取高额利润。这种行为集盗窃、抢劫、伤害于一体，不仅严重损害被害人的身体健康，甚至可能使被害人失去生命。

美国虽然号称富强、文明的国度，但是其地下人体器官交易并不亚于其他国家。典型案例如美国殡仪馆工人偷摘尸体器官出卖案：2009 年美国宾夕法尼亚州的 3 名殡葬员工将盗窃的 244 具尸体以每具 1000 美元的价格卖给纽约市人体器官交易商迈克尔·马斯特罗马里诺。后者开了一个名为“生物医学组织服务”的公司，该公司的主要业务是向需要进行移植手术的病人提供人体器官或皮肤。马斯特罗马里诺在李·克鲁塞塔（专业护士，领导着一个“切割者”团伙，专门从尸体上取走马斯特罗马里诺需要的骨骼、皮肤和其他人体组织）的配合下与上述 3 名殡葬工人进行尸体偷窃，共窃取了 1077 具尸体，美国法院已对这些犯罪分子进行了起诉。②

我国也有类似案件：2006 年 11 月 9 日晚，王朝阳伙同王晓辉、刘会民、王永良将被害人仝革飞（乞丐）捆绑至行唐县上方村南的废弃旧变电站院内的房子中，并与医生陈杰等人联系买卖人体器官的具体事宜。15 日凌晨 5 点，王朝阳先将仝革飞勒死，之后欺骗医生陈杰等人称是被法院刚执行完死刑的人员，让其将肾脏、肝脏器官摘取，王朝阳得款 1.48 万元。参与这次器官交易的还有几名资深医生，他们摘走了仝革飞的双肾、一肝、一脾、一胰腺。王朝阳构成人体器官交易行为是无疑问的，对于几名参与的医生是否构成人体器官交易行为，则存在着争论。③

三、“器官库”的人体器官交易

美国的器官储存机构在人体器官交易中扮演的角色似乎更加冠冕堂皇。原因是美国国会 1984 年通过《全国器官移植法》明确规定：人体器官移植是一项非营利性的公益事业，严禁销售人体器官以牟取暴利；同时允许非营利性的公益机构“人体组织储备库”及中间经营机构接受和处理无偿捐献的人体器官并收取“合理的费用”，④ 而这种接受和处理机构收取的“合理的费用”没有给予科学的界定。恰是这种法律上存在的漏洞使有权无偿获得器官的中间机构在利益的驱使下，披着合法的外衣，应运转化为器官移植的供给方。这些机构都冠予“人体器官库”、“细胞库”等美誉，甚至有些是私有企业在经营。它们成了器官交易的中转站，在美国发展得非常迅速。据称，新泽西州的人体器官经营机构“生命细胞公司”控制了 20 家人体组织库，其拳头产品是皮肤制品 AlloDerm，年利润可达两亿美元，它

---

① 钟安环：《生命的追问》，山东教育出版社 1998 年版，第 126 页。

② 《美国一殡葬员工涉嫌盗卖尸体给人体器官交易商被诉》，http：//www.hn8868.com，2009 年 4 月 13 日访问。

③ 《揭秘乞丐之死背后的器官交易》，http：//www.sina.com.cn，2009 年 4 月 13 日访问。

④ 唐德祥：《美国〈全国器官移植法〉运行中的经济问题探析》，载《企业经济》2003 年第 7 期，第 136 页。

们与加拿大研究建立的免费为受体提供器官的“器官库”① 性质完全不同。

这些机构通常把脑死亡者和心脏停止跳动者捐献的心脏瓣膜、皮肤、血管和肝脏的细胞等收集起来，然后再有偿地提供给需要移植者或药物开发者。② 他们有时候也从黑市上买来器官，供以后出卖。大多时候这种器官都是没有经过严格检查的，器官的质量问题令人堪忧。这些器官有时会给受体带来严重的不良后果，甚至死亡，但是这些机构的“利益”非常大，所以他们热衷于此勾当。包括红十字会在内，“器官库协会”的企业约达到七十多家，加上一些没有加入该协会的团体，以及从事细胞和遗传基因商品化的其他企业，这种类型的企业数量足以超过数百家，而且企业数量和销售额都在逐年增加。华盛顿的一位律师曾对此做过估计：“包括生殖器官买卖等商业在内，美国人体器官市场的规模已经超过了100亿美元。”③

四、跨国的人体器官交易

当大多数国内法对人体器官交易加以禁止时，从事这一行当的跨国公司和掮客们开始把目光投向国外，尤其是那些法律不够健全或者虽有法律但国家政治不稳定的国家，在这些地方他们可以大胆地进行这种违反人类基本道德的人体器官交易行为。

在德国，警方发现一家名为Germany China Medical的跨国公司从事人体器官交易和非法人体器官移植等地下工作。警方经过进一步调查发现，该公司设在香港的办事处专门从事这一违法行为。主要是经香港办事处安排在菲律宾及哥伦比亚等地进行器官交易及非法移植手术，当中涉及一名以色列的医生。④

在巴西，一个住在贫民窟的小青年奥波第有9个弟妹，还有一个做妓女的母亲，很希望通过卖掉自己的一个肾脏来摆脱窘困的生活。买方是一位叫布鲁克林的美国妇女，她和她的亲属通过以色列的器官移植中间商找到奥波第。经过反复讨价还价，中间商收了布鲁克林6万美金，而奥波第却只从中间商那里得到了6000美金。他们在南非进行了移植手术。这位美国妇女在手术前和手术后都得到了精心的看护。但奥波第只得到了3天的住院观察，不久就被送上了飞机，奥波第的健康受到了严重损害，更惨的是奥波第在回到巴西后就遭到抢劫，6000块的卖肾钱几乎被洗劫一空。⑤

这些案例只是跨国器官交易的冰山一角。还有更多的从事器官交易的掮客们，他们从人体器官交易中获得高额利润。大多数通过这种器官贩子进行的器官交易，买卖双方都不用见面，全过程都由这些贩子进行操纵，交易网络往往跨越几个国家、经过很多人。

---

① Bartha Maria Knoppers. Intellectual Property Rights and Ownership Issues：International Policy Positions and Emerging Trends in the Literature，http：//www. ic. gc. ca/eic/site/ippd - dppi. nsf/eng/h_ ip00060. html.

② 刘长秋、孙自强：《人体器官交易应否被合法化》，载《社会观察》2005年第7期，第22页。

③ 刘长秋、孙自强：《人体器官交易应否被合法化》，载《社会观察》2005年第7期，第22页。

④ 《港公司涉跨国买卖人体器官》，www. forum4hk. com/thread - 2276 - 1 - 1. html，2009年3月15日访问。

⑤ Dilemma over live - donor transplantation，http：//www. who. int/bulletin/volumes/85/1/07 - 020107/en，2009年4月12日访问。

第二节　人体器官交易合法与否的争议

如何评价猖獗的人体器官交易？实践上和理论上的态度存在着差异。在实践的层面上，绝大多数的国家都明文禁止人体器官交易行为。目前，全球只有伊朗规定人体器官交易为合法的行为，其他国家都不同程度地禁止人体器官的交易。所以从国家层面上来讲，人体器官交易的违法性不存在争议，各国基本达成了共识。但是在理论的层面还是争议不断。总结起来为两种观点：人体器官交易应予违法化和应予合法化。

一、应予合法化的观点

有的学者从增加器官供体的数量的角度考虑，认为应该将人体器官交易合法化，以解决目前的器官短缺问题，使更多的生命得到挽救。由于器官移植技术已相当发达，全球每年有数以万计的患者通过器官移植手术获得重生，随之而来的问题是器官供体的缺乏。以我国为例，卫生部副部长黄洁夫说："据不完全统计，我国每年有100万肾功能衰竭患者，有30万肝功能衰竭患者，其中相当一部分可以用器官移植救治，但目前只有极少数能够重新获得生命的希望。"① 至2009年，全国总共完成肾移植86800例；肝移植14643例；心脏移植和肺移植分别为717例和165例；小肠移植17例；胰肾联合移植209例。② 还有相当一部分人因得不到器官移植而死亡。器官短缺成为制约人体器官移植术发展的瓶颈问题。基于这种严峻形势，有的学者就主张人体器官交易应被合法化。

有的学者从物权法的角度考虑，认为应该将人体器官交易合法化。因为"器官移植使身体部分地变成了物权的客体，法律应该承认这种已经献出的、脱离人体的、可用于移植的器官为物，它们可以成为所有权的客体，属于提供它们的自然人所有……具有物的流通性，即器官可以自由买卖"。③

美国哈佛大学教授曼昆则从公平角度论述应将人体器官交易合法化。其在"《经济学原理》第三版中新增了一个案例'应该有人体器官市场吗?'他给出的答案是，如果双方愿意，器官买卖是可以的。曼昆分析认为，'如果允许器官像其他资源一样自由买卖，双方的收益都增加了，只要可以自由买卖器官，就不仅可以挽救无数人的生命，出卖器官的人也可以获得经济利益以维持、帮助或改善他们的生活，所以这是一种既有效率又公正的结果，也是自由贸易有利于双方的证明'"。④ 美国的一个外科移植医生在 Amy L Friedman 的英国医学杂志里发表的论文称："在 WHO 的指导原则下是被禁止的且在很多国家是违法的活体的非亲属间的器官买卖应该合法化，以增加器官供应并解决了器官黑市问题，从而使所有这些

---

① 《沈洋、黄洁夫表示建立我国器官移植捐献提醒已迫在眉睫》，http：//www.gov.cn/jrzg/2009－06/04/content_1332082.htm，2009年12月5日访问。

② 仇逸：《我国人体器官移植数量位居世界第二》，http：//news.lyd.com.cn/content/2009/8/25/613348.shtml，2009年12月15日访问。

③ 万慧进：《生命伦理学与生命法学》，浙江大学出版社2004年版，第259页。

④ 张田勘：《器官资源分配公正是社会公正的缩影》，http：//zqb.cyol.com/content/2005－06/09/content_1127950.htm，2009年7月16日访问。

涉及的器官移植程序都是安全的。”①

二、应予违法化的观点

针对支持器官买卖者提出的理由，反对者也提出了自己的观点。

有学者认为，人体器官的供体在全球范围内确实是处于极其短缺的状态，但是并不能因此就该允许人体器官交易。解决器官短缺的问题还有其他更为可行的办法，如有些国家建立的器官捐献卡、澳大利亚建立公立的“器官库”，甚至在全球建立真正服务人类的器官移植库，这些都是很好的解决办法。

还有的学者认为，通过交易的方式得来的人体器官，不仅质量方面得不到保证，而且会存在严重的生命威胁，如未经过严格的移植前检查，使不配型的器官之间进行移植，甚至使一些带病的不健康的器官移植到受体身体内。如此必然不断地导致人间悲剧的发生，带来社会混乱，从而使器官移植所得到的利益远远小于器官交易所造成的损失。

甚至有的学者从身体权的角度进行反驳。“身体权是指自然人保持身体组织的完整并支配其肢体、器官和其他组织的权利。”②“身体权归属于人身权中的人格权，具有人格属性。把人体的器官规定为可以自由买卖转让的物权是不可想象的。因为人对于自己的身体和生命的权利都是有限制的。人可以选择自杀，但决不是法律所倡导的行为。”③ 他们认为身体权是不可剥夺和不可转让的。

三、笔者的观点

笔者认为，不应当把人体器官交易合法化。理由如下：

第一，解决人体器官供体短缺的问题，除了建立公立的“器官库”之外，还可以确立脑死亡标准，这样就可以增加可供移植的器官，不一定非得允许器官的交易才能解决。所谓脑死亡是指“包括脑干功能在内的全脑功能不可逆和永久的丧失”。目前，人类医学对脑死亡才是真正的死亡给予了充分的证明，他们认为脑死亡之后，生命存在着不可恢复性和不可逆转性，而且有些发达国家在法律上已逐渐承认脑死亡标准。由于确定脑死亡之时，身体各器官还处于完好状态，还没有被破坏，这时是移植器官的最佳时机。而传统的心脏死亡和呼吸死亡标准，往往要等到心脏完全停止跳动和呼吸完全停止才算真正死亡，此时的各器官已经由于缺氧或血液供应不足受到损失，有的甚至不能再移植，如心脏这时已经完全停止跳动。既然脑死亡后，不能再存活，单纯靠呼吸机维持生命特征，既增加了成本，又剥夺了其他更加需要器官的人的生存权利，何不用有限的社会资源发挥它的最大作用呢？

第二，人体器官交易并不真正体现自愿、公平。因为从各国的器官买卖黑市来看，出卖自己器官的人都是生活极其贫困的，他们迫于生活的无奈才选择了“挖肉补疮”的办法，没有一个人生活富裕却愿意去卖自己的器官，所以从实质上来讲，他们并不像曼昆所描述的那样是自愿的。从长远来说，这样是对穷人的掠夺，富人可以享受足够多的社会资源，甚至包括人类赖以维持生命的器官，而穷人却要出卖自己的“肉体”来维持生计，这何来公平

---

① Dilemma over live - donor transplantation, http://www.who.int/bulletin/volumes/85/1/07 - 020107/en/, 2009年4月12日访问。

② 王利明：《民法》，中国人民大学出版社2007年版，第588页。

③ 万慧进：《生命伦理学与生命法学》，浙江大学出版社2004年版，第259页。

可言？

第三，身体权是人格权，这是当今的主流思想，如李锡鹤认为“人格权的客体是主体的一般要素。主体支配有形要素的权利称物质性人格权，包括生命权、健康权、身体权、行动权。主体支配无形要素的权利称精神性人格权”。① 但当身体的某个部位离开身体后，它也具有了物权的属性，王利民教授说：“医学的发展推动了伦理观念的变化，也为身体权注入了新的内容。身体器官的移植、血液的有偿或无偿奉献，都是自然人在符合法律和公序良俗的前提下行使身体权的方式。”② 身体权可以像物权一样有部分的法律允许的处分行为。但此时并未丧失人格权的属性，身体权不管如何变化始终都是和人格权不可分割的，如果人的身体丧失了人格意义的话，那人跟动物就没有区别了。所以人体器官不能简单地与一般的物相提并论，不能使其自由交易，但可以通过有偿的捐献来获得。

第四，正如 Noël 所说，目前的器官移植手术中器官来源的途径主要有两种：第一种途径是依靠金钱购买，这种途径除了会使人们为了保持身体的完整和人的尊严而付出一定的代价之外，还会导致越来越多的不公平；第二种途径建立在捐献者纯粹的团结互助精神和为拯救他人生命的道德动机上。③ 所以我们应该寻求一种全球通用的方法来对待捐献和移植，即捐献和移植具有捐献者的个人特征以表示对他们的敬意，使得他们为自己所做的事情感到自豪，并受到社会的尊重，而不是受到社会的侮辱，如在伊斯兰共和国，许多活体捐献者为捐赠器官而感到羞耻。所以不能通过买卖器官行为来满足对器官的需求。

虽然理论上对于人体器官交易还存在着诸多争议，但在立法领域，绝大多数国家都认为应禁止这一行为，有些国家的立法还取得了比较可喜的成绩，值得其他国家借鉴。

---

① 李锡鹤：《民法学探索集之二十一——论人身权的体系》，http：//article. chinalawinfo. com/Article_ Detail. asp? ArticleID =26717，2009 年 12 月 16 日访问。

② 王利明：《民法》，中国人民大学出版社 2007 年版，第 589 页。

③ Dilemma over live - donor transplantation，http：//www. who. int/bulletin/volumes/85/1/07 - 020107/en/，2009 年 4 月 12 日访问。

第二章 人体器官交易的国内法规制

国内立法当中，除了伊朗仍然坚持人体器官交易合法之外，其他国家都确定人体器官交易属于违法行为，只是各国规定的形式不一样而已，有的专门设立刑法条款对其进行规制，而有的则把人体器官交易归类到其他的刑法条款当中，未对其单独定罪，绝大多数国家对这一行为的处罚程度也不一。笔者试对这两种规制形式进行介绍和分析。

第一节 刑法中专门设立人体器官交易罪的规制形式

有些国家或地区比较注重法律条文之间的关系和衔接，而且在对待人体器官交易的态度上显得特别坚决。不但在卫生行政法典内规定这种行为属于违法行为，还把人体器官交易上升到犯罪的高度，用国家或地区性的刑法条款单独对其加以定罪。这些国家或地区对这一行为可谓是深恶痛绝。

一、法国

法国是典型的对人体器官交易罪独列刑法条款的国家，也是对人体器官交易罪规定得最为详尽的国家之一。法国的《公共卫生法典》首先对人体器官交易行为确定为犯罪行为，接着就在刑法条款中作了修改，增加了人体器官交易相关的罪名。如《法国新刑法典》的“在公共卫生方面的犯罪”一编中规定了人体器官交易罪，同时还规定了强迫摘取人体器官罪、医疗机构非法开展人体器官移植罪等几项其他的人体器官移植方面的犯罪。该法第511－2条规定：（1）付款人从人身上取得器官之行为，无论形式如何，处7年监禁并处100000欧元罚金；（2）充当中介，为付款取得人之器官提供方便条件，或者有偿转让他人人体器官的，处相同之刑罚。第511－4条规定：（1）付款从人身上摘取组织、细胞或人体所生之物的，无论形式如何，处5年监禁并处75000欧元罚金；（2）充当中介，为付款摘取人体组织、细胞或人体所生之物提供便利的，无论形式如何，或者有偿转让他人人体组织、细胞或人体所生之物的，处相同刑罚。[①] 这两条规定即为人体器官交易罪。从条文中我们发现，行为人无论以何种方式从他人身上取得器官进行交易牟利的行为或者付款取得器官的行为都构成此罪。

另外，该法第511－8－2条规定：违反1992年12月31日有关其流通应受特定限制并应经宪兵、海关与公共服务部门相互协调之产品的第92－1477号法律第18条的实施细则的规定，进口或出口并非用于细胞或遗传的组织的，处2年监禁并处30000欧元罚金。[②] 该条规定的是走私人体器官罪。

---

① 《法国新刑法典》，罗结珍译，中国法制出版社2003年版，第186—187页。

② 《法国新刑法典》，罗结珍译，中国法制出版社2003年版，第190页。

胚胎的属性在理论界还存在较大争议。普遍的观点认为：它既不是人也不是物，但仍应该给予其特殊的保护。如 Te Braake 就认为“人类胚胎有其自身的法律保护，他既不是法律主体，也不是法律客体”。① 法国新刑法典对具有争议性的人的胚胎也进行了保护性的规定。如第 511 - 15 条规定：（1）付款获得人之胚胎的，无论形式如何，处 7 年监禁并处 100000 欧元罚金。（2）充当中介，为付款获得人之胚胎的，无论形式如何，或者将人之胚胎有偿交给第三人的，处相同刑罚。②

《法国新刑法典》除了规定几种器官移植相关犯罪外，对人体器官交易行为中的帮助犯也规定予以刑事处罚。

总之，法国在禁止人体器官交易犯罪方面的规定不仅详尽细致，而且是在制定卫生行政法典的基础上，再规定有关人体器官交易的刑法条款，兼顾了法条之间的衔接，也加强了对这一行为的法律保障力度，具有较强的可操作性。

但法国对人体器官交易罪的规定也存在着不足。从该条文可以发现，行为人无论以任何一种方式从他人身上取得器官进行交易并牟利，都以该罪进行处罚，可以推出行为人为获得器官而故意杀人时，依然构成此罪，该罪的处罚最高的自由刑只有 7 年，而一般的故意杀人有可能判终身监禁。这种规定可能导致同样是故意杀人，但最后的处罚结果却差别巨大，存在对当事人是否公平的问题。

二、澳大利亚

另一个对人体器官交易犯罪规定详尽的国家当属澳大利亚。《澳大利亚联邦刑法典》第 268. 96 条规定：在满足以下条件的情况下，行为人的行为构成战争罪中的为移植而输出血液、切除组织和器官罪：（a）犯罪人为了移植而从一人或数人的身体上转移血液、组织或器官；（b）在转移血液的情形下，不是为了输血或者在没有此人或数人同意的情况下进行的；（c）在转移皮肤的情形下，不是为了移植或在没有此人或数人同意的情况下进行的；（d）器官转移的目的并不是为了治病；（e）该器官转移不是在和一般可予接受的医疗标准相一致的条件下执行，也不是为了此人或该数人或接受者的利益而有计划地实施；（f）此人或该数人作为某一国际武装冲突而被敌方所掌控、拘禁、扣押或者其他方式的剥夺人身自由；（g）行为发生在某一国际武装冲突中，或者与某一国际武装有关系。对这条犯罪可判处 25 年监禁。③ 该罪名为器官移植犯罪罪名，但器官买卖犯罪行为包含在该罪名内，因为（d）点已说明了不是为了治病的目的，所以就包含以交易为目的的器官移植行为。

澳大利亚把构成战争中人体器官交易罪的一些条件规定得较为详细，不免打上时代的烙印。虽然器官交易也发生在战争时期，如：目前塞尔维亚指责阿族游击队曾在 1998—1999 年科索沃战争中绑架大约 500 名塞族平民，并利用其中的一些人的器官在世界各地进行贩卖。④ 但是，这种发生在武装冲突当中或与武装冲突有关的情况下的人体器官交易犯罪还是

---

① 《荷兰法律中胚胎与胎儿的权利》，于庆生译，http：//gangou. fyfz. cn/blog/gangou/index. aspx? blogid = 63569，2009 年 4 月 15 日访问。

② 《法国新刑法典》，罗结珍译，中国法制出版社 2003 年版，第 189 页。

③ 刘长秋：《刑法视野下的器官移植》，载《现代法学》2008 年第 6 期。

④ Issue 302：The Question of Organ Trafficking，http：//www. who. int/bulletin/volumes/82/9/feature0904/en/index. html，2009 年 5 月 21 日访问。

少数，更多的是非武装冲突下的器官交易。据世界卫生组织宣称，全球每年发生的63000例肾移植当中，大约有10%的移植涉及不同国家非亲属间的器官交易。① 所以《澳大利亚联邦刑法典》规定禁止在战争状态或武装冲突下的人体器官交易对于防止当今盛行的非武装冲突状况下的人体器官交易犯罪行为无疑是一纸空文。

三、澳门特别行政区

早在20世纪末，澳门就制定了“规范人体器官及组织之捐赠、摘取及移植”的第2/96/M号法律，随后相继制定了一些与之配套的法律文件。最终确立了以有关作为治疗、诊断或移植之目的捐赠及摘取人体器官或组织之法律制度。②

澳门是我国较早制定器官移植法的地区之一，而且器官移植犯罪方面的规定相当具体，可操作性比其他国家或地区更强，对于我国大陆地区也具有极强的借鉴意义。

澳门法律具体规定：（1）如果是为了从尸体中获得器官或组织而故意杀害他人，适用于加重杀人罪的刑事处罚规定，凡关于该款规定的行为，以任何方式作出宣传，或允许作出者，即使该行为在本地区以外作出，处至三年徒刑或科至三百六十日罚款；（2）凡在本地区购买或出售他人身体器官或组织，或因取得或交付他人身体器官或组织而以任何方式支付或收取任何金额者，处至三年徒刑；（3）以任何方式使他人决定就有关器官或组织要求给予金钱或支付金钱者，只要该事实已实行或开始，或创立、资助、领导或代表旨在促成或从事器官及组织交易之集团者，处至三年徒刑；（4）如果违反了器官移植法关于捐赠人体器官无偿性的相关规定，在本地区因捐赠器官或组织而收取或支付任何报酬者、偿还或接受偿还有关摘取之开支或负担者，处至一年徒刑或科至一百二十日罚款。

对未遂犯也应给予处罚：（4）如果违反了自活体摘取器官法律制度中的准许义务，不是为诊断和治疗目的而摘取器官、组织，或未经法院许可，为未成年人摘取不可再生器官的行为，对该违法行为最高处以3年有期徒刑。③

从以上规定当中可见，澳门法律将以摘取器官、组织为目的的杀人行为归纳到加重杀人罪的范围内，而对其他人体器官交易行为单独定罪，并规定了其他相关的器官移植犯罪，即：如果不是为诊疗目的而摘取其器官的行为构成非法摘取人体器官罪。该法还对未成年人和精神病患者进行的器官移植设置了严格的限制条件。同时对器官交易行为、违反捐赠无偿性等行为的未遂犯与从犯都给予了刑事处罚。在量刑方面，以轻罪为主并规定了相应的罚金刑。

澳门的器官移植立法具有很强的体系性，以第2/96/M号法律作为轴心，其他的相关配套法律进行补充和完善。立法目的方面也具有多重性，规范不仅包含保护器官捐献和移植，还包含保护相关的医学方面的科学研究和医学教学、保障人类的尊严、身份及人之权利与自由等。

澳门法律对人体器官交易罪行的设置更具合理性和科学性。首先，把器官或组织之交易及宣传罪与之相关罪行区别开来，避免了规范上的笼统性和实际上的缺乏可操作性；其次，

---

① Dilemma over live - donor transplantation, http://www.who.int/bulletin/volumes/85/1/07 - 020107/en/, 2009年4月12日访问。

② 澳门立法会第12/98/M号法律序言。

③ 澳门立法会第2/98/M号法律。

把为了获取器官而故意杀害他人行为归类为加重杀人罪内，也很具有合理性，因为有时杀人获取器官并不是为了买卖，而是为了自用，就不能以人体器官交易的罪行定罪，但其又比一般杀人罪的危害性更大；最后，它把变相的人体器官交易的行为也单独定罪，即为捐赠器官而索取或支付报酬罪。因为有时为了规避法律，他们不认为自己的行为是买卖，而认为是给予捐献者必要的补偿费用，为了避免混淆器官的买卖费用和捐赠者的必要的补偿费用，第2/98/M号法律对此作了较为严格的区分。同时，它还通过对器官捐赠者权利的严格保护来杜绝捐赠之后索取报酬，如捐赠者的器官摘取为了治疗的目的、医生以诚实和易理解的方式告知、同意的意思可以任何形式废止、有权在捐赠后获得医疗护理、有权就捐赠器官造成的损失要求补偿而不论第三人有无过错等。① 捐赠者可以就损失获得补偿，但必须是由医生证明为必需的。这些罪名的设置把人体器官交易及相关的罪行规定得较为严密。

但是该法律仍然适用属地管辖的原则，如第17条第1款就规定“凡在本地区购买或出售……”如果在外国或其他地区实施这一行为，逃到澳门去，按照澳门法的规定，不认为其为一种犯罪行为，因为购买、出售、收取金钱等行为都没有发生在澳门。同时，从最后一款规定可见，捐赠自身器官而索要报酬的行为也构成犯罪有些不妥，其实出卖自身器官的行为不应构成犯罪，因为根据“举重明轻原则”，自杀行为不构成犯罪，出卖自身器官的行为也不应构成犯罪，但应以其他的形式给予禁止，而且综观其他国家的法律规定，都把出卖自身器官的行为排除在犯罪行为之外。所以，即使是规定得较为完善的器官移植法律，对现在的人体器官交易的犯罪行为的打击也是捉襟见肘。

只有让人体器官交易的犯罪行为接受普遍管辖原则的约束，才能更有力地打击这一犯罪行为，那就意味着必须使这一行为能够得到国际社会的承认，承认其为一种国际罪行，才能适用普遍管辖原则。

第二节　刑法与器官移植法律联合规制形式

有的国家虽然明文禁止人体器官交易，但并没有在刑法条文中有过多的反映，他们不主张设立单独的刑法条款对人体器官交易进行定罪，只是规定如果当事人进行人体器官交易，造成伤害或死亡的，适用伤害罪或杀人罪的刑法条款，若未造成伤害或死亡，将不予追究他们的刑事责任。而有些国家虽然在卫生法中禁止人体器官交易，但在刑法条款中没有任何体现，无法适用刑法追究行为人的刑事责任，部门法之间存在严重脱节现象。

一、德国

德国坚决主张打击人体器官交易行为。早在1975年，民主德国就颁布了《器官移植法令》。该法令规定：器官供给一方不得因提供其器官而索要物质报酬。② 该法令同时规定，若从事人体器官交易造成他人伤亡，适用刑法中关于伤害罪和故意杀人罪的规定。可见，该法令并未在刑法上对人体器官单独定罪处罚。如《德国刑法典》第十七章“伤害罪”中的

---

① 刘长秋：《澳门器官移植法研究——澳门器官移植法及其对大陆器官移植立法之启示》，载《法治研究》2005年第5期，第30页。

② 刘俊森、古津贤：《非法人体器官交易的刑事立法研究》，载《医学与哲学（人文社会医学版）》2006年第1期，第11—15页。

第 223 条规定：1. 不法伤害他人身体或损害其健康的，处 5 年以下自由刑或罚金；2. 犯本罪未遂的，也应处罚。① 第 220 条规定：以投毒或其他危险物质、使用武器或其他危险武器、阴险的突然袭击、与同伙共同实施伤害行为或者以危害生命的方式伤害他人身体，处 6 个月以上 10 年以下自由刑，情节较的，处 3 个月以上 5 年以下自由刑。② 第 227 条规定；行为人因其伤害行为致被害人死亡的，处 3 年以上的自由刑，情节较轻的，处 1 年以上 10 年以下自由刑。③ 第 212 条规定：非谋杀而故意杀人的，处 5 年以上自由刑。情节特别严重的，处终身自由刑。④

在德国，追究犯罪人实施人体器官交易行为的刑事责任，只能从以上几个条款寻找依据。德国的这种规制形式存在诸多的弊端：首先，它的针对性不强，不能对公众起到威慑作用，对禁止这一行为不利；其次，依据法条的规定，只有伤害行为发生在德国才有可能追究其刑事责任，如果在外国买器官，到德国移植，诸如此类的跨国器官移植，大部分将逃脱法律的追究，这与其在器官移植法中规定的禁止人体器官交易是相矛盾的，而且这种方式有可能导致大量的器官需求者到欠发达国家寻找器官，然后到技术水平先进的德国去移植，从而造成对欠发达国家资源的掠夺和人民身体的伤害，同时也是一种对生命的不尊重，这与当今的国际发展潮流是相违背的；最后，它对买卖尸体器官的行为未进行规制，为什么要对尸体的器官买卖进行规制？因为尸体是死者生前拥有的人格利益的延伸，包含了人类对自己生命尊严的尊重，同时，尸体也包含了死者亲人更多的情感因素和巨大的精神利益，成为亲人祭奠与悼念的对象，尸体本身也具有特定的人格利益，是具有社会伦理道德内容的特殊物。⑤ 对它的器官的买卖同对它的侮辱与毁坏一样，既是对死者人格的亵渎，也是对人类尊严的毁损，死者的亲人及全社会都将不能容忍。

二、中国

我国大陆地区对人体器官交易的规制起步比较晚，且走的是地方立法先行的道路。我国第一部与器官移植相关的法律是 2003 年深圳市出台的《深圳经济特区人体器官移植条例》。第一个全国性关于器官移植的法律文件是国务院在 2007 年制定的《人体器官移植条例》。根据该条例，我国严厉禁止人体器官交易，条例第 25 条规定：“违反本条例规定，有下列情形之一，构成犯罪的，依法追究刑事责任：（一）未经公民本人同意摘取其活体器官的；（二）公民生前表示不同意捐献其人体器官而摘取其尸体器官的；（三）摘取未满 18 周岁公民的活体器官的。”

经过长期的实践，我国对人体器官移植的认识逐渐深入，终于在 2011 年开始实施的《中华人民共和国刑法修正案（八）》中正式将非法人体器官买卖行为规定为犯罪行为。《刑法修正案（八）》第 37 条明确规定：

“组织他人出卖人体器官的，处五年以下有期徒刑，并处罚金；情节严重的，处五年以

---

① 《德国刑法典》，徐久生、庄敬华译，中国法制出版社 2000 年版，第 166 页。

② 《德国刑法典》，徐久生、庄敬华译，中国法制出版社 2000 年版，第 166 页

③ 《德国刑法典》，徐久生、庄敬华译，中国法制出版社 2000 年版，第 167 页。

④ 《德国刑法典》，徐久生、庄敬华译，中国法制出版社 2000 年版，第 161 页。

⑤ 《谁有权火化死者的尸体》，http：//www. c2cedu. com/law/200902/law_ 270986. shtml，2010 年 3 月 31 日访问。

上有期徒刑，并处罚金或者没收财产。

“未经本人同意摘取其器官，或者摘取不满十八周岁的人的器官，或者强迫、欺骗他人捐献器官的，依照本法第二百三十四条、第二百三十二条的规定定罪处罚。

“违背本人生前意愿摘取其尸体器官，或者本人生前未表示同意，违反国家规定，违背其近亲属意愿摘取其尸体器官的，依照本法第三百零二条的规定定罪处罚。”

第三节　对两种规制形式的总结

笔者对以上法律规制形式进行分析后发现，由于历史和传统文化的差异，各国对人体器官交易行为的规制参差不齐，存在诸多的漏洞和不足。

一、各国态度不一导致法律价值的减损

虽然绝大多数国家都禁止人体器官交易，但总有个别国家出于各种原因坚持自己的主张，使器官交易合法化。伊朗在1988年实行有偿的活体非亲属肾移植计划。① 他们认为这样可以减少器官交易的黑市交易，更重要的是能够解决器官捐献的短缺问题。实施后，器官短缺问题的确得到很大缓解，如1999年伊朗就消除了移植等待名单，至2002年年底共施行了14288例肾移植，其中11292例来自有偿的非亲属供体。② 但是，其中的弊端远大于所得收益：首先，器官交易合法化大大减损了人们为了他人利益而自愿捐赠器官的高尚动机，他们捐赠完全是为利益所驱使；其次，器官交易合法化使应当作为主要器官来源的尸体，没有得到很好的利用；最主要的是，器官交易合法化使伊朗成为跨国器官交易的天堂，从而滋生了各种伤害、杀人等犯罪行为，也大大减损了其他国家制定的禁止人体器官交易法律的价值。

由此可见，只要有一个国家允许人体器官交易，其他国家制定的禁止规定就会大幅度降低它的作用。由于目前尚未形成对各国具有普遍约束力的国际法律文件，个别国家这种放任犯罪的行为无法得到国际社会的干预；对在这个国家实施这种行为的个人，别国也无法依据普遍管辖原则进行管辖，犯罪行为人就可以游走于各国之间，而不受法律的追究。如果对其进行国际犯罪的确认，并进行相应的国际刑法立法，就可以很好地解决这个问题。

二、各国规定参差不齐导致犯罪人易规避法律

除了少数几个发达国家或地区的立法能跟上时代发展的潮流或比较符合社会发展的趋势外，大多数国家或地区的立法都不能满足社会的实际需要。如澳大利亚器官移植法把人体器官交易罪定位为战争中的罪名，且相配套的法规不健全，对于打击现在的人体器官交易罪行来说几乎无所作为。也有部分国家的法律跟进时代的发展，不仅把人体器官交易单独定罪处罚，而且相关配套的法律法规也比较健全，但是其仍然规定为在“本国”或“本地区”的行为才会受到法律的追究，如果犯罪行为未发生在该国就不能追究其责任。而现在人体器官交易行为可能中间环节要经过很多个国家，如：出卖器官在一个国家，中间储存在另一个国家，而购买器官进行移植手术则在第三个国家，如此辗转数个国家之间，一国很难真正依据

---

① 唐莉、袁劲、陈忠华：《论人体器官有偿捐赠的可行性和伦理学问题》，载《中华医学杂志》2005年第85期，第280页。

② 姚岚：《试论人体器官权与器官捐献激励原则》，中国政法大学2005年硕士学位论文。

现有的法律法规来追究其责任。而且人体器官交易犯罪人也往往为了规避法律，在像伊朗这样允许人体器官交易的国家进行器官交易，然后让当事人到发达国家进行移植，这样对于购买器官的人永远也追究不到他的责任，而从全球来说，不仅是追究不到购买器官人的刑事责任的问题，更为严重的是放任了这种器官交易行为，会造成更为严重的社会后果。

三、各国各自为政导致难于对犯罪人执行刑罚

依据目前各国国内法的规定，一国就算根据本国法律判决人体器官交易的当事人有罪，但是如果当事人不在本国，仍旧无法追究其责任，因为他国不能适用也没有义务适用“或引渡或起诉”原则来使犯罪人受到责难。如果把人体器官交易纳入到国际犯罪的行列，将可以适用诸多专门针对国际犯罪而设置的比较成熟的国际刑事法律规范。虽然目前还没有真正的国际刑法典，著名国际刑法学家巴西奥尼教授草拟的《国际刑法典草案》也只是个人见解，[①] 国际刑法都是由各个具体规定某个犯罪的单个国际条约组成的，但是几乎每个规定具体犯罪的相关国际条约都必然包括实体法和程序法两部分，以保证能够顺利地追究当事人的责任。如果各国签订条约禁止人体器官交易，也将包括这些基本原则。而且，随着国际刑法的不断发展，已形成了一般国际刑法基本原则和一些比较成熟的国际刑法制度，在追究国际罪犯的刑事责任时可以直接适用，如普遍管辖原则、司法公正原则、“或引渡或起诉”原则、人权保障原则等。所以，如果把人体器官交易行为提升到国际犯罪的高度来进行规制，必将对它的执行带来很大的改善。

随着人体器官交易越来越猖獗，跨国性质日趋明显，如果放任这种行为的发生，势必危害人类自身的根基，而仅仅靠一国国内法规制还是不够的。我们必须齐心协力共同打击这一全球性的犯罪行为，消除在打击方式及打击力度上的差异，在全球范围内铲除这种犯罪行为滋生的土壤。要达到这种效果，除了在全球范围内消除贫困、极大地促进科学技术的进步外，另外一种途径就是确认它为一种国际犯罪。前一种方式需要经过漫长的人类生产力的提高才可能达到，不是完全凭我们的主观能动就能做到，需要整个社会的发展；而后一种途径却是我们目前可以做到的，只要各国能在规制人体器官交易的问题上达成共识，在全球范围内编织一张庞大的法律网，势必使这一犯罪行为得到很好的遏制。

---

① ［美］M. C. 巴西奥尼：《国际刑法·国际刑法典草案》，1980 年英文版。刘亚平：《国际刑法与国际犯罪》，群众出版社 1986 年版，第 247 页。

第三章　人体器官交易的国际刑法规制

在进一步讨论如何以国际刑法规制人体器官交易之前，有必要对国际刑法加以简单分析。笔者认为，国际刑法并不能完全被包括在国际法之内。国际法的调整对象是国家、国际组织、争取独立的民族之间的国际关系，个人不属于国际法调整的主体范畴；而国际刑法的调整对象是国际社会与犯罪人之间的国际刑事法律关系，在此的犯罪行为人以个人为主。由此可知，国际刑法与国际法有各自的调整对象，国际刑法已不完全附属于国际法，具有自己的特征。与一般意义上的国际法相比较，国际刑法的规制对象为严重的国际犯罪；其约束力比一般国际法要强，各主权国家都必须遵守；其表现形式是国际条约、国际习惯和一般法律原则；其主要内容是调整国际刑事关系的实体法和程序法；其目的是维护人类的共同利益。

正是由于国际刑法比一般国际法多了强制性约束力，因此国际刑法的制定往往是一个非常艰难的过程，其立法成本十分高昂。就规制人体器官交易犯罪行为而言，有必要大动干戈，进行国际刑事立法吗？国际社会的实践给我们提供了肯定的答案。

从 1987 年的世界卫生组织的卫生大会首次表达了对人体器官商业交易表示关注以来，之后的每届卫生大会都把禁止人体器官买卖讨论作为一个重要议程，这些会议先后形成了 WHA40. 13 号①、WHA42. 5 号、WHA44. 25 号、WHA57. 18 号等重要决议。其中 1989 年的 WHA42. 5 号决议是尤为重要的一个，它是专门的关于卫生大会呼吁各会员国采取适当措施，防止移植用器官的买卖的文件。② 同样，1985 年 10 月在比利时举行的第 37 届世界医学大会，参加会议的各国专家成功地签署了《制止人体器官交易宣言》，号召全球各国政府采取积极有效措施制止人体器官的商业化。该意见得到随后的 1987 年世界卫生大会的确认，并形成后来的 WHA40. 13 号决议。1988 年，WHO 在向联合国大会提交的年度报告总结中宣布：……对于带有商业性质的器官转让行为，对于为了有偿移植或为了转让而为自己或他人制作或发送广告的行为，对于医疗机构或个人未经合法授权而进行器官存贮以图牟利的行为，均应作为犯罪论处。③《人权与生物与医学欧洲理事会公约》第 21 条规定：“不得基于人体及人体的任何部分主张任何金钱利益。”④ 可见，国际社会在禁止人体器官买卖的实践中正在进行着不懈的努力，笔者认为在理论上也应该给予充分的支持。

---

① 该决议认为，人体器官买卖违背了最基本的人类价值观，是对《世界人权宣言》和 WHO 宪章精神的践踏和侵犯。申卫星、王琦：《论人体器官捐献与移植的立法原则》，载《比较法研究》2005 年第 4 期，第 41—42 页。

② 世界卫生组织：世界卫生组织执行委员会第 123 届会议临时议程项目 5［R］. 2008：9。

③ 郭自力：《论器官移植的法律问题》，载《中外法学》1998 年第 5 期，第 101—104 页。

④ 黄丁全：《医疗、法律与生命伦理》，法律出版社 2004 年版，第 127 页。

第一节　国际刑法规制人体器官交易的必要性

虽然到目前为止，尚未有学者从理论上论证是否有必要使用国际刑法规制人体器官交易，但从实践情况来看，国际社会呼吁各国禁止人体器官交易、合作打击这一犯罪行为的声音越来越响亮、越来越强烈。与这些主流的呼声相一致，笔者将从以下三个部分论证人体器官交易的国际刑法规制的必要性。

一、人体器官交易行为是国际犯罪

既然国际刑法规制的对象必须是特别严重的国际犯罪，人体器官交易是否符合国际犯罪的评判标准？答案是不言而喻的。因为人体器官交易已经像瘟疫一样向世界各国蔓延，危害到人类最根本的利益和良知，已经形成一种新型的国际犯罪，故有必要进行国际刑事立法对其进行规制。笔者首先对国际犯罪的概念和评判标准作一个简单的介绍。

（一）国际犯罪的概念和评判标准

谈到国际犯罪，人们会很自然地与灭绝种族罪、危害人类罪、战争罪和侵略罪四大罪名联系起来，其实国际犯罪远远不止这些，它的内容和意义比这些要丰富和深远得多，这四个罪名只是《国际刑事法院规约》管辖的罪名而已。

关于国际犯罪的概念，外国学者、中国学者及国际文件都做过阐述，如：Weiler 等认为："国际犯罪既可以指导致极其严重后果的违反一般国际义务的国际违法行为，即使它只是适用于双边关系中的犯罪实施地国与受影响国之间的违法行为，也可以指那些没有受到犯罪行为直接影响的国家，它们同样被赋予某些权利或被授权采取某些措施制裁这种违法行为。"① 而在联合国国际法委员会 1979 年拟订的《关于国家责任的条文草案》第十九条"国际犯罪和国际侵权行为"的规定是：（1）一国的行为如果违背国际义务，即构成国际不法行为，不论所违背的义务是什么；（2）一国所违背的国际义务对于保护国际社会的根本利益至关紧要，以致整个国际社会公认违背该项义务是一种罪行时，其因而产生的国际不法行为构成国际犯罪……②

笔者认为，不应该用国际刑事法律规范来定义国际犯罪，因为国际犯罪是国际社会客观存在的现象，而作为一种新生的法律部门——国际刑法是在国际犯罪的不断规制当中得以产生和发展的，国际犯罪是"本"，国际刑法是"末"。国际刑法只是为国际犯罪及其责任提供了规制的空间。国际犯罪是国际刑法来源的根本动力，因此不能用国际刑法定义国际犯罪，否则犯了"本末倒置"的逻辑错误。笔者同意联合国国际法委员会对国际犯罪所下的定义，因为它更具科学性。

既然国际刑法不是国际犯罪定义的准则，根据反向逻辑推理可知，事先无国际刑事法律规范的规定并不能判定一个行为就不是国际犯罪，因为是否为国际犯罪不能以是否存在国际刑事法律规定来认定。因此，回到个案当中来也是同样的道理，虽然目前还没有国际刑事法律规范对人体器官交易行为进行规制，但并不排除其为一种国际犯罪的可能，只要人体器官

---

① Joseph H. H. Weiler, Antonio Cassese, Marina Spinedi, International Crimes of State: A Critical Analysis of The ILC' s Draft Article 19 On State Responsibility, Walter de Gruyter and Co., Berlin, 1989: 156.

② 赵永琛编：《国际刑法约章选编》，中国人民公安大学出版社 1999 年版，第 671—672 页。

交易符合国际犯罪的评判标准，它就构成了一种国际犯罪。

国际犯罪的评判标准是由整个国际社会的共同意志决定的，这种共同意志的形成是基于维护国际社会的公共利益、保障人权考虑的国家主权的适当限制与让渡，而其根本是为了更好地维护与实现国家主权，① 即人权、主权与公共利益三元素的统一体。因为国际刑法在对国际犯罪进行规制的过程中不是对国家主权的否定，而是国家主权在对付国际犯罪方面的表现形式，② 国家寻求国际社会共同遏制国际犯罪，必须对主权不断地作出限制和让渡，即使这种限制是为了更好地实现主权；国际社会在遏制国际犯罪的同时，人权观念也不断加深，随之人权逐步成为考虑国际犯罪的一个重要因素，即把严重侵犯人权的行为国际犯罪化；而国际犯罪在侵犯人权与破坏主权的同时，也对作为共同体的国际社会共同享有的公共利益造成了严重侵害。

(二) 人体器官交易践踏人权

"人权"是一个既熟悉又陌生的词语，从社会学的一般意义的角度定义，人权是人之所以作为人而应享有的基本权利。正如《世界人权宣言》第2条所规定的，"人人有资格享受本宣言所载的一切权利和自由，不分种族、肤色、性别、语言、宗教、政治或其他见解、国籍或社会出身、财产、出生或其他身份等任何区别。"③ 人权包括很多内容，生命权、健康权、平等权是人权中最原始也是永恒追求的权利。任何非法剥夺他人生命权或健康权、违背平等或公平原则的行为都将受到社会的批评和谴责。

人体器官交易所引发的拐卖、杀害他人，从中牟利的犯罪行为，不仅严重背离人体器官移植救死扶伤的高尚医疗目的，而且严重损害了他人的生命、健康。在很多实际案件中，那些实施人体器官交易的人不把人当做人对待，对生命任意杀害，对器官随意买卖。这些行为不仅直接对生命和健康造成损害，也是对人自身尊严的毁损。

除了这些为获取器官而使用杀人、伤害等暴力手段直接导致生命、健康损害的实例外，还有一些非暴力手段甚至是自愿地出卖器官而导致的潜在的对生命、健康权造成损害的因素。在人体器官交易的黑市，中间商使用和缓的手段获得他人的器官，由于行为的隐蔽及设备的简陋，他们往往疏于对捐赠者做仔细的检查，对取得的器官更难以认真的检验，使一些并不健康的器官流入市场，给受体带来伤害，严重的可能导致死亡。出售者自己为了能够成功地出卖器官，也往往隐瞒病史和遗传病史，从而造成疾病蔓延。④

人体器官交易也有违平等权。那些自愿出卖自己器官的人，都是极其穷困的人。如Noël所说，大多数巴基斯坦人之所以会捐肾，是因为他们几乎没有其他办法赚钱。⑤ 这表面上是一种自愿，可实质上是被迫的，从根本上来说，它违背了平等自愿的原则。而且有钱人可以任意地购买器官，享受更多的社会资源，甚至别人的生命，穷人却要被迫出卖器官，甚至付出生命，这是严重的社会不公平现象。

---

① 李海滢：《国际犯罪的基设性理论研究：一种本体论维度的观照》，吉林大学2008年硕士学位论文，第1页。

② 张智辉：《国际刑法通论》，中国政法大学出版社1999年版，第2页。

③ 北京大学法学院人权研究中心编：《国际人权文件选编》，北京大学出版2002年版，第2页。

④ 张力：《评人体器官与组织捐赠无偿性原则》，载《法律与医学杂志》2002年第1期，第22页。

⑤ Dilemma over live - donor transplantation，http：//www. who. int/bulletin/volumes/85/1/07 - 020107/en/，2009年4月12日访问。

这些行为都严重地践踏了人们日益敬仰的人权，是对人类自身价值的贬损，如不加以制止，将对整个国际社会造成不可估量的灾害。

（三）人体器官交易侵犯国家主权

国家主权是个动态发展的概念，从绝对主权发展到今天的相对主权，经历了一个漫长的历史过程。绝对主权理论认为主权是无限的、独立的、绝对的、最高的和至高无上的。如：有的学者说，主权在政治生活中，具有绝对的和最终的权威，在其他的任何地方都不会存在这种最终的和绝对的权威。① 后来，各种国际文件在肯定主权概念的基础上，又对绝对主权作出了部分限制。如：1928 年在巴黎签订的《非战公约》第一次以国际法的形式废除了以战争手段作为推进国家政策的工具；再后来的《联合国宪章》及其他的国际法律文件，都逐步地对绝对主权作了限制。于是，主权朝着相对主权的方向发展。

当今，相对主权主要体现在两个方面：1. 对严重违背国际义务、侵犯他国主权、破坏国家间主权平等的国家行为给予最严厉的打击，不仅处罚个人，还要求其国家承担相应的责任，如战争罪；2. 在惩治国际犯罪方面，各国签订的国际刑事司法合作要求缔约国在主权方面作出适当的限制与让渡，即在尊重他国主权及遵循他国基本法律制度的同时，为了确保国际刑事司法合作能够顺利地进行并能及时有效地惩罚犯罪行为人，被请求国应当按照其参加或缔结的国际条约或者依据互惠原则，善意履行其合作义务或实施合作行为。②

当人体器官交易尚未被确认为国际犯罪时，在惩治这一犯罪行为方面会对国家主权造成侵犯，原因是：主权本来是使国家对内具有最高的管辖权，对外具有独立自主权。但当发生跨国性的人体器官交易时，如犯罪行为发生在本国，但逃到外国去，当事国就不能请求引渡，因为人体器官交易还不是国际犯罪，不适用引渡等国际刑法基本原则，所以犯罪发生地国就不能对该犯罪人作出应有的处罚，这实际上就是对国家处理国内事务权力的一种侵犯。同时人体器官交易侵犯了国家的公共卫生安全和器官移植管理制度，这也是对国家处理国内事务的一种扰乱，是对主权的一种侵犯。

各种国际组织呼吁国家联合打击人体器官交易犯罪。由于它忽视并践踏人权，在不久的将来，各国必将达成共识签订各种协议打击这一犯罪，如：第 37 届世界医学大会签订的《制止人体器官交易宣言》，虽然该宣言对各国并没有法律约束力，但它也使部分国家放弃其一国之言，改变了它们最初对人体器官交易的态度，接受大多数国家的意见。各国在对待人体器官交易的态度方面，为求达成有效遏制人体器官交易的共识，而放弃自己最初的主张，包括为以后形成对各国具有普遍约束力的国际刑法，各国对自身主权的部分限制和让渡，都表明人体器官交易对国家主权造成了一种侵犯。

还有一些国家规定在自己国家买卖器官是违法的，却容忍自己国家的公民到别国去买卖器官，即容忍“器官移植旅游”，这种国际不公平和不公正行为必然在共识当中被遏制，这也是现代相对主权论的一个表现，因为一个国家行使自己的权利时不能侵犯他国权利和违背他国善良风俗及公共秩序。从这个层面上来讲，人体器官交易也侵犯了国家主权。

---

① F. H. Hinsley. sovereignty [M]. Cambridge University Press, Cambridge, 1986: 26.

② 李海滢：《国际犯罪的基设性理论研究：一种本体论维度的观照》，吉林大学 2008 年硕士学位论文，第 128 页。

（四）人体器官交易违背公共利益

公共利益来源于公元前5—6世纪的古希腊，当时的希腊采取的是城邦制，恰恰是这种城邦制使那时的人们拥有一种强烈的“整体国家观念”，而与这种“整体国家观念”联系密切的具有整体性和划一性的公共利益便应运而生了。那时，公共利益被认为是整个社会存在所必需的一元的、抽象的价值，是整个社会成员共同追求的美好目标。

公共利益发展到今天，它已不完全是一种单纯的、一元的价值观，它与现在的人本主义思想和法治国家联系在一起。如杨寅所言，它是以肯定私人的意思自治为前提的，以承认私权为起点，是在法律的框架内依照法定的程序，在各种不同利益博弈的基础上而形成的。①

由于公共利益的内容具有不可确定性，即它的受益主权和受益内容是抽象性的，所以对它的定义也很难界定，有很多学者作过论述。笔者认为，不能简单地把公共利益看做个人利益的机械相加，更不能把公共利益看做部分人享有的利益，它是每个人都应该享有的，是存在于每个个人利益之间的利益。它就像是每个人都可以沐浴社会发展的春风一样，人人都能从中受益。同时公共利益也存在于国家主权之中，因为“国家所依托的主权行使与限制在根本上是对国家利益的衡量与考虑，而国家利益虽然等同于统治阶级的利益，但其中也必然包含着对公共利益的考量与吸纳，否则国家将很难实现其统治”。② 因此，公共利益存在于人权与主权之间，与个人利益和国家利益的关系是彼此互动、互相并存的。从这个意义上讲，人体器官交易既践踏人权，又侵犯国家主权（以上已论述），同时也是对人类共同生活的公共利益的一种侵害。

从另一个角度来讲，人体器官交易是对人之所以作为人的一种否定，是对人类价值的一种贬值，是对人类尊严的毁损，同时也是对生命自身价值的一种漠视和亵渎，这是一种对公共利益否定的最为严重的行为。因为人们对生命的珍惜和对自身价值的尊重，是一种最为基本的公共利益。“生命诚可贵”，人们很早就认识到生命的可贵，而且国家也以法律的形式确认个人对自己的生命没有自由处分权。但是这种古老而传统的“生命无价”的价值观在人体器官交易面前却变得苍白无力。人体器官交易连这种人类生存的根基都动摇了，还能容忍这种行为横行吗？答案当然是否定的，我们必须通过各国协商一致，制定国际刑法以遏制这种不人道行为。

总之，由于人体器官交易践踏人权、侵犯国家主权、违背公共利益，因此完全符合国际犯罪的实质评判标准，应该适用国际刑法对其进行规制。

二、国内法规制的不足决定了国际刑法参与规制的必然性

但是，符合国际犯罪的实质评定标准只是适用国际刑法进行规制的一个应然状态，实然状态是否也是如此呢？即进行人体器官交易的国际刑法规制是否有现实的需要？内国法是否足以遏制这种犯罪行为？如果可以，当然不必叠床架屋使其纳入国际刑法的规制范围。然而，事实却正好相反，在内国法规制人体器官交易方面存在着严重不足，迫切需要以国际刑法来规制人体器官交易。

前已述及，由于内国法本身存在很多缺陷，因此不能很好地打击和遏制人体器官交易行

---

① 杨寅：《公共利益的程序主义考量》，载《法学》2004年第10期，第8页。

② 李海滢：《国际犯罪的基设性理论研究：一种本体论维度的观照》，吉林大学2008年硕士学位论文，第139页。

为。更进一步说，由于国内法只是规制国内犯罪行为的法律，对于人体器官交易这样一种国际犯罪，更难以起到实际的作用。只有各国统一思想，打破各自为战的藩篱，加强合作，互相配合，才能克服单个国家在打击人体器官交易行为方面存在的难题。

因此，不管从人体器官交易自身的犯罪特征及其危害性上看，还是从目前国家对它的规制方式上看，都应该把人体器官交易国际犯罪化，制定相应的国际刑法对其进行规制。

另外，建立一个理想的规制人体器官交易的国际刑法框架也是完全有可能的。首先，经济的快速发展和互联网的广泛运用，使世界的距离越来越小，国家之间的交往比以往任何时候都要密切，国家间的依赖关系也变得不可或缺，从而使通过合作的方式打击严重危害人权的国际犯罪成为必然，这形成了制定国际刑法的社会基础，正如基欧汉和奈所指出的："我们生活在一个相互依赖的时代。""国际社会中的相互依赖，指的是国家之间、不同国家的行为体之间相互影响为特征的情形"；① 其次，全球化成为当今世界发展潮流和客观趋势，它深刻地影响着世界经济、政治、文化、法律等各个领域，并引领它们朝着全球化的方向不断前进，规制国际犯罪的法律也将朝着全球化的方向发展和完善；最后，各国在对待人体器官交易犯罪方面存在着共同的价值观念，即维护社会的共同秩序和保护基本人权。

第二节　国际刑法规制人体器官交易的可行性

既然以国际刑法规制人体器官交易是非常必要的，那么，这一目标是否可行呢？笔者认为，通过充分发挥国际组织（如世界卫生组织）的组织和协调作用，通过不断提高各国对人体器官交易的认识，国际刑事法律的制定是完全可能的。

一、世界卫生组织的倡导

签订规制人体器官交易的具有广泛约束力的国际刑法公约，必然要经过各国的不断磋商。如所有国际公约的达成一样，这肯定将是一个漫长的协商和博弈过程，但相比人体器官交易给人类带来的危害而言，再大的努力也是值得的。为了尽快地、有效地开展相关工作，笔者认为有必要通过一个专门的国际机构来召集世界各国共同商讨如何规制人体器官交易这一国际犯罪行为。

非政府间的国际组织（NGO）不能担此大任。尽管世界红十字会在1985年召开的世界医学大会上就已经达成了《制止人体器官交易宣言》，呼吁各国禁止人体器官交易这一犯罪行为，但该宣言只对国家具有号召作用，没有实质的约束力。类似的还有世界移植协会，也在历次会议当中呼吁禁止人体器官交易，希望国家能有效地遏制这一行为。这些呼吁鲜明地表达了学术界对这一行为的痛恨，可惜仍然只是民间的一种态度。当然，从另外一个角度看，又不能完全忽视这种非政府间国际组织的作用，因为它能提供更为新近的法律理念和法律价值观念，它对法律需求方面的呼吁更加贴近人民大众的心声，同时由于它的专业性较强，一些文件内的法律思想和内容可以为政府间国际组织提供一种很好的参考和借鉴，如世界医学大会签订的《禁止人体器官交易宣言》的内容随后就被1987年的世界卫生大会所确

① ［美］罗伯特·基欧汉、约瑟夫·奈：《权利与相互依赖》，门洪华译，北京大学出版2002年版，第3—9页。

认，并形成后来的 WHA40. 13 号决议。

承担这一重任的必须是一个政府间的国际组织。因为只有国家之间签订的国际公约才对国家具有约束力，而且惩治犯罪本来就是公权力的范围，不可能通过非政府间的国际组织（NGO）达成对各国有约束力的国际公约。

什么样的政府间的国际组织能够担此重任？笔者认为，非世界卫生组织莫属，理由如下：

第一，人体器官交易犯罪是器官移植技术成熟后的“副产品”，[①] 所以在讨论如何禁止人体器官交易行为时必须放在讨论全球的器官移植体系这个大环境下进行；器官移植术又是一种关乎人们生命健康的医疗行为，属于卫生事业的范畴，而专门关注并积极号召各国签订各类保护人们生命健康公约并致力于全球卫生事业发展的政府间的国际组织就是世界卫生组织（World Health Organization）。[②]

第二，世界卫生组织有广泛的代表性。目前世界卫生组织有 193 个正式成员国，2 个准成员国。[③] 在这样一个大家庭中探讨如何禁止人体器官交易这种国际犯罪行为，必将考虑到更多国家人民的利益。由世界卫生组织促成签订的国际公约，将更具有普遍的国际约束性。

第三，世界卫生组织在禁止人体器官交易方面已做了相当多的努力。从 1987 年首次对人体器官交易表示关注后，之后的历届世界卫生大会都在“人体器官和组织移植”事项当中探讨如何禁止人体器官交易，以期达成各国都能接受的国际协定。

以下将具体分析世界卫生组织在禁止人体器官交易方面所做的努力。

（一）世界卫生大会第一次表达对人体器官交易的关注

从 1987 年起，世界卫生组织开始关注人体器官交易问题。虽然那一年的世界卫生大会没有在这方面达成普遍共识并最终形成决议，但将人体器官交易作为一个讨论专题本身，就明确表达了国际社会对这一问题的重视，并且为世界各国开启了认识人体器官交易的大门。

在这次大会上，各国政府的代表对是否要禁止人体器官交易没有作深入的讨论，但大家都认识到一点，穷人在器官交易中是当然的受害者，必须保护穷人以免受器官销售的剥削。[④] 在会议讨论当中，有的国家认为随着各国器官移植体系的建立，这一行为不会存留太久，很快就会消失；而大多数国家则认为随着器官移植技术的成熟，这一行为会越来越多，有可能造成一定的国际危害性。但由于当时各国都只是在理论上对其进行预测，并没有实际数据可供会议参考，所以最终没有达成关于是否禁止人体器官交易的实质性共识。

从这次大会开始，每届世界卫生组织的卫生大会都要求总干事审查和收集同种异基因性

---

① 指器官移植技术的成熟带来器官供体的极缺，在利益的驱使下刺激着器官买卖疯狂蔓延。

② 世界卫生组织的宗旨是使全世界的人们获得尽可能高水平的健康，它的基本职能是对全球卫生事务提供领导，拟定卫生研究议程，制定规范和标准，阐明以证据为基础的政策方案，向各国提供技术支持，以及监测和评估卫生趋势，促成公约的签订等。参见《世界卫生组织的宗旨》，http：//www. hudong. com/wiki/%E4%B8%96%E7%95%8C%E5%8D%AB%E7%94%9F%E7%BB%84%E7%BB%87，2010 年 1 月 8 日访问。

③ 世界卫生组织，http：//news. xinhuanet. com/ziliao/2003 - 01/27/content_ 709574. htm，2009 年 11 月 13 日访问。

④ World Health Organization. World Health Assembly，Development of guiding principles for human organ transplants：WHA40. 13 ［R］. Geneva：WHO，1987.

移植的做法、安全性、质量、有效性和流行性的数据，以及理论问题上的数据，包括活体捐献、器官买卖等的数据，为进一步认识人体器官交易提供依据。

（二）世界卫生大会呼吁各国禁止人体器官交易

两年以后，世界卫生组织获得了很多关于器官买卖的数据。这些数据明确显示：商业器官移植随处可见，器官非法交易给捐献者的健康带来严重威胁，各国对此行为的禁止没有取得多大效果。因此，1989 年的第四十二届卫生大会形成了第 42.5 决议，决定禁止人体器官交易。该决议主要包括五项内容：（1）号召成员国采取有效措施禁止以移植为目的的器官买卖；（2）在采取其他措施无法有效禁止的情况下，建议各成员国采取立法方式予以禁止；（3）呼吁各成员国与专业性的卫生组织及卫生监督机构密切合作，以阻止所有有助于器官交易的行为；（4）请求各成员国尽快向世界卫生组织报告实施该决议的情况；（5）请求理事长向第 54 届世界卫生大会报告各成员国政府贯彻执行该决议的情况。①

这些内容表明，世界卫生大会对禁止人体器官交易的决心已非常坚定。

（三）世界卫生大会形成禁止人体器官交易的指导原则

经过几届世界卫生大会的探讨，各国在禁止人体器官交易方面取得了一定的成效，并积累了一些经验，世界卫生组织认为有必要建立一种全球性的器官移植基本原则，以供各国参考。1991 年，第四十四届世界卫生大会签署了一份禁止人体器官交易的指导原则，该原则指出："人体及其组成部分不能作为商业交易的标的物，所以，因器官而付费或收费（包括任何其他形式的赔偿或奖励）的行为都应该予以禁止"。② 该原则对 50 多个会员国的立法及专业守则和行为带来了重大影响。

2004 年的世界卫生大会对该指导原则作了补充，进一步决定通过号召成员国采取措施禁止处于极度贫困的群体成为"器官移植旅游"的供体，使各国对器官移植行为负责。2008 年卫生大会对该指导原则再次作了补充和完善。世界卫生组织在卫生大会中建议首先增加尸体器官中的肾脏供应，其次才考虑一国之内的活体亲属之间的器官捐献，而且这一捐献必须是非商业性的、符合道德和法律规范的。③

（四）世界卫生大会进一步提高对人体器官交易的认识

2003 年，世界卫生组织在西班牙马德里对人体组织和器官移植的伦理、使用和安全等

---

① World Health Organization. World Health Assembly, Preventing the purchase and sale of human organs: WHA42. 5 [R]. Geneva: WHO, 1989.

② World Health Organization. World Health Assembly, Human organ transplantation (adopting the WHO Guiding Principles on Organ Transplantation): WHA44. 25 [R]. Geneva: WHO, 1991.

③ 与会人员 Noël 在发言中指出：符合道德的无私的活体器官的捐献是可以接受的，当捐献者表示了知会同意，即没有任何强迫时，他们的安全是可以得到保障的，而且他们还可以得到后续医疗上的照顾。针对沙特阿拉伯通过的一个法律规定，即政府给予捐赠者 13300 美元的金钱奖励和其他的利益，包括给捐赠者予以法律允许的国家水平的终身的医疗护理，Noël 认为，这种"回报"有可能吸引了沙特人口中部分最贫穷的人，例如移民工人，"器官移植中涉及的钱，即使不使用'出售'这个词，赋予器官以价格打开了国家和国际性交易的路径"。Dilemma over live - donor transplantation, http://www.who.int/bulletin/volumes/85/1/07-020107/en/, 2009 年 4 月 12 日访问。

全球共同关注的问题再次进行了磋商。① 会议中讨论了器官移植在全球的活动和发展、目前面对的挑战和制定规范存在的问题、尸体器官捐献、活体器官捐献、组织和细胞银行、异种移植、器官移植的政府管制和监督等问题。

此次会议对禁止人体器官交易有了突破性的进展，与会人员当中有很多人对人体器官交易有了新的认识。他们认为器官交易有必要提升一个高度，仅仅在国内法的规制范围内很难真正遏制该行为，从各种迹象都表明应将其上升到国际层面来进行规范。其中最为经典的发言莫过于 Nancy Scheper - Hughes 博士关于“器官买卖和贩运的全球正义”的论述。② 虽然这次会议没有达成关于规制人体器官交易的国际刑法性文件，但是，在认识上已进入一个新的发展阶段。

（五）世界卫生大会补充和完善禁止人体器官交易的指导原则

2008 年的世界卫生大会对禁止人体器官交易的主要贡献是补充和完善了器官移植的基本原则。

“指导原则 5”规定：“细胞、组织和器官应只可以自由捐献，不得含有任何金钱支付及其他货币价值的报酬。购买或提出购买供移植的细胞、组织或器官，或者由活人或死者的近亲属出售，都应予以禁止。但是，禁止出售或购买细胞、组织和器官不排除补偿捐献人产生的合理的和可证实的费用，包括收入损失，或支付获取、处理、保存或提供用于移植的人体细胞、组织或器官的费用。”③ 该原则是专门关于禁止人体器官交易的规定，比 WHA44. 25 决议中的规定更加具体，可操作性更强，同时也改变了 WHA44. 25 决议中关于排除任何给予捐献者补偿的规定。

笔者认为，“指导原则 5”中可以给予捐献者“合理的和可证实的补偿”的规定，更加符合社会的发展要求。因为捐献者冒着损害自身健康甚至是生命的危险给予他人帮助，这本身是一种为他人的利益而无私奉献的行为，应该得到社会的尊重和保护，其合法权益也理应

---

① World Health Organization . World Health Assembly. Ethics，access and safety in tissue and organ transplantation：Issues of global concern Madrid，Spain，6 - 9 October 2003 Report ［R］. 2003 ：2，http：// isw. sagepub. com/cgi/pdf_ extract/51/1/103，2010 年 2 月 2 日访问。

② Nancy Scheper - Hughes 博士的发言开始于他对制定“器官观察”这一首要目标的描述，其中包括努力绘制“全球贩运地图”和“查明变节医院和医生”。他认为：目前的数据已支持对全球人体器官和组织买卖的指控，并表明有必要在全球和国际一级的高度加以解决关于器官买卖的诸多问题。如：有证据表明这些经常带着他们的外科医生前往特定国家去获取器官或购买器官的“移植旅游”或“器官游客”发展得非常迅速，这种侵犯行为是带着“看不见的捐助者”和“可牺牲人口”的思想，因为他们之间的移植行为是通过“互联网经纪人”和其他为特权的需要服务的人作为中间人来进行的；从捐献者获取器官和对接受者分配器官及在日常手术中盗窃肾脏不仅关系到伦理问题，还涉及种族、阶级和性别不平等等问题；另外存在强迫囚犯、精神病患者、处于危险中的无家可归者和其他人口捐献器官的情形，这些都有证据予以证明；由于掮客、经纪人、经纪公司大量涌现，使得器官买卖似乎可以被看做是对许多国家法律公然和直接的侵犯；器官买卖不仅仅对个人产生不利后果，而且对有关国家也具有重大的“社会、经济、医疗和政治”影响。World Health Organization. World Health Assembly. Ethics. access and safety in tissue and organ transplantation：Issues of global concern Madrid，Spain，6 - 9 October 2003 Report ［R］. 2003：20，http：// isw. sagepub. com/cgi/pdf_ extract/51/1/103，2010 年 2 月 2 日访问。

③ World Health Organization. The Fifty - seventh World Health Assembly，human organ and tissue transplantation：WHA57. 18 ［R］，，Geneva：WHO，2008.

受到社会的维护。不仅如此，“指导原则5”还为如何区分合理捐献费用和收取捐献报酬划定了明确界限，从而较好地解决了这个一直困扰国家器官移植立法的问题。

“指导原则5”还规定：在禁止人体细胞、组织、器官交易的同时，应该允许按照常理象征性地给予捐献人一定谢意的情形，但这种情形不能用金钱价值去衡量。一国的法律、法规应确保任何给予或奖励不是实际意义上的对所捐献细胞、组织或器官变相的付款行为。任何可以让与给第三方并附有金钱价值以“奖金”的形式给予的奖励，与金钱支付性质是相同的。①

二、各国自身增强合作意识

在世界卫生组织的影响下，不少国家都作出了积极的努力和配合。这显示了在禁止人体器官交易问题上，各国开始形成危机意识和合作意识。

（一）中东地区加入禁止人体器官交易的行列

2006年11月26日和27日，在科威特举行的世界卫生大会上，移植专家和来自沙特阿拉伯国家的代表及13个世界卫生组织东地中海区域的其他国家的代表承诺，反对捐赠器官的商业化。一贯是器官交易天堂的中东地区国家也承诺反对器官交易，这无疑是人类禁止人体器官交易的又一个进步，只有所有国家加入到这样的大行动中，才可能获得良好的效果。

会议结束后，与会人员沙特器官移植中心干事Shaheen说：沙特当局正在研究如何规范无商业交易的非亲属之间的器官捐赠。“我们正在认真思考如何使这项新协议完全是无私的，以至于给予的5万里亚尔将作为捐献者的全面医疗保险，再加诸如上下班日和折扣机票，工作申请的优先权等其他好处，所以捐助者将没有现金赔偿，但有回报。”②

（二）《关于器官买卖、移植旅游和器官商业化的伊斯坦布尔宣言》

2008年4月30日至5月1日，应器官移植协会和国际肾脏病协会的邀请，各国首脑会议在伊斯坦布尔举行了商讨会议。这次会议的焦点集中在器官买卖、器官移植旅游和商业化器官移植等问题上。在该次会议上成功签署了《关于器官买卖、移植旅游和器官商业化的伊斯坦布尔宣言》，这是各国自身密切合作打击人体器官交易的成功典范。

指导委员会编写了宣言的最初文本，该委员会还邀请来自78个国家的152位医疗和科研的专业人士、政府和社会机构、社会科学家的代表、法律学者、伦理学家参加了会议。在邀请之前，没有对他们进行过观点、经历和信仰方面的调查。因此，与会者就该宣言达成的共识完全是客观的，符合世界人民的心声。

宣言认为，打击犯罪活动的第一个基本步骤就是精确描述它们。宣言明确定义了器官买

① 世界卫生组织：世界卫生组织执行委员会第123届会议临时议程项目5［R］.2008：9。

② Dilemma over live - donor transplantation，http：//www.who.int/bulletin/volumes/85/1/07 - 020107/en/，2009年4月12日访问。

卖、商业化器官移植①和器官移植旅游。② 宣言还提出了基于这些定义的政策和实践原则："器官买卖和器官移植旅游违反公平、公正和尊重人的尊严的原则，应该被禁止。由于商业化移植的目标是瞄准贫困者或者弱势捐献者，这不可避免地导致不公平和不公正，也应该予以禁止。"禁止的范围必须包括以商业移植为目的的所有类型广告（电子和印刷版）、招募或中介。

宣言还规定，对评价和实施捐献程序期间所需费用的补偿是合法移植费用的一部分，不构成器官交易。各国政府应确保提供给活体捐献者的照顾和后续医疗服务不低于提供给器官接受者的关心和注意。例如，在没有社会保险制度的国家，给捐献者提供的伤残、死亡、健康保险成为照顾捐献者的重要组成部分。

《关于器官买卖、移植旅游和器官商业化的伊斯坦布尔宣言》大大有助于各国政府采取有效行动并制定和执行协商一致的强有力的法律，对中国、巴基斯坦、菲律宾等国颁布规范器官移植的法律和条例方面发挥了重要作用。在该宣言的影响下，器官移植旅游起源的国家和通过旅行获得移植的国家，纷纷开始为了保护本国人民不受剥削和发展本民族在器官捐赠方面的自给自足而履行各自的职责。

以上这些国际实践表明，从国际层面禁止人体器官交易已经是大势所趋。各国对人体器官交易的性质及危害已有了充分的认识，对人体器官交易进行国际刑事立法将成为不远的事实。

第三节 国际刑法规制人体器官交易犯罪的设想

虽然运用国际法禁止人体器官交易已经是大势所趋，但相关的国际法（尤其是国际刑法）的具体内容暂时还无人论及。笔者在此不揣粗浅，尝试就禁止人体器官交易的实体法部分提出若干设想。

一、人体器官交易罪的概念

笔者认为：人体器官交易罪是指个人或组织提供或接受酬金或利益，通过使用或威胁使用暴力、绑架、欺骗或其他方法，招募、运输、转移、窝藏或接收人体活体、尸体及其器官，并通过移植手术将器官转移到他人身体的违反国际刑事法律规范或原则的犯罪行为。

按照世界卫生组织的认定，"人体器官"是指人体上的多种组织构成的能行使特定功能的结构单位。它的组织结构特点与它的生理功能是相适应的。一般包括一些比较熟悉的直观器官，如：眼、耳、鼻、舌等感觉器官和内脏器官心、肝、肺、胃、肾、脾、大肠、小肠

---

① 根据该宣言，商业化器官移植是指器官作为商品对待的政策或做法，包括因为物质利益而被收购或出售或使用。Organ trafficking and transplant tourism and commercialism: the Declaration of Istanbul [C]. Istanbul. 30 April to 1 May , 2008: 136.

② 根据该宣言，器官移植旅游是指捐献者、受赠人或移植专家跨辖区边界为移植目的的运动。为移植器官而进行的旅行如果涉及器官买卖和/或商业移植或专门供病人移植的资源（机构，专业人士，移植中心）来自境外的某个国家，并破坏该国为自己国家的人提供移植服务的能力，该种旅行就变成器官移植旅游。Organ trafficking and transplant tourism and commercialism: the Declaration of Istanbul [C]. Istanbul. 30 April to 1 May, 2008: 136.

等，同时包括骨骼肌、皮肤、细胞等人们比较容易忽视的器官部分，但不适用于以生殖为目的的配子、卵巢或者睾丸组织，或者胚胎移植或以输血为目的采集的血液或血液成分。①

“人体器官”是否包括“尸体器官”？虽然在学术界有不同的意见，但在对人体器官交易单独定罪的内国法中，都把活体器官和尸体器官包括在被当做商品买卖的器官中。② 这样的立法理念是值得国际刑法吸收的。笔者认为，买卖尸体器官应视同买卖活体器官，同样受到法律的制裁。理由如下：（1）法律的全球化过程就是国内法国际化和国际法国内化的互动过程，应该相互补充和完善；（2）尸体本身是具有特定的人格利益的，他是死者生前拥有的人格利益的延伸，同时包含了人类对自己生命尊严的尊重，也对其近亲属的利益以及整个社会利益产生影响。他作为丧失生命的人体物质形态，其本质在民法上表现为身体权客体在权利主体死亡后的延续法益，法律对其进行保护，是保护身体权的延续利益。世界各国民法都对死后的人格利益给予保护，尸体所包含的人格利益也不例外。因此，尸体本身应该受到法律的规制和保护。③

二、人体器官交易罪的构成要件

在讨论国际犯罪的构成要件时，国内外学者存在诸多争论，其焦点在于国际犯罪构成要件中的具体内容及其排序。著名的国际刑法学教授巴西奥尼在其拟定的《国际刑法典草案》总则第6条“国际犯罪的要件”（element of an international crime）中指出，构成国际犯罪应包括四个基本要件，即实质要件（material element）、心理要件（mentalelement）、因果要件（causal element）和危害（harm）要件。④ 我国学者对国际犯罪的构成要件也分为二要件说、三要件说和四要件说。二要件说认为：“同时具备一定的客观要件和主观要件，是构成任何犯罪都必须的，国际犯罪当然也不例外。”⑤ 三要件说认为：国际犯罪构成应该包括客观要件、主体和主观要件，犯罪客体不应该作为国际犯罪的构成要件。四要件说认为：“依照社会主义刑法理论，我们认为，国际犯罪的构成要件应包括四个：国际犯罪客体、国际犯罪主体、国际犯罪客观方面和国际犯罪主观方面。”⑥ 目前占主流的是四要件说。另外，对四要件中的排序问题也存在争议。但笔者认为要件之间的排序并不影响犯罪构成的实质，对其作过多的争论意义并不是很大。

笔者赞成四要件说。以下从四个方面来界定人体器官交易罪的构成要件。

---

① 世界卫生组织：世界卫生组织执行委员会第123届会议临时议程项目5［R］.2008：9。

② 例如，前文已述及的美国殡仪馆工人偷卖尸体器官的行为，后被警方以买卖人体器官罪起诉；澳门《器官移植法》中规定的器官买卖罪名，也包括买卖尸体器官。

③ 杨立辉：《谁有权火化死者的尸体》，http：//www.nxcity.gov.cn/news/？/5191.html，2010年4月7日访问。

④ 实质要件也叫行为要件，是指构成国际犯罪自愿的作为或不作为；心理要件，是指犯罪人在实施犯罪行为时的心理状态；因果要件，是指某一行为构成某一结果的前提，并且没有这一前提该结果就不会出现；危害的要件，应当按照有关犯罪的定义来确定，如果犯罪定义中没有必须有物质性危害后果的要求时，危害也就不是犯罪构成的必要要件了。M. Cherif Bassiouni，International Criminal Law：A Draft International Criminal Cord. Hague，1080：100 - 101.

⑤ 张智辉：《国际刑法通论》，中国政法大学出版社1999年版，第114页。

⑥ 赵永琛：《国际刑法与司法协助》，法律出版社1994年版，第41页。

（一）人体器官交易罪的客体

我国内国法定义犯罪客体的概念一般认为：犯罪客体是指我国刑法所保护而为犯罪行为所侵犯的社会关系，这种社会关系就是人们在生产和共同生活活动过程中所形成的人与人之间的相互关系。① 国际犯罪的客体也应该是一种被国际刑事法律所保护的但被国际犯罪行为所侵犯的国际社会关系。具体到人体器官交易罪的客体上，笔者认为，主要是指世界人民的生命权、健康权，以及国家的公共卫生安全和器官移植管理制度等。

（二）人体器官交易罪的客观方面

内国刑法的犯罪客观方面一般是指刑法所规定的，说明侵犯某种客体的行为及其危害结果的一系列动作及外部特征。它与犯罪客体具有紧密的联系。在犯罪构成要件当中，犯罪客体要解决的是犯罪行为所侵害的是怎样的社会关系，即侵犯怎样的法益，而犯罪客观方面则要解决的是这一客体在什么样的条件下，通过什么样的行为方式受到侵害，并且造成了怎样的危害结果。

国际犯罪的客观方面与国内法类似，只是它具有国际性，即国际犯罪的客观要件是指国际法所禁止的危害国际社会的行为、行为方式、行为的危害结果等客观事实特征，各种不同的国际犯罪的客观事实特征是不同的，如有的国际犯罪需要有危害结果，有的则并非如此。②

笔者认为，人体器官交易罪的客观方面主要包括危害行为和危害结果。危害行为是指非法出售、运输、购买、持有人体器官或者组织他人进行人体器官交易，为人体器官交易提供便利、充当中介，非法走私人体器官，违反捐赠的无偿性而支付或收取报酬等行为。危害行为还需作用于一定的行为对象。本罪的行为对象是人体器官，包括活体器官、尸体器官、骼肌、皮肤、细胞等，不包括以生殖为目的的配子、卵巢或者睾丸组织，或者胚胎移植或以输血为目的采集的血液或血液成分，其具体内容可以参照世界卫生大会通过的 WHA44.25 号决议。危害结果主要是剥夺他人的生命权或健康权、破坏国家器官移植管理制度、扰乱国际社会安定秩序、冲破人类道德的基本底线等。

（三）人体器官交易罪的主体

自然人能够成为一般的国际犯罪的主体，这已在国际社会上达成了共识。就人体器官交易犯罪行为来说，自然人主体包括中介人和购买人。中介人是指为出卖方和购买方提供交易信息以谋取利益、创造交易条件、安排移植过程，或者购买器官后转卖给他人，以谋取利益的人。购买人是指直接找到符合配型器官的供体方，付出报酬以购买器官并接受移植的人。出卖自己器官以谋取利益者不能成为人体器官交易的主体。

跨国公司等法人能够成为人体器官交易犯罪的主体。跨国公司等法人从事国际犯罪案例也已屡见不鲜，所以法人（legal persons 或 juridical Persons）犯罪也越来越受到国际社会的重视。早在 1985 年联合国预防犯罪和罪犯处置大会就通过了《从发展角度和新的国际经济秩序来看预防犯罪和刑事司法的指导原则》，其中规定会员国应当适当考虑到规定代表机构、公司或企业行事的人或负责决策或执行的人员有刑事责任。③《联合国打击跨国有组织

---

① 童伟华：《犯罪客体研究——违法性中国语境分析》，武汉大学出版社 2005 年版，第 243 页。

② 马呈元：《国际犯罪及其责任》，中国政法大学出版社 2001 年版，第 25 页。

③ 苏彩霞：《中国刑法国际化研究》，北京大学出版社 2006 年版，第 68 页。

犯罪公约》也在国际公约中确定了法人的刑事责任问题。追究法人的国际刑事责任已成国际社会的发展潮流。

因此，笔者认为，人体器官交易罪的犯罪主体也应该包括跨国公司等法人。其原因除了上述一般性规定外，还包括以下几个特定的重要原因：

首先，就目前而言，已有许多的器官买卖是由公司进行操作的，如美国的那些以营利为目的的“器官库”，他们通过收集别人无偿捐赠的器官或低价买入人体器官，然后以高价出售来获得巨额利润。如果只追究个人的刑事责任而放弃追究公司的刑事责任，显然是十分荒谬的。其次，从发展上看，随着器官移植技术的成熟，器官移植手术会越来越多，器官供体会更加短缺。这背后蕴藏的巨额利润将驱使更多的人成立公司以从事大范围的器官交易行为。如果不打击法人，等于是直接鼓励了这些犯罪行为。第三，对这些法人进行制裁可以使被害人更加充分有效地得到经济上的赔偿。因为法人的经济实力要比自然人强很多，且在判决的执行方面也要比自然人来得容易。处罚法人对被害人更加有利。当然，追究法人的国际刑事责任，并不代表不追究个人的责任，对于主要负责人仍然要承担其应有的国际刑事责任。

国家是否成为国际犯罪的主体？学界对该问题长期以来一直争论不休，目前仍无定论。笔者认为，就人体器官交易罪而言，国家当然不能成为犯罪主体。因为国家不可能组织公民进行人体器官交易，也不可能自己从事人体器官的买卖行为，充其量也只是对自己国家的公民到外国的“器官移植旅游”采取放任的态度。这不足以使其成为人体器官交易罪的主体。

总之，人体器官交易罪的主体应该包括自然人、法人，不包括国家。

（四）人体器官交易罪的主观方面

关于一般国际犯罪的主观要件的内容，国内外学者的论述不尽相同。外国学者卡萨瑟指出，国际犯罪的主观要件的犯意（mens rea）主要包括蓄意（intent）、轻率（recklessness）和应受惩罚的疏忽（culpable negligence）三种情况。① 国内学者大多认为主观要件包括故意、过失，如甘雨沛、高格认为：“国际犯罪构成的主观方面要件，是指国际犯罪行为者主观上所具有的故意或过失的心理状态。”② 笔者认为，就人体器官交易罪而言，无须对主观要件作过多的考量，只要求具有故意（或外国学者所认为的蓄意）即可。即明知自己的行为将发生危害他人健康或他人生命并违反人类基本理念的后果，仍希望或者放任这种结果的发生。过失不构成本罪的主观方面。

三、人体器官交易罪的犯罪形态

笔者认为，对人体器官交易罪的未遂犯也应加以处罚。主要理由是：（1）未遂犯本身具有潜在的社会危害性，是由于意志以外的原因而导致犯罪意图所追求的全部行为中断，其主观恶性并没有因此而减弱，因此应受到社会的责难。（2）国际刑法的根本宗旨并不是为了惩治犯罪，而是保护世界人民的根本利益。对未遂犯进行处罚可以起到防患于未然的作用，对一些潜在的犯罪分子也可以起到警示作用。（3）综观各内国法或地区法律，大多数对人体器官交易罪的未遂犯作出了刑事处罚规定（如法国、中国澳门特别行政区），所收到

---

① Antonio Cassese, International Criminal Law, Oxford University Press Inc. , New York, 2003: 162 - 172.

② 甘雨沛、高格：《国际刑法学新体系》，北京大学出版社2000年版，第122—123页。

的效果比没有规定未遂犯的国家要好。（4）在一些国际公约中也对未遂犯作出了处罚规定。①

四、人体器官交易罪的刑罚

对自然人的国际刑事责任承担方式，国际上已经达成共识。适用于自然人的刑事责任承担方式包括自由刑和财产刑。这种处罚方式与各国的国内法相衔接，有利于国家把国际刑法国内化，从而有利于国际刑法的贯彻执行。对构成人体器官交易罪的个人，也应当如此。

对于法人的国际刑事责任，《联合国反腐败公约》和《联合国打击跨国有组织犯罪公约》中都有规定，法人应该受到有效的、适度的、劝阻性的国际刑事或非刑事制裁，包括金钱制裁；且法人在承担国际刑事责任之后，并不影响实施犯罪的自然人的刑事责任。可见，两部国际公约提倡的均是双罚制，既处罚实施犯罪行为的法人，也处罚与之相关的自然人。② 双罚制成为国际发展的潮流。笔者认为，对人体器官交易罪的犯罪主体之一的法人的处罚方式，也应该采取双罚制的原则。

五、人体器官交易罪的管辖

人体器官交易罪具有跨国性国际犯罪的特征和国际犯罪的特征，但以跨国性国际犯罪为主，应该主要由各国国内法对其进行管辖。一般来说，只要各国之间真诚合作，适用国际刑法的基本原则和基本规定，国家是可以完成对人体器官交易罪犯的处罚的。但如果出现个别国家出于对本国公民利益的考虑，容忍“器官移植旅游”行为，不对行为人进行处罚或处罚上不够严厉，则可以考虑国际刑事法院的补充管辖原则。因为依据《国际刑事法院罗马规约》中的规定，适用国际刑事法院的补充管辖权的条件是这一犯罪是否具有“国家不能或者不愿对犯罪管辖，或者国家对该犯罪进行审判可能有失公正”。因此，笔者认为，对人体器官交易这一国际犯罪的管辖还可以适用国际刑事法院有关补充管辖权的规定。

既然人体器官交易罪的管辖形式以国内管辖为主，以补充管辖为辅，那么对它的惩处模式也应以国际刑法的间接执行模式③为主，以直接执行模式④为补充，以便充分发挥国际刑法的积极作用，更加快捷、有效地惩处人体器官交易犯罪。

---

① 赵秉志：《犯罪未遂形态研究》，中国人民大学出版社2008年版，第121—153页。

② 李纂通：《理想国际刑法的构建》，吉林大学2008年博士学位论文，第138页。

③ 间接执行模式是指通过国际法的国内法化过程，使用国内刑事司法系统对犯罪人进行判处和执行的模式。

④ 直接执行模式是指通过国际刑事法院，使用国际刑事法院的司法系统对犯罪人进行判处和执行的模式。

结　论

人体器官交易行为是伴随着器官移植技术的诞生而诞生的，器官供体的短缺又刺激了器官买卖行为的横行。器官移植技术的诞生堪称一次医学界的革命，但任何事物的发展都会具有两面性，器官移植技术带来的一个最棘手的副产品就是人体器官交易。人类无法遏制先进技术前进的道路，也不应该遏制其发展，但是我们在推动历史前进的车轮的同时，应该利用我们的智慧阻止科学技术带来的负面影响。

所以，禁止人体器官交易行为，是为全人类谋福利，是世界各国人民共同利益之所在。在各国的内国法限制这一行为成为一种非常不利状态时，且这种行为的发展已严重危及国际社会的公共利益时，人们责无旁贷地应去寻求更为有利的途径对其进行限制。

随着世界的联系越来越紧密，整个国际社会宛如一个大家庭相互依赖、唇齿相依。在这种情况下，国际刑法不断地凸显它的张力并不断地显露它的能量。要有效地遏制人体器官交易这种新型的国际犯罪，必须借助国际刑事立法，才能真正有效地保护世界人民的根本利益。具体的做法是经各国和平协商，通过吸收那些比较先进的内国法中对人体器官交易罪的规定并进行国际化，综合适用一些成熟的国际刑法理念、原则及一些具体的国际刑法制度，最后进行国际刑事立法，形成一个成熟的专门惩治人体器官交易犯罪的国际公约，然后为了更好地履行该公约规定的国际义务，该公约又反过来指导各国的国内立法，通过这种循环往复的过程，人体器官交易这种新型犯罪最终应该能得到很好的遏制。

当然，禁止人体器官交易行为并不是只有通过国际刑事立法才能达到此效果，如果能够让供体器官充足以至于人们不用去寻找配型的器官，那器官买卖也就当然没有了“市场”，就会自然消亡。但是自愿捐赠的器官能达到供过于求的地步吗？随着器官移植技术的越来越成熟，对器官供体的需要会成倍增长，可是自愿捐赠的器官却不见增加，就算各国都确定脑死亡标准，那样也只能是相对地增加了器官的供体，对于日益增长的器官供体的需求来说，无疑是杯水车薪。另外，如果能建立全球的器官移植体系，也可以大大增加器官供体，但那又是何其艰难？很多国家连自己一国之内的器官移植体系都难以建立，还要建立全球性的器官移植体系，那将是难上加难，而且就目前以国家为主导单位的国际社会而言，很难想象国家会愿意把自己国内的资源免费送给别的国家。由此看来，要通过切断人体器官交易犯罪的源头来遏制这种犯罪还是很难的，人们还是只能求助于“头痛医头、脚痛医脚”的快捷的方法来遏制这一犯罪比较现实。

参考文献

一、中文部分

（一）资料

1. 世界卫生组织：世界卫生组织执行委员会第 123 届会议临时议程项目 5.［R］. 2008：9。
2. 《美国一殡葬员工涉嫌盗卖尸体给人体器官交易商被诉》，http：//www. hn8868. com，2009 年 4 月 13 日访问。
3. 《港公司涉跨国买卖人体器官》，www. forum4hk. com/thread－2276－1－1. html，2009 年 3 月 15 日访问。
4. 《沈洋、黄洁夫表示建立我国器官移植捐献提醒已迫在眉睫》，http：//www. gov. cn/jrzg/2009－06/04/content_ 1332082. htm，2009 年 12 月 5 日访问。
5. 李锡鹤：《民法学探索集之二十一——论人身权的体系》，http：//article. chinalawinfo. com/Article_ Detail. asp？ArticleID＝26717，2009 年 12 月 16 日访问。
6. 澳门立法会第 2/98/M 号法律。
7. 高铭暄教授发言，第 22 届世界法律大会国际刑法专题研讨，http：//review. jcrb. com/zyw/n3/ca411067. htm，2010 年 1 月 5 日访问。
8. 姚岚：《试论人体器官权与器官捐献激励原则》，载《法律与医学杂志》2007 年第 1 期。

（二）著作

1. 郭自力：《生物医学的法律和伦理问题》，北京大学出版社 2002 年版。
2. 钟安环：《生命的追问》，山东教育出版社 1998 年版。
3. 万慧进：《生命伦理学与生命法学》，浙江大学出版社 2004 年版。
4. 王利明：《民法》，中国人民大学出版社 2007 年版。
5. 《法国新刑法典》，罗结珍译，中国法制出版社 2003 年版。
6. 《德国刑法典》，徐久生、庄敬华译，中国法制出版社 2000 年版。
7. 朱文奇：《国际刑法》，中国人民大学出版社 2006 年版。
8. ［英］劳特派特修订：《奥本海国际法》，王铁崖、陈体强译，商务印书馆 1971 年版。
9. 王铁崖主编：《中华法学大辞典：国际法学卷》，中国检察出版社 1996 年版。
10. 赵秉志、钱毅、郝兴旺：《跨国跨地区犯罪的惩治与防范》，中国方正出版社 1996 年版。
11. 赵永琛编：《国际刑法约章选编》，中国人民公安大学出版社 1999 年版。
12. 张智辉：《国际刑法通论》，中国政法大学出版社 1999 年版。
13. 北京大学法学院人权研究中心编：《国际人权文件选编》，北京大学出版社 2002 年版。

14. ［美］E. 博登海默：《法理学：法律哲学与法律方法》，邓正来译，中国政法大学出版社 1999 年版。
15. ［英］史蒂文·卢克斯：《个人主义》，阎克文译，江苏人民出版社 2001 年版。
16. ［美］M. C. 巴西奥尼：《国际刑法·国际刑法典草案》，1980 年英文版。刘亚平：《国际刑法与国际犯罪》，群众出版社 1986 年版。
17. ［美］罗伯特·基欧汉、约瑟夫·奈：《权利与相互依赖》，门洪华译，北京大学出版社 2002 年版。
18. 苏彩霞：《中国刑法国际化研究》，北京大学出版社 2006 年版。
19. 甘雨沛、高格：《国际刑法学新体系》，北京大学出版社 2000 年版。
20. 童伟华：《犯罪客体研究——违法性中国语境分析》，武汉大学出版社 2005 年版。
21. 赵秉志：《犯罪未遂形态研究》，中国人民大学出版社 2008 年版。
22. 张旭：《国际刑法论要》，吉林大学出版社 2000 年版。
23. 黄丁全：《医疗、法律与生命伦理》，法律出版社 2004 年版。
24. 马呈元：《国际犯罪及其责任》，中国政法大学出版社 2001 年版。
25. 高铭暄、赵秉志主编：《当代国际刑法的理论与实践》，吉林人民出版社 2001 年版。

（三）文章

1. 唐德祥：《美国〈全国器官移植法〉运行中的经济问题探析》，载《企业经济》2003 年第 7 期。
2. 刘长秋、孙自强：《人体器官交易应否被合法化》，载《社会观察》2005 年第 7 期。
3. 顾海波、赵进华：《人体器官交易的立法干预探析》，载《医学与哲学》2006 年第 318 期。
4. 刘长秋：《刑法视野下的器官移植》，载《现代法学》2008 年第 6 期。
5. 刘长秋：《澳门器官移植法研究——澳门器官移植法及其对大陆器官移植立法之启示》，载《法治研究》2005 年第 5 期。
6. 刘俊森、古津贤：《非法人体器官交易的刑事立法研究》，载《医学与哲学（人文社会医学版）》2006 年第 1 期。
7. 申卫星、王琦：《论人体器官捐献与移植的立法原则》，载《比较法研究》2005 年第 4 期。
8. 李海滢：《国际犯罪的基设性理论研究：一种本体论维度的观照》，吉林大学 2008 年硕士学位论文。
9. 张力：《评人体器官与组织捐赠无偿性原则》，载《法律与医学杂志》2002 年第 1 期。
10. 杨寅：《公共利益的程序主义考量》，载《法学》2004 年第 10 期。
11. 李纂通：《理想国际刑法的构建》，吉林大学 2008 年博士学位论文。

二、外文部分

（一）Books

1. M. Charif Bassouini, Introduction to international criminal law transnational publishers [M], inc. Ardsley, New York, 2003: 253.
2. Kriangsak kittichaisaree, international Criminal Law [M], Oxford University Press,

2001：143.
3. Westlake. International law [M]. Cambrige University Press, Cambrige, 1904：177.
4. Joseph H. H. Weiler, Antonio Cassese, Marina Spinedi, International Crimes of State：A Critical Analysis of The ILC's Draft Article 19 On State Responsibility [M], Walter de Gruyter and Co., Berlin, 1989：156.
5. F. H. Hinsley. Sovereignt. Cambridge University Press, Cambridge, 1986：26.
6. M. Cherif Bassiouni, International Criminal Law：A Draft International Criminal Cord. Hague [M], 1080：100－101.
7. Antonio Cassese, International Criminal Law, Oxford University Press Inc., New York, 2003：162－172.

（二）Articles

1. Bartha Maria Knoppers. Intellectual Property Rights and Ownership Issues：International Policy Positions and Emerging Trends in the Literature [DB/OL]. http://www.ic.gc.ca/eic/site/ippd－dppi.nsf/eng/h_ ip00060.html.

（三）Materials

1. Issue 302：The Question of Organ Traffichin, http：//www.who.int/bulletin/volumes/82/9/feature0904/en/index.html，2009年4月12日访问。
2. Dilemma over live－donor transplantation, http：//www.who.int/bulletin/volumes/85/1/07－020107/en/1，2009年4月12日访问。
3. World Health Organization. World Health Assembly, Development of guiding principles for human organ transplants：WHA40.13 [R]. Geneva：WHO, 1987.
4. World Health Organization. World Health Assembly, Preventing the purchase and sale of human organs：WHA42.5 [R]. Geneva：WHO, 1989.
5. World Health Organization. World Health Assembly, Human organ transplantation (adopting the WHO Guiding Principles on Organ Transplantation)：WHA44.25 [R]. Geneva：WHO, 1991.
6. World Health Organization. World Health Assembly. Ethics, access and safety in tissue and organ transplantation：Issues of global concern Madrid, Spain, 6－9 October 2003 Report [R]. 2003：2, http：//isw.sagepub.com/cgi/pdf_ extract/51/1/103 1，2010年2月2日访问。
7. World Health Organization. World Health Assembly. Ethics. access and safety in tissue and organ transplantation：Issues of global concern Madrid, Spain, 6－9 October 2003. Report [R]. 2003：20, http：//isw.sagepub.com/cgi/pdf_ extract/51/1/103，2010年2月2日访问。
8. World Health Organization. The Fifty－seventh World Health Assembly, human organ and tissue transplantation：WHA57.18 [R], Geneva：WHO, 2008. http：//isw.sagepub.com/cgi/pdf_ extract/51/1/103.
9. Organ trafficking and transplant tourism and commercialism：the Declaration of Istanbul [C]. Istanbul. 30 April to 1 May, 2008：136.

专题四

危害国际环境罪

龙玉梅

导　论

环境是人类生存和发展的倚仗，人类的发展过程也是对环境的开发、破坏和保护的过程。随着人类社会的逐渐发展，全球经济联系不断加强的同时也导致环境破坏行为的肆虐——环境污染跨国发展，有组织犯罪集团破坏人类生存环境的非法黑市贸易等跨国犯罪活动日益猖獗。目前，国际环境犯罪的危害行为类型主要包括：污染海洋行为、污染大气行为、污染土地行为、核污染行为、噪声污染行为、非法处理、转移危险废物的行为、违反防治污染义务的行为以及走私濒危野生动植物的行为等。国际环境犯罪的警钟长鸣，各国呼吁国际社会加强国际合作与交流，共同打击严重危害国际环境的犯罪，捍卫人类的共同利益。

打击和预防危害国际环境的犯罪行为，维护人类的共同利益，需要国际社会戮力同心。作为国际刑法学方向的研究生更应结合自身所学，努力钻研，为打击和预防危害国际环境的犯罪提供理论支持，为国际刑法学的繁荣增彩添色。

一、研究的立法背景

危害环境的犯罪行为的日益严重性，超越了一国国内控制的范畴。故而，国际社会开始通过国际性立法、加强国家之间和区域之间的刑事合作等途径，来遏制严重破坏环境的行为。据统计，从1899年到1996年间，预防、禁止和惩治环境犯罪的国际法律文件已有55个。[①] 这些文件涉及环境保护的不同领域，如空间、海洋、水流、陆地、外空、月球及某些特殊生物物种等。其中，1977年的《1949年8月12日日内瓦四公约关于保护国际性武装冲突受难者的附加议定书》（即《日内瓦公约第一附加议定书》）第55条明确规定了“对自然环境的保护”，禁止使用任何旨在或可能对自然环境造成广泛的、长期的和严重的损害的作

---

① 这些条约中涉及有刑事性禁止规定的有：1911年7月7日在华盛顿通过的《在北大西洋保护海豹的公约》，1931年9月24日在日内瓦通过的《捕鲸规则公约》，1937年8月8日在伦敦通过的《捕鲸规则的国际协定》，1954年5月12日在伦敦通过的《防止海洋石油污染的国际公约》，1959年12月1日在华盛顿签订的《南极条约》，1963年8月5日在莫斯科签订的《禁止在大气、外层空间和水下进行核武器试验的条约》，1967年1月27日在华盛顿、莫斯科和伦敦签订的《关于国家在开发、使用外层空间包括月球和其他星体行为的管理原则条约》，1973年11月2日在伦敦通过的《防止船舶造成污染的国际公约》，1977年5月18日在日内瓦开放签署的《禁止为军事或任何其他敌对目的的使用改变环境的技术的公约》，1977年12月12日在伯尔尼开放签署的《1949年8月12日日内瓦公约的附加议定书》和《1978年8月8日关于武装冲突中保护被害人规则》，1978年2月17日在伦敦通过的《关于防止船舶造成污染国际公约的议定书》，1979年11月13日在日内瓦通过的《远距离越界大气污染公约》，1979年12月5日在纽约开放签署的《指导各国在月球和其他星体上活动的协定》，1982年12月10日在蒙哥特湾开放签署的《联合国海洋法公约》，1998年11月4日欧洲理事会通过的《通过刑法保护环境公约》，1998年7月17日联合国设立国际刑事法院全权外交代表会议通过的《国际刑事法院规约》。关于各类公约的内容详见联合国官网 http://www.un.org/en/，2011年4月26日访问。

战方法或手段，且禁止以报复为目的攻击自然环境的行为。① 可是，总体而言，这些公约都只是零散地、原则性地规定惩治某个具体领域的环境污染问题和破坏生态平衡问题。严格说来，危害国际环境罪不是国际刑法公约中明文规定的国际犯罪。

由于一系列国际公约中都包含对严重危害环境行为的禁止性规定，有的甚至明确要求各缔约国对这种行为给予刑事制裁，特别是自 1972 年 6 月 16 日《联合国人类环境宣言》（The Declaration of the United Nations Conference on the Human Environment）发表以来，国际社会要求把严重危害国际环境的行为规定为国际犯罪的呼声越来越高。联合国国际法委员会在其 1979 年起草的《关于国家责任的条文草案》第 19 条中，把严重违背对维护和保全人类环境具有根本重要性的国际义务，如禁止大规模污染大气层或海洋的义务，作为构成国际罪行和国际不法行为的特征之一。联合国国际法委员会又在其 1991 年提交的《危害人类和平与安全罪法典草案》中，将故意严重破坏环境的行为作为危害人类和平与安全罪的犯罪之一。1992 年，国际刑法协会在渥太华会议上提出了“对危害环境罪适用刑法的建议案”。1994 年，国际刑法协会第 15 次代表大会讨论了 1992 年在渥太华预备会议上的草案，具体规定，影响及于一个以上国家管辖区域的危害环境罪，或者影响不属于任何国家管辖的危害全球环境的危害环境罪，应在多边条约中规定为国际犯罪，并规定了相应的司法管辖与协助以及危害环境罪行的预防原则，同时建议成立国际刑事法院，管辖危害全球环境的犯罪。②但是，1998 年 7 月通过、2002 年 7 月生效的《国际刑事法院规约》以及基于该公约生效而建立的国际刑事法院，却未能如学者所愿，管辖所有危害国际环境的犯罪。③ 另外，1998 年 11 月欧洲理事会通过了《通过刑法保护环境公约》，这是国际社会第一部以刑法保护整体环境而不是局部环境的区域性国际公约。

二、研究的司法背景

由于严重危害环境的犯罪不是国际刑法规范中规定的国际犯罪，也不是习惯国际法所认同的核心犯罪，故不能依据普遍管辖原则对各具体的危害国际环境的犯罪行为进行普遍管辖。另外，因为当前国际社会不存在一部统一的打击国际环境犯罪的公约，所以，目前对各种国际环境犯罪行为的打击，需要各国依据其参加或加入的保护局部环境和特定环境与特定物种的国际公约和本国国内刑事立法进行惩治。如《联合国海洋法公约》要求各国采取“一切必要措施”，防止、减少和控制任何来源的海洋环境污染。④《控制危险废弃物越境转移及其处置巴塞尔公约》规定“各缔约国认为危险废物或其他废物的非法运输为犯罪行为”，应采取适当的法律、行政和其他措施，以期实施本公约的各项规定，包括采取措施以

---

① ［美］谢里夫·巴西奥尼：《国际刑法的渊源与内涵——理论体系》，王秀梅译，法律出版社 2003 年版；贾宇：《国际刑法学》，中国政法大学出版社 2004 年版。

② 杨春洗：《国际社会关于危害环境犯罪的理论与实践——参加 15 届国际刑法学大会区域性（加拿大）预备会议的报告》，载《烟台大学学报》（哲学社会版）1994 年第 1 期。

③ 主要原因在于《国际刑事法院规约》对于法院管辖权进行了限制，根据该规约第 5—13 条的规定，国际刑事法院目前所管辖的罪行仅包括几种核心犯罪：灭绝种族罪、危害人类罪、战争罪和侵略罪。因此，只有危害国际环境的犯罪行为符合以上几种犯罪的犯罪构成时，国际刑事法院方能进行管辖。

④《联合国海洋法公约》第 192—237 条。

防止和惩办违反本公约的行为。①

由于许多国际公约都是原则性或概括性规定保护某个领域的环境，惩治环境犯罪的措施需要各国依据其参加或加入的国际公约和本国的国际立法以及本国的情况具体落实。故而，在惩治和防止国际环境犯罪方面就出现了具体犯罪规定不统一、违法与犯罪的界限不明确、执行受到政治因素等非法律因素的影响、国际合作难以有效开展等问题。

三、研究现状和意义

由于国际刑法学和环境法学都是20世纪下半叶以来新兴的学科，故而，学界对环境破坏乃至危害国际环境的犯罪问题的研究目前正处于不断发展和繁荣的阶段。

国外学者对国际环境犯罪的研究经历了从国际刑法典草案的编纂和划分国际环境犯罪的理论构想到实践论证的过程，其研究体系和研究方法也较为成熟。以美国学者巴西奥尼（Cherif. Bassiouni）为代表，他不仅在其著作《国际刑法典及国际刑事法庭规约草案》（A Draft International Criminal Code and Statute for an International Criminal Tribunal）② 中把严重危害国际环境的行为确立为一种新型的国际刑事犯罪并主张将其纳入国际刑事法典中；同时，他在该书中也详细阐释了危害国际环境罪的行为类型、特征以及国家刑事责任。自联合国国际法委员会1979年通过《关于国家责任的条文草案》以及1991年提交《危害人类和平与安全罪法典草案》后，国家的国际刑事责任问题以及危害国际环境犯罪与战争罪的关系问题成为理论界探讨的焦点。例如，美国学者罗德奎斯特（Myron H. Nordquist）从比较视角研究武装冲突法与其他国际法规范在规制国际环境犯罪行为上的不同及原因。③

在国内，由于对环境法以及国际刑法的研究起步较晚，故而对国际环境犯罪问题的研究停留在比较初步的阶段。自杨春洗教授的《国际社会关于危害环境犯罪的理论与实践——参加15届国际刑法学大会区域性（加拿大）预备会议的报告》一文1994年在《烟台大学学报》（哲学社会版）发表以来，国内学者才开始引入和研究危害国际环境的犯罪。除了在几本国际刑法的教科书中有宏观介绍危害国际环境罪或严重危害环境罪的定义、特征，遏制危害国际环境犯罪的国际立法和国际合作外，笔者仅找到七篇研究国际环境犯罪的文章：三篇文章讨论国际环境犯罪的类型和国家的刑事责任问题，如赵秉志、王秀梅的《国际环境犯罪下国家刑事责任的承担》；三篇文章从环境权的性质与国际刑法的特质论证国际刑法是保护国际环境的重要利器，如黄喜春的《论环境权及其国际刑法保护》；一篇文章从犯罪学角度阐释惩治和预防国际环境犯罪的现状与不足，最后提出相应的解决对策，如高玥的《国际环境犯罪的惩治与预防：现状问题与应对》。

可见，国内多数学者从国内刑法理论的视角探讨国际犯罪的定义、犯罪构成、刑事责任和打击犯罪的国际合作。相较国外学者的研究而言，国内学者的研究理论重复现象严重，且

---

① 《控制危险废弃物越境转移及其处置巴塞尔公约》第4条。

② Cherif. Bassiouni, A Draft International Criminal Code and Statute for an International Criminal Tribunal, Martinus Nijhoff Publishers, 1987.

③ See Myron. H. Nordquis, "International Enviropanel Discussion on International Environmental Crimes: Problems of Enforceable Norms and Accountability", ILSA Journal of International & Comparative Law, 1997. Also see Myron H. Nordquis, "Next Steps: Norms and Enforcement of International Environmental Crimes", USAFA Journal of Legal Studies, 1997.

论证力不强。① 而且，很多学者在探讨危害国际环境罪时，未加证明、想当然地认为此类犯罪就是一种国际犯罪。

从国内外学者的研究概况可知，危害国际环境犯罪的定义和国家刑事责任问题一直是国内外学者争议的焦点，但是就危害国际环境的犯罪是否应该成为国际犯罪，学界却没有体系化、系统化的研究，也没有一个权威和清晰的答复。另外，部分学者混淆了危害国际环境的犯罪行为与跨国环境犯罪行为、涉外环境犯罪行为的性质，故而，在探寻国际环境犯罪的罪责方面混淆了国际责任与国内责任的区别。

故而，笔者认为，对于国际环境犯罪的研究需要从体系化或系统化的角度出发，以便厘清各类概念之间的区别和联系，从而确立一个能为国际社会所普遍接受的、较为统一的危害国际环境罪的概念与出入罪标准，以便为国际社会打击和预防危害国际环境的犯罪提供有益的参考，而国际刑事合作也能在此基础上更为顺利地开展。

四、研究思路和方法

从国际立法发展的趋势以及国际司法实践的需要来看，笔者认为，随着国际社会环境保护意识的觉醒，将危害国际环境罪确立为一种独立的严重危害人类社会整体利益的国际罪行的呼声会愈加强烈。而且，国际社会也期盼着一部统一的打击危害国际环境犯罪、保护人类社会整体环境利益的国际公约的出台。故而，当前需要从理论上对国际环境犯罪进行系统化、体系化的研究，以促进国际社会在国际环境犯罪的定义、性质、刑事责任等方面达成共识。

因此，笔者大胆设想确立危害国际环境罪。从国际环境整体利益的本质出发，从现实必要性、理论依据和实践经验三个方面论证确立危害国际环境罪的依据。同时，通过文本分析和比较研究的方法厘清危害国际环境罪与战争罪、一般的国内环境犯罪之间的区别和联系，进而探究危害国际环境的犯罪的罪责和执行模式，以期为制定一部统一的打击危害国际环境犯罪的国际公约扫除理论障碍，为国际社会打击国际环境犯罪行为提供一条可资参考、借鉴的路径。

---

① 关于国际环境犯罪的定义，详见赵永琛：《国际刑法与司法协助》，邵沙平：《现代国际刑法教程》，甘雨沛、高格：《国际刑法新体系》，付立忠：《环境刑法学》，唐雪莲：《环境犯罪研究》以及张旭：《人权与国际刑法》等；关于国际环境犯罪的构成的研究有：贾宇：《国际刑法学》，邵沙平：《国际刑法学》。

第一章　危害国际环境罪的确立

环境是人类生存的倚仗，然而，环境破坏的历史亦如人类自身发展的历史一样久远。随着人类进入工业化时代，人类对环境的破坏也进入了严峻的时代。自进入20世纪以来，环境的污染与生态平衡的破坏，已经成为全球的公害问题。① 随着世界经济的一体化，全球经济联系不断加强的同时也导致环境破坏行为的肆虐——环境污染跨国发展，有组织犯罪集团破坏人类生存环境的跨国犯罪活动日益猖獗。仅靠传统的各国国内管辖和国家之间进行刑事司法协助的方式，来打击严重危害国际环境的犯罪行为，已显得杯水车薪。打击和预防危害国际环境的犯罪行为，维护人类的共同利益，需要国际社会戮力同心，在确立危害国际环境罪为一种独立的国际罪行的基础上，进一步加强打击与合作的力度。

本章主要从危害国际环境罪的严峻的社会危害性、国际刑法和国际犯罪的特征与本质出发论证应当将此类罪行上升为国际犯罪；同时，笔者通过危害国际环境罪与战争罪的对比，论证危害国际环境罪应当成为一类独立的国际犯罪。

第一节　确立危害国际环境罪的现实必要性

一、危害国际环境的犯罪已经成为严重的国际问题

自20世纪以来，经济的全球化加速了犯罪的跨国化与国际化。通过对174个国家的调研，1991年联合国计划开发署发布了《年度调研报告》。该报告指出，毒品走私、洗钱、有组织犯罪、环境污染等跨国界发展对全球人类构成新威胁，并使人类在新世纪面临全球冲突的危险。② 联合国环境规划署欧洲发言人比塞特也表示，就全球范围来讲，环境犯罪是十分严重的；该类犯罪不但形式多样，而且发展成为一个金额高达数百亿的“行业”。③ 可以说，环境犯罪已经成为一种严重的国际问题。主要表现在以下两个方面：

（一）危害国际环境的犯罪行为类型多样，且与洗钱、黑市贸易等犯罪相结合

危害国际环境的犯罪行为主要分为环境污染行为和生态环境破坏行为，具体而言包括污染海洋的行为，污染大气的行为，污染土地的行为，核污染行为，噪音污染行为，非法处理、转移危险废气物的行为，走私濒危野生动植物的行为等。

自20世纪以来，危害国际环境的犯罪频繁发生，给自然环境造成严重危害，对自然生

---

① 如20世纪出现的举世震惊的环境污染的“八大公害事件”，即比利时马斯河谷事件、美国洛杉矶光化学烟雾事件、美国诺拉事件、英国伦敦烟雾事件、日本四日市哮喘事件、日本水俣病事件、日本骨痛病事件、日本米糠事件。参见《中国大百科全书——环境科学》，中国大百科全书出版社1983年版，第127页。

② 《光明日报》1999年7月30日，http：//epaper. gmw. cn/，2010年11月20日访问。

③ 高玥：《国际环境犯罪的惩治与预防：现状、问题与应对》，吉林大学2005年硕士学位论文。

态平衡产生严重威胁。人类每年向海洋投入的650万吨的垃圾以及每年大约60万吨的油类流入海洋，超出了海洋的自净能力，极大地危害了海洋生物和人类的健康。① 同时，发达国家的企业利用发展中国家环境立法的缺位以及发展本国经济的迫切愿望，把一些污染严重的产业转移到发展中国家；而跨国公司也在投资设厂的同时转移污染，将本国的固体废弃物出口至发展中国家。根据绿色和平组织的一份调查显示，发达国家正在以每年5000万吨的规模向发展中国家运送危险废物，致使发展中国家环境污染的状况更为严峻。②

此外，一些组织和个人为了局部经济利益，不惜破坏生态环境和自然资源，进行罪恶的非法黑市贸易。其中，包括珍贵的濒危野生动植物及其制品的非法买卖、臭氧耗损物质和有害废弃物的非法买卖等。据《国际濒危野生物种贸易公约》及国际刑警组织的报告统计，每年野生动植物产品的国际贸易金额是50亿美元。在过去的十几年中，人们为了获取象牙而偷猎大象，使得非洲的大象从150万头下降到不足50万头。③

危害国际环境的一系列犯罪与洗钱、黑市贸易等犯罪相结合，使得对其的打击更为复杂和棘手。

（二）环境犯罪的危害结果具有严重性、长期性和隐蔽性等特点

环境破坏分为环境污染和对生态平衡的破坏两大类。对于造成环境污染的犯罪，由于其结果是较为明显的，一般易于为人们所认识；但是对于破坏生态平衡的犯罪，其危害结果具有隐蔽性和长期性，故往往为人们所忽略。

1986年的切尔诺贝利核灾难共造成数十万人死亡，超过33.6万名居民被迫撤离；320多万人受到核辐射伤害。至今，25年过去了，该地区仍然是一片死亡之区。1991年海湾战争、2003年美伊战争给伊拉克带来了严重的环境污染问题；贫铀武器使得该地区新生儿畸形率升高，严重影响了当地儿童的身体健康。2011年日本福岛核事故，让国际社会人心惶惶、谈“核”色变，倾倒入太平洋的数百万吨核废料更是让国际社会尤其是周边国家产生了巨大的忧虑和恐慌。

破坏生态平衡的环境犯罪从其直接后果看，在短期内并没有表现出严重的后果，带有一定的隐蔽性。但是，从环境遭到破坏的累积代价以及给生物带来的疾病、损伤、死亡和生物物种的灭绝来看，其危害也许更大。比如，大规模地砍伐热带雨林，致使局部气候改变，威胁多数地区人民的生存和发展；肆意地向海洋倾倒垃圾或者核废料等，导致海洋环境恶化、气候变迁、海上灾害频发等。

二、遏制危害国际环境的犯罪在立法与司法中存在重大不足

从导论中所述的当前打击和预防严重危害环境犯罪的立法和司法状况可知，虽然在近几十年中，国际社会对环境的刑事保护立法从零散走向系统化、规范化，国家和国际组织之间的合作也从一般的刑事司法协助发展到信息共享、全面协调打击国际犯罪。然而，就遏制危害国际环境犯罪的现状看，亟待解决的问题仍然为数不少。

---

① 赵秉志、王秀梅：《国际环境犯罪与国家刑事责任的承担》，载《法学》1998年第4期。

② 赵秉志、王秀梅：《国际环境犯罪与国家刑事责任的承担》，载《法学》1998年第4期。

③ 张小青：《国际社会联手对付环境犯罪》，载《中国环境报》1997年7月20日，http://www.greenbeijing.net/gbj/gbj/spot/spo8244.htm，2010年10月30日访问。

（一）缺乏权威统一的危害国际环境犯罪的定义

长时间以来，国内外学者对于危害国际环境的犯罪的概念一直在进行着激烈的研讨，到目前为止，还没能形成一个比较全面的、能被国际社会普遍接受的定义，因而也不可能制定出一部全面遏制危害国际环境的犯罪的国际公约。同时，国际组织对危害国际环境的犯罪的研讨尚处于初级阶段，且只着重于总则部分，对具体的环境犯罪行为涉及较少，因而有关危害人类生存与环境的犯罪和制裁的范围也极为有限。且这些内容多为简单的、原则性的禁止性规定和倡导性规定，散见于一些与环境保护有关的公约中。目前，国际社会尚不存在一部专门的、相对完整和具体的预防和惩治危害国际环境的犯罪的公约。因此，各国在衡量危害国际环境的犯罪行为与违法行为时，标准各异，这也是对危害国际环境的犯罪行为打击不力、国家之间的合作难以有效开展的症结所在。

（二）缺少完整而统一的防治危害国际环境犯罪的国际公约

虽然，自1899年以来，预防、禁止和惩治环境犯罪的国际法律文件已有55个，涉及环境保护的各个领域，如空间、海洋、水流、陆地、外空、月球及某些特殊生物，但是，当前并没有一部专门的、相对完整且具体的惩治和预防危害国际环境的犯罪的国际公约。

1911年的《在北大西洋保护海豹的公约》、1931年的《捕鲸规则公约》、1954年的《防止海洋石油污染的国际公约》、1959年的《南极条约》、1963年的《禁止在空中、外空及水下进行核试验条约》、1972年的《防止倾倒废弃物及其他物质污染海洋公约》、1973年的《防止船舶造成污染的国际公约》、1979年的《远距离跨界大气污染公约》、1982年的《联合国海洋法公约》、1985年的《维也纳保护臭氧层公约》、1987年的《核材料实物保护公约》及1992年的《联合国生物多样性公约》等公约虽然在国际环境保护上发挥了重要的作用，但都不是专门从刑事立法的角度对破坏国际环境的行为进行规制。

联合国国际法委员会制定的《关于国家责任的条文草案》和《危害人类和平与安全罪法典草案》虽然明确将“国际环境犯罪”规定为一种国际犯罪，但它们都只是将国际环境犯罪作为草案的一小部分内容，而不是规定国际环境犯罪的专门文件。况且这两部草案目前尚未生效，其内容只具有参考价值而不具有法律效力。① 第15届国际刑法学代表大会通过的《关于危害环境罪（总则适用部分）的决议》和1994年美国亚特兰大运用刑罚手段保护环境国际专家研讨会通过的《环境犯罪示范法》等两个非正式立法文件，虽然基本勾画出了预防和惩治环境犯罪的国际立法模式和涉及的管辖权与国际刑事司法合作等基本问题，但其在效力问题上面临与前述《关于国家责任的条文草案》和《危害人类和平与安全罪法典草案》相同的问题，即只具有理论参考价值和立法示范价值而不具有实在的法律拘束力。

1998年欧洲理事会通过的《通过刑法保护环境公约》，对危害国际利益的环境犯罪进行了专门规定，利用刑法保护整体环境的方式使得国际社会关于环境犯罪的立法发展到一个更高的层次。但是该公约只是一个区域性的约定，主要适用于欧洲理事会各成员国，而不具有国际普适性。

因此，迄今为止还没有一部较为全面的规定环境犯罪的国际公约。这与环境犯罪国际危害日趋严重的现实显然是不相适应的。为避免环境污染和破坏给人类造成的灾难，制定和完

---

① 赵秉志：《新编国际刑法学》，中国人民大学出版社2004年版，第307页。

善有关人类生存环境的统一的、权威的、涉及危害国际环境的犯罪定义以及相关制裁规范的国际公约，已成为当前国际刑法的重要任务。

（三）国内立法与监控机制相对滞后

就目前的情况而言，国内法院依据本国刑法对犯罪分子进行定罪量刑仍是打击环境犯罪的主导力量。但是，国内法院的管辖需要本国的立法依据。然而，综览世界各国惩治与防范环境犯罪的国内立法，除少数发达国家外，大多数国家的国内立法仍处于相对落后状态。加之，一些发展中国家为了发展本国经济，甚至于以牺牲环境为代价，保护环境的法规更是参差不齐，这就更谈不上建立起保护环境、打击和预防环境犯罪的监管机制与开展有效的国际刑事司法合作了。

（四）国际、区际间的合作需要进一步强化

由于国际刑法和国际环境法都是20世纪后期新近出现的学科，国际社会对环境犯罪的研究正处于发展阶段，再加上环境犯罪问题涉及较广，且往往带有南北经济利益的博弈，因此，衡量违法与犯罪行为的标准不统一的现象一直存在，并成为打击与预防国际环境犯罪力度不够的症结所在。此外，由于很多国际性公约没有确保国家遵守公约的监督机制和国家之间的争端解决制度，公约的执行效果也大打折扣。在此层面上来讲，国际社会打击和预防危害国际环境的犯罪的合作机制还有待进一步提升和完善。

从危害国际环境的犯罪现状以及国际社会打击和预防危害国际环境犯罪在立法和司法实践中暴露的问题来看，有必要将危害国际环境的犯罪列为一类普遍性的国际罪行。国际社会在危害国际环境罪的定义和构成上需要达成进一步的共识。

第二节　确立危害国际环境罪的理论依据

国际刑法是国际社会同国际犯罪作斗争的产物，是世界各主权国家对国际犯罪及其对国际社会与世界人民的危害性的共同认识，是对预防和惩治国际犯罪必要性的一致认同的产物。因此，判定危害国际环境罪是否为国际性罪行，除了需要探究国际环境犯罪的危害现状以及打击和预防环境犯罪的症结外，还需要结合国际刑法的内涵与特征、国际犯罪的内涵与特征以及危害国际环境罪自身的内涵与特征进行认定。

一、国际刑法的内涵与特征

（一）国际刑法的内涵

国际刑法是关于对国际罪行进行界定并要求主权国家乃至国际社会对一些严重国际罪行进行起诉和惩罚的国际法律规范。① 国际刑法是一门边缘交叉学科，它主要兼容了刑事法与国际法的内容与体系。国际刑法在国际法方面，含有国际人道法、国际人权法的基本原则，以及国际法下的国际罪行部分（如侵略罪、战争罪、反人道罪和种族灭绝罪等）；而在刑事

① 关于国际刑法的内涵，详见朱文奇：《国际刑法》，中国人民大学出版社2007年版，第3页。

法方面，除了刑法上实体法和诉讼法以外，还有比较法等。①

（二）国际刑法的特征

与国际法其他分支部门相比，国际刑法具有以下明显的特征：

1. 国际刑法的目的在于维护国际社会的共同利益

国际刑法是国际社会同国际犯罪作斗争的产物，其目的就在于维护国际社会的共同利益（common interests of the international community as a whole）。凡是严重威胁到国际社会的共同利益的犯罪行为，可以并且应当纳入国际刑法的规制范畴。

2. 国际刑法只惩治特别严重的国际罪行

国际刑法与国内刑法的相同之处就在于其谦抑性，或者说补充性。国际刑法并不是对所有的犯罪都进行惩治，它起诉和追究的只是那些属于严重性质的国际犯罪行为，比如战争罪、灭绝种族罪等，或是严重危害人类生存、威胁人类社会的重大共同利益的犯罪，或是震撼人类道德良知的严重犯罪。

二、国际犯罪的内涵与特征

（一）国际犯罪的内涵

关于国际犯罪或者说国际罪行，国际法上没有一个统一的定义。因为，到目前为止，国际社会中没有一部国际刑法典，有关国际刑法方面的国际条约主要是对特定的某种国际犯罪（如种族灭绝罪、侵略罪、战争罪等）作出规定，且都回避了国际犯罪的一般定义问题。

国际刑警组织总秘书处编著的《国际刑警组织五十年》一书，将国际犯罪定义为“国际犯罪只是一般常用语言的一种习惯表达，指的不外是那种已列入这国或那国法律中的犯罪行为，只不过这些罪行具有相当多的国际特点罢了。实际上，许多国家碰到的每种犯罪行为，只要其犯罪的方式，或者是参与犯罪的人物及其同谋者具有国际性，均可视为国际犯罪”。②

国际刑法学协会主席、美国学者巴西奥尼教授在其主持的《国际刑法典及国际刑事法庭规约草案》中，将国际犯罪定义为“国际犯罪就是本法分则所列出的任何违法行为，或在国际公约中确认的犯罪行为”。③ 美国学者莱特认为，“国际犯罪是故意违反国际法所保护的根本利益，或明知可能违反这种利益而作出的行为，这种行为在国家实施的普通刑事管辖权下可能没有受到充分的惩罚。”④ 日本学者山手治之认为，国际犯罪应当包括三种情况：

---

① The penal aspects of international law include international crimes, elements of international criminal responsibility, the procedural aspects of the direct enforcement system of international criminal law, and certain aspects of the enforcement modilities of the indirect enforcement system of international criminal law. The scope of these penal aspects of international law has expanded, leading to overlaps with the international law aspects of national criminal law. See Cherif. Bassiouni, Introduction to International Criminal Law, Transnational publishers, Inc, Ardsley, New York, 2003, pp. 4 – 5.

② 安天杜：《国际刑警组织五十年》，群众出版社 1983 年版，第 3 页。转引自贾宇：《国际刑法学》，中国政法大学出版社 2004 年版，第 85 页。

③ An international crime is any offense listed in the special part of this code, or an offense defined in an “international convention”, see Cherif. Bassiouni, A Draft International Criminal Code and Statute for an International Criminal Tribunal, Martinus Nijhoff Publishers, 1987, Article IV.

④ 转引自张旭：《国际刑法：现状与展望》，清华大学出版社 2005 年版，第 74 页。

（1）犯人及其罪行涉及几个国家时，从单纯的涉外性（国际性）犯罪的意义上来讲，成为国际犯罪；（2）海盗行为、买卖奴隶、买卖毒品等行为，成为国际犯罪；（3）上述两种行为以及被断定为侵害了国际社会一般权益的某种行为，以国际社会名义交由国际法院加以惩处时，从严格意义上说，可以称为国际犯罪。①

以上学者对国际犯罪的定义见仁见智，各具特点。国际刑警组织的定义涵盖的犯罪范围广，却忽视了国际犯罪与国内犯罪的区别，只是侧重国际刑警打击犯罪、进行国际刑事合作之便利。巴西奥西教授的定义突出了国际犯罪的法定性这一形式特征，却未能表达出国际犯罪的国际危害性这一本质。山手治之教授的国际犯罪的概念笼统地将国际犯罪与涉外犯罪混为一谈。

笔者认为，定义国际犯罪还需要从国际犯罪的本质属性——严重的国际危害性出发，并适当结合其刑事违法性的特征。因此，笔者主张，国际犯罪是指违反国际法关于刑事犯罪的规范、惯例或者一定范围内的内国刑法关于涉外方面的规定，危害人类和平与安全或严重危害国际社会共同利益的行为。

（二）国际犯罪的特征

从国际犯罪的定义可以看出，国际犯罪具有形式与实质两方面的特征。

1. 国际犯罪的形式特征

国际犯罪是违反国际法刑事方面的犯罪、惯例或者一定范围内的内国刑法关于涉外方面规定的行为。

2. 国际犯罪的实质特征

从本质上讲，国际犯罪是危害人类和平与安全、危害国际社会共同利益的行为。国际社会共同利益是一个高度抽象的概念，可以是指不特定的多数国家的利益或是人类整体生存所依靠的各种利益。

从国际犯罪的内涵和特征来说，凡是严重危害国际社会共同利益，影响人类生存和安全的犯罪，从理论上来说，都是可以纳入国际罪行的行列之中的。

三、危害国际环境罪的内涵与特征

（一）危害国际环境罪的内涵

1994年，第15届国际刑法学大会通过的《关于危害环境罪适用刑法的决议》虽然没有对“危害环境罪”作出明确的定义，但强调“为了符合法制原则，危害环境罪的定义应具有明确性”，并且指出该定义应当包括最低限度的心理要件和行为要件。②

美国学者巴西奥尼教授认为，危害国际环境罪是指“一国违背了国际义务，对空气、海洋和河流造成重大污染，导致他国的毁坏或损害，或严重影响了空气、海洋和河流的生存性和洁净性，或破坏了全部或一部分环境，或严重危害了海洋和国际水道中的植物群或动物

---

① ［日］山手治之：《国际法词典》（中译本），世界知识出版社1985年版，第489页。转引自贾宇：《国际刑法学》，中国政法大学出版社2004年版，第85页。

② 杨春洗：《国际社会关于危害环境犯罪的理论与实践——参加15届国际刑法学大会区域性（加拿大）预备会议的报告》，载《烟台大学学报》（哲学社会版）1994年第1期。

群，以及希望或放任对遭到危害的物种的破坏的行为"。①

与此同时，国内一些学者对危害国际环境的犯罪也提出了比较具有代表性的定义。例如，邵沙平认为，"严重危害环境犯罪是指有意违反国际法保护环境的规定，严重危害环境的犯罪行为的总称。"② 赵永琛认为，"国际环境法上的犯罪主要是指破坏两国或两国以上甚至是全球性环境保护，构成对人类生存环境的危害，违反了国际环境法中的有关规定，应负刑事责任的行为。"③ 甘雨沛和高格认为，"危害国际环境罪，又称严重危害环境罪或破坏环境罪、国际污染环境罪，是指故意造成海洋、国际河流、大陆、空气或外层空间等环境严重危害的行为。"④ 唐雪莲认为，"国际环境犯罪又称为危害国际环境罪，是指违背国际环境保护义务或国际环境法中有关的禁止性规定，侵犯国际社会的环境权益，严重破坏环境或污染国际环境，对国际社会及其成员造成严重危害后果，应当受到国际刑事处罚的一类犯罪的总称。"⑤ 付立忠认为，"国际环境犯罪是指违背国际公约或国际条约中的有关禁止性规定，严重侵犯国际社会生存环境、危害全球生态的各种污染或破坏国际环境行为的总称。"且他还认为，此类犯罪只能由作为构成，不作为不能构成；只能由结果犯构成，举动犯、危险犯不能构成。⑥ 张旭认为，"国际环境犯罪是指违反国际环境刑法，严重损害全球生态系统或造成损害的危险，依法应当承当国际刑事责任和各种故意或过失的污染或破坏全球环境的行为。"⑦

结合各学者的观点，笔者认为，危害国际环境罪是违反国际法关于保护环境的义务，故意或过失造成海洋、国际河流、大陆、空气或外层空间等环境严重危害的行为。

（二）危害国际环境罪的特征

巴西奥尼教授指出，环境犯罪具有国际犯罪的五个特征：（1）间接但严重地威胁着世界的和平与安全；（2）其行为严重地使不止一个国家受到影响；（3）其行为和方式超越了国家的界限；（4）对其制裁需要国际合作；（5）其行为潜在地对不止一国的公民产生影响。⑧

笔者认为要充分认识危害国际环境罪的本质特征，需要将其与一般国内环境犯罪进行对

---

① The significant pollution by a state, in breach of an international obligation, of the air, sea and rivers in a manner which impacts on other states, or causes damage or harm to another state, or which significantly affects the viability and purity of these elements, or which destroys in whole or in part, or significantly harms the fauna and flora of the sea and international navigable rivers; and the willful destruction of the endangered species, or allowing their willful destruction, constitutes the offense of environmental depredation. The term "environment" means the land, sea, the fauna and flora of the sea, rivers, and those species of animals deemed endangered of extinction. See Cherif. Bassiouni, A Draft International Criminal Code and Statute for an International Criminal Tribunal, Martinus Nijhoff Publishers, 1987, Article XVII.

② 邵沙平：《现代国际刑法教程》，武汉大学出版社 1993 年版，第 206—207 页。

③ 赵永琛：《国际刑法与司法协助》，法律出版社 1994 年版，第 84—85 页。

④ 甘雨沛、高格：《国际刑法学新体系》，北京大学出版社 2000 年版，第 285—288 页。

⑤ 唐雪莲：《国际环境犯罪研究》，载陈兴良主编：《刑事法评论》（第 2 卷），中国政法大学出版社 1998 年版，第 621 页。

⑥ 付立忠：《环境刑法学》，中国方正出版社 2001 年版，第 84—90 页。

⑦ 张旭：《人权与国际刑法》，法律出版社 2004 年版，第 281 页。

⑧ 杨春洗：《国际社会关于危害环境犯罪的理论与实践——参加 15 届国际刑法学大会区域性（加拿大）预备会议的报告》，载《烟台大学学报》（哲学社会版）1994 年第 1 期。

比。相较于一般国内环境犯罪而言，危害国际环境罪的最为显著的特征在于其国际性。危害国际环境罪的国际性主要表现在以下两个方面：（1）危害国际环境罪具有国际危害性。这是危害国际环境罪的本质特征，也是其区别于一般国内环境犯罪的重要标志。危害国际环境罪是危害国际社会整体环境权益的行为，对人类生存与发展、国际社会共同利益造成侵害。这种危害是在国际范围，而非国内范围。（2）危害国际环境罪侵犯的对象是国际环境。一般而言，对国家领土、领空、领海的环境犯罪通常被认为是国内环境犯罪，由各国国内法加以规制。只有当犯罪的行为、方式以及损害结果超越了国家界限，危害到跨国环境或是国际环境时，才能被认定为危害国际环境的犯罪。

危害国际环境罪具有严重的国际危害性，它侵害了人类生存的环境，破坏了人类生存的物质条件。从国际刑法与国际犯罪的内涵与特征，以及危害国际环境罪的内涵与特征而言，将危害国际环境罪认定为国际犯罪在理论上是可行的。

此外，也有人主张严重危害国际环境的行为已经纳入战争罪的规制范畴内，所以没有必要将危害国际环境罪单列为一类国际犯罪。[①] 笔者认为，持有此观点的人只是看到了战争罪和危害国际环境罪在保护国际环境方面存在手段和方式上的交叉，而忽视了两罪的本质区别。

战争罪是指在武装冲突中，严重违反《日内瓦公约》或其他国际人道法规则的行为。战争罪侧重保护的是战争中的受难者，并非专门保护国际环境。同时，战争罪的适用范围是有条件的，限于在武装冲突时。使用战争法规则惩治危害国际环境的罪行只能限于战时或武装冲突时。但是，从危害国际环境罪的众多行为类型来看，此类犯罪行为的发生不仅可以在战时，也可能在和平时期，且眼下和平时期所发生的危害国际环境的犯罪形势更为严峻。故而，从保护人类整体环境利益的角度出发，危害国际环境罪应当成为一类独立的国际罪行。

第三节　确立危害国际环境罪的实践经验

众所周知，国内刑法与国际刑法最为显著的区别在于，国内刑法的主要渊源是制定法，[②] 由国内统一的权威的立法机关制定或认可；而国际刑法的渊源主要是国际条约、国际惯例和一般法律原则。国际社会上没有一个“超国家”的立法机关，国际刑事法规范的形成主要是依据国家共同意志。条约，因其明确性而成为最为主要的国际法渊源。一般而言，国际性条约的形成首先由某个国际组织或某几个国家主持起草条约草案，再由各国签署和批准，最终得以生效。

在惩治与预防危害国际环境犯罪方面，是否将其上升为国际罪行，纳入国际刑法的规制，国际社会也作了一些有益的尝试。其中主要有联合国国际法委员会的《危害人类和平与安全罪法典草案》、欧洲理事会的《通过刑法保护环境公约》。

---

① See Myron H. Nordquist, “Next Steps: Norms and Enforcement of International Environmental Crimes”, USAFA Journal of Legal Studies, 1997.

② 虽然英美法系国家除了制定法渊源以外，还有判例法渊源。但是，从近年来英美法系的立法趋势来看，制定法由于其统一性而成为更为重要的法律渊源，尤其是在刑事立法中，刑事规则一般皆为统一立法。

一、联合国国际法委员会《危害人类和平与安全罪法典草案》

随着联合国的成立，国际刑法的编纂工作也进入了一个新的发展阶段。1947 年 11 月 21 日，联合国大会第 177（II）号决议，要求国际法委员会编纂《纽伦堡法庭宪章》和法庭判决中所承认的国际法原则以及按照该等原则准备“危害人类和平与安全罪法典草案”。1991 年 7 月 12 日，联合国大会通过了《危害人类和平与安全罪法典草案》，并开放给各国签署和发表评论意见。随后，根据各国政府的评论意见，国际法委员会于 1996 年在第 48 届会议上通过了新的法典草案。

（一）1991 年法典草案

1991 年法典草案包括两个部分：第一部分相当于国内刑法典中的“总则”部分，规定了相关的定义、定性和一般原则；第二部分则类似于“分则”，具体规定了危害人类和平与安全的各种罪名，其中就有“故意严重危害环境罪”。[①]

根据 1991 年法典草案，故意严重危害环境罪是指个人有意造成，或命令造成自然环境的广泛的、长期的和严重的危害的犯罪行为。其主要特征在于：第一，故意严重危害环境罪中犯罪所指向的对象是“自然环境”。该自然环境是人类生存和发展的倚仗，包括海洋、空气、气候、森林以及动植物群和其他生态要素。第二，该犯罪的主体是个人，或是直接从事严重危害环境的行为，或是命令他人从事严重危害环境的行为。第三，该犯罪是一种直接故意犯罪。[②] 第四，构成该犯罪必须是对环境造成广泛、长期和严重的后果。

（二）1996 年法典草案

1996 年法典草案在结构上保留了 1991 年法典草案的“总分式”结构，在内容上则作了较为重大的修改，尤其是第二部分将原来规定各项罪名的 12 个条文收缩为 5 个条文，仅规定了侵略罪、灭种罪、反人道罪、针对联合国和有关人员的犯罪以及战争罪。1996 年法典草案没有单列“严重危害环境罪”，而是将有关严重危害环境的犯罪纳入“战争罪”中。根据草案第 20 条的规定，严重危害环境罪是指在武装冲突的情况下，使用非军事必要的作战手法，有意造成并导致自然环境遭受广泛、长期和严重的损害。可见，相比 1991 年法典草案，1996 年法典草案仅将“武装冲突时使用非军事必要的手法”严重危害环境的犯罪行为纳入危害人类和平与安全的“战争罪”之中，在适用条件和行为上大大缩小了打击的范围。

从《危害人类和平与安全罪法典草案》的演进过程不难看出，国际法委员会为了消除利益分歧，采取了求同去异的方法，以便争取尽量多的国家签署和批准该法典草案。虽然，国际法委员会基于国际局势和国家利益分歧的考虑，回避了众多尖锐的问题。但是，国际社会将严重危害环境的犯罪上升为国际性罪行，纳入国际刑法规制的愿望和决心是没有改变的。笔者相信，随着时间的推移，将危害国际环境的犯罪行为单列为一类独立的国际罪行是可能的，也是可行的。

---

① 1991 年法典第二部分（第 15—26 条）依次规定了侵略罪，侵略威胁罪，干涉罪，殖民统治和其他形式外国统治罪，灭种罪，种族隔离罪，违反人权罪及其严重的战争犯罪，征募、使用、资助和训练雇佣军罪，国际恐怖主义罪，非法贩运麻醉药品罪，故意严重危害环境罪。参见《联合国国际法委员会 1991 年工作报告》，第 238—250 页。

② 在各国对 1991 年法典草案的评论意见中，澳大利亚、比利时和乌拉圭认为严重危害环境罪也应当包括过失犯罪。参见邵沙平：《国际刑法学》，武汉大学出版社 2005 年版，第 312 页。

二、欧洲理事会《通过刑法保护环境公约》

欧洲理事会成员国早在20世纪70年代就在控制环境犯罪方面展开了国际合作，并成立了专门的控制环境犯罪工作小组。1998年欧洲理事会通过了《通过刑法保护环境公约》，该公约包括五个部分，分别是：序言、术语的使用、国内层面上要采取的措施、国际层面上要采取的措施以及相关的条约签署和生效等事项。这是国际社会第一部以刑法保护整体环境而不是局部环境的区域性国际公约，且该公约在惩治和预防区域环境犯罪方面收效甚好，对于保护环境的国际刑事立法有重要的参考和借鉴意义。

（一）公约采取了分类列举的方式规定环境犯罪

公约第2条至第4条采取了分类列举的方式规定了两类环境犯罪以及各成员国对此负有的不同义务。第一类故意或过失破坏环境的犯罪行为包括：（1）倾倒、排放或引起大量物质或电离辐射能进入空气、土壤或水，并造成任何人的死亡或严重伤害，或对任何人的死亡或严重伤害构成重大威胁；（2）非法倾倒、排放或进行大量物质或电力辐射能进入空气、土壤或水，造成或可能造成上述环境的持续恶化，任何人的死亡或严重伤害，应受保护的纪念物，其他应受保护的物体、财产、动物或植物的实际损害；（3）非法处置、处理、贮藏、运输、出口或进口危险的废物，其造成或可能造成任何人的死亡或严重伤害，或对空气、土壤、水、动物或植物的质量、特性的实质的损害；（4）非法经营工厂进行的危险活动造成或可能造成任何人的死亡或严重伤害，或对空气、土壤、水、动物或植物的质量造成实质的损害；（5）非法生产、处置、处理、贮藏、使用、运输、出口或进口核材料或其他危险的放射性物质，造成或可能造成任何人的死亡或严重伤害，或对空气、土壤、水、动物或植物的质量造成实质的损害。①

第二类故意或过失破坏环境的行为包括：（1）非法倾倒、排放、引进物质或电离辐射能进入空气、土壤或水；（2）非法造成噪声；（3）非法处置、处理、贮藏、运输、出口或进口废物；（4）非法经营工厂；（5）非法生产、处理、使用、运输、出口或进口核材料，其他放射物质或危险化学物品；（6）非法造成有害于自然公园、自然保留地、水保持区域或其他受保护区域的自然构成的变化（改变）；（7）对受保护的野生动植物物种的非法拥有、拿走、危害、杀害或交易。②

上两类犯罪的主要区别在于：（1）两类犯罪规定的内容不同。第一类犯罪不仅规定破坏环境的行为，还规定损害环境或对人员造成伤害的可能性或实际损害结果。第二类犯罪一般只规定了破坏环境的行为。（2）缔约国对两类犯罪所负有的义务强度不同。对于第一类犯罪中的故意犯罪，缔约国有义务在国内法中将其规定为刑事犯罪；对于第一类罪中的过失犯罪，缔约国可以将其中的部分过失行为或是重大过失行为规定为刑事犯罪。但是，对于第二类犯罪中的故意或过失犯罪，缔约国则可以根据自身的国情选择将其规定为刑事犯罪或行政违法。

（二）公约分别规定了强制性管辖和任意性管辖

公约第5条分别规定了强制性管辖和任意性管辖。对于以下两种情况，缔约国必须确立刑事管辖权：（1）犯罪发生在其领土上；（2）犯罪发生在按法律注册或是悬挂其国旗的船

① 邵沙平：《国际刑法学》，武汉大学出版社2005年版，第312页。
② 邵沙平：《国际刑法学》，武汉大学出版社2005年版，第312页。

舶或航空器上。而对于下述两种情况，公约虽然要求缔约国采取必要措施以确立管辖，但是由于此款规定缔约国可以提出保留，因而属于任意管辖：（1）实施犯罪的人为本国国民，如果该犯罪按照其刑法应当受到惩罚或如果犯罪发生在不属于任何领域管辖的地方；（2）当被指称的罪犯在其领土内而不将该人引渡给另一个国家时。但是，公约不排除任何缔约国根据国内法所行使的任何刑事管辖权。①

（三）除了个人责任外，公约还规定了法人的责任

公约第 9 条规定，当代表法人的机关、成员或代表从事环境犯罪时，缔约国应采取必要的适用措施对法人进行刑事诉讼或行政制裁。此外，法人责任并不排除对自然人的刑事诉讼。对于此条，缔约国可以提出保留，或者在保留中宣布仅在部分环境犯罪中追究法人的责任。②

除了以上内容以外，公约还规定了对环境犯罪的制裁措施、当局之间的合作、相关团体参与诉讼的权利以及制裁环境犯罪的国际合作。③

《通过刑法保护环境公约》是国际社会第一个用刑法保护整理环境利益的国际公约，它对危害国际社会整体利益的环境犯罪进行了专门规定，使预防和惩治环境犯罪的立法发展到一个更高的层次。虽然该公约只是一个区域性的约定，主要适用于欧洲理事会各成员国，但是，它为起草一个国际性的专门适用于打击危害国际社会整体利益的环境犯罪提供了良好的实践参考。

可以说，联合国国际法委员会的《危害人类和平与安全罪法典草案》、欧洲理事会的《通过刑法保护环境公约》，都是国际社会确立危害国际环境罪的有益尝试。此外，国际刑法协会也曾委托巴西奥尼教授进行有关的“国际刑法典”的编纂，并将其起草的国际刑法典草案提交给联合国。在《国际刑法典及国际刑事法庭规约草案》中，巴西奥尼教授将“破坏环境罪”作为单列的一类国际罪行。④ 由此可见，将危害国际环境罪纳入国际刑法的视野中，作为一类独立的国际罪行，并不是凭空臆测的海市蜃楼，而是有一定的实践可行性的。

第四节　小　　结

由于国际刑法和国际环境法都是 20 世纪后期新近出现的学科，国际社会对环境犯罪的研究，尤其是对国际环境犯罪的研究，正处于发展阶段；再加上环境犯罪问题涉及面较广，不仅其危害后果具有相当的地域扩散性，而且该类犯罪又与洗钱、黑市贸易等跨国犯罪结合，同时，国际社会在打击此类犯罪上又带有南北经济利益的博弈。因此，衡量违法与犯罪行为的标准不统一的现象一直存在，并成为打击与预防环境犯罪力度不够的症结所在。

---

① 《通过刑法保护环境公约》第 5 条；邵沙平、余敏友：《国际法问题专论》，武汉大学出版社 2002 年版，第 252 页。

② 《通过刑法保护环境公约》第 5 条；邵沙平、余敏友：《国际法问题专论》，武汉大学出版社 2002 年版，第 252 页。

③ 《通过刑法保护环境公约》第 6—12 条。

④ See Cherif. Bassiouni，A Draft International Criminal Code and Statute for an International Criminal Tribunal，Martinus Nijhoff Publishers，1987，Article XVII.

从危害国际环境罪的严峻的国际危害性以及国际打击和预防环境犯罪的现状来说，有必要将严重危害国际环境的犯罪行为提升为一类国际犯罪，以增强国际社会打击此类严重破坏人类生存条件的罪行的力度。同时，从国际刑法与国际犯罪的内涵与特征来看，将危害国际环境罪上升为国际罪行在理论上也是可行的。此外，国际社会近三十年出台的各类法典草案，在立法实践上也为此类犯罪的确立作了有益的尝试。虽然此类法典草案，或未能实际生效，或限于调整区域利益，而未能确定一个相对统一和权威的危害国际环境罪的定义。但是，笔者相信，随着国际社会环境保护意识的提升，环境伦理观念的加强，国际社会必定会逐渐认同此类严重危害国际环境的犯罪行为是一类独立的国际犯罪。

在国际范围内确立危害国际环境罪，不仅可以为各国打击和预防严重危害环境的犯罪行为树立国际标杆；也可以有效地使各国在国际统一的危害国际环境罪的定义语境下，达成衡量违法与犯罪的最低标准，从而加强国际合作。

第二章　危害国际环境罪的构成要件

危害国际环境罪，或称为严重危害环境罪，[①] 是指违反国际法关于保护环境的义务，故意或过失造成海洋、国际河流、大陆、空气或外层空间等环境严重危害的行为。该罪从其产生之初就充满了争议。1991 年的《危害人类和平与安全罪法典草案》将其单列为一类国际犯罪，而1996 年的法典草案则将其纳入战争罪之中。故而，从该类犯罪的名称到定义、犯罪构成要件，学界众说纷纭。本章以危害国际环境罪的构成要件为主线，结合当前各类国际刑事法规范和学者的意见，梳理该类犯罪的客体、客观方面、主体和主观方面等构成要素。

第一节　危害国际环境罪的构成要件的理论争议

一、中外学者观点概览

（一）巴西奥尼

巴西奥尼教授在其《国际刑法典及国际刑事法庭草案》中将危害国际环境罪定义为“一国违背了国际义务，对空气、海洋和河流造成重大污染，导致他国的毁坏或损害，或严重影响了空气、海洋和河流的生存性和洁净性，或破坏了全部或一部分环境，或严重危害了海洋和国际水道中的植物群或动物群，以及希望或放任对遭到危害的物种的破坏的行为”。[②]

从该定义可以看出巴西奥尼教授关于环境犯罪的构成要件的主张：（1）危害国际环境罪的主体是国家；（2）危害国际环境的犯罪行为表现为一国违背了国际义务对空气、海洋和河流等造成重大污染，给其他国家带来严重损害。

---

① 关于危害国际环境罪的罪名称谓，学者之间有不同的观点：贾宇教授主张“危害国际环境罪”一名，张智辉教授则使用了“破坏环境罪”，邵沙平教授主张“危害环境罪”，王秀梅教授则使用了“破坏国际保护环境资源罪”。笔者赞同贾宇教授的观点，因为“危害国际环境罪”一名更能从称谓上显示出该类犯罪的国际危害性这一重要特征。关于危害国际环境罪的特征，详见本文第一章第二节。关于各位学者的观点，详见贾宇：《国际刑法学》，中国政法大学出版社 2004 年版，第 85 页；张智辉：《国际刑法通论》，中国政法大学出版社 2009 年版，第 249 页；邵沙平：《国际刑法学》，武汉大学出版社 2005 年版，第 312 页；王秀梅：《国际刑法研究述评》，北京师范大学出版社 2009 年版，第 147 页。

② The significant pollution by a state, in breach of an international obligation, of the air, sea and rivers in a manner which impacts on other states, or causes damage or harm to another state, or which significantly affects the viability and purity of these elements, or which destroys in whole or in part, or significantly harms the fauna and flora of the sea and international navigable rivers; and the willful destruction of the endangered species, or allowing their willful destruction, constitutes the offense of environmental depredation. The term “environment” means the land, sea, the fauna and flora of the sea, rivers, and those species of animals deemed endangered of extinction. See Cherif. Bassiouni, A Draft International Criminal Code and Statute for an International Criminal Tribunal, Martinus Nijhoff Publishers, 1987, Article XVII.

（二）邵沙平

邵沙平教授认为，危害国际环境罪是指有意违反国际法保护环境的规定，严重危害环境的犯罪行为的总称。其构成特征在于：（1）在犯罪对象上，本罪指向的对象“自然环境”。包括国际法所保护的海洋、空气、气候、森林以及动物、植物群和其他生态要素；（2）在客观方面，本罪表现为从事的行为违反了国际法的规定，且对受保护的环境造成了严重的危害结果；（3）在主观方面，本罪是一种直接故意犯罪。①

（三）赵永琛

赵永琛教授主张，危害国际环境罪，主要是指破坏两国或两国以上甚至是全球性的环境保护，构成对人类生存环境的危害，违反了国际环境法中的有关规定，应负刑事责任的行为。②

根据赵永琛教授的研究，本罪应包括以下要件：（1）本罪侵犯的客体是人类的环境利益，侵害的对象是人类的生存环境。其危害性的实质在于侵害了人类的生存环境，破坏了人类生存的物质条件。而对于人类在征服和改造自然过程中所从事的浩大工程，尽管在某种程度上改变了某种自然样态，但是因其行为结果符合人类追求更高生活的目的，而不具有危害人类生存环境的属性，所以不能将此种行为列入危害国际环境的犯罪行为。（2）本罪的客观方面表现为行为违反了国际环境法的规定，对两个以上的国家甚至人类的生存环境构成严重危害。此类犯罪的客观危害行为多种多样，包括：使用化学武器、核武器等改变环境物理和化学性质的行为；污染环境的行为，如在海洋中倾倒核废料；破坏生态平衡的行为，如大规模毁灭热带雨林。（3）本罪在主观上必须是故意，而非过失。行为人在实施危害国际环境的行为时，已经明确知道其行为的目的并且希望或者放任该危害结果的发生。③

（四）张智辉

张智辉教授认为，严重危害国际环境罪是指故意引起或者使人引起大范围、长时间、严重破坏自然环境的行为。其构成特征表现为：（1）本罪侵犯的对象是自然环境。（2）本罪必须是违反国际禁止规范的行为。本罪的行为特征表现为超过国际标准向海洋、国际河流、陆地、大气层、外层空间排放、倾倒、泄露严重污染环境的污染物等。（3）本罪在客观上必须是造成了严重破坏环境的危害后果，其中包括大规模的环境污染、改变自然环境以至于人类生存条件恶化等。（4）本罪是一种故意犯罪。虽然在国内法上，过失造成重大环境污染的行为也构成犯罪，但是作为国际罪行，严重危害环境的行为必须是行为人故意为之。④

（五）贾宇

贾宇教授指出，危害国际环境罪，又叫做严重危害环境罪，是指行为人违反国际法保护环境的规定，故意或过失造成海洋、国际河流、大陆、空气或外层空间等环境严重危害的行为。⑤

---

① 邵沙平：《现代国际刑法教程》，武汉大学出版社 1993 年版，第 206—207 页。
② 赵永琛：《国际刑法与司法协助》，法律出版社 1994 年版，第 84—85 页。
③ 赵永琛：《国际刑法与司法协助》，法律出版社 1994 年版，第 84—85 页。
④ 张智辉：《国际刑法通论》，中国政法大学出版社 2009 年版，第 249—252 页。
⑤ 贾宇：《国际刑法学》，中国政法大学出版社 2004 年版，第 296 页。

贾宇教授认为，本罪的构成特征表现为：（1）本罪的侵犯对象是国际法所保护的环境。（2）本罪在客观方面表现为违反国际法规定，实施了危害环境的不法行为，并造成了严重的后果。（3）本罪的主体包括了自然人、国际组织和国家。①（4）本罪的主观要件既可以是故意，也可以是过失。

二、中外学者观点分析

相较而言，学者在此罪的构成要件方面的争议主要集中于以下几个问题：

（一）客体方面

危害国际环境罪侵犯的是人类生命健康还是环境权，本罪指向的环境是自然环境还是人类生存的自然和社会整体环境。

（二）客观方面

本罪的犯罪形态有哪些，即本罪是结果犯还是危险犯。

（三）主体方面

危害国际环境罪的主体有哪些，自然人、国际组织、国家是否都可能实施本罪。

（四）主观方面

危害国际环境罪中行为人对其犯罪行为及结果所持有的心理状态是什么。

结合以上问题，笔者将在下一节中详细解读危害国际环境罪的各构成要件。

第二节　危害国际环境罪的构成特征

一、客体

刑法中的客体，即刑法所保护的、为犯罪行为所侵害的社会关系或法益。确定犯罪客体有助于认识犯罪的本质特征，进而准确定罪。法益具有抽象性，且受制于立法的旨意和社会发展的情况。

危害国际环境罪的客体是国际环境利益。该法益包括人类的生命、身体健康等相关利益，以及与此相关联的生态系统的被保持。因为，人类与生态系统只能共存共荣，生态系统的被破坏属于直接或间接影响人类生存和发展的事态。

由于大多数具体的犯罪行为都直接作用于具体的对象，故而，可以通过犯罪侵犯的对象来帮助认定犯罪客体。在认定和理解危害国际环境罪的客体时，也可以借助于对“环境”本身的理解。

“环境”的字面意思是相对于中心事物而言的背景。在不同的学科领域或不同的话语背景中，环境的外延可以随着中心事物的变异而不断发生变化。因而，环境的概念并无一致的定义，环境的范围与内容亦经常发生变化。法律上的环境概念源于环境科学上的环境定义。根据《环境科学大词典》的解释，“环境科学上的环境”是指以人类为主体的外部世界，主要是地球表面与人类发生相互作用的自然要素及其总体。根据联合国国际法委员会的意见，“环境”是指自然环境，这种自然环境是指人类生存和发展的环境，保护海洋、空气、气

---

① 贾宇教授认为，虽然在理论上自然人、国际组织以及国家都可能成为本罪的实施主体，但是从实际情况来看，单个人由于行为方式及力量有限，一般难以达到严重危害环境的后果，不太可能成为危害国际环境罪的主体。参见贾宇：《国际刑法学》，中国政法大学出版社2004年版，第298页。

候、森林、动物、植物群及其他的生态要素。① 1977 年 5 月在日内瓦签署的《禁止为军事或任何敌对目的使用改变环境的技术的公约》第 2 条所指的“环境”是地球（包括生物群、岩石圈、地水层和大气层）或外层空间的动态、组成或结构。

随着人类社会探索自然、宇宙的发展，本罪所指称的“环境”的范围亦会随之扩展。凡是与人类社会的生存与发展息息相关的环境载体都可成为本罪的侵犯对象。

二、客观方面

客观方面是说明犯罪行为对刑法所保护的法益造成侵害的客观外在事实特征。危害国际环境罪在客观方面表现为违反国际法有关保护环境标准的规定，实施了国际法所禁止的危害环境的不法行为，且造成了严重的后果。

危害国际环境罪是违反国际法有关保护环境的刑事法规范的行为。国际法保护环境最初主要是通过民法和行政法等手段，仅对故意造成严重损害环境的行为规定为犯罪。随着国际社会环境保护意识的觉醒，对环境保护的保准也随之提高，环境犯罪扩展到可能造成危害环境的非法行为。但是，有的行为虽然产生了严重后果，但却不是不法行为，则不构成本罪。例如，人造卫星碎片跌落在到不同国家境内，给环境造成了损害，但是，这种情况不属于危害国际环境罪的范围，而是属于国际法中的合法行为。发射人造卫星等物体是为了进行太空科学探测所必要的，由于该国管辖与控制的发射物所造成的损害仅仅是国际赔偿问题，而非国际犯罪。

危害国际环境罪是造成了严重危害结果的行为。具体衡量某一行为是否达到了犯罪的程度，必须依据有关公约的规定，从危害程度、持续的时间和影响的范围方面来综合确定。

1998 年理事会《通过刑法保护环境公约》第 2 条规定，本罪在客观方面的行为，具体表现为：（1）倾倒、排放或引起大量物质或电离辐射能进入空气、土壤或水，并造成任何人的死亡或严重伤害，或对任何人的死亡或严重伤害构成重大威胁；（2）非法倾倒、排放或进行大量物质或电力辐射能进入空气、土壤或水，造成或可能造成上述环境的持续恶化，任何人的死亡或严重伤害，应受保护的纪念物，其他应受保护的物体、财产、动物或植物的实际损害；（3）非法处置、处理、贮藏、运输、出口或进口危险的废物，其造成或可能造成任何人的死亡或严重伤害，或对空气、土壤、水、动物或植物的质量、特性的实质的损害；（4）非法经营工厂进行的危险活动造成或可能造成任何人的死亡或严重伤害，或对空气、土壤、水、动物或植物的质量造成实质的损害；（5）非法生产、处置、处理、贮藏、使用、运输、出口或进口核材料或其他危险的放射性物质，造成或可能造成任何人的死亡或严重伤害，或对空气、土壤、水、动物或植物的质量造成实质的损害。②

另外，依据 1977 年《日内瓦公约第一议定书》和《禁止为军事或任何敌对目的使用改变环境的技术的公约》的规定，危害国际环境罪在客观方面的行为还表现为在武装冲突中，使用非军事必要的改变环境的作战方法和作战手段。③ 这种方法不仅违反了战争法规，且造

---

① 联合国国际法委员会对严重危害环境罪的解释，《联合国大会官方文件集》（第 10 号），联合国补充出版号 1991 年版，第 275 页。

② 邵沙平、余敏友：《国际法问题专论》，武汉大学出版社 2002 年版，第 250 页。

③《日内瓦公约第一议定书》第 55 条和《禁止为军事或任何敌对目的使用改变环境的技术的公约》第 2 条。

成了重大环境污染和生态平衡的破坏。比如，使用核武器、贫铀武器或者其他旨在对环境造成长期、严重破坏的作战方法，都将严重威胁人类的生存与发展。

三、主体

危害国际环境罪的主体，即实施了危害环境的行为，且依据国际刑法应当承担刑事责任的行为者。从理论上说，自然人、法人、国际组织、国家都可以成为实施危害国际环境罪的主体。①

1998 年欧洲理事会《通过刑法保护环境公约》规定，本罪的主体可以是自然人，也可以是法人。该公约第 9 条还专门规定了“法人责任”。可见本罪的主体是一般主体，多数情况下是团体或组织。特殊情况下，国家和国际组织可作为危害国际环境罪的犯罪主体，如由国家作出决策、以国家名义进行的大规模破坏或污染环境的行为（如大规模的核试验、大规模地向海洋倾倒核废料等），造成严重危害后果时，国家应承担相应的刑事责任。由国际组织作出决策，以国际组织名义进行的大规模的破坏环境或污染环境的行为，造成严重的环境污染或生态环境的破坏等，该国际组织也应当承担相应的刑事责任。如北约用禁止使用的贫铀炸弹、石墨炸弹、集束炸弹等对南斯拉夫进行狂轰滥炸，导致多瑙河流域国家的环境严重恶化，若认定该行为构成危害国际环境罪的话，北约应为此承担国际刑事责任。②

四、主观方面

主观方面是指犯罪主体对自己的危害行为及其危害结果所持的心理态度。多数学者认为，危害环境罪的主观罪过必须是故意，即行为者明知自己的行为会造成危害环境的后果，却希望或放任这种危害结果的发生。重大过失也会引起大规模的环境污染，但是不能追究行为人的刑事责任。因此，行为者有无故意犯罪，是区分危害环境犯罪和一般危害环境的不法行为的主观特征。③

对此，笔者持有不同意见。笔者认为，危害国际环境罪的主观罪过应当是故意或者过失。首先，在理论上，危害国际环境罪并没有排除过失犯罪的可能性。国际刑法协会第 15 届大会通过的有关危害国际环境罪的最低限度的主观要件包括故意或过失。欧洲理事会 1998 年《通过刑法保护环境公约》明确规定了过失环境犯罪，④ 并要求每个缔约国采取必要的合适手段在其国内法中确定上述故意或过失实施的行为为刑事犯罪。其次，在实践上，将危害国际环境罪的主观罪过限制为故意犯罪，与内国刑法普遍惩罚过失危害环境犯罪的立法观念不合。最后，从过失危害环境犯罪的危害结果和故意危害国际环境犯罪的危害结果相比而言，都对自然环境造成了严重的污染或对生态平衡造成了严重的破坏，这两种危害结果在性质上和影响上是没有区别的。而且，很多时候，过失犯罪造成的环境损害结果往往更加严重。从保护国际环境、维护生态平衡的立法旨意来说，危害国际环境罪也应当包括过失犯罪。

---

① 该部分主要是从犯罪能力的角度阐释可能实施危害国际环境的犯罪的行为，至于各主体是否能成为危害国际环境罪的犯罪主体及承担相应的国际刑事责任详见本文第三章。

② 贾宇：《国际刑法学》，中国政法大学出版社 2004 年版，第 298 页。

③ 邵沙平：《国际刑法学》，武汉大学出版社 2005 年版，第 207 页；赵永琛：《国际刑法与司法协助》，法律出版社 1994 年版，第 86 页；甘雨沛、高格：《国际刑法学新体系》，北京大学出版社 2000 年版，第 285—288 页。

④ 欧洲理事会《通过刑法保护环境公约》第 3 条。

第三章　危害国际环境罪的国际刑事责任

第一节　概　　述

刑事责任，是对行为主体违反刑事法律义务所引起的法律后果，体现了社会对此类行为的禁止与非难。国际刑事责任，是指国际罪行的主体因其实施了为国际刑法所禁止的行为，严重违反了国际义务而承担的法律后果。明确危害国际环境罪的刑事责任，可以有效地惩戒和谴责犯罪者，威慑潜在的犯罪者。"刑事责任是刑事立法中的一个基本范畴，一个带有根本性的概念。刑法中有关犯罪和刑罚的规定，都是围绕着要不要追究刑事责任，追究什么样的刑事责任以及如何实现刑事责任等问题展开的。可以说，刑事责任是刑法中一个核心的问题，离开了刑事责任问题，刑法的生命也就停止了。"①

需要注意的是，虽然犯罪能力和刑事责任能力是直接相关联的，且一般而言，拥有犯罪能力的主体一般也具有刑事责任能力。但是，这两个概念解决的是不同的问题。犯罪能力主要解决的是该主体是否能够实施该类犯罪，是一个客观犯罪的范畴；而刑事责任能力则是侧重于刑事后果的承担，带有法律归责的因素。一般而言，犯罪后果由直接实施犯罪行为的主体所承担；但是，基于保护国际社会整体利益的需要，对犯罪行为和危害后果的发生具有支配力，以及对预防和惩处该类犯罪有管领能力的主体在未能履行相应的义务时，也要承担相应的责任。故而，犯罪主体与刑事责任的承担主体是不同的概念，本章从国际刑事责任的承担主体的角度阐述个人、法人以及国家的国际刑事责任。

第二节　个人的国际刑事责任

个人的国际刑事责任，也即国际犯罪中个人的刑事责任，是指行为人对其所实施的国际罪行应当承担的法律后果以及国际社会依据国际刑法对行为者所作的否定性评价。

一、理论争议

在国内刑法上，个人因为违反刑事法规范，实施了普通犯罪行为而必须承担刑事责任，这是没有疑义的。但是，对于个人是否可因国际罪行而承担国际刑事责任问题却是有争议的。

传统国际法认为，国际刑法是国际法的分支，个人不是国际法的主体，故而也不能成为国际刑法的主体，更不能承担国际刑事责任。代表国家机构行为的人，即便从事了犯罪行为，其行为也是可归于一个国家的行为，因而，个人也不必为此国家行为承担国际刑事责

① 高铭暄：《刑法学原理》（第一卷），中国人民大学出版社 1994 年版，第 410 页。

任。现代国际法则主张个人对其所实施的国际犯罪，特别是对其以国家代表身份或者作为代表国家行事的人实施的国际犯罪应当承担刑事责任。

二、个人承担国际刑事责任的依据

第一次世界大战以后，虽然《凡尔赛条约》明确规定了包括德皇威廉二世在内的违反条约义务和战争法规及惯例的德国战犯应负刑事责任，但是，这种责任囿于当时的国际情势而没有得到真正落实。德皇在荷兰获得了避难权，从来也没有站在一个刑事法庭上受过审判，此外，由于德国顽固地拒绝移交协约国提出的那些人，协约国军事法庭对战争罪犯的起诉也就落空了。① 但是，以国际条约的形式规定个人刑事责任并在国际审判中建立个人刑事责任的新模式开始兴起。

"二战"以后，鉴于德日法西斯在战争期间所犯的残暴的罪行，同盟国组织了相应的军事法庭，对德日战争罪犯进行了审判。1946 年 10 月 1 日，纽伦堡国际军事法庭作出判决，其中，12 名战犯被判处绞刑，3 名战犯被判处无期徒刑，4 名战犯被判处 10 年至 20 年的有期徒刑，另有 3 人被宣告无罪，还有 2 人在审判中死亡。远东国际军事法庭审判了东条英机等 28 名战犯，除了其中 2 人在审判期间死亡、1 人丧失行为能力外，其余 25 人分别有 7 人被判处绞刑，16 人被判处无期徒刑，2 人被判处有期徒刑。纽伦堡审判和东京审判树立了国际犯罪中个人的责任原则。正如在著名的纽伦堡审判判决书中所言，"违反国际法的罪行是个人做出来的，而不是抽象的集体做出来的；只有处罚实施了这些国际罪行的个人，才能使国际法的规定得到有效实施。"②

在纽伦堡审判和东京审判后，许多的国际刑法公约和其他国际文件都规定了个人作为国际犯罪主体的地位。这些条约不仅重申了国际犯罪的个人的责任原则，还扩大了要求个人承担刑事责任的国际罪行的范围。1948 年《防止及惩治灭绝种族罪公约》规定，任何人，无论其为依宪法负责的统治者、公务员或私人，如犯有灭绝种族罪的罪行，均应受到惩治。③ 1973 年《禁止并惩治种族隔离罪行国际公约》规定，凡是犯种族隔离罪行的组织、机构或个人即为犯罪。④

20 世纪 90 年代建立的前南斯拉夫国际刑事法庭（以下简称"前南刑庭"）和卢旺达国际刑事法庭（以下简称"卢旺达刑庭"）又一次重申了个人在国际犯罪中的刑事责任。《前南斯拉夫国际刑事法庭规约》规定，法庭的职权是根据本规约各项条款，起诉应对 1991 年以来前南斯拉夫境内所犯的严重违反国际人道主义法行为负责的人。凡计划、教唆、命令、犯下或协助煽动他人计划、准备或进行本规约第 2 条至第 5 条所指罪行的人应当为该项犯罪负个人责任。任何被告人的官职，不论是国家元首、政府首脑或政府负责官员，不得免除被

---

① ［德］格哈德·韦勒：《国际刑法学原理》，王世洲译，商务印书馆 2009 年版，第 14 页。

② Crime against international law are committed by men, not by abstract entities, and only by punishing individuals who commit such crimes can the provisions of international law be enforced. See International Military Tribunal for the Trial of Major War Criminals, judgment of 1st october 1946, 41 AJIL, P. 221; also see Christan Wicker, The Concepts of Proportionality and State Crimes in International Law, Peter Lang GmbH press, 2006. p. 125.

③ 《防止及惩治灭绝种族罪公约》第 4 条。

④ 《禁止并惩治种族隔离罪行国际公约》第 1 条。

告的刑事责任，也不得减轻刑罚。①《卢旺达国际刑事法院规约》也有类似的规定。② 此外，1998年《国际刑事法院规约》也规定了法院对个人具有管辖权，实施法院管辖范围内的国际犯罪的个人应根据规约承担相应的刑事责任。③ 1996年联合国国际法委员会通过的《危害人类和平与安全罪法庭草案》明确规定，危害人类和平与安全的罪行引起个人的国际刑事责任。④

从以私人身份行事的个人到以组织身份行事的个人，以及代表国家行事的个人被确认为国际犯罪的主体；从海盗罪、贩卖奴隶罪到范围更为广泛的违反国际法的行为被承认为国际犯罪；从由国内审判机构到由国际审判机构追究个人国际犯罪的刑事责任，我们可以看出，个人刑事责任原则已经牢牢屹立，个人成为国际刑事责任的主体，也成为国际刑法的主体。⑤

三、个人在危害国际环境罪上的国际刑事责任

个人行为构成违反国际刑法中的危害国际环境的犯罪，是个人承担刑事责任的前提。具体而言，个人在下列情况下应当根据相应的国际法关于保护环境的规范承担相应的国际刑事责任。

（一）以个人身份实施或参与实施危害国际环境的犯罪

行为者以个人的身份实施或参与实施危害国际环境的犯罪行为，理应按其犯罪的性质和情节承担相应的刑事责任。

（二）以国家代表身份参与实施危害国际环境的犯罪

个人作为国家的代表或政府官员，以国家身份从事了危害国际环境的犯罪，该个人的政府官员身份不能作为免除或减轻个人国际刑事责任的理由。此外，在这种情况下，个人也不能以该行为为国内立法所允许而对抗其国际刑事责任。

（三）因上级身份而产生的个人责任

对特定个人或特定机构负有管理义务的人，即行为者的上级，若明知行为人将要实施危害国际环境的罪行而放任不管或在该行为者实施了危害国际环境的罪行后不协助对行为者进行惩罚，作为上级的个人也要为此承担相应的刑事责任。

个人承担国际刑事责任的方式主要是刑罚处罚措施，相应的国际性审判机构或是国内法院可以根据行为人犯罪的性质、情节、主观罪过的大小等分别判决相应的刑事处罚，如徒刑、死刑、罚金等。

第三节　法人的国际刑事责任

一、理论争议

关于法人的国际刑事责任能力的讨论，源于国内刑法中关于法人犯罪和法人刑事责任的

---

① 《前南斯拉夫国际刑事法庭规约》第1条和第7条。

② 《卢旺达国际法庭规约》第1条。

③ 《国际刑事法院规约》第25条。

④ 《危害人类和平与安全罪法庭草案》第3条和第4条。

⑤ 马呈元：《国际刑法论》，中国政法大学出版社2008年版，第390页。

讨论。一般国内刑法中，关于法人能否犯罪的问题，有否定论和肯定论两种。

否定论主张：(1) 法人是法律拟制的人，没有意识，因而不具备犯罪构成的心理要件；(2) 法人不具备接受刑事制裁的能力，刑法最主要的是徒刑和死刑，这几种处罚对自然人可以执行，而对法人这种法律所抽象的拟制的集合体无法执行；(3) 法人是受自然人控制的，所谓的法人犯罪其实就是法人组织中的自然人犯罪，如果对整个法人判处财产性处罚，则必然使法人的全体成员在经济上蒙受损失，结果必将放纵罪犯和株连无辜，违背“罪责自负”的刑法原则。①

肯定论的观点主要有：(1) 法人既然可以成为民事违法和行政违法的主体，自然也可以成为刑事犯罪的主体，因为违法和犯罪之间并没有不可逾越的界限。法人是一定人和资产的集合体，其有能力也有可能从事犯罪行为，自然应当为自己的犯罪行为承担相应的刑事责任。(2) 刑事责任的实现方式不只是徒刑和生命刑等刑罚制裁措施，还有财产刑、资格刑等措施，法人是可以接受这类制裁的。②

二、法人承担国际刑事责任的依据

《纽伦堡国际军事法庭宪章》规定，在审判任何集团或组织中的任何成员时，本法庭可以宣布，这名个人所属的这个集团或者组织，是一个犯罪组织。在法庭宣告一个集团或者组织是犯罪的案件中，任何条约签署国的国内主管当局，都有权在自己国内的、军事的或者占领区内的法院中，由于参与该集团或者组织的成员身份而审判这些个人。在任何这种案件中，这个集团或者组织的犯罪性质，都被认为是已经得到证明和毋庸置疑的。③《联合国打击跨国有组织犯罪公约》第10条规定：“各缔约国均应采取符合其法律原则的必要措施，确定法人犯罪应当承担的责任。在不违反缔约国法律原则的情况下，法人责任可包括刑事、民事或行政责任。”此外，《禁止并惩治种族隔离罪行国际公约》、《禁止酷刑和其他残忍、不人道或有辱人格待遇或处罚公约》、欧洲理事会《通过刑法保护环境公约》以及《联合国打击跨国有组织犯罪公约》、《联合国反腐败公约》都有法人从事国际犯罪应负相应的刑事责任的规定。

三、法人在危害国际环境罪上的国际刑事责任

法人作为一定人与资产的集合体，其有能力也有可能从事犯罪行为，自然应当为自己的犯罪行为承担相应的刑事责任。而且，从当前国际社会法人组织的发展状况来说，法人为了利益而从事危害国际环境的犯罪的现象更为普遍且其造成的后果也更为严重。确立法人在危害国际环境罪上的国际刑事责任有助于规制法人的行为，保护国际环境。

一般而言，对于法人犯罪实行双罚制，既处罚作为法律拟制体的法人，也处罚代表法人行事的直接行为人和直接责任人。代表法人行事的个人其承担国际刑事责任的方式与以个人身份实施的犯罪所遭受的处罚方式是相同的，主要有有期徒刑、无期徒刑、死刑等。法人承担危害国际环境法的国际刑事责任的方式则主要是资格刑和财产刑。资格刑，主要是司法机关在追究法人的刑事责任时，可以宣告某一法人或组织为犯罪组织，取缔其法人资格。财产

① 林欣、李琼英：《国际刑法新论》，中国人民公安大学出版社2005年版，第16页。

② 林欣、李琼英：《国际刑法新论》，中国人民公安大学出版社2005年版，第16页。

③ 《纽伦堡国际军事法庭宪章》第9条和第10条。

刑，则是给予犯罪法人以一定的财产性处罚，如罚金、没收财产等。

第四节 国家的国际刑事责任

国家是国际法和国际法律关系的主体这一基本理念已经得到国际社会公认。国家因国际不法行为要负国家责任，是国际法的一个原则。但是，对于国家由于作为或不作为而引起的国际罪行，国家是否要负国际刑事责任，国际社会存在不同看法。这不仅涉及国际法理论问题，而且还是一个敏感而实际的问题。从联合国国际法委员会草拟关于国家责任的草案的过程可以看出，在此问题上的争论十分激烈。

联合国国际法委员会 1979 年拟定的《关于国家责任的条文草案》（Draft Articles On state Responsibility）第 19 条规定，“一国所违背的国际义务对于保护国际社会的根本利益至关紧要，以致整个国际社会公认违背该项义务是一种罪行时，其因而产生的国际不当行为构成国际罪行”。① 然而，2001 年联合国国际法委员会将该草案修改为《国际不法行为所引起的国际责任公约草案》（Draft Articles on Responsibility of States for Internationally Wrongful Acts），不仅在法典名称上有了变更，其中的规定更是回避了国际犯罪的概念以及国家是否是构成国际犯罪的内容。2001 年的草案第 2 条仅规定国家的国际不法行为。“一国国际不法行为在下列情况下发生：（1）由作为或不作为构成的行为依国际法归于该国，且（2）该行为构成对该国国际义务的违背。”

国际法委员会之所以回避国家犯罪的问题，一是出于考虑到该类条约的签订和生效的问题，故而求同避异；二是因为该问题在理论上的分歧确实巨大，争论也异常激烈。

---

① 《关于国家责任的条文草案》第 19 条规定：“国际犯罪与国际不当行为

1. 一国的行为如构成违背国际义务，即为国际不当行为，不论所违背的义务的主题为何。

2. 一国所违背的国际义务对于保护国际社会的根本利益至关紧要，以致整个国际社会公认违背该项义务是一种罪行时，其因而产生的国际不当行为构成国际罪行。

3. 在第 2 款规定的限制下，并根据现行国际法规则，国际罪行除了别的以外可以由于下列各项行为而产生：

（1）严重违背对维持国际和平与安全具有根本重要性的国际义务，例如禁止侵略义务；

（2）严重违背对维护各国人民的自决权利具有根本重要性的国际义务，例如禁止以武力建立或维持殖民统治的义务；

（3）大规模地严重违背对保护人类具有根本重要性的国际义务，例如禁止奴隶制度、灭绝种族和种族隔离的义务；

（4）严重违背对维护和保全人类环境具有根本重要性的国际义务，例如禁止大规模污染大气层或海洋的义务。

4. 任何国际不当行为之按照第 2 款的规定并非国际罪行者均构成国际不法行为。”

一、理论争议

对危害国际环境犯罪中的国家刑事责任问题，理论上存在否定论①和肯定论②两种对立的意见。否定论认为，国家不可能承担刑事责任；肯定论则认为，国家应当承担刑事责任。

（一）否定论

反对国家承担国际刑事责任的理论，存在两种观点。

第一种观点认为，国家是一个抽象的行政实体，它只是一定区域内经济上占统治地位的阶级凭借暴力机器和特定行为规范在特定区域内居民心理上建立起来的权威的统治和管理工具。从根本上说，它不同于具有生命体和意识思维的自然人，因此不符合危害国际环境罪的构成要素，因而无法成为危害国际环境罪的犯罪主体，也就不可能成为承担刑事责任的刑罚主体。③

第二种观点主张，国家既然是国际法的主体，在享有国际法所确立的主体权利的同时，也应当承担国际法上所规定的义务。主权国家具有在本国境内制定环境政策、实施环境措施的自由，因而也就应当为其所犯下的危害国际环境的罪行承担相应的国际责任。但是，这种责任主要是政治、经济和道义上的责任，而不是刑事责任。因为刑罚措施是无法惩罚在一个抽象的没有生命体的集合实体上的。④ 所以，国家只是危害国际环境犯罪中的普通责任主体而不能成为刑事责任主体。

（二）肯定论

国家及代表国家作行为的人如果作出了违反国际法的行为，而这种行为由于其严重性、残忍性及其对人类生命的蔑视而被列入文明国家的法律公认的犯罪行为的一类，国家以及代表国家作行为的人就要负刑事责任。⑤ 国家虽然是一个抽象的行政实体，但是它毕竟是一个拥有军队、警察、法庭、监狱的暴力机器。在国际法所规定的危害国际环境犯罪当中，由于国家的故意或者过失，或在国家的支持和庇护下的犯罪行为，对国际环境的破坏程度是最大的，如果不对国家进行定罪和处罚，就无法达到有效保护国际环境的目的，因而国家应该承担与其罪行相适应的责任。

---

① 持否定论的学者主要有Barboza、王虎华、林欣、高燕平等。关于各学者的观点详见Christan Wicker, The Concepts of Proportionality and State Crimes in International Law, Peter Lang GmbH press, 2006. pp. 124－128；林欣：《国际刑法问题研究》，中国人民大学出版社2000年版，第15页；林欣、李琼英：《国际刑法新论》，中国人民公安大学出版社2005年版，第117页；高燕平：《国际刑事法院》，世界知识出版社1999年版，第327页。

② 持肯定论的学者主要有劳特派特、巴西奥尼、赵秉志、王秀梅、马进保等。关于各学者的观点详见Cherif. Bassiouni, A Draft International Criminal Code and Statute for an International Criminal Tribunal, Martinus Nijhoff Publishers, 1987, Article XVII；赵秉志、王秀梅：《国际环境犯罪和国家刑事责任的承担》，载《法学》1998年第4期；王秀梅：《国际环境犯罪惩治理论与实践》，载《外国法评译》1999年第3期；马进保：《论国际犯罪中的国家责任》，载赵秉志、周露露：《国际刑法总论问题专题整理》，中国人民公安大学出版社2007年版，第305—307页。

③ 黄肇炯：《国际刑法概论》，四川大学出版社1992年版，第85—86页。

④ 王虎华：《国际刑事责任的国际法批判》，载《学术季刊》2002年第4期。

⑤ ［英］劳特派特修订：《奥本海国际法》（上卷·第一分册），王铁崖、陈体强译，商务印书馆1981年版，第264—265页。

其实，这种理论上的分歧直接源于国际刑法领域中关于国家刑事责任理论的争议。该争议集中体现在联合国国际法委员会讨论《危害人类和平与安全罪法典草案》的过程中。自1954年国际法委员会将该草案提交至联合国大会以来，各国在“国家刑事责任”问题上僵持不下，形成了三种代表性意见。一是以美国为首的欧美发达国家基于国际强权和国家利益的考虑，反对规定国家刑事责任。二是以前苏联为代表的国家则同意规定个人的刑事责任，反对国家刑事责任。因为国家在国际犯罪中只承担“政治责任和物质责任”，国际社会无法对一个抽象的行政实体进行刑事处罚。三是广大发展中国家支持国家刑事责任。他们主张，在第二次世界大战后的纽伦堡国际军事法庭和远东国际军事法庭的判决都没有排除国家责任。因此，国际社会应充分考虑国际形势和国际法的发展，在肯定追究国际犯罪中个人刑事责任的同时，也应在草案中明确国家的刑事责任，以便更好地指导国际司法实践。这三种意见经过联合国第35届、第36届和第37届大会讨论后，都未达成共识，最终只能参考微弱多数的意见，规定了个人的刑事责任。但是，这并不意味着排除了将来探讨国家承担刑事责任的可能性。①

二、国家承担国际刑事责任的依据

正如上一章所言，国际社会不存在一个超国家的立法机关，所以目前不存在一部规定国家构成国际犯罪、需要承担国际刑事责任的公约。因而，我们只能从相应的国际司法审判实践中寻找相应的国家承担刑事责任的依据。

第一次世界大战后，针对军国主义的野蛮侵略罪行，国际社会签订了《凡尔赛和约》，该和约要求德国承担发动侵略战争的责任，并要求将代表国家或以国家名义行事的人的行为视为国家的行为，进而将其交付国际军事法庭进行审判。这是对国家的国际犯罪行为进行的较早的审判实践。第二次世界大战后，鉴于德日法西斯在战争期间所犯的残暴的罪行，纽伦堡国际军事法庭和远东国际军事法庭对德日等国的主要战犯进行了审判，同时还认定了德国和日本犯有破坏和平罪、战争罪和反人类罪，进而对这两个国家实行了军事占领和军事管制。这是对国际犯罪的国家主体进一步的认可。20世纪中后期，联合国安理会先后对犯有种族隔离罪行的南非进行了经济制裁，对犯有侵略战争的伊拉克进行了全面制裁。2007年，国际法院对塞尔维亚共和国是否构成种族灭绝罪作出了裁判。② 这些司法实践进一步表明，国家可以成为国家犯罪的主体。③

虽然，也有部分学者辩驳说，这些司法实践仅追究了个人的国际刑事责任，并没有实现对国家的惩治。但是，不可忽视的是，这些所谓的被追究了刑事责任的个人是代表国家行事的。诚如王铁崖教授所言：“实质上，国家行为与代表国家行事的个人行为不是相互对立

---

① 马进保：《论国际犯罪中的国家责任》，载赵秉志、周露露：《国际刑法总论问题专题整理》，中国人民公安大学出版社2007年版，第305—307页；邹龙妹：《论危害国际环境罪与国家刑事责任》，载《学术交流》2008年第5期。

② See Case Concerning the Application of the Convention on the Prevention and Punishment of the Crime of Genocide (Bosnia and Herzegovia v. Serbia and Montenegro), Judgment of 27 February 2007. 也参见赵秉志、蒋娜：《国家刑事责任的理论依据与司法认定——以塞尔维亚共和国被诉种族灭绝罪的案件为样本》，载《政法论坛》(第28卷第2期)，2010年3月。

③ 张旭：《国际刑法现状与展望》，清华大学出版社2005年版，第108—109页。

的，因此，国家责任与从事国务活动的个人责任也是不可能截然划分的。国家的职能必须通过国家领导人和国家机关工作人员的个人行为来实现，而在这种情况下，个人行为又不是以私人身份而是以国家的名义或以国家代表的资格作出的，因而成为国家的行为。如果一个国家没有犯下侵略战争的国际罪行，那么代表该国行事的人就不应该因此而受到国际惩罚；反之，正是由于侵略国家负有这方面的罪责，才使得代表国家活动的有关人员必须承担国际刑事责任。当然，往往并不对国家实施刑罚，而只是将刑罚加之于个人。然而，这并不因此而否认国家在这方面所负的国际刑事责任。"①

三、国家在危害国际环境罪上的国际刑事责任

国家承担国际刑事责任的方式有刑罚和非刑罚的处罚方式两种。至于国家在承担危害国际环境罪的刑事责任时，到底是采用刑罚还是非刑罚的处罚方式，取决于国家的刑事责任种类和犯罪行为的危害程度。②

国家的国际刑事责任分为作为的责任与不作为的责任。作为就是国家为直接追求某种危害后果，用积极的态度实施国际法所禁止的行为。这种犯罪形式是构成国家承担国际刑事责任的主要罪过形式。按照巴西奥尼教授在其著作《国际刑法典及国际刑事法庭规约草案》中的认定，作为的国家刑事责任主要表现为：（1）代表国家或以国家名义行事的权威人士实施的任何国际犯罪，不管其行为按照其国内法是否合法，国际应对此承担刑事责任。（2）如果以个人或团体的官方资格，即这些人按该国的国内法有权作出关于国家的政治性决议或拥有该国的机关、代表的地位或该国的手段或其他政治类手段，由他们所实施的行为，应归责于国家，由国家承担刑事责任。（3）上述两条所列之一以这种资格所作为的行为，即使其行为超出了其实体权力的范围，也应归责于国家，由国家承担刑事责任。③

不作为是指一国违背国际法所规定的义务，对其参加的国家集团或控制的组织与个人擅自实施的危害国际社会的行为，不采取积极措施予以制止、消除危害与协助惩处的行为。该类刑事责任的承担是以国家负有特定的国际义务为前提，只有在有能力履行这项义务而消极地不予履行时才承担相应的责任。具体表现为：（1）国际不履行国际刑事法律规范规定的义务，这种不作为构成国际犯罪，国家应对这种不作为承担国际刑事责任。（2）新国家、新政府有责任逮捕、引渡、起诉、惩罚国际罪犯却不为此行为者，应承担国际刑事责任。④

刑事责任的主要实现形式就是刑罚。从有关国际惯例和国际实践来看，对国家的刑罚大体上分为四类：第一类是剥夺作为国际犯罪主体的国家在某些方面的政治权利和经济权利。在政治上，表现为国际社会采取措施孤立犯罪国家，通过联合国促使其成员国在一定时期内单方面中止同犯罪国的外交关系；在经济上表现为国际社会通过决议对犯罪国实行经济制裁和经济封锁。第二类是罚金类。通过国际性审判机构要求犯罪国在一定期限内向相应机构缴纳一定金额的罚金。第三类是没收财产。由国际性审判机构作出判决，没收犯罪国的部分财产。第四类是限制主权。对犯有严重国际罪行的国家，由国际社会执行有关的政治、经济、

① 王铁崖：《国际法》，法律出版社1981年版，第133—134页。

② 闫亚鹏：《关于国家的国际刑事责任问题探析》，载《理论界》2004年第4期。

③ See Cherif. Bassiouni, A Draft International Criminal Code and Statute for an International Criminal Tribunal, Martinus Nijhoff Publishers, 1987, Article XVII.

④ 闫亚鹏：《关于国家的国际刑事责任问题探析》，载《理论界》2004年第4期。

外交和军事等全方位的惩处。

除了刑罚措施外，国家在承担其国际刑事责任时，还可以通过道歉、终止不法侵害、赔偿损失、恢复原状等非刑罚的措施来实现。其中，道歉是指犯罪国向受害国承认错误，给受害国以精神上的满足的责任承担方式。终止不法侵害，即国际社会命令一个正在污染和破坏国际环境的国家，终止其对环境的侵害，以保证被侵害的国际环境秩序得以恢复或减轻。作为最轻的一种国际责任形式，道歉在国家之间经常发生。赔偿损失，是指国家实施了国际犯罪行为而给受害主体造成物质上的损害而承担的对等物质补偿方式。赔偿通常是通过恢复原状或支付货币等方式来实现。由于自然环境遭到破坏以后，要么恢复原状难度较大或周期较长，要么根本无法恢复，所以实践中更倾向在于基于合理估算基础上进行损失赔偿。

另外，需要明确的是，国家的环境刑事责任是附加于违反国际环境法、国际环境保护公约，而为犯罪行为的公司、企业、个人及未经授权的国家官员所担负的国际刑事责任之上的，因而，国家在承担国际刑事责任的同时，并不排除上述单位和个人应当承担的国际刑事责任。[①]

虽然，危害国际环境罪中的国家的国际刑事责任问题是一个分歧巨大的法学命题，但是从国际法的发展和国际环境保护实践的需要出发，对这一命题需要作出肯定的结论。凡是由国家实施的，或者在国际支持和庇护下发生的危害国际环境的罪行，不论是作为还是不作为的罪过形式，国家都应当承担相应的刑事责任。

① 赵秉志、王秀梅：《国际环境犯罪和国家刑事责任的承担》，载《法学》1998年第4期。

第四章　危害国际环境罪的执行

危害国际环境罪的执行，是指危害国际环境罪的主体的刑事责任的实现途径。本章首先简要介绍国际刑法的一般执行模式；其次，在分析两种模式的优劣的基础上，结合不同犯罪主体的特征，分析各责任主体适合的执行模式。

第一节　国际刑法的执行模式

国际刑法的执行模式有两种：直接执行制度和间接执行制度。直接执行制度，适用于国际创设的机构执行国际刑法的属物事由（准则）和属人事由（主体）。① 这种机构既可以是完全综合的，即包括了调查、起诉、审判、处罚的综合刑事审判制度，如纽伦堡国际军事法庭和远东国际军事法庭的模式；也可以是包含这种综合制度中的一部分或几部分内容，如前南斯拉夫国际刑事法庭和卢旺达国际刑事法庭的模式。前南刑庭和卢旺达刑庭在调查和收集证据、逮捕被控犯罪人、执行法庭命令和判决时均依靠国家的合作。而间接执行制度则是通过各国内刑法和国内刑事司法系统把国际刑法的刑事制裁性规范适用于国际犯罪人。② 该制度在追捕、指控或认定国际犯罪行为人是否有罪过程中，依赖于有关国家刑事审判制度在调查、起诉、审判和处罚方面的自愿合作。目前，国际刑事合作的主要方式有：刑事司法协助、③ 引渡、刑事诉讼程序转移、被判刑人移交、查封和没收财产、外国刑事判决的承认与执行，以及国际和区际条约立法等。这些方式的有效性直接取决于主权国家的意志和自愿态度。

一、直接执行

在建立国际刑法直接实施制度方面，到目前为止，国际社会已经设立了 5 个国际调查委员会，4 个特设国际法庭和 3 个由国际授权的起诉，以及作为常设性国际刑事司法机关的国际刑事法院。

---

① ［美］谢里夫·巴西奥尼：《国际刑法的渊源与内涵——理论体系》，王秀梅译，法律出版社 2003 年版，第 15 页。

② 张智辉：《国际刑法通论》，中国政法大学出版社 2009 年版，第 253 页。

③ 关于刑事司法协助的概念，学界有三种观点：第一种观点，狭义的国际刑事司法协助，又称为“次要的司法协助”、“小司法协助”。认为这种协助仅仅指文书、证据方面的协助，其范围是代为送达司法文书和司法外文书及代为调查取证，如讯问被告，询问证人，进行勘验、检查或鉴定等。第二种观点，广义的国际刑事司法协助，包括引渡和前述狭义的司法协助的内容。第三种观点，最广义的国际刑事司法协助，也称国际刑事司法合作，包括狭义的国际刑事司法协助、引渡、刑事诉讼的移管、外国刑事判决的承认和执行等。本文中采用的是狭义的观点。

（一）纽伦堡国际军事法庭和远东国际军事法庭

“二战”以后，鉴于德国和日本法西斯在战争期间所犯的残暴的罪行，同盟国组织了相应的军事法庭，对德日战争罪犯进行了审判。纽伦堡审判和东京审判确立了个人的国际刑事责任原则，也践行了国际性审判机构直接依据国际法规范追究个人刑事责任的直接执行模式。

（二）前南刑庭和卢旺达刑庭

前南刑庭是在联合国安理会第 827 号决议的基础上创设的，管辖 1991 年 1 月 1 日之后在南斯拉夫领土上实施的战争罪、灭绝种族罪和危害人类罪。① 卢旺达刑庭则是由安理会第 955 号决议创设，对 1994 年 1 月 1 日至 12 月 31 日在卢旺达领土上实施的灭绝种族罪、危害人类罪以及违反《日内瓦公约》共同第 3 条和第 2 议定书的行为，以及卢旺达公民在此期间在相邻国家领土上实施的上述犯罪，具有管辖权。② 在处理国内审判机构和国际审判机构的管辖权分配方面，该两个法庭采取了并存管辖权的模式。③

（三）国际刑事法院

国际刑事法院于 2002 年 7 月 1 日依据《国际刑事法院规约》的生效而建立，负责审理 2002 年 7 月 1 日之后在一个成员国的领土上或者有一个成员国国民实施的灭绝种族罪、危害人类安全罪和战争罪。如果这些犯罪是由联合国安理会根据《联合国宪章》第 7 章向检察官提出时，那么，该法院对这些犯罪也具有管辖权而不论犯罪的实施地点以及犯罪人的国籍为何。④

国际刑事法院的管辖具有以下几个特点：

1. 管辖的补充性

国际刑事法院对国际犯罪管辖权的行使，从性质上看是对国家刑事管辖权的补充，因此，只有在一国的国内法院不愿意、不能够、不方便或不能有效地行使管辖权，或者有关国家之间存在管辖权冲突而主动请求国际刑事法院行使管辖权时，国际刑事法院才能对之进行管辖。

2. 管辖范围的限定性

管辖范围的限定性是指国际刑事法院可以管辖的国际罪行的范围是有限的。根据《国际刑事法院规约》的规定，目前，可以由国际刑事法院管辖的国际罪行只限于灭绝种族罪、战争罪、危害人类罪和侵略罪四种。

3. 严格的时效性

一般而言，国际刑事法院的管辖事项不溯及既往。《国际刑事法院规约》第 11 条对国际刑事法院的管辖事项在时间上作了严格的规定。国际刑事法院仅对《国际刑事法院规约》生效后实施的国际犯罪具有管辖权；对于在规约生效后成为缔约国的国家，国际刑事法院只能对在规约对该国生效后实施的犯罪行使管辖权，但该国提交接受国际刑事法院对有关犯罪

---

① 《南斯拉夫国际法庭规约》第 1 条。

② 《卢旺达国际法庭规约》第 1 条。

③ 《南斯拉夫国际法庭规约》第 9 条第 1 款；《卢旺达国际法庭规约》第 8 条第 1 款。

④ 关于国际刑事法院的管辖权参见《国际刑事法院规约》第 5 条至第 13 条。对公约条文的详细解读可以参考李世光、刘大群、凌岩：《国际刑事法院罗马规约评释》，北京大学出版社 2006 年版，第 44—192 页；［德］格哈德 · 韦勒：《国际刑法学原理》，王世洲译，商务印书馆 2009 年版，第 84 页。

行使管辖权的声明除外。

除此之外，目前，国际社会还有柬埔寨特别刑事法庭、黎巴嫩问题特别刑事法庭、塞拉利昂特别刑事法庭和东帝汶特别法庭。这四个法庭基于联合国和各国之间的协议而成立，同时，该协议还规定了各法庭对相应罪行的管辖范围，以及与各国国内法院之间的管辖权的分配等问题。

直接执行制度具有追究机制的统一性和协调性等优点，是国际刑法最为理想的执行模式。但是，由于国家不可能完全地让渡自身的主权，直接执行制度下对犯罪人的逮捕、审判、判决的执行等都还是需要依靠相关国家的支持。所以，直接执行制度和间接执行制度慢慢开始融合。

二、间接执行

间接执行制度则是通过各国内刑法和国内刑事司法系统把国际刑法的刑事制裁性规范适用于国际犯罪人。① 一直以来，国际刑法都以间接执行制度为主。但是，实践中，国际刑法的间接执行制度暴露出不少问题。

第一，间接执行制度受制于各国国内刑事立法的完善程度。国内法院对国际犯罪行使管辖权的前提是它们同样属于本国国内法规定的罪行，如果有关国际罪行尚未经国内立法程序确定为刑事法规中的犯罪，国内法院就难以对其实施管辖。②

第二，间接执行制在实际运用中往往缺乏统一的标准和尺度。现行国际刑法公约的基本模式是规定某一行为构成国际法上的犯罪，要求缔约国将其作为国内法中的罪行，并对罪犯行使管辖权。然而，由于同样的犯罪，各国在刑事实体法和程序法上有很大的差异，因此，公约的适用往往出现标准不统一的现象。

第三，间接执行制度受制于国家的配合程度。根据国际刑法公约，国家承担了对国际犯罪行为人进行审判和处罚的义务。但是，这些公约多数没有规定保证国家遵守条约义务的有效措施，也很少规定相应的执行监督机构和国家之间的争端解决机制，因此，难以保证国家切实履行对国际犯罪行使刑事管辖权的义务。且各国国内法院在对国际罪行进行管辖时，不可避免地考虑了相关非法律因素，比如政治利益、经济利益等问题。③

第四，间接执行制度取决于主权国家的自愿态度，依赖于相关国家的法律制度，期待国家“或起诉或引渡”（又称为“或引渡或审判”）义务的履行。④ 国家是否有义务履行相关的引渡或审判的义务，取决于该义务来源的法律约束性。因此，如果义务来源于条约，则一

① 张智辉：《国际刑法通论》，中国政法大学出版社 2009 年版，第 253 页。

② 马呈元：《国际刑法论》，中国政法大学出版社 2008 年版，第 118—120 页。

③ 关于国际刑法的间接执行制度，巴西奥尼教授认为其有国际法固有的弱点和困难。(1) 它把按照条约义务行事的全部责任加诸给国家；(2) 它没有规定权威的监督措施以确保国家遵守条约义务；(3) 它没有规定国家间争端的解决制度；(4) 它没有规定对作为国家间合作客体的个人的保护措施；(5) 它没有形成全面的框架体系；(6) 它没有起草具体规则的标准或基本规范；(7) 它没有确保执行机关遵守特别规定的统一标准或基本规范；(8) 它的适用不平衡，且受制于影响执行机关的国内政治考量。See Cherif. Bassiouni, A Draft International Criminal Code and Statute for an International Criminal Tribunal, Martinus Nijhoff Publishers, 1987, p. 53.

④ ［美］谢里夫·巴西奥尼：《国际刑法的渊源与内涵——理论体系》，王秀梅译，法律出版社 2003 年版，第 194 页。

般只约束缔约国，如果义务来源于一般国际法原则，则对所有国家具有约束力。在国际刑法中，只有那些被视为强行法的国际犯罪以及由此达到一般国际法义务并成为强行法义务程度，才约束所有国家。这些国际犯罪包括：侵略罪、灭绝种族罪、危害人类罪、战争罪、海盗罪等。

囿于国际刑法间接执行制度的局限性，国际社会一直致力于建立和完善国际刑法的直接执行制度，即由具有管辖权的国际刑事法院强制实施国际刑法典的规制。① 巴西奥尼教授认为，一个理想的直接执行制度，不仅要有一个审判机关，而且要有一个垂直的、完整和全面的国际刑事司法体系，这个体系应该像国内刑事司法体系那样，包括了各个部分，即侦查、起诉、审判、处罚和执行。纽伦堡国际军事法庭和远东国际军事法庭代表了这样一种垂直的、完整和全面的执行制度。但是，这两个先例在法律发展的历史上独一无二，而且从那以后，可能是因为国家拒绝让渡这一领域的主权，国际社会再也没有出现这样全面、综合和直接的国际刑事审判制度。②

第二节　危害国际环境罪的执行模式

一、针对个人犯罪的执行

针对个人的国际刑事责任的实现，目前国际社会有两种模式。一是间接执行模式，即国内法院管辖模式；二是直接执行模式，即由专门的国际性刑事审判机构管辖的模式，如国际刑事法院管辖模式。

（一）国内法院与追究个人的危害国际环境罪

从当前国际刑法的执行状况而言，间接执行模式是追究个人刑事责任的主要模式。个人实施了相应的危害国际环境罪的行为，犯罪地的法院以及犯罪人的国籍国法院一般具有管辖权，可以依据该国参加或加入的国际公约和国内刑事立法追究相关行为人的刑事责任。

实践中，采用国内法院管辖追究个人的国际刑事责任存在的最突出的问题是，如果个人的行为虽然依据国际法构成了相应的国际犯罪，但是内国刑事立法却没有将之确定为犯罪行为，则国内法院便无从追究此个人的罪行。此问题目前可以依靠国际刑事法院的补充管辖得到部分解决。但是，要从根本上解决这个问题还有待于国际和国内完善危害国际环境罪的刑事立法。

采用国内法院管辖追究个人的国际刑事责任存在的另外一个重要问题就是国家之间管辖权冲突的问题。这导致国家之间或推脱管辖，使犯罪人逃脱法网；或者导致国家之间争相管辖，僵持不下。这类问题的进一步解决有赖于国家之间加强国际刑事司法合作。

（二）国际刑事法院与追究个人的危害国际环境罪

根据《国际刑事法院规约》设立的国际刑事法院对国内的刑事管辖权起到补充作用，国际刑事法院的管辖权限于整个国际社会关注的最严重犯罪。根据《国际刑事法院规约》，

① See Cherif. Bassiouni, A Draft International Criminal Code and Statute for an International Criminal Tribunal, Martinus Nijhoff Publishers, 1987, p. 53.

② 马呈元：《国际刑法论》，中国政法大学出版社 2008 年版，第 118—120 页；［美］谢里夫·巴西奥尼：《国际刑法的渊源与内涵——理论体系》，王秀梅译，法律出版社 2003 年版，第 194 页。

国际刑事法院对灭绝种族罪、危害人类罪、战争罪、侵略罪具有管辖权。危害国际环境罪在危害人类罪和战争罪中都有明确提及。

关于国际法院行使管辖权的先决条件，《国际刑事法院规约》第12条规定："（1）一国成为《国际刑事法院规约》的缔约国，即接受国际刑事法院对上述犯罪的管辖权。（2）对于第13条第1项或第3项的情况，如果下列一个或多个国家是《国际刑事法院规约》的缔约国或依照第3款接受了国际刑事法院的管辖权：①有关行为在其境内发生的国家；如果发生的犯罪发生在船舶或飞行器上，该船舶或飞行器的注册国；②犯罪被告人的国籍国。（3）如果根据第2款的规定，需要得到一个非本缔约国的国家接受国际刑事法院的管辖，该国可以向书记官长提交声明，接受国际刑事法院对有关犯罪行使管辖权。该接受国应不拖延无例外地与国际刑事法院合作。"

关于国际刑事法院的管辖权启动，根据《国际刑事法院规约》第13条的规定，有三种方式：（1）缔约国向检察官提交案件；（2）联合国安理会根据《联合国宪章》第七章向检察官提交的情势；（3）检察官自行根据有关资料开始调查。

根据《国际刑事法院规约》之规定，国际刑事法院是对内国法院管辖之补充。可以有效地防止在内国法院不能管辖、不愿管辖和不便管辖的情况下，个人罪责无从追究的现象。但是囿于国际刑事法院目前所管辖的罪行的范围有限，所以在打击危害国际环境的犯罪的力度上稍有缺陷，但是，笔者相信，随着人类对环境保护意识的觉醒以及打击危害国际环境犯罪的决心的提高，将危害国际环境的犯罪上升为一类国际罪行是可能的。如此一来，通过适当地修改《国际刑事法院规约》便可以拓宽国际刑事法院处理的国际罪行的范围。

二、针对法人犯罪的执行

《联合国打击跨国有组织犯罪公约》第10条规定，"各缔约国均应采取符合其法律原则的必要措施，确定法人犯罪应当承担的责任。"同时强调指出，各缔约国均应特别确保使参与和实施犯罪的法人受到有效的、适度的和劝阻性的刑事或非刑事制裁，包括金钱制裁。

从目前国际社会现存的国际性审判机构的管辖权限来看，追究法人在危害国际环境罪中的刑事责任，也主要依靠间接执行。由有管辖权的国内法院，依据其参加和加入的国际公约以及国内刑事立法，对实施了危害国际环境犯罪的法人实行相应的处罚。由于法人犯罪存在责任二重性的特点，所以国内法院在管辖法人危害国际环境罪时，需要实行双罚制，既要追究法人在犯罪中的刑事责任，还要追究相关直接责任人员的刑事责任。

三、针对国家犯罪的执行

犯有危害国际环境罪行的国家应当承担相应的国际责任，这是有罪必罚、罪责相适应的刑法重要原则的基本要求，也是从根本上遏制国家犯罪这种危害极大的犯罪情势的客观需要。然而，由于目前并没有一部被国际社会公认且具有具体刑罚规定的国际刑法典，也没有一个超国家的国际性刑事审判机构，追究国家的危害国际环境罪的刑事责任比追究个人和法人的国际刑事责任来得更为复杂和困难。

（一）直接执行模式

1. 国际法院与国家的危害国际环境罪

国际法院作为联合国下属的专门处理国家之间的争端的司法机构，能否承担追究国家在危害国际环境罪上的罪行的任务还需要从《联合国宪章》、《国际法院规约》及相关规定，以及国际法院的司法实践来看。

《国际法院规约》第三十六条规定：

“一、法院之管辖包括各当事国提交之一切案件，及联合国宪章或现行条约及协约中所特定之一切事件。

二、本规约各当事国得随时声明关于具有下列性质之一切法律争端，对于接受同样义务之任何其他国家，承认法院之管辖为当然而具有强制性，不须另订特别协定：

（子）条约之解释。

（丑）国际法之任何问题。

（寅）任何事实之存在，如经确定即属违反国际义务者。

（卯）因违反国际义务而应予赔偿之性质及其范围。

三、上述声明，得无条件为之，或以数个或特定之国家间彼此拘束为条件，或以一定之期间为条件。”

2007 年 2 月，国际法院对世界首例国家被诉实施种族灭绝罪的案件（波黑诉塞尔维亚）作出了判决。国际法院判定被告塞尔维亚共和国在 20 世纪 90 年代在对波斯尼亚战争期间没有犯种族灭绝罪，但是由于未防止 1995 年 7 月斯雷布尼察种族灭绝事件的发生，而违反了《防止及惩治种族灭绝罪公约》规定的国际义务。① 虽然，此案并没有判处塞尔维亚共和国种族灭绝罪，但是，该案却树立了由国际法院审查国家是否实施了国际犯罪的模式。而且，从本案判决书的内容来看，塞尔维亚共和国没有被判定种族灭绝罪，主要是因为证据方面的不足。

从《国际法院规约》以及国际法院的审判实践可知，国际法院可以受理在当事国自愿的情况下，提交给国际法院处理的各类法律问题。在处理国家是否构成危害国际环境罪及是否要承担相应的国际刑事责任上，除非有国家之间的同意接受国际法院管辖的协议或自愿接受国际法院管辖之声明，否则国际法院是不享有管辖权的。

2. 国际刑事法院与国家的危害国际环境罪

结合文章前面对国际刑事法院的介绍可知，国际刑事法院目前只追究个人的所犯的特定罪行的国际刑事责任。在国家触犯危害国际环境罪的情况下，国际刑事法院追究代表国家行事的个人的相关国际刑事责任，可以判定代表国家行事的个人是否成犯罪以及其代表的国家行为的违法性，但是不能追究国家的国际刑事责任。在此情况下，国家的刑事责任的实现还需要国际第三方——安理会或者其他相关的国际机构的协助来完成。

（二）间接执行模式

间接执行模式依靠国际立法和国内审判机构以及国家之间的刑事司法合作来完成对犯罪者刑事责任的追究。当国家作为犯罪行为的实施者时，国内法院不可能判处本国的罪行，而其他国家的法院又不可能违背“平等者之间无管辖”的原则，管辖其他国家所实施的犯罪。

---

① See Case Concerning the Application of the Convention on the Prevention and Punishment of the Crime of Genocide (Bosnia and Herzegovia v. Serbia and Montenegro), Judgment of 27 February 2007. 也参见赵秉志、蒋娜：《国家刑事责任的理论依据与司法认定——以塞尔维亚共和国被诉种族灭绝罪的案件为样本》，载《政法论坛》（第 28 卷第 2 期），2010 年 3 月。

有鉴于此，可以说，只能由内国法院追究代表国家行事的个人的刑事责任。而对于国家或者说政府的刑事责任，当前只能由国家自愿或由国际社会（如安理会）督促国家履行相应的道歉、停止损害、以及赔偿等责任。

总体而言，对个人和法人的危害国际环境罪的执行上，主要还是依靠间接执行制度来实现。在完善国际刑事立法和国际刑事司法合作的基础上，主要由国内法院管辖相关个人和法人的危害国际环境之罪行。而国际刑事法院则可以作为间接执行模式的补充。而对于国家危害国际环境罪的执行上，囿于国家的主权属性，内国法院不可能管辖国家触犯危害国际环境的罪行，因而，在追究国家的刑事责任上需要倚仗国际机构。由于国际上不存在超国家的司法审判机构，所以需要国家之间基于自愿而让渡部分主权形成国际性机构，以之来监督相关国家履行国际公约之规定。

结　　论

危害国际环境罪是违反国际法关于保护环境的义务，故意或过失造成海洋、国际河流、大陆、空气或外层空间等环境严重危害，严重危害国际社会整体利益的行为。从危害国际环境罪的国际危害性以及国际打击和预防国际环境犯罪的现状来说，有必要将严重危害国际环境的犯罪行为上升为一类国际犯罪，以增强国际社会打击此类严重破坏人类生存条件的罪行的力度。此外，从国际刑法与国际犯罪的特征与本质来看，将危害国际环境罪上升为国际罪行在理论上也是可行的。另外，国际社会近三十年出台的各类法典草案，在立法实践上为此类国际犯罪的确立作了有益的尝试。同时，在国际范围内确立危害国际环境罪，不仅可以为各国打击和预防严重危害环境的犯罪行为树立国际标杆；也可以有效地使各国在国际统一的危害国际环境罪的定义语境下，达成衡量违法与犯罪的最低标准，从而加强国际合作。

因此，笔者从确立危害国际环境罪的角度出发，从理论上对该罪进行系统化、体系化的研究，在结合各类刑事法规范和学者的观点的基础上给出危害国际环境罪的定义、犯罪构成和国际刑事责任等，以促进国际社会在此罪上达成一些共识；同时，也期望此体系化研究可为日后出台统一的打击危害国际环境犯罪、保护人类社会整体环境的国际公约奠定理论基础。

参考文献

一、著作类

（一）中文著作

1. 张智通:《国际刑法通论》，中国政法大学出版社 2009 年版。
2. 王秀梅:《国际刑法学研究述评 1978—2008》，北京师范大学出版社 2009 年版。
3. ［德］格哈德·韦勒:《国际刑法学原理》，王世洲译，商务印书馆 2009 年版。
4. 马呈元:《国际刑法论》，中国政法大学出版社 2008 年版。
5. 朱文奇:《国际刑法》，中国人民大学出版社 2007 年版。
6. 赵秉志、周露露:《国际刑法总论问题专题整理》，中国人民公安大学出版社 2007 年版。
7. 李世光、刘大群、凌岩:《国际刑事法院罗马规约评释》，北京大学出版社 2006 年版。
8. 张旭:《国际刑法现状与展望》，清华大学出版社 2005 年版。
9. 林欣、李琼英:《国际刑法新论》，中国人民公安大学出版社 2005 年版。
10. ［日］森下忠:《国际刑法入门》，阮齐林译，中国人民公安大学出版社 2004 年版。
11. 贾宇:《国际刑法学》，中国政法大学出版社 2004 年版。
12. 赵秉志:《新编国际刑法学》，中国人民大学出版社 2004 年版。
13. 张旭:《人权与国际刑法》，法律出版社 2004 年版。
14. 邵沙平、余敏友:《国际法问题专论》，武汉大学出版社 2002 年版。
15. ［美］谢里夫·巴西奥尼:《国际刑法的渊源与内涵——理论体系》，王秀梅译，法律出版社 2003 年版。
16. 马呈元:《国际犯罪与责任》，中国政法大学出版社 2001 年版。
17. 付立忠:《环境刑法学》，中国方正出版社 2001 年版。
18. 甘雨沛、高格:《国际刑法学新体系》，北京大学出版社 2000 年版。
19. 高铭暄:《刑法学原理》（第一卷），中国人民大学出版社 1994 年版。
20. 邵沙平:《现代国际刑法教程》，武汉大学出版社 1993 年版。
21. 黄肇炯:《国际刑法概论》，四川大学出版社 1992 年版。
22. ［英］劳特派特修订:《奥本海国际法》（上卷·第一分册），王铁崖、陈体强译，商务印书馆 1981 年版。
23. 王铁崖:《国际法》，法律出版社 1981 年版。

（二）外文著作

1. Christan Wicker, The Concepts of Proportionality and State Crimes in International Law, Peter Lang GmbH press, 2006.

2. Gerhard Werle, Priciples of International Criminal Law, T. M. C. Aaaer Press, 2005.
3. Antonio Casses, International Criminal Law, second edition, Oxford University press, 2008.
4. M. Cherif Bassiouni, Introduction to International Criminal Law, Transnational publishers, Inc, Ardsley, New York, 2003.
5. M. Cherif Bassiouni, A Draft International Criminal Code and Statute for an International Criminal Tribunal, Martinus Nijhoff Publishers, 1987.

二、论文类

（一）中文部分

1. 赵秉志、蒋娜：《国家刑事责任的理论依据与司法认定——以塞尔维亚共和国被诉种族灭绝罪的案件为样本》，载《政法论坛》（第28卷第2期），2010年3月。
2. 黄喜春：《论环境权及其国际刑法保护》，福建师范学院2008年硕士学位论文。
3. 邹龙妹：《论危害国际环境罪与国家刑事责任》，载《学术交流》2008年第5期。
4. 宋健强：《国际刑法哲学：形态、命题与立场》，载陈兴良主编：《刑事法评论》（第20卷），北京大学出版社2006年版。
5. 高玥：《国际环境犯罪的惩治与预防：现状、问题与应对》，吉林大学2005年硕士学位论文。
6. 闫亚鹏：《关于国家的国际刑事责任问题探析》，载《理论界》2004年第4期。
7. 王虎华：《国际刑事责任的国际法批判》，载《学术季刊》2002年第4期。
8. 张颖军：《1998欧洲理事会保护环境的刑事立法公约对欧洲环境安全的影响》，载《武汉大学学报》2001年第2期。
9. 王秀梅：《国际环境犯罪惩治理论与实践》，载《外国法评译》1999年第3期。
10. 赵秉志、王秀梅：《国际环境犯罪下国家刑事责任的承担》，载《法学》1998年第4期。
11. 杨春洗：《国际社会关于危害环境犯罪的理论与实践——参加15届国际刑法学大会区域性（加拿大）预备会议的报告》，载《烟台大学学报》（哲学社会版）1994年第1期。

（二）外文部分

1. Tania Marie Proechel, "Solving International Environmental Crimes: The International Environmental Military Base Reconstruction Act - a Problem, a Proposal, and a Solution", Loyola of Los Angeles International & Comparative Law Review, 2007.
2. Marcos A. Orellana, "Criminal Punishment for Environmental Damage: Individual and State Responsibility at a Crossroad", Georgetown International Environmental Law Review, 2005.
3. Tara Weinstein, "Prosecuting Attacks that Destroy the Environment: Environmental Crimes or Humanitarian Atrocities", Georgetown International Environmental Law Review, 2005.
4. Myron H. Nordquis, "International Enviropanel Discussion on International Environmental Crimes: Problems of Enforceable Norms and Accountability", ILSA Journal of International & Comparative Law, 1997.
5. Myron H. Nordquist, "Next Steps: Norms and Enforcement of International Environmental

Crimes", USAFA Journal of Legal Studies, 1997.

三、案例类

1. Case Concerning the Application of the Convention on the Prevention and Punishment of the Crime of Genocide (Bosnia and Herzegovia v. Serbia and Montenegro), Judgment of 27 February 2007.

四、报纸类

1. 张小青:《国际社会联手对付环境犯罪》，载《中国环境报》1997 年 7 月 20 日。

五、法律法规类

1. 《危害人类和平与安全罪法典草案》
2. 《控制危险废弃物越境转移及其处置巴塞尔公约》
3. 《联合国海洋法公约》
4. 《1949 年 8 月 12 日日内瓦四公约关于保护国际性武装冲突受难者的附加议定书》
5. 《关于国家责任的条文草案》
6. 《通过刑法保护环境公约》
7. 《防止及惩治灭绝种族罪公约》
8. 《禁止并惩治种族隔离罪行国际公约》
9. 《禁止酷刑和其他残忍、不人道或有辱人格待遇或处罚公约》
10. 《前南斯拉夫国际刑事法庭规约》
11. 《卢旺达国际法庭规约》
12. 《国际刑事法院规约》
13. 《国际法院规约》
14. 《联合国宪章》

六、网络资料

1. 光明日报网址：http：//epaper. gmw. cn/
2. 联合国网址：http：//www. un. org/en/
3. 欧洲理事会网址：http：//www. coe. int/
4. 美国 lexis 法律期刊数据库：http：//www. lexisnexis. com/
5. 前南斯拉夫国际刑事法庭网址：http：//www. icty. org/
6. 卢旺达国际刑事法庭网址：http：//www. unictr. org/
7. 塞拉利昂特别法庭网址：http：//www. sc – sl. org/
8. 黎巴嫩问题特别法庭网址：http：//www. stl – tsl. org/
9. 国际红十字委员会网址：http：//www. icrc. org/
10. 绿色和平组织网址：http：//www. greenpeace. org/
11. 国际刑法协会网址：http：//www. penal. org/

七、其他

1. 《联合国国际法委员会 1991 年工作报告》
2. 《联合国大会官方文件集》

专题五

劫持人质罪

——兼论其在我国的设立

熊嘉忻

导　论

当今世界，尽管国际局势处于深刻的变化之中，但和平与发展作为时代的主题仍得到了世界各国人民的普遍认可。然而，从“9·11”事件以来，恐怖主义在世界范围内迅速泛滥，其危害与影响正在侵蚀着人类和平，并已超出了传统意义上人们对恐怖主义的理解，以多种犯罪形式威胁着国际秩序和社会安宁。劫持人质犯罪作为恐怖主义犯罪的一种犯罪形式，集合了传统恐怖主义犯罪与新型恐怖主义犯罪的特征，使其在各类恐怖主义犯罪中更加突出，逐渐成为社会危害性较大的恐怖主义犯罪，为此，对其该如何进行打击与惩治的问题日渐成为国际社会关注的热点。有效打击和规制劫持人质犯罪，既是对恐怖主义犯罪的抗衡，也是对恐怖主义新的犯罪形态开始产生和原有犯罪形态进一步强化的遏制。1979 年 12 月 18 日，国际社会根据《联合国宪章》中有关维持国际和平与安全及促进各国间友好关系与合作的宗旨及原则，特别认识到人人享有《世界人权宣言》和《公民权利和政治权利国际公约》所规定的生命、自由和人身安全的权利，考虑到劫持人质是引起国际社会严重关切的罪行，达成《反对劫持人质国际公约》，意在防止劫持人质事件的发生，起诉和惩罚犯有此罪行的行为者。世界主要国家也纷纷响应公约号召，在国内刑法中规定相关惩治措施，完善刑事立法，从而形成了对劫持人质罪的国际国内双重规制。我国对反恐刑法的研究起步较晚，对劫持人质犯罪的探讨也相对落后，现行刑法中有关恐怖主义犯罪的条款屈指可数，对劫持人质行为进行专门规制的条款尚无，这种罪名使用滞后于恐怖主义犯罪发展的尴尬局面，不利于日益严峻的反恐局势。故此，恐怖主义的肆虐给传统刑法提出了新的命题，完善预防和惩治恐怖主义犯罪的相关规定，已经成为世界各国和地区刑法的发展趋势之一。我国刑法也应该依从客观需要而不断调整和修改，设立劫持人质罪这一罪名，完善我国自身的反恐立法与刑事法律体系。本文从国际视角出发，对国际刑法中劫持人质罪的定义、特征及其定性进行阐释，对我国国内设立劫持人质罪这一罪名的必要性及可行性进行透彻分析，从而得出国内法层面上劫持人质罪的最终展现。

一、研究的意义与价值

日益猖獗的恐怖主义犯罪已经提醒人们，对这种已经外化为严重危害社会的行为，不能姑息手软，置之不理，相反，应该运用社会防卫的最后法律手段——刑法来支持这场艰巨的反恐斗争。因此，本文以劫持人质罪这一恐怖主义犯罪为研究对象，具有特殊的理论意义和现实意义。

（一）理论意义与价值

在理论意义上，国内关于劫持人质罪的研究还是很欠缺和浅层次的，对本罪的理论研究空间还很大。尤其是随着社会的发展和科技的进步，恐怖主义犯罪的手段日趋多元化、现代化和科技化，致使反恐的难度和强度逐步加大，如何预防和惩治恐怖主义犯罪并将反恐纳入法治轨道，已经成为各国和地区普遍关注的一项重要问题。劫持人质罪作为国际恐怖主义犯罪的一种，对其加强打击与规制力度是时代所趋。而且，晚近几十年来，很多国家和地区纷纷完善刑事立法，加大预防和惩治恐怖主义犯罪的力度。故此，我国现行刑法也应该依从客观需要而不断调整和修改，从而完善我国自身的反恐立法与刑事法律体系。

目前，我国反恐刑法还很难满足不断发展的反恐局势，从 1997 年修订刑法，增设了第 120 条组织、领导、参加恐怖组织罪，体现了新刑法重视并严惩恐怖主义的立法精神，以及 2001 年 12 月 29 日，第九届全国人民代表大会常务委员会第二十五次会议通过并颁布了《刑法修正案（三）》，首次在刑法中引入“恐怖活动犯罪”的概念，并增设了一系列反恐内容以外，在近十年的刑事法律发展过程中，对恐怖主义犯罪的规制没有太大的改进，以至于出现现行刑法在刑事管辖、罪名使用、刑罚裁量等方面均滞后于恐怖主义犯罪的发展这种尴尬局面。尤其是刑法中缺乏相应的反恐罪名，使有关部门仍然沿用听从指示的办案方式，严重违背了依法治国的基本精神和刑法罪刑法定的基本原则，更加阻碍了反恐工作的有效开展。故此，我国反恐刑法设立“劫持人质罪”这一罪名，可以对我国现行刑法和反恐立法进行必要的完善，对其中罪名设置、刑罚配置等理论进行较为深入的探讨，以利于反恐工作的大力开展。

另外，本文加强了对国际反恐公约以及国外反恐立法比较研究。事物有比较才有鉴别，只有具有有关国外法律制度的知识，才能正确理解本国法律。以往，我国对国外反恐法律的研究多限于欧美几个代表性国家，对其他国家和地区的研究显得相对薄弱，且资料多来源于间接渠道，缺乏全面性和系统性。本文在讨论劫持人质罪的同时，加强了对亚洲（韩日、港澳台）、非洲（埃及、南非、尼日利亚）、大洋洲（澳大利亚、新西兰）等国家和地区关于劫持人质罪的研究，注重了对国际公约、典型国家刑法典等第一手资料的研读，期盼弥补我国反恐立法中外向型研究成果较为缺乏、不够全面系统的现状。

于此同时，本文立足我国反恐实践，努力摆脱理论与实践的脱节。我国反恐立法既有国际社会共性，也存在自身的特殊性，国内不少学者照搬国外学者观点，单纯堆砌国外资料，忽视了对本国的国情的基本了解，这样往往导致我国反恐理论与实践的脱节，导致研究成果的可操作性不强。因此，本文在论述我国设立劫持人质罪的同时，重点强调了本罪在我国设立的可行性，突出了国外经验与国内实情的结合。

最后，本文在写作过程中，必然要对涉及劫持人质罪的国际公约、各国立法、学者观点等重要资料进行提炼、归类和梳理，这个工作虽然工程量大，但为后人对本罪进行更深一步的理论研究奠定了基础，可以说，这也是本文作出的些许理论贡献。

（二）现实意义与价值

近几年来，劫持人质事件时有发生。2005 年 1 月 18 日，我国 8 名福建籍劳工在伊拉克遭一伙武装分子绑架。2010 年 8 月 23 日，香港旅游团在菲律宾首都马尼拉也遭劫持……这一幕幕惊心动魄的劫持案触发了国人对劫持人质行为、反恐等问题的思考。国内部分省市立即作出了回应，如云南、广西分别就菲律宾劫持人质事件进行了反恐研讨和反劫持演习。笔者也试图对这些问题进行思考，希望能得出打击与惩治劫持人质行为的良策。为此，本文主张在我国国内刑法中设立“劫持人质罪”这一罪名，通过最严厉的刑事法律对这种涉恐行为加以规制，从而引起全社会的重视与关注，给犯罪分子带来足够的威慑，以减少劫持人质事件的发生。这也是本文首盼实现的现实效果。

此外，1992 年 12 月 28 日，第七届全国人民代表大会常务委员会第二十九次会议决定：

中华人民共和国加入《反对劫持人质国际公约》，这意味着，对劫持人质行为的惩治已经成为了我国的国家义务。对公约义务的遵守，既是我国反恐宣言的兑现，也是我国良好国家形象的体现。而且，由于国际公约素有“软法”之名，其重要特征便是缺乏制裁手段，不具有强制性，公约义务的遵守主要依靠社会舆论等形式形成的压力加以约束。所以，欲高效打击劫持人质事件，可操作性强且可行的方法便是将有关规制劫持人质的国际公约转化为能够切实贯彻实施的国内法，使《反劫持人质国际公约》的精神落到实处。另外，根据刑法中普遍管辖原则的适用条件，除了犯罪必须是危害人类社会共同利益的犯罪、管辖国应是有关条约的缔约国或参加国、犯罪人出现在管辖国的领域内等条件以外，要对某一罪行进行管辖，管辖国的国内刑法还必须规定该行为是犯罪，只有同时满足了这四个条件，普遍管辖原则才能予以适用。故此，在我国设立劫持人质罪的实际应用意义不言而喻，既是我国反恐宣言的兑现，也是我国良好国家形象的体现，更是适用普遍管辖原则的必要条件之一。

综上，在我国刑法中设立劫持人质罪，其理论意义与实际意义并重，它是弥补刑事法律漏洞的需要；是贯彻国际反恐公约的需要；是开展国际反恐合作的需要；更是打击劫持人质犯罪的需要。

二、研究现状

目前，国内外对恐怖主义犯罪问题的研究成果较为丰富，但对劫持人质罪的探讨相对较少。从笔者现阶段收集到的材料来看，国内外均没有专门讨论劫持人质罪的专著，国内专门讨论该问题的学术论文也涉及甚少，仅有9篇；国外有针对性的学术论文暂未发现，关于劫持人质罪的阐述只散见于一些描述国际恐怖主义犯罪的文章中，观点较为零星，论述也比较简单。为此，对劫持人质罪的研究必须建立在对国际恐怖主义犯罪研究的基础之上。

（一）国外研究现状

国外学界对恐怖主义问题的研究开展较早，早在1978年，英国和美国就创办了专门研究恐怖主义的期刊《恐怖主义》，1992年更名为《冲突与恐怖主义研究》。[①] 进入21世纪以来，比较有影响力的涉恐著作主要有安东尼奥·卡塞塞主编的《国际刑法》（第二版）（牛津大学出版社2008年版），维克托·拉马齐、迈克尔·霍和肯特·罗彻主编的《全球反恐立法和政策》（剑桥大学出版社2005年版），约南·弗里德里希和埃德加尔·布莱纳主编的《英国反恐立法》（伦敦Cavendish公司2003年版），以及劳拉·多诺辉著的《英国反恐立法与紧急权力》（爱尔兰学术出版社2001年版）。比较具有代表性的论文主要有弗里德里希·博斯泰特著的《打击恐怖主义的刑法立法——英国、加拿大、澳大利亚、新西兰和德国的比较研究》（惠灵顿大学2003年论文），M. 谢里夫·巴西奥尼著的《国际恐怖主义的法律控制：一种政策倾向性评估》（2002年哈佛国际法期刊）。总体上看，国外学者主要聚焦于国际反恐条约和安理会决议，对国内刑法的演变缺乏足够的关注，而且偏好从人权保障等宏观视角探讨刑法问题，对立法模式和具体内容的重视不够。此外，国外学者研究的反恐立法较为宽泛，既包括刑事实体法，也包括刑事程序法，甚至包括行政性法律，但是，国外学者对刑法立法进行专门性研究较为欠缺，理论挖掘也不够深入。

（二）国内研究现状

国内学者对涉恐问题的探讨虽然起步较晚，但发展迅速。主要研究成果包括四类：一是

① 李慧智：《反恐学》，人民出版社2003年版，第2页。

惩治恐怖主义犯罪的法治对策。这类著作反映了学者们对惩治与防范恐怖主义犯罪的共识——反恐立法是打击与预防恐怖主义犯罪，包括劫持人质罪最有效的方法。主要论著有赵秉志主编的《中国反恐立法专论》（中国人民公安大学出版社 2007 年版）、《惩治恐怖主义犯罪理论与立法》（中国人民公安大学出版社 2005 年版）、《国际恐怖主义犯罪及其防治对策专论》（中国人民公安大学出版社 2005 年版），王燕飞著的《恐怖主义犯罪立法比较研究》（中国人民公安大学出版社 2007 年版），杜邈著的《恐怖主义犯罪专题整理》（中国人民公安大学出版社 2008 年版）、《反恐刑法立法研究》（法律出版社 2009 年版）；二是具体国家和地区的立法概况。这类著作是在选取典型国家和地区的基础之上，对其反恐立法的内容、特点进行分析。主要论著有刘美珍著的《英国反恐立法初探》（湘潭大学 2004 年硕士学位论文），杜邈著的《英国反恐立法的新发展》（载《时代法学》2009 年第 5 期）、《反恐背景下澳大利亚刑法修正及其借鉴》（载《南都学坛》2007 年第 1 期）、《澳大利亚反恐怖主义立法述评》（载《河北法学》2006 年第 10 期），许桂敏著的《浅谈俄罗斯关于恐怖主义犯罪问题的立法》（载《俄罗斯中亚东欧研究》2008 年第 1 期），王秀梅、杜邈著的《我国港澳台地区反恐怖立法比较研究》（载《刑法论丛》2008 年第 4 期）；三是国外立法的翻译。这类著作是学者们通过翻译世界主要国家和地区的反恐法案，为我国的反恐立法提供参考与借鉴。例如：罗文波、冯凡英译的《加拿大刑事法典》（北京大学出版社 2008 年版），储槐植著的《美国刑法》（第二版）（北京大学出版社 2005 年版），李贵方等译的《英国刑法》（法律出版社 2000 年版）等；四是我国刑法的立法完善。学者们试图通过主张与国际公约相链接，主张借鉴国外先进立法，倡导完善国内现行刑法。主要论著有赵秉志、杜邈著的《我国反恐怖主义立法完善研讨》（载《法律科学》（西北政法学院学报）2006 年第 3 期），莫洪宪、王明星著的《我国对恐怖主义犯罪的刑法控制及立法完善》（载《法商研究》2003 年第 6 期）等。

透过这些研究成果可以看出，目前我国对反恐刑法的研究正处于繁荣时期，但对劫持人质罪的研究还停留在初级阶段，研究价值和空间均比较大。除此之外，国内学者对恐怖主义犯罪的研究也存在若干不足之处，例如：未能紧密结合我国的反恐实践，外向型研究成果较为欠缺，尚未形成完备的理论体系等。

综合国内外研究现状，目前对恐怖主义犯罪的研究主要集中于国际层面上的国际反恐条约和安理会决议的研究；国内层面则关注惩治恐怖主义犯罪的法治对策、具体国家和地区的立法概况、国外立法的翻译以及我国刑法的立法完善这几方面内容，对劫持人质罪的理论讨论与实践讨论都存在着不小的空间，由此可见，依托于前人关于恐怖主义问题的研究，对我国设立劫持人质罪进行深入探讨，是具有创新性、理论性和实践性的。

三、研究思路、特色与方法

（一）研究思路

本文遵循了“发现问题—分析问题—解决问题”的研究思路。除导论外，在内容上，本文分为三部分，其基本体系结构如下：第一部分，国际刑法中的劫持人质罪。通过对劫持人质罪的定义、特征、定性等方面的比较研究，为读者介绍了目前劫持人质罪的基本概况，也为笔者下文的写作进行了理论铺垫。本部分主要回答了本文所研究的劫持人质罪是指国际恐怖主义犯罪中的一种，其在定义、特征等方面的争议尚存这么一种国际实情，力求建构设立劫持人质罪的基本理论体系。第二部分，我国设立劫持人质罪的必要性与可行性研究。该部分是在第一部分比较研究的基础之上，笔者发现我国有必要、也有可能设立劫持人质罪，并通过对必要性与可行性的探讨，试图对世界主要国家与地区的相关立法（德国、法国、日本、俄罗斯、西班牙、英国、加拿大、美国、澳大利亚、港澳台等）进行全方位的展示。第三部分，对我国设立劫持人质罪的初步设想。通过对我国设立劫持人质罪必要性与可行性的论证，笔者努力尝试对本罪进行大胆的构想，并从历史考察和现实分析的角度，对本罪的立法模式和内容进行研究，对本罪的犯罪构成、刑种配置、裁量情节，以及最终的法条描述给予一定的期待，希望能够给实务部门和理论界一些参考。

（二）研究特色

本文在保证行文思路明朗、结构清晰的同时，也注重文章的自身特色，其中主要特色有：第一，研究视角国内化。以往学者对恐怖主义犯罪和劫持人质罪的研究大多立足于国际层面，着重于对相关国际公约的剖析，而且在研究恐怖主义犯罪与劫持人质罪时，不自觉地会将国际刑法与国内刑法相混同。本文强调从国内刑法的视角出发，对规定劫持人质罪、刑事责任和刑罚的法律规范进行专门研究。第二，研究内容全面化。本文坚持宏观研究与微观研究相结合，在宏观上，主要是对劫持人质罪的概念，特征和定性等问题进行研究，这些研究成果较为抽象，但具备普遍的指导意义与理论意义；在微观上，主要对劫持人质罪的立法模式、立法内容（犯罪构成、罪名设置、刑罚配置）以及我国反恐刑法的立法完善进行研究，这些成果是对具体问题的分析与解读，能够满足实际工作中的需要。第三，研究材料本土化。本文注重借鉴和参考国外反恐立法和实践，强调解决我国的现实问题，紧密结合我国的反恐实践与反恐立法现状，总结我国近年来反恐斗争的经验教训，从而提出具有针对性和可操作性的研究成果。

（三）研究方法

由刑法现象的复杂性和多样性所决定，我国应该将刑法视为一种动态的、开放的系统来把握，采取多元化的研究立场和方法论。[①] 因此，本文采取的研究方法主要有比较研究方法、规范分析方法、历史研究方法三种。

1. 比较研究方法

有比较才能有鉴别，作为国际社会普遍关注的一种国际恐怖主义犯罪，对劫持人质罪的打击与预防已成为大多数国家的共识，为此，许多国家和地区专门进行刑事立法，对劫持人质罪进行规制。我国目前尚未对该罪进行专门规制，在设立该罪前，有必要将我国与其他国家的刑事立法进行比较，将我国不同法域的刑事立法进行比较以及与《反劫持人质国际公约》等国际反恐公约的要求进行比较，从而发现问题并解决问题。

2. 规范分析方法

为应对日益严峻的反恐局势，解决日趋增多的劫持人质案件，很多国家和地区都进行了新的刑事立法，极大地丰富了反恐手段。我国 1997 年刑法首次引入涉恐罪名，并在 2001 年的《刑法修正案（三）》中增设了一系列反恐条款。规范分析法正是针对这些已有的反恐法律规范进行分析，并形成一套以逻辑分析和语义分析为基础的系统结论。

---

① 许发民：《论刑法应然性研究的“合法性”——兼论刑法学研究范围及其方法》，载《法律科学》（西北政法学院学报）2003 年第 5 期。

3. 历史研究方法

法律及其理论不是源于人类普遍的理性和事物的本性，而是源于其当时得以产生的国家或者民族的特殊条件。[①] 恐怖主义的发展具有历史阶段性，其含义、具体形态处于不断地发展变化之中，劫持人质罪的演进也不例外，它的发展与特定的社会环境紧密相连。与此相应，反恐刑法为了适应恐怖主义的变化，也有着酝酿、产生和完善的演进过程，对劫持人质罪的规制也顺应着时代潮流，从无到有再到完善。采用历史研究方法能够更好地关注过去，揭示当今，把握立法的一般规律。

① 曾粤兴：《刑法学方法的一般理论》，人民出版社2005年版，第266页。

第一章　国际刑法中劫持人质罪概述

国际社会对劫持人质罪（The Kidnap Hostage Crime）的关注，最早可以追溯到1937年。从1937年到1979年间，根据犯罪的分类方法，从可适用于其他种类犯罪的法律文件中尚可鉴别出34个涉及劫持人质罪的法律文件。① 此罪与“危害联合国及有关人员罪”和“威胁和使用武力危害国际保护人员罪”所强调的国际保护利益相同，因此，为了保护所有应受国际保护的人员，最好制定一部单一公约。1977年到1991年间，劫持人质罪主要包含在1977年在斯特拉斯堡签订的《欧洲恐怖主义公约》、1979年在纽约签订的《反对劫持人质国际公约》以及1991年在蒙特利尔签订的《关于在可塑炸药中添加识别剂以便侦测的公约》三个相关法律文件中。20世纪的最后几年，为了继续加强对劫持人质等恐怖主义行为的打击与防范，联合国先后于1997年通过了《制止恐怖主义爆炸的国际公约》、1999年通过了《制止向恐怖主义提供资助的公约》。除此之外，还有一些区域性的反恐公约也对劫持人质罪视为恐怖罪行之一，予以禁止。如1971年美洲国家成员国通过的《关于制止和惩罚以犯罪形式违反人道和与具有国际性影响的抢劫有关的恐怖主义活动美洲公约》；1997年欧洲理事会成员国通过的《关于惩治恐怖主义活动的欧洲公约》；1987年东南亚联盟成员国通过的《惩治恐怖主义活动公约》；1998年由阿拉伯国家通过的《阿拉伯惩治恐怖主义活动公约》；1999年6月，独立国家联盟成员国通过的《关于打击恐怖主义活动合作协议》；1999年7月，伊斯兰教协会组织成员国通过的《预防和打击恐怖主义活动的公约》；2001年6月，上海合作组织成员国通过的《打击恐怖主义、分裂主义、极端主义公约》。在这些国际公约中，以1979年联合国通过的《反对劫持人质国际公约》影响力最大，对劫持人质罪的认定也最为权威，它是迄今为止在防止和惩治劫持人质的国际犯罪方面最全面的一项国际公约，是制裁劫持人质犯罪的主要国际法依据。现在国际社会对劫持人质罪的界定，也基本是参考这一公约的规定。

第一节　劫持人质罪的界定

一、国际公约定义

在涉及劫持人质罪的国际反恐公约中，主要有三个公约对劫持人质罪作了较为明确的定义：

第一，1979年联合国的《反对劫持人质国际公约》第1条规定：

“（1）任何人如劫持或扣押并以杀死、伤害或继续扣押另一个人（以下简称‘人质’）

---

① ［美］M. 谢里夫·巴西奥尼：《国际刑法的渊源与内涵——理论体系》，王秀梅译，法律出版社2003年版，第125页。

为威胁，以强迫第三方，即某个国家、某个国际政府间组织、某个自然人或法人或某一群人，作或不作某种行为，作为释放人质的明示或暗示条件，即为犯本公约意义范围内的劫持人质罪行。

（2）任何人

（a）图谋劫持人质，或

（b）与实行或图谋劫持人质者同谋而参与其事，也同样犯有本公约意义下的罪行。"

第二，1998 年《国际刑事法院规约》在战争罪中规定了两种劫持人质罪：一是严重破坏 1949 年 8 月 12 日《日内瓦公约》的行为，即对《日内瓦公约》规定保护的人实施的劫持人质行为（在国际性武装冲突中实施的）；二是在非国际性武装冲突中，严重违反 1949 年 8 月 12 日《日内瓦公约》共同第 3 条的行为，即对未实际参加敌对行动的人，包括放下武器的武装部队人员，以及因病、伤、拘留或任何其他原因而失去战斗力的人员实施的劫持人质的行为（在非国际性武装冲突中实施的）。①

第三，1999 年《制止向恐怖主义提供资助的国际公约》中规定，为劫持人质提供资金、鼓励、培训、策划、煽动或者其他资助的人也构成劫持人质罪。②

二、典型国家（地区）定义

（一）法国

法国《刑法典》直接将劫持人质的行为笼统地规定在恐怖主义的定义中。在其第二编，第二部分第 421—1 条规定"故意与'旨在通过威吓或恐怖的手段，严重扰乱公共秩序的个人或集体的行为'有关的如下行为，可构成恐怖主义行为：1）由本《刑法典》第二篇规定的故意杀人、故意伤害、绑架、非法监禁和劫持航空器、船舶或其他运输工具……"

（二）意大利

意大利关于劫持人质罪的规定写在其《反恐怖法》第一节，反恐怖法所涉及基本概念中规定："在意大利，对恐怖主义的刑事惩罚是围绕一个基本概念——'以恐怖主义或破坏民主秩序为目的的犯罪活动'——而进行的。这一概念是在 1978 年 3 月有关绑架人质的法令中第一次提出来的……"可见，意大利的规定与法国一样，也是没有明细化。

（三）俄罗斯

俄罗斯的《俄联邦反恐怖主义法》第 3 条规定："国际恐怖主义是由恐怖分子和恐怖活动的受害者是同一个或不同国家的公民，但恐怖活动是在这些国家之外进行的。——人质是被恐怖分子劫持绑架的自然人，恐怖分子要求国家、组织与个人做某些事情或不做某些事情以用为释放这些人的条件。"

（四）美国

美国的劫持人质犯罪的依据是《美国法典》第十八卷第 1203 条（a）款规定："除本条第

---

① 《国际刑事法院规约》第 8 条第 2 款第 1 项和第 8 条第 2 款第 3 项。

② 转引自贾宇：《国际刑法学》，中国政法大学出版社 2004 年版，第 263 页。

（b）款①外，无论谁，不管在美国国内或国外，侵占或扣留并威胁要杀死，伤害或继续扣押他人，以迫使第三人或政府组织从事或不从事任何行为作为被劫持的人被明示或默示释放的条件，或企图或串谋这样做的，应处以监禁或任何有期徒刑，如果造成任何人死亡，应以死刑或终身监禁的惩罚。”并且该条（b）款还对本条款的适用范围进行了限定，规定该条款适用于在美国领土范围内发生的。但是，根据该条，如果“罪犯或被捕或被扣押的人是美国国民，即使劫持人质在美国领土以外发生，罪犯也可被起诉；罪犯在美国被发现；或政府间组织要求美国政府。”从而可知，美国对劫持人质罪的定义是比较详细和明确的。

（五）伊斯兰教地区

在伊斯兰教地区，《伊斯兰教组织公约》对恐怖主义作了释义：“‘恐怖主义’是指任何暴力或威胁，不论其动机或企图，进行的以恐吓与威胁的他人或伤害或危及的他们生命，荣誉，自由，安全或权利或生活环境或任何设施或公共或私人财产、危害或占领或夺取他们，或者是危及国家资源，或国际设施，或破坏的稳定，领土完整，政治统一或独立国家的主权为目的的个人或集体的犯罪计划。”② 其中涉及劫持人质的条款有二：“1）各缔约国承诺彼此合作，根据本国法律采取一切可能他们认为有效的措施，特别是那些在本公约所确立，以防止和惩治恐怖主义行为，特别是对国家有责任按照国际法给予特别保护义务的那些人实施的绑架（劫持），谋杀，以及其他攻击生命和身体的行为，以及与这些罪行有关的犯罪。2）为了本公约的目的，对国家有责任按照国际法给予特别保护的义务的那些人实施的绑架（劫持），谋杀，以及其他攻击生命和身体的行为，以及与这些罪行有关的犯罪应被认为具有国际意义的共同犯罪，不论其动机。”③

---

①《美国法典》第十八卷第1203条：“（b）（1）如果犯罪的行为发生在美国以外，它就不是本条的犯罪，除非——

1）罪犯或被捕或被扣押的人是美国国民；

2）罪犯在美国被发现；或

3）政府组织要求美国政府。

（2）如果要求的犯罪行为在美国境内发生，以下行为不构成本条所规定的犯罪行为，每个嫌疑犯和每个被捕或被扣押的人是美国国民，并每个嫌疑犯在美国被发现，除非政府组织要求美国……”

②《伊斯兰教组织公约》：“Terrorism means any act of violence or threat thereof notwithstanding its motives or intentions perpetrated to carry out an individual or collective criminal plan with the aim of terrorizing people or threatening to harm them or imperiling their lives, honor, freedoms, security or rights or exposing the environment or any facility or public or private property to hazards or occupying or seizing them, or endangering a national resource, or international facilities, or threatening the stability, territorial integrity, political unity or sovereignty of independent States.”

③《伊斯兰教组织公约》：“Article1 The contracting states undertake to cooperate among themselves by taking all the measures that they may consider effective, under their own laws, and especially those established in this convention, to prevent and punish acts of terrorism, especially kidnapping, murder, and other assaults against the life or physical integrity of those persons to whom the state has the duty according to international law to give special protection, as well as extortion in connection with those crimes.

Article2 For the purposes of this convention, kidnaping, murder, and other assaults against the life or personal integrity of those persons to whom the state has the duty to give special protection according to international law, as well as extortion in connection with those crimes, shall be considered common crimes of international significance, regardless of motive.”

与此作类似规定的还有美洲地区的《美洲反恐公约》。①

三、著名学者定义

关于劫持人质罪定义的讨论，著名学者之间的观点不尽相同：

1. 美国国际刑法学者巴西奥尼教授在其所著的《国际刑法典及国际刑事法庭法草案》中所持的观点："任何人为了下列目的，违背他人意志，故意和非法地加以劫持或扣押，即构成劫持人质罪：1）为了从该人或另一人、国家、国际组织、按国家法律成立的法人团体获得情报或财产；2）为了威胁、诋毁、羞辱该人或另一人、国家、国际组织或按国家法律成立的法人团体；3）为了强迫该人或另一人、国家、国际组织、依国家法律成立的法人团体实施或不实施某种行为；并且预备、计划或实施劫持人质的行为涉及一个以上国家的公民，或者该行为全部或局部地发生在一个以上的国家。"他还在该罪中附加了一项对人质施加酷刑罪，即"故意给人质造成肉体上或精神上的极大痛苦和折磨，即构成对人质施加酷刑罪"。②

2. 在国内学者中，西北政法大学校长贾宇教授认为，劫持人质罪，又称扣押人质罪，是指非法劫持或扣押并杀死、伤害或继续扣押人质相威胁，强迫第三者作或不作某种行为，并以此作为释放人质条件的行为。同时他还认为，没有必要从劫持人质罪中再分出一个绑架罪，原因在于绑架只是劫持人质的一种方法，它与劫持、扣押人质行为的实质界限很难分清。③ 国际刑法协会中国分会副主席张智辉教授对该说法表示赞同。中国政法大学国际法学院马呈元教授主张，劫持人质罪是一种严重的国际犯罪，从其侵害的利益来看，劫持人质罪侵害个人的生命、自由和人身安全，属于危害人权和基本自由的犯罪，同时，它也是危害国际社会公共秩序的犯罪，而从犯罪特征来看，其是恐怖主义犯罪的一种类型。④ 著名法学家王世洲教授以为，劫持人质罪在战争罪中已有规定，其中"人质"是指被占领土上的无辜的非战斗人员，他们被非法地剥夺了自由，有时还受到了死亡的威胁；他们被抓住并被关押，为的是警示敌人或确保敌人作出保证，如把他们用做向敌人推进或撤退的盾牌，或者为了恐吓和镇压抵抗运动而杀害他们。但是，在特定情形下，尤其是在保护平民或者由于安全

---

① 《美洲反恐公约》："The General Assembly of the Organization, in Resolution 4, of June 30, 1970, strongly condemned acts of terrorism, especially the kidnaping of persons and extortion in connection with that crime, which it declared to be serious common crimes;

Article1 The contracting states undertake to cooperate among themselves by taking all the measures that they may consider effective, under their own laws, and especially those established in this convention, to prevent and punish acts of terrorism, especially kidnaping, murder, and other assaults against the life or physical integrity of those persons to whom the state has the duty according to international law to give special protection, as well as extortion in connection with those crimes.

For the purposes of this convention, kidnaping, murder, and other assaults against the life or personal integrity of those persons to whom the state has the duty to give special protection according to international law, as well as extortion in connection with those crimes, shall be considered common crimes of international significance, regardless of motive."

② 转引自李英：《认定劫持人质罪的国际法原则》，载《国际关系学院学报》2006年第2期。

③ 转引自贾宇：《国际刑法学》，中国政法大学出版社2004年版，第264页。

④ 马呈元：《国际刑法论》，中国政法大学出版社2008年版，第328页。

理由所需要时，对他们的拘押可以是合法的。①

第二节　劫持人质罪的犯罪构成

在国内，基于传统犯罪构成四要件说，学界对劫持人质罪特征的研究主要有四：

1. 西北政法大学校长贾宇教授所持有的观点，认为，劫持人质罪在客观方面表现为违背人质的意志劫持或扣押该人，并以杀害或继续扣押相威胁，强迫第三者作或不作某种行为；本罪的主体主要是个人（主要由恐怖组织实施），但是，从劫持人质作为战争罪的一种表现形式看，国家也可以成为有关劫持人质罪的主体；本罪的主观方面表现为故意，即行为人有意从事国际刑法禁止的劫持人质的犯罪行为，过失不构成劫持人质罪，合法地扣押也不构成劫持人质罪。行为人劫持或扣押人质通常是为了达到下列目的：（1）为了从该人或另一人、国家、国际组织、按国家法律成立之法人团体获得情报或财产；（2）为了威胁、诋毁、羞辱该人或另一人、国家、国际组织或依国家法律成立之法人团体；（3）为了强迫该人或另一人、国家、国际组织或依国家法律成立之法人团体，实施或不实施某行为。②

2. 国际刑法协会中国分会副主席张智辉教授所持观点，其依据《反对劫持人质国际公约》，认为劫持人质罪在主观上必须由直接故意构成，并且必须有通过劫持人质的行为强迫某个国家、某个国际政府间组织、某个自然人或法人、某个群体实施或不实施某种行为的目的。这种目的通常是政治性的或经济性的，但是也可以是政治要求或经济要求之外的其他要求。客观上，本罪表现为劫持或扣押人质的行为或威胁第三方的行为。前一个行为是后一个行为的先决条件，后一个行为是实现犯罪目的的必要手段。这两种行为相结合，才能构成劫持人质罪。此外，本罪在客观上还须具备跨国性，即劫持人质的犯罪行为从预谋到实施直至完成，是在一个以上国家的领土内进行的，或者犯罪人与人质或被强迫的第三方不是同一个国家及其所属的组织或公民，或者犯罪发生地不是犯罪人或人质的国籍国。反之，劫持人质的行为只能构成国内刑法上的犯罪。③

3. 中国政法大学国际法学院马呈元教授，其主张，劫持人质罪的特征应包括：（1）必须具有跨国因素；（2）可以发生在平时，也可以发生在战时；（3）主观上必须直接故意，客观上可以表现为通过各种手段劫持或扣押人质；（4）主体主要是个人，国家也可能成为本罪主体。④

4. 国际法著名学者邵沙平教授在其著作中表示，劫持人质罪的主要特征有：（1）劫持人质罪是国际刑法所禁止的以劫持或扣押并以被劫持人的生命、自由和人身安全为威胁强迫第三方行为的国际罪行；（2）劫持人质罪是一种故意犯罪，即行为人蓄意从事国际刑法所禁止的劫持或扣押他人并以被劫持人的生命、自由和人身安全为威胁，强迫第三方作或不作某种行为；（3）劫持人质罪是国际社会公认的严重国际犯罪，是侵犯个人生命、自由和人

---

① 王世洲：《现代国际刑法学原理》，中国人民公安大学出版社2009年版，第493页。

② 转引自贾宇：《国际刑法学》，中国政法大学出版社2004年版，第264—265页。

③ 张智辉：《国际刑法通论》，中国政法大学出版社2009年版，第192—193页。

④ 马呈元：《国际刑法论》，中国政法大学出版社2008年版，第330页。

身安全的国际犯罪，也是危害国际和平和安全的国际犯罪。①

第三节 劫持人质罪的定性

由于近年来以劫持人质方式实施的恐怖主义犯罪愈演愈烈，已经引起了国际社会的高度关注，加之劫持人质罪所侵犯的对象主要是国家、政府、国际组织等政治团体，且劫持人质的目的往往不是经济性、物质性的利益，而是政治、宗教、其他与意识形态相关的非物质利益，更重要的是，本罪的行为方式一般不局限于一国之内，而是具有相当的涉外性与国际性，即劫持人质的行为，常常发生在两个以上国家的领土，或者犯罪人与人质或被强迫的第三方不是同一国家，或者犯罪发生地不是犯罪人或人质的国籍国。故此，关于劫持人质罪的定性，学界基本达成共识，即认为，劫持人质罪属于国际恐怖主义犯罪中的一种。然而，迄今为止，鉴于国际社会各方利益的冲突，以及每个定义者所处的政治立场的不同，一个比较能为国际社会普遍接受的定义尚不存在，这给劫持人质罪的定性造成了一定影响，尤其表现在本罪与一些相关罪名之间的界限仍存模糊。

一、本罪与其他国际刑事犯罪的区别

（一）与战争罪中的劫持、扣押人质行为的区别

《反对劫持人质国际公约》第 12 条规定："在关于保护战争受害者的 1949 年日内瓦各项公约或这些公约的附加议定书可以适用于某一劫持人质行为，并且本公约缔约国受各项公约约束，有责任起诉或交出劫持人质者的情况下，本公约不适用于 1949 年日内瓦各项公约及其议定书中所称的武装冲突中所进行的劫持人质行为，包括 1977 年第 1 号附加议定书第 1 条第 4 款所提到的武装冲突——即各国人民为行使《联合国宪章》和《关于各国依联合国宪章建立友好关系和合作的国际原则宣言》所阐明的自决权而进行的反对殖民统治和外国占领以及反对种族主义政权的武装冲突。"所以该公约只适用于和平时期的劫持人质的罪行。

1949 年《日内瓦四公约》及其"关于保护国际性武装冲突受难者的附加议定书"（第一附加议定书）与"关于保护非国际性武装冲突受难者的附加议定书"（第二附加议定书）规定，不论是国际性还是非国际性武装冲突，冲突各方均不得将未实际参加战争的人员包括伤病员、战俘、占领区的被保护者和平民扣留为人质，否则构成战争罪。可见，战时的劫持和扣留人质行为不构成劫持人质罪。

（二）与侵害应受国际保护人员罪的区别

根据 1977 年 2 月 20 日生效的《关于防止和惩处侵害应受国际保护人员包括外交代表的罪行的公约》的规定，侵害应受国际保护人员罪是指故意实施谋杀、绑架、暴力袭击，或以实施上述侵害相威胁，侵害应受国际保护人员的人身自由的行为。公约第 1 条规定，"应受国际保护的人员"具体包括：（a）国家元首、政府首脑、外交部长及其随行人员和家属（在外国境内时）；（b）使馆馆长，包括大使、公使、代办；（c）使馆的外交职员，包括参

---

① 邵沙平：《国际刑法——经济全球化与国际犯罪的法律控制》，武汉大学出版社 2005 年版，第 214 页。

赞，一、二、三等秘书，随员，海陆空三军正副武官，商务、文化、财务、新闻参赞或专员；（d）使馆职员，包括行政职员和技术职员；（e）特别使团成员；（f）常驻联合国和联合国各专门机构的使团成员；（g）派驻联合国和联合国各专门机构的临时性代表团成员；（h）联合国和联合国各专门机构的官员；（i）领事官员；（j）以及上述八项人员的未成年之子、未结婚之女和配偶等。

由此可见，劫持人质罪与侵害应受国际保护人员罪在客观方面都含有绑架或劫持人质的行为。如果应受国际保护人员被劫持为人质，行为人以杀死、伤害或继续扣押人质相威胁，以强迫第三方，即某个国家、某个国际政府间组织、某个自然人或法人或某一群人，作或不作某种行为，作为释放人质的明示或暗示条件，该如何论处？这种情形类似于国内刑法学理论中的法条竞合或称法规竞合，规定劫持人质罪的国际法律文件是一般法，而规定侵害应受国际保护人员罪的国际法律文件是特别法，根据法规竞合情形下特别法优于普通法的适用原则，应当以侵害应受国际保护人员罪论处。①

（三）与海盗罪的区别

根据《联合国国际海洋法公约》和《公海公约》的规定，海盗罪的主体应为私人船舶或私人飞机的船员、机组成员或乘客（劫持人质罪的主体包括但不限于私人船舶或私人飞机的船员、机组成员或乘客）；构成海盗罪在主观方面的要件必须是故意，同时还必须具有私人目的（劫持人质罪的主观表现为直接故意，不局限于私人目的，且犯罪目的通常是政治性的或经济性的，但是也可以是政治要求或经济要求之外的其他要求）；客观方面则主要包括：海盗罪的实行行为必须是任何非法的暴力或扣留行为，或任何掠夺行为（这一点与劫持人质罪的客观方面相似，但需要注意的是，海盗罪在客观方面上还存在犯罪地点、② 犯罪对象、③ 犯罪工具④等要求，这些与劫持人质罪的客观方面显然不同）。

二、本罪与国内刑事犯罪的区别

（一）与绑架罪的区别

绑架罪，是指以勒索财物或其他要求为目的，绑架他人作为人质的行为。⑤ 该罪与劫持人质罪区别的关键在于：（a）劫持人质罪是一种国际刑事犯罪，犯罪构成要件必须具有国际因素。至少犯罪主体或犯罪对象有一个具有外国因素，或者人质和嫌疑犯都不是犯罪行为地国国民，或者人质和嫌疑犯既有该国国民，又有外国国民；犯罪行为地和犯罪结果地含有外国因素，即犯罪行为发生在一个以上的国家。（b）犯罪目的不同。国内法中绑架罪的犯罪目的多以向被害人近亲属敲诈勒索钱财为主。对此，我国刑法规定了两个方面：一是勒索

---

① 李英：《论劫持人质罪的认定》，载《求实》2004 年第 S4 期。

② 海盗罪的犯罪地点必须是在公海或在任何国家管辖范围以外的地方。

③ 海盗罪的犯罪对象存在两种情况。第一种情况的犯罪对象是在公海上的另一船舶、飞机或其上之人或财物，即在公海上任何公共或私人的船舶、飞机或其上之人或财物。这里要求必须同时存在“至少两方船舶或飞机要件”，即攻击船舶或飞机和受攻击船舶或飞机。这就排除了公海上的船内叛变和同船内的船员或乘客对另一船员或乘客所为的非法的暴力或扣留行为，或任何掠夺行为及其共同犯罪行为。第二种情况是针对在任何国家管辖范围以外的地方的船舶、飞机、人或物。

④ 构成公海上的海盗罪在犯罪工具上必须要求存在海盗船舶或飞机。

⑤ 王作富：《刑法》，中国人民大学出版社 2000 年版，第 273 页。

财物，即将被害人作为人质，要求其他人交付一定数量的财物，赎回被害人；二是其他政治、经济等方面的要求，如劫持人质要求释放在押人犯、提供交通工具等。[①] 而劫持人质罪则以强迫第三方，即某个国家、某个国际政府间组织、某个自然人或法人或某一群人，作或不作某种行为为目的，其犯罪目的多以谋求非物质利益为主，例如要求政府改变政策、迫使外国军队撤离、进行国际报复等。（c）侵犯的客体不同。绑架罪侵犯的是他人的人身自由和财产及其他个人、社会利益。而劫持人质罪侵犯的是国际人权法所保护的人类的生命、健康、自由权利等基本人权及国际社会的正常秩序和安全。（d）适用的法律不同。绑架罪适用国内刑法，劫持人质罪适用国际刑法。

（二）与非法拘禁罪的区别

非法拘禁罪，是指非法拘禁他人或者以其他方法非法剥夺他人人身自由的行为。[②] 本罪的客体，是他人的人身自由。客观方面，表现为行为人实施了非法拘禁他人或者以其他方法剥夺他人行动自由的行为。至于行为是否具有暴力性，是作为还是不作为，使用何种手段、方式，均不影响本罪的成立。非法拘禁只是劫持人质罪犯罪行为的一种表现形式，为劫持人质罪所吸收，不能单独定罪量刑。[③]

第四节　对国际刑法中劫持人质罪概况的评析

通过前文对劫持人质罪定义、特征、定性等方面的论述，笔者以为，虽然学界对劫持人质罪仍存争议，未能达成全面统一的认识，但在本罪的某些方面，还是取得了一定的成绩。

一、《反对劫持人质国际公约》是本罪定义的基础

国际公约、典型国家（地区）以及各学者视角下的劫持人质罪定义存在描述上的差异，尤其是典型国家（地区）对劫持人质罪的描述较为粗糙，仅在恐怖主义的概念下对劫持人质行为轻描淡写。而我国学者的定义相比国外学者而言过于简单，不能体现劫持人质罪作为国际刑事犯罪的特点。但是，无论是公约、国家（地区），还是学者，他们大都承认《反对劫持人质国际公约》中对劫持人质罪的定义，换言之，他们对劫持人质罪的描述，一定程度上是以该定义为基础的。

二、学者对本罪的犯罪构成已达成共识

学者们对劫持人质罪的犯罪构成的描述，虽存差异，但总体上还是达成了几点共识：（1）本罪的客观方面。表现为违背人质的意志劫持或扣押该人，并以杀害或继续扣押相威胁，强迫第三者作或不作某种行为，且这种劫持人质的行为应具有国际性；（2）本罪主体。个人与国家均可为本罪主体；（3）本罪主观方面。表现为直接故意，且犯罪目的通常是政治性的或经济性的，但是也可以是政治要求或经济要求之外的其他要求。值得关注的是，关于本罪的客体，学者们还未提及。

三、本罪具有不可替代性

劫持人质罪有其自身独特的法律地位，不应与其他国际刑事犯罪以及国内相关罪名相混

---

① 王作富：《刑法》，中国人民大学出版社2000年版，第273页。

② 高铭暄、马克昌：《刑法学》，北京大学出版社、高等教育出版社2007年版，第531页。

③ 李英：《论劫持人质罪的认定》，载《求实》2004年第S4期。

淆。如前文所述，本罪作为一种国际恐怖主义犯罪，其应具有国际性、跨国性，其犯罪目的、犯罪客体、犯罪客观方面均与国内绑架罪、非法拘禁罪有所不同。认为本罪可以被替代的观点实为不妥。

四、小结

笔者认为，劫持人质罪作为一种国际犯罪，是指任何个人、国家或组织非法劫持或扣押人质，并以杀死、伤害或继续扣押人质相威胁，强迫第三者作或不作某种行为，以此作为释放人质的条件的行为。其客体应为复杂客体，即包括国际人权法所保护的人类生命、健康以及自由等基本权利和国际社会的正常秩序与安全；在客观方面则表现多元，主要是违背人质（人质可以是不特定的人，既可以是单个人，也可是一群人；人质没有任何社会背景、职业、成分等要求，只要是自然人便可成为本罪对象）意志，劫持或扣押该人，并以杀死、伤害或继续扣押人质相威胁，强迫第三方（可以为某个国家、某个国际政府间组织、某个自然人或法人或某一群体），作或不作某种行为，以此作为释放人质的条件。如果不存在对第三方的威胁或强迫，则不构成劫持人质罪，构成非法拘禁罪。这里还需强调的是，劫持人质的犯罪行为从预谋到实施直至完成，必须发生在两个以上国家的领土，或者犯罪人与人质或被强迫的第三方不是同一国家，或者犯罪发生地不是犯罪人或人质的国籍国（本罪国际性的表现）。如果劫持人质的行为仅仅发生在一个国家领土之内，而人质和罪犯都是该国公民，且罪犯也是在该国领土被发现的，则不构成国际刑法上的劫持人质罪，只能构成国内刑法上的犯罪。本罪主体应是一般主体，可为任何个人、国家或组织。通常是国际恐怖主义组织。主观方面应为直接故意，并具有特定的犯罪目的，这种目的往往带有政治性或经济性，有时也可以为政治或经济以外的要求，主要是通过劫持人质行为强迫第三方实施或不实施某种行为。

第二章　我国设立劫持人质罪的必要性与可行性研究

第一节　我国设立劫持人质罪的必要性

一、落实国际反恐公约的需要

设立劫持人质罪，是贯彻落实国际反恐公约要求的需要。国际公约，作为条约的一种形式，是指多个国家举行国际会议所缔结的多边条约，内容多属于造法性的，规定的一些行为规则或制度。① 在国际公约中，往往只规定缔约主体相互间在某一问题或某些问题上的权利与义务，或者确定某方面的原则和制度。为此，国际公约也被赋予“软法”之名，其主要特征有：（1）由不具有立法权的国际组织制定；（2）内容不确定，多为原则性规定，尚未发展到成为法律程度的规则；（3）需要由各国立法或通过多边国际合作才能实施；（4）属任意法，不遵守并不构成违法行为或非法行为；（5）不具有制裁手段，是否贯彻执行条约内容，主要靠舆论压力等形成某种约束力。因此，国际公约常被认为是存在于法律与非法律之间的“灰色区域”。

综观目前关于劫持人质的国际公约，仅规定了劫持人质行为的特征与原则性的管辖手段，缺乏对犯罪分子的具体处罚规定、制裁手段及其相关执行程序。为此，对劫持人质罪的惩治缺乏可操作性，无法直接适用。反观国内法，其与国际公约不同，它以国家强制力作后盾，具有强制性、程序性等特征。故此，国内法对打击犯罪具有可操作性强、执行效率高等特点。故而，要严厉打击劫持人质罪，方便可行的方法便是将有关劫持人质罪的国际公约转化为能够切实贯彻实施的国内法，使打击劫持人质罪的公约精神落到实处。

英国、加拿大等国对劫持人质犯罪的规制便是基于其所加入的《反对劫持人质国际公约》，专门立法（如英国《1982 年劫持人质法》）对劫持人质犯罪进行规制或对国内刑法典进行了修改与完善，突出规定相应刑罚（如加拿大在其《刑事法典》第 8 章中补充规定了扣留人质罪），以求科学惩治劫持人质罪。我国现行刑法分则通过设立罪名模式②（如资助恐怖活动罪是对《制止向恐怖主义提供资助的国际公约》与联合国安理会第 1373 号决议的坚决回应）与纳入原有罪名范畴模式③（如放火罪、爆炸罪、决水罪、投放危险物质罪、以危险方法危害公共安全罪等，都可以容纳《制止恐怖主义爆炸事件的国际公约》等国际公约所确立的恐怖主义爆炸罪、放火罪、投放危险物质罪等），将一些我国加入的国际反恐公约中规定的罪名转化为国内法的具体罪名。为此，依据我国于 1992 年 12 月 28 日加入的

---

① 邵津：《国际法》，北京大学出版社、高等教育出版社 2005 年版，第 387 页。

② 设立独立罪名模式，即在刑法中回应有关国际反恐公约的要求，将相关国际刑法规范予以国内立法化，并设置独立的罪名。

③ 纳入原有罪名范畴模式，即并未特别设置独立的罪名，而是将相关国际刑法规范所确立的罪行纳入刑法已有罪名之范畴。

《反对劫持人质国际公约》，以及“条约必须信守”的国际法原则，我国国内法必须实现与《反对劫持人质国际公约》接轨，将该公约的相关内容纳入我国国内法之中，切实履行国际打击劫持人质罪的义务，兑现我国承诺的反恐宣言，树立我国良好的大国形象。

二、开展国际反恐合作的需要

设立劫持人质罪是我国开展国际反恐合作的需要。随着全球一体化和科技革命程度的不断加深，国际恐怖主义全球化的趋势也日渐明显，打击国际恐怖主义犯罪需要国际合作，已经成为各国之间的共识，同时，刑事立法也必须正视恐怖活动犯罪的国际化和跨国性趋势，反映国际性对国内刑法的要求。在反恐的时代背景下，刑事法律中的一些基本原则和内容正成为世界性的法律语言，联合国、国际组织和各国之间通过的一系列国际反恐公约（包括《反对劫持人质国际公约》），则是世界各国刑事司法活动实践经验的总结，是人类智慧的结晶。世界各国和地区的反恐刑事立法都应遵循国际反恐公约这一法律框架的要求，进一步推进国际反恐合作。我国于2002年与2006年分别签署了《上海合作组织成员国关于地区反恐怖机构的协定》与《中华人民共和国和土库曼斯坦关于打击恐怖主义、分裂主义和极端主义的合作协定》，已经表明了我国对加强反恐活动中国与国合作的积极态度。而且，北京奥运会、上海世博会、广州亚运会等大型活动中的联合反恐演习，保证了此类活动的成功举办，也反映了大型活动中加强反恐合作对打击恐怖主义犯罪，保障活动安全有序举办的重要性。但是，由于我国刑法缺乏专门的反恐罪名，对犯罪人牵强适用危害国家安全罪的相关罪名或危害公安安全罪或侵犯公民人身权利、民主权利的相关罪名，在实践中往往容易引起一系列的问题。例如，为解决国际反恐合作与政治犯不引渡之间的矛盾，很多国家通过立法规定恐怖主义罪行不得视为政治犯罪，而我国由于缺乏这一专门的反恐罪名，对犯罪人适用分裂国家罪、煽动分裂国家罪，致使引发了多数国家对我国判决的质疑，不利于使我国的反恐斗争得到国际社会的认同。由此可见，在我国现行刑法中设立劫持人质罪，不仅是对国内反恐刑法的补充与完善，也是适应我国反恐怖主义斗争的现实需要，是贯彻依法治国、依法防范和打击恐怖主义的重要举措，更是为我国开展国际反恐怖合作提供了重要的法律依据和强有力的法律保障。

三、打击劫持人质犯罪的需要

立法应以实际为出发点，设立劫持人质罪必须紧紧围绕目前经济社会的大局，遵循刑事立法的发展规律，按照条件成熟、突出重点、统筹兼顾的原则，遵循客观规律，把握立法时机，制定科学合理的立法规划，在打击劫持人质罪的同时，更加注重保持社会的和谐稳定和维护人民群众的权利。20世纪90年代，由于多种复杂原因，我国的反恐形势变得日益严峻，严重暴力犯罪呈直线上升的发展态势，尤其是近年来，有关我国公民遭劫持的事件时有发生。2005年1月18日，我国8名福建籍劳工在伊拉克遭一伙武装分子绑架。2010年6月30日，索马里海盗劫持新加坡货轮，19名中国船员沦为人质。2010年8月23日，香港旅游团在菲律宾首都马尼拉也遭劫持……这一幕幕惊心动魄的劫持案触发了笔者对打击劫持人质犯罪、反恐等问题的思考。正是因为我国刑法中涉及恐怖活动犯罪的条款尚不够丰富，致使我国没有专门性的条款对劫持人质行为进行打击，倘若在国内设立了劫持人质罪，势必能够保护我国公民在境外的人身安全，势必能够引起全社会对打击劫持人质的重视，势必能够威慑社会中的潜在犯罪分子，以减少劫持人质事件的发生。

四、弥补刑事法律漏洞的需要

设立劫持人质罪是弥补我国刑事法律漏洞，尤其是完善我国反恐刑事立法的需要。目前，我国关于劫持人质罪的立法尚无，但存在一个与其相似的罪名——绑架罪。绑架罪的确立可以追溯至1991年的《关于严惩拐卖、绑架妇女、儿童的犯罪分子的决定》，该《决定》第2条第3款增设了绑架妇女、儿童和绑架勒索两个新罪名。但在1997年新刑法第239条中，规定了绑架勒索、绑架人质以及偷盗婴幼儿勒索三种绑架犯罪的情形，均归属在绑架罪之中。也就是说，在此之后的司法实践中，我国已用绑架罪来评价所有劫持人质行为。然而，我国关于绑架罪立法存在罪名设置的概括式，有简单粗略之嫌；对犯罪行为缺乏具体描述，实践中可操作性不强；法定刑设置不够合理，导致罪刑不均衡，对自动释放人质情形缺乏减轻处罚规定，不利于鼓励及时悔过等问题。[①] 为此，仅以绑架罪来惩治所有劫持人质行为，不仅牵强，而且不够科学。

另外，随着社会的发展和科技的进步，恐怖主义犯罪的手段日趋多元化、现代化和科技化，致使反恐的难度和强度逐步加大。劫持人质罪作为国际恐怖主义犯罪的一种，对其加强打击与规制力度是时代所趋。而且，晚近几十年来，很多国家和地区纷纷完善刑事立法，加大预防和惩治恐怖主义犯罪的力度。然而，我国反恐法律体系还处于初级建设阶段，尤其我国的反恐刑法，从1997年修订刑法，增设了第120条组织、领导、参加恐怖组织罪，体现了新刑法重视并严惩恐怖主义的立法精神，以及2001年12月29日，第九届全国人民代表大会常务委员会第二十五次会议通过并颁布了《刑法修正案（三）》，首次在刑法中引入“恐怖活动犯罪”的概念，并增设了一系列反恐内容以外，在十几年的刑事法律发展过程中，对恐怖主义犯罪的规制没有太大的改进，以至于出现现行刑法在刑事管辖、罪名使用、刑罚裁量等方面均滞后于恐怖主义犯罪的发展这种尴尬局面。尤其是刑法中缺乏相应的反恐罪名，使有关部门仍然沿用听从指示的办案方式，严重违背了依法治国的基本精神和刑法罪刑法定的基本原则，更加阻碍了反恐工作的有效开展。故此，我国现行刑法应该依从客观需要而不断调整和修改，增设“劫持人质罪”这一罪名，则可以对我国现行刑法和反恐刑事立法，尤其是反恐刑事立法的内容进行必要的完善与补充。

最后，设立反劫持人质罪还有利于刑法普遍管辖原则的适用。根据刑法中普遍管辖原则的适用条件，除了犯罪必须是危害人类社会共同利益的犯罪、管辖国应是有关条约的缔约国或参加国、犯罪人出现在管辖国的领域内等条件以外，要对某一罪行进行管辖，管辖国的国内刑法还必须规定该行为是犯罪，只有同时满足了这四个条件，普遍管辖原则才能予以适用。故此，在我国设立劫持人质罪也是适用普遍管辖原则的必要条件之一。

总之，如果不在我国刑法中设立劫持人质罪，势必会放纵相关犯罪分子的恶劣行为，势必会影响我国反恐刑法完善工作的开展，势必会违背“条约必须信守”的国际法原则，以至于阻碍我国国际反恐合作和中国特色社会主义法律体系的科学构建。

---

① 李群英：《国外劫持人质犯罪立法对我国的启示》，载《公安研究》2006年第7期。

第二节　我国设立劫持人质罪的可行性

一、现行刑法条文作保障

现行刑法条文规定，我国可以对所缔结或参加的国际条约行使刑事管辖权。现行刑法第9条规定：“对于中华人民共和国缔结或者参加的国际条约所规定的罪行，中华人民共和国在所承担条约义务的范围内行使刑事管辖权的，适用本法。”为贯彻这一原则并加大对恐怖主义的打击力度，我国对已加入的13部国际反恐公约中规定的国际犯罪，大多在国内刑事立法中作出了回应，例如，刑法第114条、第115条第1款爆炸罪，第120条之一资助恐怖活动罪，第125条第2款非法制造、买卖、运输、储存危险物质罪，第239条绑架罪等罪名，实现了与国际反恐公约的转化，顺应了国际反恐公约的要求。从而也说明了，我国可以对1992年加入的《反对劫持人质国际公约》，在所承担的条约义务范围内行使刑事管辖权。因此，我国可以在国内刑事法律中设立劫持人质罪对劫持人质行为进行规制。

此外，从罪刑法定原则的角度来看，设立劫持人质罪也是这一原则的要求。刑法第3条规定：“法律明文规定为犯罪行为的，依照法律定罪处罚；法律没有明文规定为犯罪行为的，不得定罪处罚。”该条确立了我国罪刑法定原则。确立这一原则的初衷乃是为保障公民的自由，必须使得公民能够事先预测自己行为的性质与后果，对什么是犯罪，对犯罪如何处罚，必须在事前明文规定。同时，刑法是裁判与行为规范，如果含糊不清、模棱两可或者前后矛盾，法官就无法裁判，公民便不能预测自己行为的性质，左右为难。所以，要打击劫持人质行为，必须在刑法中提前设立劫持人质罪，使得今后对本罪的打击有法可依。

二、国际社会规制作参考

目前，已有不少国际公约、国家（地区）法规对劫持人质行为进行了规制：

（一）国际公约

1.《关于防止和惩处侵害应受国际保护人员包括外交代表的罪行的公约》第2条：每一缔约国应将下列罪行定为其国内法上的罪行，即故意对应受国际保护人员进行谋杀、绑架、或其他侵害其人身或自由的行为。

2.《关于国际恐怖主义的全面公约（草案）》第2条：本公约所称的犯罪是指任何人以任何手段，非法和故意地实施一项行为，其目的是致人死亡或重伤或致使国家或政府设施、公共交通系统、通信系统或基础设施遭受严重损毁，希望对这些地方、设施或系统造成广泛破坏，或造成的破坏导致或可能导致重大经济损失，而且根据行为的性质或背景，其目的是恐吓某一人口，或迫使某国政府或某一国际组织从事或不从事某种行为。

3.《补充1994年〈消除国际恐怖主义措施宣言〉的宣言》：大会郑重声明：在这方面，在确认各国在引渡事项上的主权权利的同时，鼓励各国在缔结或适用引渡协定时，不要将与危及人身安全或对人身安全构成实际威胁的恐怖主义有关的罪行视为不属于引渡协定范围的政治罪行，不论是引用何种动机来为这种罪行辩解。

4.《消除国际恐怖主义的措施》：大会决定，重申打击恐怖主义的国际合作及国家行动应依照《宪章》的原则、国际法和相关的国际公约进行。

5.《欧洲制止恐怖主义公约》第1条：在各缔约国间进行引渡时，不得将下列任何犯罪视为政治犯罪或与政治犯罪有关的犯罪或出于政治动机的犯罪：涉及绑架、扣押人质或严重非法拘禁的犯罪。

6.《欧洲联盟理事会打击恐怖主义框架决议》第 1 条：恐怖主义犯罪和基本权利和原则：各成员国应采取必要措施，以确保在国内法中将下列（a）至（i）项载明之蓄意行为规定为犯罪，根据其实质或背景，该行为可能对某一国家或国际组织造成严重损害，并具有以下目的：严重动摇、破坏某一国家或国际组织的基本政治、宪法、经济或社会结构，应被认为是恐怖主义犯罪：……（c）绑架或劫持人质……

7.《关于修订欧洲制止恐怖主义公约的议定书》第 1 条：关于《公约》第 1 条介绍性条款应该成为本条第 1 款。本款 b 项中，“签署”一词应该替换为“缔结”，而且本款 c、d、e 和 f 项应替换为以下各项：“……d. 1979 年 12 月 18 日订于纽约的《反对劫持人质国际公约》范围内的一项犯罪……”

8.《欧洲理事会反资助恐怖主义、洗钱与没收恐怖主义犯罪收益公约》附录：

……n. 绑架，非法限制和劫持人质……

9.《独立国家联合体成员国打击恐怖主义合作条约》第 1 条：基于本条约之目的，条约中所用的概念是指：暴力或威胁使用暴力侵害自然人或法人。

10.《美洲国家组织反恐怖主义公约》第 1 条：各缔约国应依照各自法律，采取其认为有效之一切措施开展合作，尤其是本公约规定的措施来预防和惩治恐怖主义行为，特别是绑架、谋杀和对根据国际法国家义务给予特别保护的人员生命和人身安全进行其他袭击，以及同这些犯罪有关的勒索。

第 2 条：在本公约内，绑架、谋杀和对根据国际法国家有义务给予特别保护的那些人的生命和人身安全进行其他袭击，以及同这些犯罪有关的勒索，不论其动机如何，均应视为国际法意义上的普通犯罪。

11.《美洲反恐怖主义公约》第 2 条：为了实现本公约的目的，“犯罪”是指在下述国际公约中规定的犯罪：……d. 1979 年 12 月 18 日订于纽约的《反对劫持人质国际公约》……

12.《非洲统一组织预防和打击恐怖主义公约》第 1 条：基于本公约之目的：“恐怖主义”是指：任何违反成员国刑法，可能危及任何个人、人群的生命、身体完整或自由，造成任何个人、人群的严重伤害或死亡，造成或可能造成公共、私人财产，自然资源、环境或文化遗产损害的行为。并且具有以下意图：威胁、恐吓、强迫、强制、引诱任何政府、实体、机构、公众或任何部分公众，从实施或不从事任何行为，采取或放弃某种特定观点，或根据特定原则行事。

13.《阿拉伯国家联盟制止恐怖主义公约》第 1 条：恐怖主义犯罪是指旨在促成恐怖主义目的的任何犯罪和意图犯罪，该犯罪发生在任何缔约国内部或是危害他们的国民、财产或利益，根据他们的国内法是可罚的行为。除去缔约国尚未批准的公约或其国内法中尚未规定的犯罪之外，以下公约中规定的相关犯罪应被认为是恐怖主义犯罪：1979 年 12 月 18 日《反对劫持人质国际公约》。

14.《伊斯兰会议组织打击国际恐怖主义公约》第 1 条：本公约的目的和宗旨：本公约规定的犯罪也考虑到了缔约国通过立法排除的或还没有批准的那些恐怖主义犯罪：《反对劫持人质的国际公约》（1979 年订于纽约）。

15.《南亚区域合作联盟反恐怖主义公约》第 1 条：根据缔约国法律，按照引渡法的所有要求，符合下列任何情形的行为都将被认为是恐怖主义行为，基于引渡之目的，此行为不应被认为是政治犯罪或者与政治犯罪有关的犯罪或者由政治动机引起的犯罪：谋杀、过失杀人、导致身体伤害的袭击、绑架、劫持人质和与火器、武器、爆炸物、危险物质相关的犯罪，当其作为实质不加区别的暴力之手段，导致他人死亡、重伤或财产严重损失。

16.《东南亚国家联盟反恐怖主义公约》第2条：恐怖主义犯罪行为是基于本公约之目的，“犯罪”是指以下任何条约所列举或界定之犯罪：1979年12月18日在纽约签订的《反对劫持人质国际公约》。

（二）典型国家

1. 德国

现行《德国刑法典》于1975年颁行，有关劫持人质罪的规定在该法典的“针对个人自由的犯罪行为”一章中（具体罪名为“绑架人质罪”）。该法典第239条a、b分别规定了勒索性掳人和扣押人质两个罪名，其中第239条b规定：（A）诱拐或绑架某人，意图以致死或重伤被害人或者剥夺其一周以上的自由相威胁，强制其或第三人为一定行为、容忍或不为一定行为的，或利用由其行为给某人造成的状况为上述强制的，处5年以上自由刑。（B）相应地适用第239条a第2款至第4款的规定：即在较轻的严重情形中处1年以上的自由刑；行为人通过其行为轻率地导致被害人的死亡，处终生自由刑或者10年以上自由刑；行为人又将被害人带回其生活环境的，法院可依第49条第1款减轻处罚；被害人回到其生活环境并非因行为人所致，只要行为人真诚努力追求此结果，即可视为已具备第49条第1款减轻处罚之条件。①

2. 法国

现行《法国刑法典》颁行于1994年，该法典第224条规定了绑架犯罪，属于侵犯人身自由罪。第224—1条规定：“没有指定权力机关之命令且在法律规定之情况外，逮捕、绑架、拘留和非法拘禁他人的，处20年徒刑。……”第224—2条到第224—5条分别规定了包括故意致被害人身体毁伤或永久性残疾、实施酷刑或野蛮行为致被害人死亡在内的加重、减轻情形。其中，劫持人质是作为加重情形之一规定在第224—4条之中，即“为了准备或便于实行重罪或轻罪，或者为了方便重罪或轻罪之正犯或共犯逃逸或保护其免受制裁，或者为使某种命令或条件得到执行，尤其是为了获得支付赎金，将被逮捕、绑架、拘留或非法拘禁之人作为人质的，第224—1条所指犯罪，处30年徒刑。……如在第1款所指条件下被扣作人质的人，自其被扣押之日起不满7日时间内，得到罪犯的自愿释放，且未执行命令或条件，罪犯所受之刑罚为10年监禁……”②

3. 日本

现行《日本刑法典》制定于1907年，其施行过程中历经十余次修改。其中1978年公布的《关于处罚以人质进行强要行为等的法律》和1940年公布的《日本改正刑法草案》规定了“以人质进行强要”的罪行，类似于我国绑架罪中出于勒赎之外的目的而为的绑架人质行为。《日本改正刑法草案》第307条规定：“逮捕、监禁、掠取或者诱拐他人，将其作为人质，要求第三者实施没有义务实施的行为或者不行使权利的，处二年以上有期惩役。”此

① 《德国刑法典》，徐久生、庄敬华译，中国方正出版社2002年版，第117页。

② 《法国刑法典刑事诉讼法典》，罗结珍译，国际文化出版公司1997年版，第74—75页。

外，该罪适用《日本刑法典》的“掠取或诱拐”规定的“因解放而减轻刑罚”的法定减轻处罚条款，即在犯罪既遂之后仍给犯罪人以选择积极悔过的机会。①

4. 俄罗斯

《俄罗斯刑法典》第206条规定了劫持人质罪。该罪是指劫持或者扣留人质，迫使国家、组织或者公民作出或者拒绝作出某种行为，以此作为人质释放条件的危害行为。劫持人质的基本刑罚是剥夺自由5年以上10年以下。加重刑罚是因为有以下情形：事先通谋的团伙实施的；多次实施的；危及生命与健康的暴力手段；用武器或者他物作为工具的；故意对未成年人实施的；故意对孕妇实施的；2人以上实施的；出于贪利或者雇佣他人实施的。上述情形判处剥夺自由6年以上15年以下的刑罚。特别加重惩罚的情形是：犯罪集团实施的；过失致人死亡或者造成其他严重后果的，判处的刑罚是有期徒刑8年以上20年以下。补充条款是有关从宽处罚的规定，如果自动释放人质，或者按照权力机关要求主动释放人质，行为人没有其他犯罪行为的，免除刑事责任。劫持人质在俄罗斯刑法中被视为特别严重的犯罪。侵犯的客体是复杂客体，主要客体是公共安全，次要客体是公民生命健康权。该罪的客观方面是实施了劫持或者扣留人质的行为，通常还有公开声明、最后通牒的行为。劫持的手段可以是秘密的或者公开的，总之是限制人身自由。被作为人质的，可以是任何人。行为人提出各种要求，但是对定罪没有影响。在劫持人质中剥夺受害人的自由不是目的，而是实现劫持者犯罪的手段。为此，劫持人质和提出的要求都是公开的，作为要挟国家、组织和公民满足犯罪人要求的交换条件。劫持人质罪是行为犯，只要实施了劫持或者扣留受害人的行为，就构成了犯罪既遂，而不管限制人身自由的时间长短。试图劫持人质但没有成功的，是犯罪未遂。②

5. 西班牙

恐怖主义犯罪包括：（A）协助恐怖主义罪；（B）系列与恐怖主义目的或活动相联系的普通犯罪；（C）所谓的个人和（或）城市恐怖主义行为罪以及（D）颂扬恐怖主义罪。而劫持人质罪在系列与恐怖主义目的或活动相联系的普通犯罪和所谓的个人和（或）城市恐怖主义行为罪中有体现。西班牙刑法典规定造成他人重伤，劫持和非法拘禁的：判处15至20年监禁刑；西班牙刑法典第577条规定了一系列非常类似于扰乱公共秩序的犯罪（第557条）个人和（或）城市恐怖主义行为罪。它们包括——实施杀人行为造成身体伤害、劫持、非法拘禁、威胁或强迫；或者——实施纵火行为，刑事破坏或毁坏，以及持有、制造、储存、贩运或提供武器、弹药、爆炸物、易燃物、燃烧物、毒害物或装置或其部件；行为人并不属于某一武装团伙、恐怖组织或集团，其目的是破坏宪政秩序或严重扰乱公共秩序，或意图恐吓一个城市社区的居民、社会成员、政治或专业团体。对此应处以较正常法定刑更重的刑罚。③

---

① 《日本刑法典》，张明楷译，法律出版社1998年版，第70—73页。

② 许桂敏：《浅谈俄罗斯关于恐怖主义犯罪问题的立法》，载《俄罗斯中亚东欧研究》2008年第1期。

③ ［西］胡塞·路易斯·德拉奎斯塔：《西班牙的反恐立法：基于刑事法视角的考察》，杜邈译，载《中国刑事法杂志》2008年第1期。

6. 英国

英国仍是世界上少数几个没有颁行统一刑法典的国家之一，劫持人质犯罪作为一个独立的内容，主要存在于英国议会制定的《1982 年劫持人质法》中。这项制定法是英国基于联合国大会于 1979 年通过的《反对劫持人质国际公约》所确定的成员国义务而颁行的。该法设立了一种涉及面非常宽的劫持人质犯罪，可以延伸到任何国家的人在世界上任何地方甚至外层空间中实施。该法规定为了迫使一个国家、国际组织或者个人从事或不为某项活动，以杀害、伤害或继续扣留人质相威胁而构成犯罪的将被处以终身监禁的刑罚。除非经由或得到检察长同意外，诉讼程序不得开始。①

7. 美国

19 世纪末以来，美国刑法向成文法发展的趋势日益明显，1962 年美国民间性质的法律协会发表了《美国模范刑法典》，有关劫持人质犯罪的内容规定在该法典第 2 编第 212—1 条“掳人罪”中，即：“以下列所揭示任何目的之一，不法将他人自其住所或营业场所带走，或将他人自现在所在地送往有相当距离之地方，或将他人监禁于隔离之场所相当时间者，即犯掳人罪：A1 为图获得赎金或报酬，或作为防护之手段或人质将被害人扣留。B1 便利犯重罪或犯罪后脱逃者。C1 伤害或恐吓被害人或第三者。D1 妨害公共治理上或政治上机能之实行。掳人罪为第一级重罪，但行为者在审理前未加害被害人之生命，自动将被害人释放至安全处所者为第二级重罪。……”②《美国模范刑法典》虽非统一适用于美国各州，但其示范效应却不容低估。美国有 30 余个州纷纷立法效仿，多数州将劫持人质规定为加重绑架形式之一，即秘密劫持或者偷运一个人离开他自己国家的行为，且具备下列情节之一：（1）出于勒索钱财的目的。（2）为了下列目的之一而拘禁他人 24 小时以上的：给予身体伤害；进行性侵犯；实施一项重罪；恐吓被绑架人或第三者；干扰政府执行职务。（3）造成被绑架人的身体或精神严重后果的。对加重绑架罪，一般要处长期监禁或终身监禁。在有些未废除死刑的州，亦可判处死刑。③

8. 加拿大

加拿大早在 1892 年就正式颁布了全国统一适用的、融实体和程序于一体的综合性刑事法典《加拿大刑事法典》。基于所加入的《反对劫持人质的国际公约》，该法典第 8 章（侵犯人身与名誉的犯罪）第 279—1 条中补充规定了扣留人质罪：“（A）扣留人质者（a）拘役、监禁、强行扣押或拘留该人；及（b）无论以何种方式发出、传送或使他人接收其人质将遭遇死亡或身体伤害的恫吓或人质的拘役、监禁或拘留将持续下去的恫吓，意图诱使某人（非人质）或团体或国家组织、国际组织或政府组织作出或致使作出任何行为或不行为作为释放人质的条件（无论是明示还是默示）。（B）扣留人质者，构成可诉罪，处终身监禁……”《加拿大刑事法典》没有规定扣押人质的加重或减轻处罚情节，而是由法官审理时根据案情自由裁量。④

从典型国家对劫持人质犯罪的规制可见，虽然大陆法系与英美法系国家在立法传统上有

---

① 《英国刑法》，李贵方等译，法律出版社 2000 年版，第 459 页。

② 《美国模范刑法典》，陈耀东译，《各国刑法汇编》（下），台湾司法通讯社 1980 年版，第 1985 页。

③ 储槐植：《美国刑法》（第二版），北京大学出版社 1996 年版，第 225 页。

④ 《加拿大刑事法典》，卞建林等译，中国政法大学出版社 1999 年版，第 189—190 页。

所不同，且特色各异，但在对劫持人质犯罪的规制上表现出了极大的相似性：（A）多数国家将劫持人质犯罪列为单独罪名。（B）几乎所有国家法律都较为详尽地规定劫持人质犯罪的行为特征。（C）多数国家视劫持人质犯罪为重罪，规定较重的基础刑并将“致使被绑架人死亡”作为加重处罚的情形。（D）多数国家将“自愿、安全释放人质”等内容规定为从宽处罚的情形。上述立法的共性折射出各个国家对待劫持人质犯罪较为一致的刑事政策，而且，对劫持人质罪进行专门立法，也已经成为国际社会、大多数国家打击劫持人质犯罪普遍且有效的手段。

我国也可以尝试效仿这一做法，对现行刑法的罪名体系进行一些补充与完善，以利于对劫持人质行为的专项打击。

三、当今刑事政策作依托

刑法新理念的植入，例如，宽严相济、“轻轻重重”等刑事政策，为设立劫持人质罪提供了可能。所谓“刑事政策”，是打击和预防犯罪的斗争策略，是研究犯罪现象及其对策的学科。① 其有广义、狭义与最狭义之分。广义的刑事政策是指国家以预防及压制犯罪为目的所为的一切手段或方法；狭义的刑事政策则是指国家以预防及压制犯罪为目的，以刑事法或刑事司法为手段，而提出的犯罪防治对策；最狭义的刑事政策是在狭义的刑事政策内涵中，明显将其范围限缩在“刑法的立法政策上”，专指刑法规范体系内的法律政策。② 我国的刑事政策思想发展已久，2002 年，最高人民检察院针对职务犯罪确定了八项刑事政策，其中包括了“区别对待、宽严相济政策”。宽严相济政策其实质是对刑事犯罪区别对待，做到既有力打击与震慑犯罪，维护法制的严肃性，又要尽可能减少社会对抗，化消极因素为积极因素，实现法律效果与社会效果的统一。其中，宽严相济的“宽”是指宽大、宽缓和宽容，包括该轻而轻，该重而轻；“严”是指严格（法网严密，有罪必罚）、严厉（刑罚苛厉，从重惩处）和严肃（司法活动循法而治，不徇私情）；“济”则指救济、协调与结合，既要通过宽以体现严，也要通过严来体现宽，在此之间还需要保持宽严的平衡，做到宽中有严、严中有宽。宽和严虽然是有区别的，并且不同时期、不同犯罪和不同犯罪人，应当分别采取宽严不同的刑罚：该宽则宽，该严则严。③

这里需要说明的是，宽严相济刑事政策强调多元兼容、宽严结合，不是只宽不严，也不是一味从严。它是根据犯罪严重程度的高低给予严厉程度不同的刑罚处罚，以发挥刑罚预防犯罪的作用。对于社会危害性大，犯罪情节恶劣，社会影响严重等罪行，仍应保持高强度的打击力度，做到从“严”处罚。

劫持人质行为不仅仅侵害了人类的生命、健康与自由，而且扰乱了国际社会的正常秩序与公共安全，其社会危害性不言而喻，对其加大打击力度，从严制裁，正是宽严相济刑事政策的体现，也正是罪刑相当、罪刑均衡、科学刑罚的体现。为此，宽严相济刑事政策为劫持人质罪在我国的设立提供了可能性。

“轻轻重重”刑事政策是西方国家比较流行的刑事政策，其是指，对轻微犯罪（如偶

---

① 任高潮、杜发全：《量刑建议的理论与实务——以宽严相济刑事政策为视角》，中国检察出版社 2009 年版，第 94 页。

② 许福生：《刑事政策学》，中国民主法制出版社 2006 年版，第 3 页。

③ 陈兴良：《宽严相济刑事政策研究》，载《法学杂志》2006 年第 1 期。

犯、初犯、过失犯等较轻微的犯罪）的处理比以往更轻，即轻者更轻（“轻轻”）；对严重犯罪（如暴力犯罪、恐怖犯罪、毒品犯罪等严重犯罪）的处理比以往更重，即重者更重（“重重”）。这种“轻轻”和“重重”，针对的是以前对各种犯罪处以的刑罚，而在没有实施“轻轻重重”的刑事政策之前，则严格依据刑事法律规定对犯罪处以相应的刑罚，所以，也就是指比刑事法律的规定对轻微犯罪处以更轻的刑罚，而对严重的犯罪处以更重的刑罚。[①]劫持人质罪作为一种恐怖犯罪与严重犯罪，理应采取严厉打击政策，处以比以往更加重的刑罚。然而，我国目前尚未有劫持人质罪，无法对其施以比以往更重的刑罚，故此，为了贯彻落实“轻轻重重”刑事政策，遏制劫持人质行为的发生，设立劫持人质罪势在必行。

四、未来刑法趋势作指引

未来的刑法趋势不再拘泥于本国实情，随着经济全球化程度的不断加深，国与国之间已经不再是纯粹独立的个体，国际社会已经成为一个高度结合的紧密实体，各国的发展必须基于国际社会的发展。作为国际社会中的一员，我国法制的完善与健全，也离不开国际社会。为了能够有效打击国际社会普遍认可的国际罪行，我国现行刑法已将部分国际公约中规定的国际犯罪转化为了国内具体罪行，以此加强对某些罪行的规制。例如，我国刑法规定了第114条、第115条第1款爆炸罪，第120条之一资助恐怖活动罪，第123条暴力危及飞行安全罪，第125条第2款非法制造、买卖、运输、储存危险物质罪，第239条绑架罪等罪名，实现了与国际反恐公约的部分衔接。[②] 另外，基于我国已加入的《联合国反腐败公约》中规定的影响力交易犯罪，《刑法修正案（七）》新增了利用影响力受贿罪；基于《关于制止非法劫持航空器的公约》（我国于1980年9月10日加入该公约），刑法第101条规定了劫持航空器罪，等等。但是，从我国已缔结和加入的国际反恐条约来看（包括《反对劫持人质国际公约》），与国内刑法的合理对接还远远不够，这不仅不利于我国履行国际反恐义务和国际反恐合作，更有碍于我国充分利用国际反恐法律有力打击恐怖活动犯罪。因此，这类转化型罪名的逐渐增加，预示着在我国设立劫持人质罪已不再是天方夜谭，只要按照我国《宪法》和《立法法》的相关规定进行转化立法，是完全有可能将这一国际罪名转化为国内具体罪名加以规制的。

与此同时，我国刑法学界已经就反恐刑法的立法完善展开了激烈的讨论，并将注意力集中于刑法分则。大多数刑法学家都提出建议，应该在我国刑法分则中增设国际犯罪的相关罪名。例如，有学者建议，根据《制止危及大陆架固定平台安全非法行为议定书》、《制止危及海上航行安全非法行为公约》、《关于防止和惩处侵害应受国际保护人员包括外交代表的罪行公约》、《联合国海洋法公约》和《万国邮政公约》的相关规定，增设危害大陆架固定平台安全罪、危害海上航行安全罪、侵害受国际保护人员罪、海盗罪和非法邮寄危险物质罪。[③] 更有学者指出，凡是中国已经缔结或者参加的国际条约中所规定的国际罪行，在我国刑法中尚无相关条款的，均应该以刑法修正案的方式增补为新罪并纳入刑法典或者以特别刑

---

① 房绪兴：《“宽严相济”与“轻轻重重”的刑事政策》，载《中国人民公安大学学报》（社会科学版）2008年第1期。

② 依据刑法第9条的规定，为贯彻罪刑法定原则并加强对恐怖主义的打击，我国对13部国际反恐公约中规定的国际犯罪，大多在国内刑法上有所照应。

③ 转引自张泗汉：《惩治恐怖活动犯罪的刑事立法完善》，载《山东警察学院学报》2006年第2期。

法的方式增设为新罪并在刑法典修订时纳入刑法典分则的有关章节之中。[①] 笔者认为，根据我国加入的《反对劫持人质国际公约》，增设劫持人质罪也是大势所趋。

另外，世界各国及地区刑法的发展趋势也预示着未来的我国刑法应该设立劫持人质罪。晚近几十年来，很多国家和地区纷纷完善刑法立法，加大预防和惩治恐怖主义犯罪的力度。例如1948年，以色列颁布了《预防恐怖主义条例》，明确界定了“恐怖组织”、“恐怖组织成员”的概念，规定了相关刑事责任，并在国内刑法中引入专门的反恐条款；德国、法国、俄罗斯、古巴等国则在刑法典中增加特别条款，或是制定单行刑法；英国、美国、澳大利亚等国则是制定专门反恐法，包括大量的犯罪与刑罚内容；中国香港特别行政区于2002年7月通过了《联合国〈反恐怖主义措施〉条例》，并于2004年7月进行修正，规定了资助恐怖分子、为恐怖组织招募成员等犯罪与刑罚；中国澳门特别行政区则于2006年3月30日通过了《预防及遏止恐怖主义犯罪》法案，规定了发起、创立、加入、支持恐怖组织等若干专门罪名，特殊规定了犯罪人的刑事责任；中国台湾地区于2002年11月公布了“反恐怖行动法（草案）”，其中规定了恐怖行动罪、参加恐怖组织罪和资助恐怖组织活动罪等内容。[②] 据此可知，完善预防和惩治恐怖主义犯罪的相关规定，设立劫持人质罪这一恐怖主义罪名，已经成为世界各国及地区刑法的发展趋势。

---

① 张智辉：《提高刑法立法的科学化程度》，载《人民检察》2007年第17期。

② 杜邈：《反恐刑法立法研究》，法律出版社2009年版，第2—3页。

第三章　对我国设立劫持人质罪的初步设想

鉴于我国设立劫持人质罪有其必要性和可能性，笔者以为，我国可以考虑在现行刑法中单独设立劫持人质罪，或以单行刑法的形式，或在专门的反恐法中单独设章，对劫持人质罪进行专门规制。

第一节　立法模式之设想

综观世界各国反恐立法情况，主要有三种模式：一是单行法模式，即由国家立法机关专门通过一部单行的反恐怖主义法，将有关反恐怖的法律关系及其调整范围都统一在一部法中予以规定。例如美国、英国、澳大利亚、加拿大等英美法系国家等采用了这种模式，制定了本国单独的反恐法律。二是附列法模式，即通过大规模修改国内相关的一系列法律，把防范和打击恐怖主义的法律问题附列在其他法律中，予以规范化。德国、西班牙等国家即采取这种方法。三是综合法模式，即同时存在单行法和附列法。这种模式是综合了单行法较为集中地调整和恐怖主义有关的法律关系，不需要废除、修改大量的其他法律等优点以及附列法可以全面清理和恐怖主义有关的法律法规，把不合时宜的法律条文清理出来等优点，是现在比较流行的反恐立法模式。从我国的立法惯例来看，我国立法机关很少有为了调整某个法律关系而修改其他“一揽子”法律的先例。有鉴于此，笔者认为，从长远来看，我国应加快反恐立法的步伐，尽早出台《中华人民共和国反恐法》，将“劫持人质罪”作为其中的一个章节，专门规定在反恐法中，使之兼具刑事实体法与刑事程序法，从而对本罪的规制更加详细具体，更具可操作性。

然而，基于目前我国的法制现状，对反恐单行法的出台不能急于求成，需要循序渐进，逐步建立与完善，为此，现阶段的反恐工作仍要依托于现行刑法，在这个基本框架下设立我国的劫持人质罪。笔者以为，我国是一个注重成文法的国家，重视法律体系的规范性和完整性，刑法在我国法律体系中具有基本法律部门地位的标志，故此，刑法的立法模式在我国具有天然的优越性，可为现阶段我国反恐立法的主要模式，可以最大限度地发挥刑法在反恐斗争中的积极功能。设立劫持人质罪也应基于这一立法模式。

刑法典立法模式强调刑法典在反恐斗争中的地位和作用，将与恐怖主义和相关犯罪的专门内容规定在刑法典中，以此作为最主要、最基本的立法形式，不需要参考、借鉴其他法律。目前，越来越多的国家和地区以刑法典为核心建构反恐刑法体系。按照专门反恐内容在刑法典体系中的不同位置，刑法典模式可分为结合型和分则型。①

---

① 杜邈：《反恐刑法立法研究》，法律出版社2009年版，第121—123页。

一、结合型

一些国家采用刑法典总则和分则相结合的方式，专门规定一系列反恐内容。如意大利、法国、俄罗斯、奥地利等国。结合型立法模式能够发挥刑法典总则和分则的不同特点，在总则中，规定恐怖主义犯罪的特殊刑事管辖权，追诉时效或刑事责任年龄等内容；在分则中，规定恐怖主义犯罪和相关犯罪的概念、构成要件、刑事责任和刑罚，两者相互衔接与配合，共同作为预防和惩治恐怖主义犯罪的专门性手段和工具。

二、分则型

一些国家仅仅在刑法典分则中规定专门反恐内容，刑法总则仍属于一般性规定，并未体现反恐怖主义之特色，如澳大利亚、西班牙、德国等国。分则立法模式在刑法典分则中建构了特殊的反恐罪名体系，有利于应对实践中出现的复杂情况。同时，这些特殊罪名在司法适用中仍需遵循刑法总则的一般规定，保持了刑法典体系的稳定性和统一性。

考虑到我国的立法习惯，以及目前我国的立法技术、社会现状与承受能力等因素，立刻大篇幅、大规模地修改刑法会带来人力与物力的过分消耗，为保证本罪设立过程的平稳有序，我国设立劫持人质罪宜采用分则型刑法立法模式，从刑法最基础、最容易、最方便调整修改的部分（刑法分则）入手，待立法时机成熟之后，再全面、系统地对刑法进行修订，包括对刑法总则的修订，同时充分发挥刑法解释作用，通过有权机关的相关解释，来完善本罪的判定与执行，最终完善我国反恐刑法。

第二节　刑罚配置之设想

刑罚是立法机关在刑法中规定的以剥夺犯罪人一定权利为内容，表现对犯罪人及其罪行最严厉否定性评价和谴责的强制性措施的总称。刑法配置则是具体的刑罚创制活动，是立法机关在刑事法律中设置刑罚种类并依据一定的原则和要求对各罪行分配、布置和确定施加何种刑罚以及多重刑罚的刑事立法活动。① 刑罚的配置应该以人道性、均衡性以及协调性为基本要求，对具体的罪行施以科学的刑罚。我国的刑罚种类的设置包括死刑、自由刑、财产刑和资格刑。其中死刑与自由刑是主刑；财产刑与资格型是附加刑。目前，我国反恐罪行的刑罚配置尚不科学，配置劫持人质罪的刑罚时，应引以为戒。

一、我国反恐罪行刑罚配置的现状

在我国反恐刑法中，具体犯罪的刑罚配置是以该犯罪的社会危害性所能达到的最高程度和最低程度为依据的。由于法定刑是立法者对具体犯罪的社会危害性及其程度科学认识的结果，所以它又是我国衡量罪行轻重的根据。

（一）刑罚种类的配置

我国反恐刑法的刑种包括管制、拘役、有期徒刑、无期徒刑四种主刑和罚金、没收财产、剥夺政治权利三种附加刑，几乎涵盖了所有刑罚种类。由此可见，无期徒刑已经是我国反恐刑法中最为严厉的刑罚种类，有期徒刑则是最为常见的主刑种类，需要指出的是，有期徒刑在我国反恐刑法的刑罚体系中居于中心地位，其刑罚幅度变化大，具有较强的可分性，

---

① 邓文莉：《刑罚配置论纲》，中国人民公安大学出版社 2009 年版，第 7 页。

既可以作为重刑适用于严重的恐怖活动犯罪，又可作为中度刑罚适应于危害居中的恐怖活动犯罪，还可以作为轻刑适用于危害较轻的恐怖活动犯罪。另外，拘役和管制作为反恐刑法中较为轻微的自由刑，也在惩治恐怖主义犯罪中发挥着自身的作用。当然，像没收财产、罚金、剥夺政治权利、驱逐出境等附加刑的使用，体现了我国对恐怖主义势力的从严打击。（具体涉恐罪名的刑罚种类，可见表1）

（二）刑罚幅度的配置

任何刑法的适用都必须以具体的犯罪行为为前提，而具体犯罪行为又必须对应相应的刑罚幅度。我国刑法根据犯罪人的主观恶性和犯罪的社会危害性的不同，区别设置了刑罚的量刑幅度。（具体涉恐罪名的刑罚幅度，可见表1）

（三）刑罚轻重的配置

由于我国反恐刑法根据犯罪情节等体现社会危害程度的具体犯罪行为，设立了不同档次的刑罚种类与刑罚幅度，对犯罪人判处刑罚时，就必须在法定刑范围内选择与犯罪行为相适应的刑罚幅度。为此，总体上看，我国现行刑法中规定的五种涉恐具体犯罪行为，配置了不同的刑罚种类、刑罚幅度和刑罚制裁制度，这体现了罪责刑相适应原则，做到了重罪重罚、轻罪轻罚、罪刑相称。

（四）刑罚裁量情节的配置

我国反恐刑法中关于刑罚裁量的唯一专门规定是现行刑法第120条第2款，行为人组织、领导、参加恐怖组织而又同时实施了杀人、爆炸、绑架等犯罪行为的，应按照刑法分则规定的相应犯罪定罪，并与组织、领导、参加恐怖组织罪实行数罪并罚。这一数罪并罚的规定，体现了法律从重打击涉恐犯罪的精神。另外，行为人为实现杀人、绑架、爆炸等恐怖活动目的的过程中，往往以组织、领导、参加恐怖活动组织为手段，这种目的与手段的构成的关系，即为我国刑法中的牵连关系。对于牵连犯，既有从一重处断的规定，也有数罪并罚的规定。就组织、领导、参加恐怖组织罪而言，我国刑法之所以规定了数罪并罚的刑法裁量制度，正是考虑到这是两种性质完全不同的行为，前后行为之间具有独立性。将目的行为与手段行为单独评价，既反映了犯罪活动的暴力性和直接危害性，又反映了犯罪活动的“恐怖”色彩，做到了罚当其罪。（具体涉恐罪名的刑罚裁量情节，可见表1）

表1：我国反恐刑法相关罪名的刑罚配置①

具体犯罪行为	刑罚种类	刑罚幅度	刑罚裁量
组织、领导恐怖活动活动组织	有期徒刑、无期徒刑	十年以上有期徒刑或者无期徒刑	数罪并罚
资助恐怖活动（情节严重）	有期徒刑、罚金、没收财产	五年以上有期徒刑，并处罚金或者没收财产	无
积极参加恐怖活动组织	有期徒刑	三年以上十年以下有期徒刑	数罪并罚

① 杜邈：《反恐刑法立法研究》，法律出版社2009年版，第255页。

续表

具体犯罪行为	刑罚种类	刑罚幅度	刑罚裁量
资助恐怖活动（一般性）	有期徒刑、拘役、管制、剥夺政治权利、罚金	五年以下有期徒刑、拘役、管制或者剥夺政治权利，并处罚金	无
其他参加恐怖活动组织	有期徒刑、拘役、管制、剥夺政治权利	三年以下有期徒刑、拘役、管制或者剥夺政治权利	数罪并罚

当然，目前我国部分反恐罪行刑罚配置还不够科学合理，亟待完善。具体表现在量刑幅度过轻、刑种设置上缺少死刑、某些涉恐罪名的财产刑配置有失妥当、法定量刑情节的规定不足等方面，这为我国劫持人质罪的设立提供了前车之鉴。

二、劫持人质罪刑罚配置之设想

刑罚的选择是考虑诸多因素的结果，应具有量方面大小的可感受性、本身的平等性、可成比例性、与罪行的相似性、示范性、经济性、改善性、受人欢迎的程度，等等。① 基于我国反恐罪行刑罚配置仍不科学这一现状，笔者尝试从刑种、刑罚幅度、刑罚裁量三个角度对劫持人质罪的刑罚配置予以设想。

（一）刑种之设想

死刑作为一个悠久的刑种，它是以剥夺犯罪人生命为内容的刑罚方法。由于我国目前正处于体制转轨、社会转型、严重犯罪愈演愈烈、民众报应情感强烈的社会大背景中，完全废除死刑的时机尚不成熟，故此，我国一直保留着死刑这一刑种，为维护社会稳定，满足民众的报应情感发挥着重要作用。恐怖主义犯罪的行为人主观恶性极大、社会危害性极强，他们给社会、国家、民众造成的损失不可计量，可以说是罪行极其严重的犯罪分子。对涉恐罪名配以死刑，在情在理，符合人们的自然报应感情和社会正义需求。劫持人质罪作为这种严重的犯罪行为，对其施以死刑，能够满足社会及民众的报应心理与报应情感，达到惩罚犯罪分子与稳定社会的统一。

自由刑是一种以剥夺或限制犯罪人人身自由为内容的一类刑罚方法，包括剥夺自由刑和限制自由刑。自由刑存在的主要理由有四：一是对罪犯的人身自由进行限制或剥夺，也就是为了对社会和个人自由的保护和支持；二是在自由日益成为人类最基本存在价值的当代文明社会，自由刑无疑将对犯罪人带来失去自由的深刻痛苦，这种痛苦能够使被害人的报复情感得以满足，从而消除社会的紧张情绪，恢复社会的安全感和正义感，重塑和强化社会公众的法情感与法意识；三是自由刑的可分割性使其能够较好地实现刑罪的相称和均衡；四是自由刑在各国刑罚体系中依然无可辩驳地处于中心地位。② 总之，在人们尚未探寻和研究出一套较自由刑更为良好的刑罚方法之前，自由刑的存在仍有价值，并且还将在相当长的一段时间内处于刑罚体系的中心地位。由此可见，对劫持人质罪配以自由刑，是对这类犯罪分子的常用刑种，也是惩治该罪行的首选刑种，可以说，对这类罪犯施以自由刑，实质上是“以其人之道还治其人之身”，他们侵犯了被害人的自由，我们也用剥夺或限制他们自由的方法来

① 吴宗宪等：《非监禁刑研究》，中国人民公安大学出版社2003年版，第66—67页。

② 邓文莉：《刑罚配置论纲》，中国人民公安大学出版社2009年版，第95—98页。

惩罚他们，使他们意识到尊重和维护他人自由的重要性。用马克思的话来说："自由是罪犯的本质属性，因此，罪犯在侵犯自由时也就是在侵害他自己，这种侵害自己的罪行对他来说就是一种惩罚，他认为这种惩罚就是对他自由的承认。"①

财产刑是一类刑种的总称，它以剥夺犯罪人的财产（包括金钱和财物）为内容。当今，在废除死刑的浪潮中，财产刑作为刑罚方法，既符合刑罚的报应和功利的综合配刑要求，又具备经济性、人道性等优点。对犯劫持人质罪的犯罪分子施以财产刑，能够很好地满足预防犯罪的刑罚功利需求，尤其是对贪利性的劫持人质罪犯，他们往往是想通过人质的影响力来强迫第三方给予钱财，以此实现犯罪目的，然而，对其实施财产刑，使其"偷鸡不成反蚀把米"，欲得反亏，能够在一定程度上遏制犯罪分子的欲念，同时，通过剥夺犯罪分子有限且珍贵的财产，还能够铲除犯罪分子邪恶的金钱观，纠正犯罪分子错误的价值观，给他们造成一种痛苦或不愉快，达到惩戒的刑罚目的。

资格刑也是一类刑种的总称，它是指以剥夺犯罪人一定身份和地位，从而禁止其享有相关权利或者禁止从事某种活动为内容的刑罚方法。由于资格刑完全具备刑罚的惩罚功能，能够在一定程度和范围内满足社会对犯罪恶害的报应情感，能够满足预防犯罪的需要等优点，所以，世界各国都在不同程度上保留了资格刑。而且，随着我国民主制度的不断深入发展，国家赋予公民参与管理国家和公共事务的权利和机会日益增多，剥夺和限制犯罪人享有权利以及禁止其从事某种活动变得更具有普遍性和可能性。故此，在设立劫持人质罪的过程中，对犯罪情节严重，社会影响恶劣的犯罪分子，附加必要的资格刑，显然是法律对犯罪分子的严惩，是对犯罪分子的釜底抽薪。

（二）刑罚幅度之设想

反恐刑法的刑罚幅度配置是否合理，关系到刑罚功能的正常发挥与刑罚目的的有效实现。刑罚幅度如果过窄，甚至配置绝对确定的法定刑，很可能难以实现个案的区别对待；刑罚幅度如果过宽，又容易使法官的自由裁量权过大，易出现轻纵或过枉。笔者认为，本罪的设立应采取相对确定的法定刑，即在刑法条文中规定一定的刑种和量刑幅度，并针对犯罪的情节、后果的不同情况，相应地规定最高刑和最低刑。配置这种量刑幅度，不仅可以给司法活动留下较大的裁量空间，还可以有效限制法官的自由裁量权，防止刑罚权的滥用。

（三）刑法裁量之设想

针对我国反恐刑法法定量刑情节的规定不足的现状，劫持人质罪的设立过程，应该考虑一定的量刑情节，例如，体现犯罪人更强社会危害性的劫持人质的目的；劫持人质过程中的其他恐怖、暴力等行为；劫持人质后对人质采取的侵犯人质其他人身权利的行为；等等。具体而言，可以分为从严情节与从宽情节。

1. 从严情节

从严情节是指对犯罪人决定刑罚时，应在法定幅度刑范围内适用较重的刑种和较长的刑期，或适用更高的法定刑的情节要件。② 对劫持人质罪配以从严情节，目的在于体现严厉惩治劫持人质行为的立场。根据国际社会典型国家的刑法立法例以及我国刑法的立法习惯，主要可以从犯罪主体、犯罪手段、犯罪对象、犯罪结果、数罪并罚等方面予以考虑。据此，劫

---

① 《马克思恩格斯全集》（第1卷），人民出版社1961年版，第71页。

② 高铭暄、马克昌：《刑法学》，北京大学出版社、高等教育出版社2007年版，第280页。

持人质罪的从严情节也可以从这几个角度来考虑：

A. 犯罪主体。可以将行为人的特殊身份作为加重处罚的依据，主要包括劫持人质活动的策划、指挥者等。

B. 犯罪手段。这里包括重复实施劫持人质行为（即行为人重复、多次实施劫持人质行为，这体现了更强的社会危险性，应当加重处罚）；有组织实施劫持人质行为（即通过组织形式实施劫持人质行为，应当加重处罚）；拥有或使用特殊犯罪工具实施劫持人质行为（即使用具有高危险性或具有大规模杀伤效能的工具进行劫持人质活动）。

C. 犯罪对象。可以将劫持人质行为侵害对象的特殊性作为加重处罚的依据，例如，劫持对象是国家元首、外国使节等政界要员等。

D. 犯罪结果。行为人实施劫持人质罪的构成要件的行为，造成了基本犯罪构成要件之外的严重结果，应当加重其法定刑。

E. 数罪并罚。与组织、领导、参加恐怖组织罪一样，实施劫持人质的过程中又同时侵害其他法益的，应根据吸收原则、并科原则或者限制加重原则予以数罪并罚。

此外，我国现行刑法中已有关于从严情节的规定，例如，关于累犯的规定、关于附加刑的规定等，这些规定的同时适用也是对劫持人质行为人的从严处罚。

2. 从宽情节

从宽情节主要包括减轻处罚和免予处罚情节。减轻处罚是指在该罪的法定刑幅度以下处罚；免予处罚是指对犯罪分子作有罪判决的同时，免予其刑罚。笔者以为，本罪的从宽情节可以从犯罪中止、自首、立功、坦白这几方面来考虑。

A. 犯罪中止、自首、立功。由于劫持人质罪具备特殊的危害性，如果本罪犯罪人具有中止、自首或立功情节的，能够体现其人身危险性的降低，有利于打击劫持人质犯罪行为的开展。所以，通过对本罪犯罪人规定中止、自首或立功等从宽情节，可以最大限度地减少本罪给人质、社会造成的扩大化影响。

B. 坦白。设置坦白这一从宽情节，目的仍是鼓励更多的犯罪人交代公安司法机关未能掌握的其他犯罪事实，以利于公安司法机关对整个犯罪集团的罪行的侦破。

综上，某一类刑罚绝不能同时具备量方面大小的可感受性，本身的平等性、可成比例性、与罪行的相似性、示范性、经济性、改善性、受人欢迎性等属性，为找到我国所需要的结构体，就必须将它们结合起来，使其类别不同，有机组合。具体为，结合死刑、自由刑、财产刑及资格刑的相关优势，我国设立劫持人质罪，应该针对犯罪分子的主观恶性，不同的犯罪情节、犯罪环境、犯罪目的、犯罪手段、犯罪对象、犯罪结果等裁量情节，具体问题具体分析，详细对劫持人质罪的刑种量刑配置予以科学的设计，将本罪的构成要件根据情节轻重分成若干等级，相应地将幅度很大的罪种法定刑罚幅度再分解为若干数量的幅度相对较小的量刑档次，从而实现刑种多元化，罪种法定刑罚幅度相对确定化。

第三节　法条描述之设想

设立劫持人质罪，一定要界定清楚本罪的概念，在分则中可以通过总括和列举相结合的方法对劫持人质罪的犯罪构成、量刑情节等进行详细描述。此外，还应根据犯罪情节等体现社会危害程度的具体犯罪行为，设立不同档次的刑罚种类和刑罚幅度，在犯罪人判处刑罚时，必须在法定刑的范围内选择与犯罪行为相适应的刑罚幅度，做到科学配置刑罚种类、刑罚幅度与刑法裁量。基于前文所述，笔者试图草拟刑法修正案（×），对劫持人质罪进行规定。

本条分为3款：第一款规定劫持人质罪的外延与内涵及其基本刑；第二款规定劫持人质罪的加重情形；第三款规定本罪的从宽情形。具体设计为：

第××条　任何个人、国家或组织非法劫持或扣押人质，并以杀死、伤害或继续扣押人质相威胁，强迫第三方作或不作某种行为，以此作为释放人质的条件的，处十年以上有期徒刑。

劫持人质，有下列情形之一的，处无期徒刑或死刑，并处没收财产：

1. 犯罪人在劫持人质的过程中对被劫持人进行虐待、辱骂、殴打、强奸致被劫持人重伤、死亡等严重侵犯被劫持人人身权利的；

2. 共同劫持人质中的策划者、指挥者、主要参与者；

3. 事先通谋，有组织地实施劫持人质行为的；

4. 多次实施劫持人质行为的；

5. 劫持国家元首、政府首脑、外国使节等受国际保护人员的；

6. 劫持人质过程中使用武器或者其他具有高危险性或具有大规模杀伤效能的工具的；

7. 故意对未成年人实施劫持的；

8. 故意对孕妇实施劫持的；

9. 致使被劫持人其他严重后果的。

劫持人质，有下列情形之一的，处三年以上十年以下有期徒刑，并处剥夺政治权利或罚金：

1. 犯罪人自动、安全释放人质，且行为人没有其他犯罪行为的；

2. 犯罪人不阻碍人质逃脱，且行为人没有其他犯罪行为的；

3. 犯罪人按照公安司法机关的要求主动释放人质，且行为人没有其他犯罪行为的；

4. 犯罪人其他中止、自首、立功和坦白的行为。

结　　论

“9·11”恐怖事件的浓烟虽已渐渐消散，可是，要彻底消除恐怖主义的现实威胁，所有关爱人民福祉、追求世界和谐的国家，都应当为之付出努力，特别是劫持人质犯罪作为恐怖主义犯罪的一种犯罪形式，集合了传统恐怖主义犯罪与新型恐怖主义犯罪的特征，使其在各类恐怖主义犯罪中更加突出，逐渐成为社会危害性较大的恐怖主义犯罪。我国的反恐立法起步较晚，存在罪名不齐全、刑罚配置不科学等不足，这些问题若得不到立法者的足够重视与关注，得不到合理有效的解决，势必会影响我国对所加入国际反恐公约的贯彻落实；势必会影响我国与国际社会的反恐合作。我们需要体现现代法治观念和时代精神的崭新面貌的反恐刑法，而反恐刑事法治的理想，仅仅依靠几项刑法原则的立法化或几句宣言式法律规则的提出是无法真正实现的，为此，反恐立法走出的每一步应该是坚实且具体的。我国设立劫持人质罪可以说是我国反恐立法需要走出的必经一步，不仅弥补了我国反恐刑法的法律漏洞，完善了我国刑法分则体系，丰富了我国反恐刑事立法的内容，还为我国今后制定《中华人民共和国反恐法》这一专门性反恐法律奠定了基础。

目前，劫持人质罪的设立，应该以刑法修正案的方式增补为新罪并纳入刑法，或者以特别刑法的方式增设为新罪并在刑法修订时纳入刑法分则的有关章节之中，待立法时机成熟时，可以制定《中华人民共和国反恐法》，与刑法相衔接。

需要注意的是，在本罪的设立过程中，还存在一些难点，例如在立法时机、立法技术、立法取向、立法适用等方面，仍需要立法者深思熟虑。配套的解释，包括立法解释、司法解释等，也应该由有权部门逐步建立与完善。

参考文献

一、中文部分

（一）著作类

1. ［美］M. 谢里夫·巴西奥尼：《国际刑法的渊源与内涵——理论体系》，王秀梅译，法律出版社 2003 年版。
2. ［美］M. 谢里夫·巴西奥尼：《国际刑法导论》，赵秉志等译，法律出版社 2006 年版。
3. 赵秉志：《中国反恐立法专论》，中国人民公安大学出版社 2007 年版。
4. 王世洲：《现代国际刑法学原理》，中国人民公安大学出版社 2009 年版。
5. 张智辉：《国际刑法通论》，中国政法大学出版社 2009 年版。
6. 贾宇：《国际刑法》，中国政法大学出版社 2004 年版。
7. 高铭暄、马克昌：《刑法学》，北京大学出版社、高等教育出版社 2007 年版。
8. 邵津：《国际法》，北京大学出版社、高等教育出版社 2005 年版。
9. 邵沙平：《国际刑法——经济全球化与国际犯罪的法律控制》，武汉大学出版社 2005 年版。
10. 马呈元：《国际刑法论》，中国政法大学出版社 2008 年版。
11. 《德国刑法典》，徐久生、庄敬华译，中国方正出版社 2002 年版。
12. 《法国刑法典刑事诉讼法典》，罗结珍译，国际文化出版公司 1997 年版。
13. 《日本刑法典》，张明楷译，法律出版社 1998 年版。
14. 《英国刑法》，李贵方等译，法律出版社 2000 年版。
15. 《美国模范刑法典》，陈耀东译，载《各国刑法汇编》（下），台湾司法通讯社 1980 年版。
16. 储槐植：《美国刑法》（第二版），北京大学出版社 1996 年版。
17. 《加拿大刑事法典》，卞建林等译，中国政法大学出版社 1999 年版。
18. 任高潮、杜发全：《量刑建议的理论与实务——以宽严相济刑事政策为视角》，中国检察出版社 2009 年版。
19. 许福生：《刑事政策学》，中国民主法制出版社 2006 年版。
20. 杜邈：《反恐刑法立法研究》，法律出版社 2009 年版。
21. 邓文莉：《刑罚配置论纲》，中国人民公安大学出版社 2009 年版。
22. 黄太云：《立法解读：刑法修正案及刑法立法解释》，人民法院出版社 2006 年版。
23. 吴宗宪等：《非监禁刑研究》，中国人民公安大学出版社 2003 年版。
24. 李慧智：《反恐学》，人民出版社 2003 年版。
25. 赵秉志：《国际恐怖主义犯罪及其防治对策专论》，中国人民公安大学出版社 2005 年版。

26. 曾粤兴：《刑法学方法的一般理论》，人民出版社 2005 年版。
27. 段洁龙：《国际反恐法律文件汇编》，海洋出版社 2009 年版。
28. 赵永琛、杜邈：《区域反恐约章汇编》，中国人民公安大学出版社 2009 年版。

（二）论文类

1.［美］哈尔穆特·J. 艾普：《恐怖主义与国际刑事合作》，张智辉、王秀梅、郝兴旺译，载《中国刑事法杂志》2003 年第 3 期。
2.［西］胡塞·路易斯·德拉奎斯塔：《西班牙的反恐立法：基于刑事法视角的考察》，杜邈译，载《中国刑事法杂志》2008 年第 1 期。
3. 李英：《认定劫持人质罪的国际法原则》，载《国际关系学院学报》2006 年第 2 期。
4. 李英：《论劫持人质罪的认定》，载《求实》2004 年第 S4 期。
5. 李群英：《国外劫持人质犯罪立法对我国的启示》，载《公安研究》2006 年第 7 期。
6. 陈兴良：《宽严相济刑事政策研究》，载《法学杂志》2006 年第 1 期。
7. 赵永琛：《国际反恐怖主义法的若干问题》，载《中国人民公安大学学报》2002 年第 3 期。
8. 许发民：《论刑法应然性研究的“合法性”——兼论刑法学研究范围及其方法》，载《法律科学》（西北政法学院学报）2003 年第 5 期。
9. 张旭：《恐怖主义犯罪的惩治与防范：现状、问题与应对》，载《国家检察官学院学报》2004 年第 4 期。
10. 房绪兴：《“宽严相济”与“轻轻重重”的刑事政策》，载《中国人民公安大学学报》（社会科学版）2008 年第 1 期。
11. 张泗汉：《惩治恐怖活动犯罪的刑事立法完善》，载《山东警察学院学报》2006 年第 2 期。
12. 张智辉：《提高刑法立法的科学化程度》，载《人民检察》2007 年第 17 期。
13. 喻义东：《论恐怖主义犯罪在刑法分则中的地位》，载《法学》2005 年第 2 期。
14. 莫洪宪、王明星：《我国对恐怖主义犯罪的刑法控制及立法完善》，载《法商研究》2003 年第 6 期。
15. 赵秉志、王秀梅：《国际恐怖主义犯罪及其惩治理念》，载《江海学刊》2002 年第 4 期。
16. 许桂敏：《浅谈俄罗斯关于恐怖主义犯罪问题的立法》，载《俄罗斯中亚东欧研究》2008 年第 1 期。

（三）法条类

1.《反对劫持人质国际公约》
2.《国际刑事法院规约》
3.《伊斯兰教组织公约》
4.《美国法典》
5.《德国刑法典》
6.《法国刑法典》
7.《日本刑法典》
8.《俄罗斯刑法典》

9.《美国模范刑法典》
10.《加拿大刑事法典》
11.《欧洲制止恐怖主义公约》
12.《欧洲联盟理事会打击恐怖主义框架决议》
13.《关于修订欧洲制止恐怖主义公约的议定书》
14.《欧洲理事会反资助恐怖主义、洗钱与没收恐怖主义犯罪收益公约》
15.《独立国家联合体成员国打击恐怖主义合作条约》
16.《美洲国家组织反恐怖主义公约》
17.《美洲反恐怖主义公约》
18.《非洲统一组织预防和打击恐怖主义公约》
19.《阿拉伯国家联盟制止恐怖主义公约》
20.《伊斯兰会议组织打击国际恐怖主义公约》
21.《南亚区域合作联盟反恐怖主义公约》
22.《东南亚国家联盟反恐怖主义公约》
23.《关于防止和惩处侵害应受国际保护人员包括外交代表的罪行的公约》
24.《关于国际恐怖主义的全面公约（草案）》
25.《补充1994年〈消除国际恐怖主义措施宣言〉的宣言》
26.《消除国际恐怖主义的措施》

二、外文部分

1. M. Cherif Bassiouni, *Legal Control of International Terrorism: A Policy - Oriented Assessment*, Harvard International Law Journal, 43 Harvard. Int1 L. J. 83, 2002.

2. Antonio Cassese, *International Criminal Law (Second Edition)*, Oxford University Press 2008.

3. Lucy Martinez, *Prosecuting terrorists at the international criminal court, possibilities and problems.* Rutgers Law Journal, 34 Rutgers L. J. 1, 2002.

4. James D. Fry, *Terrorism as a crime against humanity and genocide: the backdoor to universal jurisdiction*, UCLA Journal of International Law and Foreign Affairs, 7 UCLA J. Int' l L. & For. Aff. 169, 2002.

5. Eric Bales, *Torturing the Rome Statute: the attempt to bring guantanamo's detainees within the jurisdiction of the international criminal court*, Tulsa Journal of Comparative & International Law, 2009, 16 Tulsa J. Comp. & Int' l L. 173.

6. Cyber Terrorism And Information Warfare: *Threats And Responses (Yonah Alexander and Michael S. Swetnam, eds. Transnational Publishers, Inc.* 2001).

7. Lucy Martinez, *Prosecuting terrorists at the international criminal court, possibilities and problems.* Rutgers Law Journal, 34 Rutgers L. J. 1, 2002.

专题六

毒　品　罪

——以刑事司法协助为研究重点

贺梦琳

导　论

随着世界经济的发展、国家交往的深入，毒品犯罪在全球蔓延。毒品对人类的危害不言而喻，所以各国政府无不对遏制毒品犯罪的策略与措施予以高度关注。惩治毒品犯罪需要通过司法手段，对毒品犯罪行为人科以刑罚，最终达到制止犯罪和预防犯罪的目的。这有赖于司法部门严格按照法律规定，依照法定的程序和规范，查明毒品犯罪事实，对毒品犯罪行为不枉不纵，有效打击毒品犯罪行为。目前，我国借助国际合作处理的毒品犯罪刑事案件数量快速增长，不少大案要案牵扯其中。国际刑事司法协助在打击毒品犯罪、维护人权和保障公正司法方面则显得尤为重要。

《1961 年麻醉品单一公约》、《1971 年精神药物公约》以及《联合国禁止非法贩运麻醉药品和精神药物公约》三个国际公约对参加条约的国家作出如下要求：相关国家须建立起广泛而有效的制度性联系，并在这种制度框架内采取各种措施进行国际刑事司法合作。另一个关于刑事司法协助方面的公约则是《联合国打击跨国有组织犯罪公约》。它确立了通过促进国际合作，更加有效地预防和打击跨国有组织犯罪的宗旨，为各国开展打击跨国有组织犯罪的合作提供了法律基础。公约规定缔约国应采取必要的立法和其他措施，将参加有组织犯罪集团、洗钱、腐败和妨碍司法等行为规定为刑事犯罪。在协定方面，欧洲起步较早，申根成员国的申根协议①和后来的海牙计划②都在《联合国打击跨国有组织犯罪公约》的框架内，确立了紧密的刑事司法合作模式，甚至欧洲警察学院（European Police College）都设置了专门的国际警察培训科目。在发展中国家中，基于自身的科学技术水平以及地理位置原因，通常是成立区域性刑事司法合作组织来协调。比如非洲南部的国家根据《联合国打击跨国有组织犯罪公约》而成立的南非区域警长合作组织（Southern African Regional Police Chiefs Cooperation Organisations，SARPCCO）一直致力于该区域的国际犯罪打击和刑事司法合作。我国在 2009 年由粤港澳三地警方代表在广州签署了网上合作平台建设谅解备忘录，并共同开通了网上合作平台。

在具体的实践中，《联合国打击跨国有组织犯罪公约》缔约国几乎每一年都会举行相关会议，商讨如何打击跨国有组织犯罪。近几年的重点就在于如何分享和利用警情咨询，会议决定保留技术援助政府间工作组并继续开展工作。中国代表团则是一直要求加强国际合作领

---

① 申根协议：一项欧洲国家间的条约协议，其签约目的是取消相互之间的边境检查点，并协调对申根区之外的边境控制。即在成员国相互之间取消边境管制，持有任一成员国有效身份证或签证的人可以在所有成员国境内自由流动。

② 海牙计划（Hague Programme）由欧洲四理事会于 2004 年 11 月 5 日通过。该计划追求一种更紧密的合作方式，计划实施在欧盟内实施一个司法与内政的五年计划（2005—2010）。它的目标是使欧洲成为一个更加自由、更加安全以及更加公正的领域。其主要任务之一为制定打击有组织犯罪的制度。（Developing a strategic concept on tackling organised crime.）

域的技术援助，强调应重视发展中国家的实际需要。从国际刑警组织（International Criminal Police Organization，INTERPOL）的毒品与犯罪科（United Nations Office on Drugs and Crime，UNODC）的介绍文件中我们可以看出，国际刑警每年也都针对毒品犯罪举行相关会议，进行情报、侦查方法、人才的共享。目前，国内外的刑事司法合作报告论文很多，但是从毒品犯罪角度研究刑事司法合作的文献并不多。现有的刑事司法合作研究多是赞同和支持在公约和协定的框架下构建刑事司法合作体系。但是他们都认为当前刑事司法合作遇到了诸如人员交流困难、国家主权矛盾、经费不充足、警务事项与本国政治经济利益冲突等问题。

国内外学者都对这些问题提出了自己的解决方法，但存在过于理想化的问题。一些又受现实物质条件的限制，无法在短时间内发挥作用。中国目前正在转型的关键时期，与发达国家、发展中国家关系以及地缘政治带来的影响对以后的国际地位及形象都是非常重要的。

一、研究现状

（一）国内研究现状

前文已提及，国内并无从惩治毒品犯罪角度对刑事司法协助进行的研究。但是尚有部分针对国际司法合作、欧洲刑警组织与国际刑警组织以及我国刑事司法合作现状等论文。

任克勤主编的《新型毒品犯罪问题研究》系统地研究了我国当前的毒品犯罪情况，对新型毒品犯罪的沿革和趋势、毒品案件的侦查、打击毒品犯罪侦查的区际合作等均有探讨。但限于篇幅，对于打击毒品犯罪的国际司法合作的研究未能深入。

黄风的《国际刑事司法合作的规则与实践》对整个国际刑事司法合作框架和体系进行了介绍。其将国际刑事司法合作划分为：引渡、狭义的刑事司法协助、刑事诉讼移管以及相互承认和执行刑事判决。再结合我国近年来对外缔约和国内立法的情况，对上述四种国际合作形态的基本规则进行了系统的梳理。但是未将案例与实际情况结合，一些具体的方法如何在实践中运用还尚无分析。

武广震的《从国际刑警组织和欧洲刑警组织看国际警务合作组织的角色》一文系统介绍了目前欧洲刑警组织和国际刑警组织的合作关系，指出相同文化背景和语言互通对刑事司法协助带来的便利。该文概要介绍了国际刑警组织以及欧洲刑警组织的历史与结构，但是只有系统的介绍，并没有深入地探讨国际刑事司法协助组织是受何种因素制约而无法继续提高效率的。在国际刑事司法协助中，最典型的一个例子是不同国家的民族性格有所不同，抑或是偶尔受时政影响，一个二十分钟到账的跨国电子汇款，即使在硬件条件优越的欧洲大陆也需要两个月的时间来调取证据。

纪成坤的硕士论文《全球化背景下我国打击跨国犯罪的国际警务合作研究》从国际刑警和中国的角度出发对我国的刑事司法协助现状进行了概要论述。其指出尽管由于受国际刑警组织章程规定的限制及各国法律规定差异的局限，在同国际犯罪及其他跨国性犯罪作斗争中尚不能尽如人意，但在协调各国预防和打击国际刑事犯罪方面，仍然起着不可替代的作用。

沈惠章的《拓展国际警务合作新领域的探讨》认为中华人民共和国成为国际刑警组织的正式成员国后，在建立和完善与国际刑警组织互通犯罪情报信息、协调办理涉外案件、探索打击跨国犯罪的有效途径等方面做了大量的工作，为促进国际范围内的刑事司法合作作出了贡献。

国际刑事司法合作是各国在司法领域的一种国际合作，具有很强的针对性和专业性，其是国际司法合作的内容，是刑事司法协助的重要组成部分。国内论文大都是从宏观角度上对国际司法合作进行分析，并不结合具体犯罪进行深入。而毒品犯罪有其自身的特殊性，毒品的侦查措施等都与常规跨国有组织犯罪侦查措施有所不同。所以在惩治毒品犯罪的国际刑事司法合作过程中所出现的问题需要从案例中进行理论的总结。

（二）国外研究现状

Charles Elsen 在 ERA Forum（a quarterly legal journal published by the Academy of European Law）上发表的 *From Maastricht to The Hague: the politics of judicial and police cooperationd* 对海牙计划成立后的刑事司法协助颇有微词。作者对目前实行中的海牙计划（Hague Programme: strengthening freedom, security and justice in the European Union）有效率低下（停留在纸面上的功夫颇多；建立的数据库一直被公共政策影响；内部人员派系斗争不断）的看法，但其不失为一个好的合作平台，所以需要采取手段进行提升，而不是革命。鼓励联络官提高积极性、制定详细的执行守则指导联络工作、经常召开会议并交流经验、扩大日常工作的交流规模是作者提出的应对措施。笔者认为后面两个措施可行性不强，公共政策的影响力并不是通过一个或者两个合作计划就能消除的，同时扩大日常工作的交流规模当然可以提高关键时刻的运行效率，但是其提高成本过高，具体实施起来有一定难度。

Paul de Hert 和 Luc Vandamme 在 ERA Forum 上发表的 *European Police and Judicial Information - sharing Cooperation: Incorporation into the Community, Bypassing and Extension of Schengen* 则是对申根框架下的司法警务信息共享合作作了一番畅想。作者现实的在第一章（Dreams of information - sharing cooperation）就将合作的信息共享戏称为梦想。但是通过系统的阐述和构造，作者力求能够通过申根计划构筑一个严密的信息共享平台。国与国之间不能充分信任的原因之一是信息的保护力度问题，如果有一个专门的信息共享平台其安全性能媲美五角大楼则参与的国家可以给予部分信任，慢慢地接受并使平台发挥更强大的作用。

Elrena Van der Spuy 在 Crime, Law and Social Change（a peer reviewed journal that publishes essays and reviews addressing the political economy of organized crime whether at the transnational, national, regional or local levels anywhere in the world）上发表的 *Police cooperation in the Southern African region: politics and practicalities* 从发展中国家的角度出发深入探讨了刑事司法合作。与发达国家地区截然不同，欠发达国家所面临的问题是硬件问题、语言沟通、政治体制不一致等矛盾。电子设备和技术的匮乏，使得资料无法得以妥善保管。而且欠发达地区的法律法规进度无法跟上国际步伐。以上种种问题在欧洲国家是不可能遇见的。鉴于我国与金三角的地理位置，充分了解发展中国家的刑事司法合作模式和困难是很有必要的。

国外的刑事司法协助研究都以不断发展的刑事司法协助框架为依托，结合近年来的实际情况而进行。针对合作中出现的问题，美洲、欧洲以及南非的相关部门都有专员的刑事司法协助调查报告以供参考。与国内不同的是，国外的刑事司法协助文献不是停留在单纯介绍刑事司法协助组织的层面，而是深入地探讨其机制运行中出现的问题，并试图进行解决。与国内研究相同的是国外的刑事司法协助研究也并没有针对毒品犯罪而进行刑事司法协助研究。

二、研究意义

综上，目前针对刑事司法协助研究的文献有详细的合作介绍、未来展望、机制运行分析以及世界各地的刑事司法协助现状。但是并没有从打击毒品犯罪的角度进行深入，同时在论述的过程中偏于理论化，与现实案例的联系并不紧密。司法协助作为司法合作下的概念，是法律实践中最需要联系实际的部分。笔者从案例入手，结合现有的刑事司法协助宏观理论进行细化研究。

介绍全球全新的刑事协助格局与内容。刑事司法协助虽然在2005年、2008年有论文进行介绍，但是从当前的实践情况来看，国际刑事司法协助的格局已有了新的变化。尤其是欧洲目前刚刚完成了2005—2010年的警务改革，将申根协定细化的海牙计划即将成为欧洲地区的刑事司法协助指导文件。而《联合国打击跨国有组织犯罪公约》缔约国则在去年举行了公约生效以来最大规模的合作会议，本文将参考其报告。

填补毒品犯罪的侦查合作研究空白。新中国毒品犯罪的学术研究，始自20世纪80年代中期，成果丰硕。毒品犯罪研究主要研究范式为毒品犯罪的注释性研究、犯罪学研究、诉讼法学研究、刑事一体化研究等。但从目前这些研究范式也存在僵化、简单化、不协调、不均衡等问题，而且毒品犯罪的侦查合作亟待填补。笔者将努力填补该项空白。

促进惩治毒品犯罪国际刑事合作理论的成熟。国内学术界目前关于刑事司法合作其他方面的研究已经比较成熟和系统化，但是在毒品犯罪方面国际刑事司法合作的研究却仍然比较薄弱，目前只有少量论文进行了探讨。笔者尝试通过对刑事司法协助机制与实务的梳理与分析，为我国关于毒品犯罪的刑事司法协助特别是控制下交付和资产追缴方面提出看法。

三、研究思路

笔者首先对国内外毒品犯罪打击情况进行综合阐述。在分析毒品犯罪与其他跨国有组织犯罪的异同基础之上介绍现有的国际合作条约以及协定。接下来介绍国际刑事司法合作的规则，介绍刑事司法协助的具体内容。而后以案例进行切入，对目前国际刑事司法协助中所出现的问题及其原因进行分析。最后结合实际情况对我国国际刑事司法协助于打击毒品犯罪方面进行评析并给出建议。

四、研究方法

笔者前部拟采用实证研究分析方法。刑事司法协助是一个由实践需求产生的机制，该机制需要不断地通过变化的实际情况来完善自身。所以在研究刑事司法协助方面的问题时，尤其需要结合具体的案例对现有理论进行分析和阐述。在考察现有机制不足时也需要以现实情况和案例进行探讨。在讨论问题的解决方法时，将采用比较分析的方法，借鉴他国或是国际条约的做法，来调整我国在刑事司法协助中的一些不足之处。

第一章　国际刑事司法协助概述

在世界联系日益紧密的今天，跨国犯罪变得司空见惯，国界的限制给各国司法机关打击跨国犯罪方面带来不少困扰。为了更好地打击跨国犯罪以及配合刑事诉讼的需求，世界各国就刑事司法协助订立了相关国际条约、区际公约和多边双边协议。刑事司法协助于近几十年来得到迅猛的发展，使得其在打击跨国犯罪问题上发挥着越来越重要的作用。

第一节　国际刑事司法协助的概念与特征

国际刑事司法协助在《联合国打击跨国有组织犯罪公约》与《联合国反腐败公约》中的表述均为“mutual legal assistance”，在《欧洲刑事司法协助公约》中则被表述为“assistance in criminal matters”。

一、国际刑事司法协助的概念

（一）狭义说、广义说与最广义说

从现有的学说和立法上来看，国际刑事司法协助的概念界定有狭义、广义与最广义三种。此说法由日本著名的国际刑法学家森下忠首先提出，[①] 随后被广泛接受。

狭义的刑事司法协助在理论上也被称为“小司法协助”，是刑事司法合作的一部分，与引渡、刑事诉讼移管、相互承认和执行判决等概念位列同一级。具体内容则包括传唤证人与鉴定人出庭、文书送达、情报传递、物的引渡等。引入狭义概念的有美国、加拿大等英美法系国家。[②] 在国际公约方面，联合国于 1990 年通过的《刑事互助示范条约》也以狭义的刑事司法协助作为自己的调整范围。

广义的刑事司法协助则是在狭义刑事司法协助的基础上只增加了引渡的内容，未将刑事诉讼移管纳入考察范围。最广义的刑事司法协助在理论上也被称为“国际刑事司法合作”，其范围包括引渡、刑事诉讼移管以及合作执行刑事判决、调查取证、文书送达、法律情报交换等活动。引入这种广义概念的有德国、[③] 瑞士[④]等国家，引入这种概念的国际条约则可散见于匈牙利、波兰、叙利亚等国家缔结的双边国际刑事司法协助条约。

（二）我国的选择

我国《反洗钱法》第 29 条规定：“涉及追究洗钱犯罪的司法协助，由司法机关依照有

① ［日］森下忠：《国际刑法入门》，阮齐林译，中国人民公安大学出版社 2004 年版，第 17 页。

② 以上两个国家均在拥有《刑事司法协助法》的同时拥有《引渡法》。

③ 1982 年德国《国际刑事司法协助法》第 1 条：本法所调整的范围包括：引渡、为执行外国判决而提供的协助以及司法协助的其他形式。

④ 1981 年瑞士《联邦国际刑事协助法》第 1 条：在国际协议未另外规定的情况下，本法调整国际刑事合作中的所有程序。

关法律的规定办理。”此处的“司法协助”笔者认为应当作广义的理解，其中的有关法律应当包括《刑事诉讼法》第17条以及其他有关的条款、《引渡法》和经批准的涉及国际刑事司法合作的国际条约。

我国在对外缔约的实践中，却是采用狭义的刑事司法协助概念。在刑事司法合作领域，我国对外缔结的双边条约一般分为三种：引渡条约、刑事司法协助条约和移管被判刑人条约（我国迄今为止已与61个国家和地区缔结各种司法合作方面的条约共48项，其中引渡条约27项，刑事或民刑事司法协助条约41项，移管被判刑人条约3项）。①

关于国际刑事司法协助的概念和范围，我国学者有不同的看法。黄风认为，所谓国际刑事司法协助是指不同国家的司法机关为履行刑事司法职能的目的而相互提供便利、帮助与合作行为的总和。② 马进保在总结国际刑事司法发展的进程中对国际刑事司法协助作出了如下界定：“国际刑事司法协助，是世界各国或者地区之间为有效制裁国际犯罪行为，依据国际条约或者双边互惠原则，直接或在国际组织协调下进行的，代为履行一定诉讼事务的司法制度。”③ 由此可见，我国的学者采取的是下定义的方式对国际刑事司法协助进行诠释，未涉及具体形式的归属。

（三）笔者的观点

笔者认为，以上提到的各种刑事司法协调过程中的形式，均属于刑事司法合作的范畴。针对刑事司法协助单一概念而言，如果所有形式均不可再分则应当等同于刑事司法合作之概念。若以上形式可以进行细化，则下定义的方式诠释概念容易引发歧义。而是否要进行再下一级概念的分类的关键，在于对引渡、刑事诉讼移管以及相互承认和执行刑事判决性质的认识。若以上三项与其他形式无法再区分，说明最广义说合理；若此三项恰好可与其他概念区分，则应采纳狭义说；若只有引渡与其他形式无法区分，则应采用广义说。本文拟采用狭义说。理由如下：

首先，从性质上看引渡、刑事诉讼移管、相互承认和执行判决与刑事诉讼文书送达、调查取证、冻结或扣押财产、提供法律情报等均是诉讼相关活动。引渡是指一国把在该国境内而被他国指控为犯罪或已被他国判刑的人根据有关国家的请求移交给请求国审判或者处罚；刑事诉讼管辖移管则是指一国或者数国根据另一国的请求或者根据有关协议将本国管辖的刑事案件移交给另一国审理；相互承认和执行判决是有关国家相互赋予对方国家司法机关宣告的刑事处罚裁决以与本国刑事处罚裁决相同的法律效力。但通过仔细分析可以发现：引渡、刑事诉讼管辖移管、相互承认和执行判决带有较为明显的互惠性和被动性，并且有一定控诉方的倾向性。而与此同时，其他方式则带有更多的中立性和服务性的色彩，调查取证、文书送达、提供法律情报等是通过客观的方式来促进诉讼程序的完结，而且拥有的是较高的开放性和适度的主动性，没有前三者的消极特征。

其次，在实践中，1990年12月14日联合国大会通过的《联合国刑事事件互助示范条

---

① 上述数据来自中华人民共和国外交部网站：http：//www.fmprc.gov.cn/chn/wjb/zzjg/tyfls/tfsckzlk/sbsfxz/default.htm，2011年3月1日访问。

② 黄风：《国际刑事司法协助及其基本原则》，载《中国国际法年刊》，法律出版社1997年版，第265—268页。

③ 马进保：《国际犯罪与国际刑事司法协助》，法律出版社1999年版，第31页。

约》，在规定“国际刑事司法协助”的范围时明确指出，合作的范围仅限于协助调查、收集证词或供述、送达文件、搜查和查封、移送物证书证等，不包括刑事罪犯的引渡、刑事诉讼的移送管辖以及外国刑事判决的承认和执行。[①] 在《联合国反腐败公约》中，“司法协助”条款更是极大地超过了“引渡”的篇幅，后者甚至在第五章“资产的追回”中直接与“司法协助”挂钩。

再次，从趋势上看，目前刑事司法协助已经逐渐有了大量新的形式和技术手段，它的适用范围越来越广，正逐步成为一个内容丰富和相对独立的制度体系。

综上，笔者认为应当将刑事司法协助与引渡、刑事诉讼管辖移转等制度区分开来，并采取下定义和列举相结合的方式进行诠释最佳：刑事司法协助是指主权国家或组织之间依照有关国际条约或是互惠原则，协助或代为履行一定的刑事诉讼程序或刑事实体权利的司法活动，不包括引渡、刑事诉讼移管以及刑事判决的承认与执行。

二、国际刑事司法协助的特征

根据上述国际刑事司法协助的概念，可以归纳出其有如下特征：

第一，进行国际刑事司法协助的主体是主权国家，提供国际刑事司法协助的主体是有关主权国家的主管机关，提出刑事司法协助请求的主体是那些对请求事项具有刑事管辖权的国家。国际刑事司法协助活动是一种主权国家的行为，而这种行为又是由专门的主管机关来履行。通常由国际条约或国内法对主管机关作出明文规定。如我国和波兰人民共和国订立的《关于民事和刑事司法协助的协定》缔约双方的法院和其他机关相互提供司法协助。

第二，国际刑事司法协助必须根据国际条约与国内立法或互惠原则进行。虽然至今未产生全球性专门调整国际刑事司法协助的多边条约，但国家间签订的双边条约、区域性的多边条约以及全球性的预防、禁止和惩治国际犯罪的多边条约中包括关于刑事司法协助的法律条款。各国在国内立法中也有关于刑事司法协助的规定。不论国际条约还是国内立法都含有互惠原则。

第三，国际刑事司法协助是国与国之间协助或代为履行一定的诉讼程序或某些实体权利活动。如我国与波兰人民共和国订立的《关于民事和刑事司法协助的协定》第四章的内容包括：送达司法文书和司法外文书，听取当事人、嫌疑犯的陈述，询问证人和被害人和鉴定人，进行鉴定、检查和司法勘验，收集其他证据。

第二节　国际刑事司法协助的法律依据

确认刑事司法协助内涵后，才可以讨论其法律依据。刑事司法协助需要国家间或是地区间的合作，所以多以公约、条约等形式确定法律依据。从全球来看，20 世纪至今的有关国

---

① 《联合国刑事事件互助示范条约》第 1 条适用范围中第 2 项规定，按本条约提供的互助可包括：(a) 向有关人员收集证词或供述；(b) 协助提供被关押者或其他人作证或协助调查工作；(c) 递送司法文件；(d) 执行搜查和查封；(e) 检查物证和场地；(f) 提供资料和证据；(g) 提供有关文件和记录的原件或经核证副本，包括银行、财务、公司或商务记录。第 3 条规定，本《条约》不适用于：(a) 逮捕或关押某人以便予以引渡；(b) 在被请求国执行在请求国作出的刑事判决，但被请求国法律和本《条约任择议定书》许可者除外；(c) 转送在押犯使之服刑；(d) 刑事事件诉讼的转移。

际公约中出现了大量涉及刑事司法合作内容的条款。特别是联合国成立后，联合国大会、各专门委员会及其所属的国际组织制定了众多规定有刑事司法协助内容的国际公约。这些公约对联合国会员国、公约的缔约国都具有约束力，并且指导协助活动的开展。笔者对目前的刑事司法协助相关国际法律作如下梳理：

一、国际公约

（一）有关国际刑事司法协助基本原则的公约。这些公约有《公民权利和政治权利国际公约》、《妇女政治权利公约》和《世界人权宣言》等。

（二）有关具体国际刑事司法制度的公约。这些公约主要指《国际刑事警察组织章程和总规则》和《关于战争罪及反人类罪不适用法定时效的公约》等。缔约国在国际刑事司法协助实践中可以直接援引上述公约中所规定的具体制度和可操作性规范。

（三）有关打击和惩处国际罪行的刑事司法协助公约。如《防止及惩治灭种罪公约》、《禁止及惩治种族隔离罪公约》、《关于非法劫持航空器公约》、《关于制止危害民用航空安全的非法行为公约》、《关于在航空器内的犯罪和其他某些行为的公约》、《关于防止和惩处侵害应受国际保护人员包括外交代表的罪行公约》以及《1961 年麻醉品单一公约》等。针对这些严重危害国际社会公共安全的刑事犯罪，上述公约都设有起诉或者引渡的规定，并要求缔约国采取司法协助或者其他一切可行方法共同预防和惩治此类罪行。

一般而言，国际公约中关于司法合作的内容通常都比较分散和原则，因为各国、各地区的法律制度和文化背景迥异，目前的情况下尚不具备制定一部内容详尽具体、体系完整的国际刑事司法协助公约的条件，即使勉强制定也无法为国际社会所普遍接受。但是，在打击毒品犯罪方面的刑事司法协助文件却是一直得到世界各国的支持：在联合国 1988 年通过的《禁止非法贩运麻醉药品和精神药物公约》中，用较大篇幅比较详细地规定了有关司法协助的形式、范围、条件和程序，具有一定的可操作性，为国际公约对刑事司法协助的规定向具体化方向发展奠定了基础。①

二、地区公约

一定区域内的国家，在地缘因素的影响下，其法律制度和文化背景的相似性为地区性公约的产生提供了条件和现实基础，而相邻国家边境两边人员的频繁流动也迫切需要建立适合所在地区的刑事司法协助制度。其中欧洲各类地区性公约的数量首屈一指，其中著名的有《欧洲刑事司法协助公约》。美洲地区率先签订的相关地区性公约，极大地促进了国家之间刑事司法协助的开展，对国际社会也产生了深远的影响，推动了国际刑事司法协助的完善和创新。

三、双边条约

国家间签订双边、多边刑事司法协助条约日益频繁。协助条约规定的协助方式大同小异，权利义务条款的内容也大致相仿，但是由于兼具原则性和灵活性，为大多数国家所接受。有些国家还根据条约的规定或为方便条约的执行，在国内设立司法协助的工作部门或职能机构，专事协助工作的对外联络和执行。有些还建立相应的司法协助操作规程，克服了以往司法协助需要逐案审查，外交部门磋商解决的做法，能有效提高司法协助的效率。

① 《禁止非法贩运麻醉药品和精神药物公约》第五、第六、第七条。

四、我国的规定

我国《刑事诉讼法》第 17 条规定：“根据中华人民共和国缔结或者参加的国际条约，或者按照互惠原则，我国司法机关和外国司法机关可以相互请求刑事司法协助。”实践中，我国主要是在以下三个层面上展开刑事司法协助：

（一）依据我国同外国签订的双边刑事司法协助条约

双边刑事司法协助条约是世界各国国际刑事司法协助的普遍形式，也是我国与其他国家开展协助活动的主要法律依据。1987 年 6 月，我国与波兰人民共和国签订了《关于民事和刑事司法协助的协定》，这是我国与外国签订的第一个含有刑事司法协助内容的双边司法协助条约。据司法部提供的最新数字显示，截至目前，我国共对外缔结 104 项双边司法协助类条约。其中刑事司法协助条约 47 项，引渡条约 31 项，移管被判刑人条约 6 项，打击三股势力协定 6 项，绝大部分已经生效。①

（二）依据我国参加的载有刑事司法协助条款的公约

国际公约为了加强国际合作、打击国际犯罪，我国在新中国成立后陆续加入了含有司法协助、引渡和被判刑人移管条款的 28 项多边公约。在《联合国反腐败公约》和《联合国打击跨国有组织犯罪公约》框架下，我国可以分别同 133 个和 147 个国家或法域开展刑事司法合作。②

（三）在平等互惠的基础上进行

虽然双边条约或国际公约是国家间开展刑事司法协助的最可靠的依据，但是在实践中，国家间如果没有条约关系，也可以在互惠的基础上相互提供刑事司法协助。

第三节　国际刑事司法协助的内容和途径

本节将重点阐述国际刑事司法协助的内容和方式，同时也将探讨刑事司法协助之原则。由于本文采用狭义的刑事司法协助的概念，其所遵循之原则与广义的刑事司法协助有所不同。《禁止非法贩运麻醉药品和精神药物公约》是当今国际社会刑事司法协助相关法律的奠基石。本节就以该公约为例对其国际刑事司法协助的内容进行介绍。

一、国际刑事司法协助的内容

国际刑事司法协助的内容包括初级协助形式（交流刑事信息、委托送达司法文书、委托搜查、查封财产等），委托调查和收集证据（调查知情人、收集证言材料、访问被害人等），协查案件和通缉通报等内容。刑事司法协助的主体有国家的司法机关和国际组织。所以其内容于国家司法机关方面是以条文方式呈现，而国际组织以规定方式进行限定。各主体以结合自身特点发挥作用，有效地打击了跨国有组织犯罪的气焰。

（一）国际公约的相关规定

《联合国打击跨国有组织犯罪公约》规定的国际刑事司法协助的内容主要包括：

---

① 上述数据来自中华人民共和国外交部网站：http：//www. fmprc. gov. cn/chn/zzjg/tyfls/tfsckzlk/sbsfxz/default. htm，2011 年 3 月 1 日访问。

② 上述数据来自中华人民共和国外交部网站：http：//www. fmprc. gov. cn/chn/wjb/zzjg/tfsckzlk/sbsfxz/default. htm，2011 年 3 月 1 日访问。

1. 收集证据、执行搜查和扣押、送达司法文书、检查物品和场所、提供资料及鉴定结论；

2. 提供银行、公司或其他营业记录的文件原件或经核准的复制件，辨认或者追查犯罪所得或其他财产，为有关人员在请求缔约国出庭提供方便，或提供有关国家法律所允许提供的任何其他形式的协助；

3. 允许使用录像连接以及其他现代化的通信方式提供证言或者其他帮助；

4. 当证人在第二国作证时，应当为其提供有效的安全保护；

5. 各缔约国应当加强建立各国主管当局、机构和部门之间的联系渠道，以确保有关犯罪的情报安全、迅速地相互交换，同样，应促进各缔约国间的有效协调，加强有关人员和专家的交流。①

在有些案件中，缔约国可组成联合调查组，共同展开调查。从司法协助的立法精神来看，公约要求各缔约国广泛通过全球范围内的司法合作，将跨国犯罪分子绳之以法，使得犯罪分子无处藏身。

（二）国际组织的相关规定

在打击跨国有组织犯罪中，国际刑事警察组织的力量自然不容小觑。其宗旨是保证和促进各成员国刑事警察部门在预防和打击刑事犯罪方面的合作。它的主要任务是汇集、审核国际犯罪资料，研究犯罪对策；负责同成员国之间的情报交换；搜集各种刑事犯罪案件及犯罪指纹、照片、档案；通报重要案犯线索；通缉追捕重要罪犯和引渡重要犯罪分子；编写有关刑事犯罪方面的资料等。

二、国际刑事司法协助的途径

刑事司法协助的联系途径可分为外交途径、领事途径、“中央机关”途径、司法机关直接联系等。

外交途径是一种传统的途径，它表现为通过请求国和被请求国的外交部或者其代表机构传递司法协助请求，这种联系方式的采用容易受到各国的政治色彩所影响。

领事途径也是一种传统途径，其表现为请求国司法机关直接通过本国驻外国的领事官员向被请求国主管机关提出司法协助的要求。此种方式尤其适用于相互允许实施领事裁判权制度的国家。

“中央机关”途径则是指各国单独设立一个用于国际刑事司法协助的机构，不再经其他机关进行协助的方式，为较为高效的联系方式。②

此外，在国际刑事司法协助方面，还遵循不予执行之原则。各个国家有其自身的政治经济情况，利益侧重点均有所不同，其文化法律环境亦然。所以，在刑事司法协助中本身就常规性地存在双重犯罪原则、政治犯罪和军事犯罪、死刑适用、对本国国民保护以及缺乏直接关联特定性的妨碍协助障碍情形。虽然这些情形会影响刑事司法协助的效率，但是其机制本身仍然在惩治跨国犯罪中发挥着重要作用。这些原则在各国国内刑法的实践中常有冲突，如我国刑法在双重犯罪和死刑适用方面就与其他国家存在冲突。

---

① 参见《联合国打击跨国有组织犯罪公约》第18—32款。

② 邵沙平：《现代国际刑法教程》，武汉大学出版社1993年版，第134页。

三、国际刑事司法协助的请求与执行

（一）刑事司法协助请求

一国需要他国在刑事司法领域给予某种帮助，首先必须向有关当事国提出请求，如果一国没有提出请求，他国则没有义务给予协助。所以，提出司法协助请求即意味着司法协助程序的启动。刑事司法协助请求的基本特征是：请求是由一国有权作出司法协助的主管当局提出的；这种司法协助必须是一国真实意思的表示；这种请求只能是为了特定的司法问题的解决而要求给予某种协助；这种请求只能向适当的被请求国的主管当局正式提出，并经适当的途径予以送达，方视为有法律效力。① 一国向他国提出司法协助请求，应递交一定的书面文件，这种文件称为请求书。就请求国而言，只要它已向另一国发出请求书，就意味着它已将某种权利授予另一国，接到请求书的国家可以据此行使被请求事项所涉及的司法权。就被请求国而言，其只要接受了请求书，就与请求国形成一种委托关系，该国即获得某种权利，相应承担了一定义务。

（二）刑事司法协助的审查

请求国将请求书送达被请求国后，被请求国按照条约规定或双方协议应考虑是否接受该项请求。由谁去审查请求是否可以接受，依据什么去审查，要审查的内容是什么，这些问题都需要解决。

首先是审查机关的确认。被请求国负责行使刑事司法协助请求的机关依据国内法来确定。根据各国的实践，主要是由各国主管司法的中央机关负责这项事务。对于涉及重大的外交事务，需要由外交机关介入的，各该国的外交部也可协助有关机关负责审查司法协助请求。

其次是审查的依据。被请求国对外国提出的刑事司法协助请求进行审查时，主要依据是国际条约或国内法。国际条约包括本国缔结或参加的多边公约或双边条约，国内法包括涉及该项请求的调整范围的法律、法令、规章等。

最后是审查的内容，包括两个方面：一是实质性审查，二是程序性审查。实质性审查是针对该项请求是否违反该国主权、安全、国家利益、公共秩序、法律制度，是否合乎法律要求，是否符合当事国的现实利益等。程序性审查则是以该项请求是否符合双方约定或国际习惯通过合法途径办理必要的手续，请求书送达是否符合程序，办理该项请求是否可行，有无条件完成该项委托等。

（三）刑事司法协助请求的执行

一国受理他国提出的刑事司法协助请求后，如果经过审查，没有发现应当或者可以拒绝协助的情况，就可以按照条约的规定，及时提供帮助。

提供协助应当由被请求国有关司法当局，就请求事项，按照本国法律规定的相同诉讼中可能采取的方式和手段，实施某些诉讼行为，以实现请求事项。在不违背本国法律原则的情况下，也可以按照请求国要求的方式进行协助。执行的基本程序是：根据被请求事项的性质，确定管辖权，然后交由有管辖权的司法机关依法办理。执行结果应分别情况处理。凡依据请求事项全部履行的，应由办案单位报告本国主管机关，由主管机关裁定并将处理情况转

---

① 刘亚平：《国际刑法学》，中国政法大学出版社1992年版，第234页。

告请求国；凡部分完成请求事项，应将未完成部分的原因予以说明；凡未能完成请求事项的，应将结果及其理由向请求国说明。

（四）刑事司法协助不予合作之原则

刑事司法协助不予执行之原则。各个国家有其自身的政治经济情况，利益侧重点均有所不同，其文化法律环境亦然。所以在刑事司法协助中本身就常规性地存在双重犯罪原则、政治犯罪和军事犯罪、死刑适用、对本国国民保护以及缺乏直接关联特定性的妨碍协助障碍情形。虽然这些情形会影响刑事司法协助的效率，但是其机制本身仍然在惩治跨国犯罪中发挥着重要作用。这些原则在各国国内刑法的实践中常有冲突，如我国刑法存在和双重犯罪及死刑适用方面的冲突。

第二章　惩治毒品犯罪的国际刑事司法协助形式

持续对全球渗透的跨国毒品犯罪给人类带来了痛楚和绝望，严重影响着社会的健康。作为典型的跨国有组织犯罪，毒品犯罪具有境外勾结、经营化、长期化的特点。[①] 因此，除了在国际公约和条约中一般性地对跨国犯罪加以严格规制以外，还必须在惩治毒品犯罪中加大刑事司法协助的力度以维护正常的社会秩序。在惩治毒品犯罪的国际刑事司法协助中，委托调查和收集证据、协查案件和通缉通报以及追缴犯罪所得成为主要内容。其中，委托调查和收集证据是由毒品犯罪性质所决定的重要方面，而追缴犯罪所得是越来越重要的一个方面。本章将从三个案例出发，分析在打击毒品犯罪过程中所使用的国际刑事司法协助方式，最后对资产追缴制度进行分析。

第一节　委托调查和收集证据

刑事证据是能够证明案件真实情况的根据，而调查取证则是开展刑事追诉活动的一个中心环节。司法机关在处理国际犯罪案件时，除了必须实际控制犯罪分子外，还必须做到实事求是、准确结案，能否收集到确实充分的证据成为关键。而毒品犯罪在时间、空间上的特点决定了立案追诉国的司法当局想要查清全部案件事实，收集在各国的证人证言材料，扣押或者提取与犯罪相关的物证都需要被申请国的支持。尤其是在毒品犯罪案件中，人赃分离的情况非常多，收集证据比一般案件难度更大，更需要国际间的合作支持。在委托调查方面，毒品犯罪的国际合作一直走在其他惩治跨国有组织犯罪的前沿，“控制下交付”作为一个经典合作模式给其他犯罪的惩治活动树立了典范。

一、调查知情人，收集证言材料

刑事诉讼中常用的证据材料是证人证言。国际犯罪分子不管在哪里作案、怎样隐蔽，不管他采取何种反侦查措施，都不可避免地在一些场合与特定的人发生接触，这就为侦查人员查找到知情人调查案件提供了可能性。

委托调查身处他国的知情人，请求国应当在调查委托书中写明调查对象、调查事项、调查目的、调查要求。如果有特定的调查目标，则应当写明被调查人的姓名、住址、工作单位和调查提纲。在调查的对象和目的很不明确时，可以概括地写明调查的内容和调查范围，由被申请方的司法当局灵活进行，以便查找到最知情的证人，取得最准确的证言。

被调查的知情人在接受询问时，可以由司法人员制作调查笔录，也可以由知情人写出书面证词，或者将被调查人的口头陈述情况制作成录音、录像等视听资料，经被调查人调查补正，并确认准确无误后予以封存或采取其他保存措施，然后通过国际送达途径移交给请求国

---

① 任克勤：《新型毒品犯罪问题研究》，中国人民公安大学出版社2004年版，第132页。

的司法当局。这种委托查证的方式时间观念非常强，因此接受委托的司法当局必须立即采取行动，迅速掌握案情，以免贻误时机。

二、访问被害人，收集被害人陈述

被害人是自身合法权益受到犯罪行为直接侵害的人。然而，由于犯罪行为所侵害客体本身的复杂性，因此，在一个具体的犯罪案件中，可能同时侵害了国家、法人和公民的利益，被害人呈现出多元化、多层次的复杂情况。

要调查身居国外的被害人（被害法人主要是调查其法定代表人及知情人），如果不能直接进行，最好是像调查证人一样委托所在国司法当局进行，其程序也基本上与前述的调查程序相同。这种调查最后取得的证据材料，我国法律规定为被害人陈述，在西方国家的证据法中却作为证人证言的一种表现形式。尽管如此，被害人的陈述仍有其自身的特殊规律，如被害人直接受到犯罪行为的侵害，对有关的安全了解比较深刻，其陈述的可采性较大。

三、委托鉴定，取得科学技术证据

刑事案件往往要涉及一些技术性较强的问题，仅仅靠侦查人员的直观感受无法解决问题，需要采用精密的科学仪器设备，通过刑事技术专家或者技术权威，进行物证检测、侦查实验和技术鉴定，最后得出科学的鉴定结论，成为对案件定性处罚的重要证据。

在运用刑事科学技术对物证进行鉴定这一方面，少数发达国家拥有技术先进的设备和较高水平的专家，国际刑事警察组织也装备有成套的先进技术手段，还专门聘请了世界知名的专家权威充当刑事科学技术方面的顾问。当某一会员国遇到技术性疑难问题时，可以向国际刑事警察组织提出咨询请求或者委托进行技术鉴定。在经过专家们的实验、检测后，就某些技术性问题提供咨询报告，或根据一些技术参数作出具有科学性的鉴定结论，从而解决请求国在诉讼中遇到的疑难问题。

四、调取物证、书证和视听资料

在犯罪所形成的证据中，能以物质实体存在并能调取使用的证据形态主要是物证、书证和视听资料。此类证据因其具有无法超越的客观真实性，常被作为认定案件事实的重要依据。因此，及时从犯罪现场或其他有关场所收集这些证据显得尤为重要。

五、"125 专案"分析

毒品犯罪案件因其具有充分的预谋性、高度的隐秘性、犯罪行为的流动性等特点，使该类案件证据与其他案件证据相比有着不同的特点。若在证据的调查收集中存在问题，不但影响到证据的证明力，也给法官审查判断案件带来困难。毒品犯罪的隐秘性决定了除犯罪嫌疑人本人及同案被告人的供述和辩解外，难以再获得其他证据，因此嫌疑人、被告人的供述和辩解成为毒品犯罪案件中使用率最高的证据之一。司法部司法协助与外事司司长郭建安在接受媒体采访时也表示"跨国调查取证是目前司法协助国际合作内容最多、应用最广泛的一项内容，它主要包括跨国询问证人、提取证据材料等"。[①] 现本文尝试通过案例对毒品犯罪中的委托调查和收集证据进行说明。

（一）案情摘要

1997 年开始，王坚章在福州纠集同伙进行跨国贩毒活动，团伙成员多达 20 余人。他在福

---

① 搜狐新闻：http：//news. sohu. com/20090105/n261568054. shtml，2011 年 2 月 3 日访问。

州创办了华美桑拿，作为他的贩毒基地。他们通常采用的路线是首先将海洛因从缅甸境内的“金三角”偷运到中国境内，再由王坚章在福建的手下安排，从福建经海路或者转经香港运抵纽约，最后由该组织分销到纽约、北卡罗来纳州、佛罗里达州和加拿大等地。他们的销售网络深入街道，销售所得巨款，通过中国香港地下钱庄非法洗钱的途径，再汇回中国大陆。自1999年后的3年，“125”跨国贩毒组织已将价值上亿美元的毒品走私到了美国境内。2000年12月，美国缉毒署得到情报，一个国际贩毒集团长期在福州从事大宗海洛因走私犯罪活动，从“金三角”贩运毒品经福州等地贩运至美国纽约。2001年9月，美国司法部缉毒署派驻美国驻华使馆的缉毒联络官，向中国公安部禁毒局通报，其驻纽约、中国香港、仰光办事处正在侦控一个以王坚章为首的贩毒团伙。中国公安部禁毒局高度重视，立案侦查的代号为“125专案”。2001年10月，美方相信王要海运一大批毒品到美国，因此美国缉毒署派出线人扮成毒品走私贩子到福州与王坚章商讨海洛因买卖，掌握王坚章在美国起诉重罪的证据。这是中国第一次允许美国在中国领土上，自行收集犯罪证据。2003年，美国警方得到消息，5月16日在福州华美桑拿的毒品交易中，王坚章将会亲自到场，这是当时中美警方合作两年来唯一的一次可以“人赃俱获”拘捕王坚章的机会。5月14日，中国公安部、美国缉毒署驻京办事处专门派联络官员来闽指导协助破案。5月16日，逮捕行动在中国大陆、中国香港，以及纽约、印度、加拿大同时展开，直到当晚8点30分左右，毒贩换了几个地点后才真正开始交易，王坚章、陈荣华等人当场被抓获，缴获海洛因36公斤、美金6万元。

（二）案例分析

在以前的很多贩毒案中，中国警方大多只摧毁了贩毒产业链上的部分组织，使该产业链上的其他部分得以保留下来，并且常常死而复生。本案的成功之处在于通过顺畅的刑事司法协助几乎将整个贩毒网络一网打尽。

毒品犯罪案件具有特殊性，其证据表现形式也较为单一，只有人赃俱获才能证实犯罪。如果侦查人员只抓到犯罪嫌疑人而没有查获赃物，其他的证据就无法发挥作用，无法立案。可见，缴获毒品是侦办这类案件的前提条件。该案中，中国首次允许美国在中国领土上自行收集犯罪证据给后来美国开出逮捕令带来了极大的帮助。众所周知，刑事证据是能够证明案件真实情况的根据，而调查取证则是开展刑事追诉活动的一个中心环节，可见证据的调取在破案过程中起到了至关重要的作用。司法机关在处理国际犯罪案件时，除了必须实际控制犯罪分子外，还必须做到实事求是、准确结案，而能否收集到确实充分的证据成为了关键。而毒品犯罪在时间、空间上的特点决定了立案追诉国的司法当局想要查清全部案件事实，收集在各国的证人证言材料，扣押或者提取与犯罪相关的物证都是需要被申请国的支持。尤其是在毒品犯罪案件中人赃分离的情况非常多，收集证据比一般案件难度更大，更需要国际间的合作支持。

第二节　国际刑警通缉、通报制度

一、通缉在逃犯罪嫌疑人

在一国犯罪后越境出逃的犯罪嫌疑人，需要通过国际通缉的方法，请求世界各国协助，才能将其逮捕归案。

国际通缉是国际刑事警察组织的一项重要业务活动。它接受其成员国对在逃犯罪嫌疑人的通缉请求，将通缉令转发给其他有关的国家和地区，以促进和协调世界范围的追缉和逮捕活动。这项活动可以单独进行，也可以和协查刑事案件同时部署全面展开。①

当有迹象表明一国刑警正在追缉的犯罪嫌疑人确已逃往国外，需要通过国际合作才能予以逮捕归案时，该国可以通过两种渠道取得有关国家的协助。第一种渠道是已有确实证据证明该犯罪嫌疑人已逃往某国，或正藏匿在某国时，可以由本国的国家中心局向该国的国家中心局发出通缉令，该国刑警按照通缉令的要求立即实施追捕活动。这是一种直接合作、小范围行动的通缉方式。

第二种渠道是当被追捕的犯罪嫌疑人虽然逃往国外，但是其去向尚不明确时，如果该犯为国际犯罪集团的成员，或者持有能出入多国国境的有效签证，或得到国际黑社会势力的暗中帮助。他就有可能继续犯罪或者逃窜世界各地。于此情况下，请求国国家中心局应当立即将通缉令发往国际刑事警察组织总部，再请总部向相关国家进行信息传递。

如2008年5月8日，经广东省人民检察院批准，决定逮捕犯罪嫌疑人钟坤成。最近，广东省公安厅通过国际刑警组织中国国家中心局向全球发布对犯罪嫌疑人钟坤成的红色通缉令。② 最终在缅甸警方的帮助下，成功将犯罪嫌疑人抓获，并缴获大量毒品。

二、国际通报制度

国际社会在建立通缉制度的同时，也较早地形成了国际通报制度。这项制度的主要任务是：定期向国际组织以及国家之间相互通报有关犯罪情况的信息；通报打击国际犯罪活动中遇到的一些技术性或者法律性问题，以沟通各国之间或者一国同国际组织之间的联系，解决诉讼活动中遇到的障碍和疑难。在目前的国际刑事司法协助中，为预防和打击犯罪所进行的刑事信息通报方式主要有如下几种："蓝色通报"即犯罪情况的信息通报、"绿色通报"即国际防范通报、"白色通报"即重要收藏品被盗情况通报、"黑色通报"即对无名尸体通报、"紫色通报"即特殊案情通报。这些通报方式可以帮助有关国家采取卓有成效的措施提高破案效率。③

在惩治毒品犯罪过程中，"紫色通报"的作用尤为突出。通常毒品犯罪经常出现大案要案，国际刑警组织掌握的重大案件的新情况、新线索，可以通过紫色通报的方式向各成员国通报。如将国际贩毒集团开辟的新贩毒路线，采用的新方式、新技术，洗钱和对非法所得转为其他资本的新动向，以及有关采取的缉毒措施向成员国通报，可以起到帮助有关当局及时调整部署的作用。欧洲目前有一个"缉毒协调官委员会"和一个"欧洲政治合作工作组"，正在着手制订一项打击有组织犯罪和毒品犯罪的计划。该计划包括：在国际刑事警察组织秘书处下设一个协调机构，协调跨欧洲的缉毒行动；成立一个欧洲缉毒中心，协调欧洲跨国际的缉毒行动，并及时收集和交流情报以及缉毒经验；向毒品生产国和中转国派驻缉毒联络官，向耳目收集毒品方面的情报。④

---

① See *INTERPOL and drug trafficking fact sheet* 2011, p. 2.

② 案件报道参见网易新闻：http：//news. 163. com/08/1029/10/4PDSSUUN000120GU. html，2010年12月3日访问。

③ See *INTERPOL Annual reports on an overview*, page 4.

④ See Paul de Hert& Luc Vandamme：*European Police and Judicial Information - sharing Cooperation：Incorporation into the Community, Bypassing and Extension of Schengen.*

三、“水仙行动”案分析

（一）案情摘要

本案缘起：菲律宾警方于2001年12月9日在马尼拉南方发现大型安非他命制造工厂，查获安非他命成品近700公斤，及包括半成品、生产器具等，涉案嫌犯包括中国大陆和港台人士，其中并发现台湾嫌犯林琼环已逃逸，台胞证遗留该地。另外，2003年8月美国加州、2003年11月菲律宾等地分别查获大型安毒工厂，综合情报发现嫌犯林琼环可能涉案。中国台湾刑事警察局根据上述情资深入调查发现，前述工厂均属同一犯罪集团，且规模庞大，主嫌林琼环负责制毒工作，该集团活动遍及东南亚，然成员生性狡滑，且犯罪模式以分散各国连锁多点企业化经营，并采取人厂分离以逃避追缉，一旦工厂顺利运作，主嫌即不在厂内停留，导致查缉行动极为困难。因此，中国台湾刑事警察局、美国缉毒署及菲律宾缉毒局多次分别或共同举行项目会议，达成共识，并由美国缉毒署循其各国驻地办事处管道，在所有东南亚国家及中国大陆建立查缉网，中国台湾刑事警察局与菲律宾缉毒局负责归纳分析犯罪手法及主嫌身份并提供相关国家参考。该案进展至此，乃由马来西亚缉毒局召开项目会议并命名为“水仙行动”，结合包括中国台湾刑事警察局、美国缉毒署以及中国禁毒局在内的人力与情报，最终彻底瓦解该犯罪集团。

（二）案例分析

从上述案例以及首个案例可以看出，国际刑警组织的联络官制度在惩治毒品犯罪过程中起到了促进作用。联络官可以不需要国家之间的协助机构进行信息的交换和分享，直接通过国际刑警组织平台进行调配资源，以打击毒品犯罪。这种形式与常规的司法协助方式相比，能够极大地调动侦查人员的积极性，也能够有效提高案件的侦破率。与此同时，国际刑警组织的各级通报作用也非常明显。“紫色通报”即特殊案情通报。通常毒品犯罪经常出现大案要案，国际刑警组织掌握的重大案件的新情况、新线索，可以通过紫色通报的方式向各成员国通报。如将国际贩毒集团开辟的新贩毒路线，采用的新方式、新技术，洗钱和对非法所得转为其他资本的新动向，以及有关采取的缉毒措施向成员国通报，可以起到帮助有关当局及时调整部署的作用。如该案中的中国台湾和新加坡警方对犯罪分子的犯罪活动作出研判结果分享即是通过“紫色通报”进行的。欧洲目前有一个“缉毒协调官委员会”和一个“欧洲政治合作工作组”，正在着手制订一项打击有组织犯罪和毒品犯罪的计划。该计划包括：在国际刑事警察组织秘书处下设一个协调机构，协调跨欧洲的缉毒行动；成立一个欧洲缉毒中心，协调欧洲跨国际的缉毒行动，并及时收集和交流情报以及缉毒经验；向毒品生产国和中转国派驻缉毒联络官，向耳目收集毒品方面的情报。①

案件中的合作则是通过情报交流，将有价值的信息进行传递。毒品犯罪案件因其具有充分的预谋性、高度的隐秘性、犯罪行为的流动性等特点，使该类案件证据与其他案件证据相比有所不同。若在证据的调查收集中存在问题，不但影响到证据的证明力，也给法官审查判断案件带来困难。毒品犯罪的隐秘性决定了除犯罪嫌疑人本人及同案被告人的供述和辩解外，难以再获得其他证据，因此嫌疑人、被告人的供述和辩解成为毒品犯罪案件中使用率最

---

① See Paul de Hert& Luc Vandamme: *European Police and Judicial Information - sharing Cooperation: Incorporation into the Community, Bypassing and Extension of Schengen.*

高的证据之一。司法部司法协助与外事司司长郭建安在接受媒体采访时也表示“跨国调查取证是目前司法协助国际合作内容最多、应用最广泛的一项内容，它主要包括跨国询问证人、提取证据材料”。①

第三节 控制下交付之实践

一、控制下交付

控制下交付，是国际社会在打击跨国境毒品犯罪斗争中创设并逐步发展起来的特殊侦查合作手段。这一新概念的提出，始于《联合国禁止非法贩运麻醉药品和精神药品公约》；随后，在1990年联合国第十七届特别会议上通过的《全球行动纲领》和1998年联合国第二十届特别会议上通过的《加强国际合作以处理世界性毒品问题的措施》中得到进一步完善和提升。根据《联合国禁止非法贩运麻醉药品和精神药品公约》的规定，控制下交付是指在一国或多国警察机关实行严密控制或者监督下，允许不法分子在跨国境运输的货物中非法夹带或隐匿的毒品进出口岸，通过货运人自己的管辖区域，在对其流转移交进行全程监控中发现其他涉案人员，掌握地下交易场所与交易方式，进而查明有关的犯罪组织、犯罪网络和贩毒路线等情况后，选择最佳时机将犯罪分子和毒品毒资全部缉捕收缴的侦查方式。我国发现了犯罪分子预谋用掏空柚木方式运毒时，在进行了严格分析后才进行特殊侦查手段的运用，为适格运用的典型。

二、控制下交付条件

控制交付的成功运作需要拟定好实施控制下交付的方案。在发现了毒品或者获取了毒品贩运的线索后，经过初步权衡认为有实施控制下交付的必要和可能后，就应迅速与有关国家（或地区）的禁毒执法当局沟通情报，在有关国家（或地区）一致认为应当实施控制下交付后，如果条件允许，应联合毒品输出国（或地区）、途经地国（或地区）、最终目的地国（或地区）的有关当局及时召开联席会议，通过磋商拟定实施控制下交付的方案，并确保方案的可行性。

三、“3·30”特大国际贩毒案分析

（一）案情摘要

2002年1月19日，云南思茅地区公安局根据情报获悉：以许连科、邵思国（男，系不久前被我们捕获的缅甸大毒枭谭小林的主要合伙人之一）、王祖光和泰国人派蓬为首的贩毒访华团，密谋用柚木掏空藏匿大宗毒品的办法，从缅甸佤联军辖区进入我境经云南、广东向香港贩运海洛因，此前该集团已贩毒得手多次，走私贩运的海洛因达113件80多公斤。经公安部禁毒局与有关国家、地区警方联系、协调，发现我广州海关和香港海关也正在对该贩毒集团有关人员布控侦查，与此同时，泰国警方和美国缉毒署也对该集团的泰国籍成员实施监控。3月27日，第一批毒品在境外装车后驶入我境。根据云南侦获的情况和各方面提供的线索判断，此案有条件顺线延伸，实施跨境的“控制下交付”，以彻底打掉这一国际贩毒

① 具体见司法部司法协助与外事司司长郭建安答记者问，中国法院网：http://www.chinacourt.org/public/detail.php? id=347340，2010年12月13日访问。

网络。4月5日深夜，犯罪分子经过反复观察试探后开始行动，调用大型平板拖车将毒品装车后驶出，我参战民警在统一指挥下，沿途严密监控，驱车数百公里，跟踪至其仓库——深圳市龙港区一汽车修理厂停车场。根据情报获悉，下货后香港毒贩胡育光将入境看货，并在核对藏匿毒品的木材记号后出境，准备在境外用电话指挥马仔将毒品运走，为人赃俱获，指挥部在对案情进行全面分析和判断后，果断下达了“收网”命令，当场抓获从香港前来接货的胡育光、陈启浩，缴获车内藏匿的毒品70公斤。

（二）案例分析

在该案中，中方获得毒品犯罪情报后，经过研究判断得出适合“控制下交付”后才启动程序。这里的条件，是指确有毒品进行交易，同时技术和人员能够确保控制毒品或替代品的运输在控制范围内。若没有在进行控制下交付时保障条件尤为重要。必须严密控制毒品流向，确保毒品存在的安全。在实施毒品的控制下交付时，运送前毒品的拆封，毒品重量的称量，毒品数量的清点、取证、化验、复原等一系列活动都必须要在隐蔽而又安全的环境中进行。毒品取出以后放回或找毒品替代物进行伪装时，要丝毫不差恢复拆封前的原样，不能让毒犯发觉有人动过毒品。在毒品的运输过程中，一般采取选派有经验的侦查人员始终与之随行，实施全程监控；在可能的情况下，还可以在夹带的毒品中安装“追踪器”之类的定位仪器，一旦毒品流失则可通过此手段觅其踪迹。但是，目前这些保障依旧只是技术手段上的保障，法律上对于实施该项侦查手段的侦查人员规定得尚不全面。

第四节　资产追缴之实践

刑事诉讼中的追缴是侦查机关为了查找犯罪嫌疑人和收集到必要的证据而进行的搜寻查找活动。查封财产是根据案件的需要对犯罪有关的财产予以调查、封存。① 尽管毒品犯罪具有形式多样、种类较多等特点，但犯罪嫌疑人进行毒品犯罪的目的单一且明确，那就是非法获取巨额利润。尽管有一部分犯罪分子为以贩养吸，即为保证吸毒的毒资来源而进行贩卖毒品的活动，但是从根本上说仍然是为了巨额利润。在惩治毒品犯罪的司法活动中，毒资的追缴是切断毒品犯罪链条的关键。

一、资产追缴方式

随着《联合国反腐败公约》的缔结，追缴被非法转移到国外的资产已成为世界各国日益关注的法律问题。《联合国反腐败公约》第五章在总结各国立法与实践中的成功经验的基础上将追回资产的法律手段划分为两大类，即“直接追回财产的措施”和“通过没收事宜的国际合作追回资产的机制”。一般来说，为运用前一类措施，财产受害人应当依照财产所在国家的法律，直接向该国司法机关提出主张和请求；后一类追回资产的机制则需要通过有关国家之间的司法合作加以启动和运作。

《联合国反腐败公约》第53条规定了三种直接追回财产的措施。第一种措施为财产受害国或有关财产的合法所有人在财产所在地缔约国的法院提起民事诉讼，要求维护和确认自己对受到非法侵犯并被转移的财产提出的所有权主张。第二种措施为财产所在地缔约国的法

① 许细燕、谢庭坚：《侦查学教程》，中国人民公安大学出版社2005年版，第63页。

院，根据财产受害国或者有关财产的合法所有人的请求，判令侵犯财产权的被告人向上述受害国或受害人支付补偿或损害赔偿。第三种措施则为直接追回财产的措施，法条如是规定："允许本国法院或者主管机关在必须就没收作出决定时，承认另一缔约国对通过实施根据本公约确立的犯罪而获得的财产所主张的合法所有权。"其实际上表现为：在对于产生犯罪或者其他违法行为的赃款赃物或者受益进行处理时，根据有关人员提交的合法所有权证明进行返还，即使有关财物正面临没收或者已经被宣告没收。由于这种返还仅仅以对合法所有权证明的承认为依据，程序简单，并且可以随时进行，因而被称为"简易返还"。

二、毒品犯罪资产追缴现状

（一）资产追缴数额巨大

毒品集团有非法所得作后盾，可采取种种非正当经营手段使得合法经营者难以竞争。在某些国家和地区，"毒品经济"以及或者正在成为人们经济生活的一部分。例如，在哥伦比亚，目前其每年非法走私出境的可卡因获得60亿美元的利润，其中约一半返回该国，与此同时该国咖啡出口获得的利润仅为16.2亿美元。长期下去，这类国家的经济和政治难免将受非法毒品活动所牵制，恐将服务于毒品集团的罪恶利益。巨额"毒资"侵蚀国际金融系统将使得"洗钱"活动更加猖獗，特别是全球网络化的大背景为这些非法所得"漂白"提供了更为便利的条件。国际刑事警察组织历年来的年报显示，全球毒品非法交易额约5000亿美元，总额仅次于军火交易总额。由此可以看出，毒品犯罪项下的资产追缴数额之巨大、追回的意义之重大。①

（二）合作追缴观念

在关于追缴毒品犯罪所得的国际司法合作中，仅仅对被发现的赃款赃物实行冻结或扣押是不够的，重要的是应当能够将被证明属于犯罪所得的钱财从犯罪嫌疑人、被告人或者其他持有人那里加以剥夺，也就是说，使上述人员彻底丧失对有关钱财的享有权，并且将财产支配权转归被请求国所有，以便实现向请求国返还的目的。在毒品犯罪方面，追缴毒品犯罪所得有一个"分享"概念。《联合国禁止非法贩运麻醉药品和精神药物公约》率先提出了这一倡议并使用了"分享"概念。有关国家分享被追缴资产的比例主要取决于该国在有关的国际司法协助中作出的"贡献"。目前在实践中这种贡献一般被划分为三档：第一档为重大协助（essential assistance）：分享比例为50%—80%；第二档为较大协助（major assistance）：分享比例为40%—50%；第三档为提供便利（facilitating assistance）：分享比例为40%以下。② 但是对于这个问题我国往往认为，这是本国境内流出的资产，坚持全额收回，结果就

① See *UNODC Bi – Annual seizure report* 2010, p. 23.

② 参见《联合国禁止非法贩运麻醉药品和精神药物公约》第5条：缔约国按本条规定依另一缔约国的请求采取行动时，该缔约国可特别考虑就下述事项缔结协定：（一）将这类收益和财产的价值，或变卖这类收益或财产所得的款项，或其中相当一部分，捐给专门从事打击非法贩运及滥用麻醉药品和精神药物的政府间机构；（二）按照本国法律行政程序或专门缔结的双边或多边协定，定期地或逐案地与其他缔约国分享这类收益或财产或由变卖这类收益或财产所得的款项。

谈判不成。[①] 其实，外流赃款光靠一国的警力是不可能查清、查封及没收回来的，需要相关国家的合作。有合作就要有支出，对方作出合理的扣除是应该的。前段已经提及，赃款分割是国际上的通行做法。公约提供的大框架，需要中国在细节上放开思想，以更为开放和全球化的眼光来进行合作。

（三）追缴机制运行状况

目前，毒品犯罪分子越来越注意将犯罪所得通过洗钱等方式转移到国外尤其是那些他们认为能够平安藏身和躲避引渡或其他遣返措施的国度。同时，随着各国民商事法律对个人财产权保护制度的不断完善以及刑事诉讼制度对被告人权利的愈加重视，使得追缴已被转移并且往往也改变了形态的犯罪所得变得特别困难，之前所介绍的双边和多边刑事司法协助条约中三种“追缴资产”的方式在一定程度上简直失去了可操作性。笔者将在下一章对资产追缴中出现的问题进行分析探讨，试图给出一些建议。

① 天津大毒枭洗钱案：该案中犯罪嫌疑人通过各种手段将财产转移至境外，中国在追缴该项犯罪所得时，坚持全额退还，未获被申请国支持，导致无法追缴。具体案情请参见中国金融网：http://www.zgjrw.com/News/2010612/home/481834761601.shtml，2010 年 12 月 16 日访问。

第三章 国际刑事司法协助中存在的问题

在惩治毒品犯罪活动中，国际刑事司法协助是一个极其重要的方式。面对跨国毒品犯罪等有组织跨国犯罪，国际社会正是因为有了各种国际条约和各种协助机制才能保障人权，维护社会的安稳。上一章我们分析了毒品犯罪中各种刑事司法协助发挥作用的形式，并介绍了取得成功的案例。但是我们必须注意到，犯罪活动永远是不断变化的，法律有着其自己本身的滞后性，行之有效的机制若一直僵化总有失去效力的一天。从国际麻醉品管制局、国际刑事警察2010年的年报中，我们可以看出各国在联合惩治毒品犯罪中所作出的努力，同时我们也发现了一些令人不安的问题：西非、东非发展中国家因技术、人力等所限，在控制毒品犯罪中体现的效率低下；毒品犯罪集团的毒资逐渐侵蚀当地金融甚至对政府产生牵制；不同国家之间彼此职能部门权责不清晰导致的沟通障碍等。本章将重点分析在国际刑事司法协助中所存在的问题。

第一节 法律缺失及监管不力

一、各国的现状

据国际麻醉品管理局（International Narcotics Control Board，INCB）去年年报称，在非洲，缺乏管制措施以及受管制药物在无监管的市场供应对社会人们健康构成巨大风险。在南美洲，虽然2009年非法古柯树种植总面积有所下降，但南锥地区的可卡因滥用却增多了。在阿富汗，非法罂粟种植量仍然居高不下；为减少这类种植所作的努力因为腐败、缺乏安全和执法能力有限而受阻。在东南亚，所谓“金三角”的非法罂粟种植量有所增加，占全球罂粟种植量的5%。苯丙胺类兴奋剂贩运的增加仍是东亚和东南亚所面临的一个大问题。南亚现已成为被用做非法制造去氧麻黄碱所需前体化学品的来源地的主要区域之一。①

仅仅加入现有的国际公约尚不足以处理与毒品有关的问题，要处理这些问题，还需要所有国家政府都普遍执行这些条约的所有规定并有效适用必要的管制措施。但是以下国家尚未加入国际药物管制条约：

（1）未加入经《1972年议定书》修正的《1961年公约》或未经修正的《1961年公约》的国家：库克群岛、赤道几内亚、基里巴斯、瑙鲁、萨摩亚、东帝汶、图瓦卢和瓦努阿图；

（2）未加入对《1961年公约》加以修正的《1972年议定书》的国家：阿富汗和乍得。②

联合国报告称，“市场力量已经塑造了毒品经济的不平衡性；世界上最大的毒品消费国

---

① See *The International Narcotics Control Board Report* 2010, p. 37.

② See *UN information service Vienna International Centre* UNIS/NAR/1080.

（富国）对穷国（供应和贩运的主要所在地）造成了最严重的损害。”① 在未加入国际药物管制条约中我们可以看见“金新月”地区国家，这种国际义务的缺失与上文提到的监管不利在主要产毒地区产生了极其恶劣的影响。

毒品犯罪中，最重要的是遏制毒品的生产和贩运。遏制毒品的生产与贩运，最重要的是对管制药品进行监管。上文中披露的部分国家关于毒品犯罪方面的法律和公约的缺位，本文认为原因有三：首先，政局不稳导致国家无法正常进行国家交往活动；其次，社会贫富差距过大，政府有被毒品犯罪集团渗透的可能；再次，国家自身无法控制毒品犯罪的泛滥导致毒品犯罪集团壮大，产生恶性循环。

二、对我国监管能效的检讨

我国目前虽然在控制管制药品方面没有产生上述国家的此类问题，但是我国目前在专门刑事司法协助方面的法律缺失在实际层面已经对惩治跨国毒品犯罪产生了不利影响，如在追缴资产方面与控制下交付方面的不足等问题。

我国司法机关与国外司法机关之间的效能差异也存在问题。国际刑事合作是不同国家司法机关之间为完成特定的司法任务进行的配合，司法机关之间处理国际犯罪的效率高低对国际刑事合作是一个障碍。司法机关的态度、工作效能、整体质量都影响着国际刑事合作的进程。

在常规的国际刑事合作内容上，主要是指程序合作方面，主要体现在司法机关对犯罪事务处理上的期限的不同，我国刑事诉讼法对犯罪的各种处理规定了很清楚的期限，这样的规定在处理国内犯罪案件时是不存在问题的，但是在国际刑事合作上就不可避免地产生了冲突。每一国规定的案件处理期限是不同的，但是各国的规定又是符合其本国的国情以及实际情况的，因此是合理的，但是这一点并不足以抹杀这一冲突的客观存在。当然，司法机关的效能在这种常规性的国际刑事合作方面的影响还是不明显的。因为时限尽管不同，但总是会来到的，只是时间早晚而已。

第二节　犯罪所得追缴困境

一、在我国追缴犯罪所得相当困难

前文已经提及，现有的合作机制在各国没有落实到位的情况下，难以发挥预期效力。INCB2010 年报中针对该问题也提出了两点意见：（g）在国家和国际层面上，必须再接再厉，以进一步加强打击洗钱的措施，并确保这些措施重视查明和没收与毒品有关的腐败以及其他类型的与毒品有关的犯罪所得的收益；（h）国际和区域合作以及相关执法和刑事司法机构间相互合作的能力必须继续加强，特别是当其与预防和根除与毒品有关的腐败和恐吓相关时。② 有学者指出，现存的追缴机制无法促进每个具体案件的流程正常运转，只能够在具体案件中偶尔发挥效用。

---

① See *UN information service Vienna International Centre* UNIS/NAR/1043.

② INCB 文件：国际麻醉品管制局 2010 年关于 1988 年《联合国禁止非法贩运麻醉药品和精神药物公约》第 12 条执行情况的报告（E/INCB/2010/4）。

二、民商事法律出现矛盾

以我国为例，根据我国《商业银行法》第29条和第30条规定：除法律有明确规定的情况外，商业银行有权拒绝任何关于查询、冻结或扣划账户存款的要求；而根据我国现行《刑事诉讼法》的规定，只有人民法院有权依据生效裁决对有关当事人的银行账户存款实行扣划，享有刑事侦查权和检控权的公安机关和人民检察院则只具有要求查询和冻结银行存款的权力，不享有扣划的权力。

这意味着：如果某个外国依据与我国缔结的双边司法协助协定或者互惠原则请求我国司法机关冻结并且返还一笔存放在中国境内商业银行中的、属于犯罪收益的资金，我国公安机关或者人民检察院在执行该协助请求时只能对该笔资金实行刑事冻结，却无权对其予以收缴并将其移交给请求国。在此种情况下，现行的许多双边司法协助条约中规定的“将在其境内发现的、罪犯在缔约另一方境内犯罪时所获得的赃款赃物移交给另一方”这一司法协助义务实际上就无法在我国履行。

同样的问题也出现在需对房地产予以处置的情况下，当有关人员使用被转移的犯罪资金在我国境内购置了房地产，外国司法机关请求对该房地产实行查封、变卖并返还变价款时，我国公安机关和人民检察院受房地产管理法规和相关的物权登记制度的限制，无法对被查封的房地产实行没收和变卖，因此，对于这种改变了形态的犯罪收益，我国司法机关无法在现行的刑事司法协助制度和程序的框架内实现彻底的追缴。

三、国内法与国际法存在矛盾

追缴犯罪所得的关键在于世界各国的配合。但是前文已提及，随着各国民商事法律对个人财产权保护制度的不断完善以及刑事诉讼制度对被告人权利的愈加重视，使得追缴已被转移并且往往也改变了形态的犯罪所得变得特别困难，这是民商事法律发展的结果。这本身与缔约国有“将其境内发现的、罪犯在缔约另一方境内犯罪时所获得的赃款赃物移交给另一方”的义务是矛盾的。这对各国的犯罪所得返还制度提出了更高的要求。

对于这个问题有学者认为，将原因归咎于“未将《联合国反腐败公约》彻头彻尾的国内化”；① 或认为是由我国《反洗钱法》与赃款赃物确认制度不完善所导致的；② 抑或评价我国目前对罪赃移交所进行的规定过于粗疏，可操作性不强。于此可以看出，我国目前承担了相应的配合国际追缴犯罪所得义务，③ 但目前在国内法的转化尚待完善。在单行法、实施机制以及操作流程上都存在相互抵触的地方。笔者认为，自1988年签订《联合国禁止非法贩运麻醉药品和精神药品公约》以来，我国一直都在不断地更新和完善国内法律。主要的法律部门和重要的单行法均有改动和出台，如2007年开始实施的洗钱法就是一个重要体现。目前出现的主要问题是和其他部门法律的契合度问题，其他部门法律的完善未考虑到协助犯罪所得追缴是一个主要原因。所以说，这个问题我国有能力解决，只是解决尚未到位而已。

---

① 余桂英、马长生：《论我国境外追赃机制的完善》，载《刑法论丛·国际刑法卷》2010年第1卷。

② 李欣：《追缴犯罪所得的国际司法合作研究》，吉林大学2005年硕士学位论文。

③《联合国禁止非法贩运麻醉药品和精神药物公约》没收条款以及《联合国反腐败公约》协助追缴条款。

第三节　国内法与国家义务之间存在矛盾

一、刑法原则中的矛盾

目前还存在的一个问题是我国刑事法律规范与我国所签订或者加入的国际条约之间存在矛盾或者不一致。例如“双重犯罪规则”和“一事不再理”规则是国际刑事司法协助中的强制性规则，非双重犯罪的案件经过处理的不予以协助是国家间展开国际刑事司法协助的惯例。我国签订或者加入国际条约时均确认了上述规则。但是，目前我国刑事法律中的有关规定却使上述规则受到国内法的阻碍。

我国刑法并不承认“一事不再理”原则。我国《刑法》第10条规定：“凡在中华人民共和国领域外犯罪，依照本法应当负刑事责任的，虽然经过外国审判，仍然可以依照本法追究，但是在外国已经受过刑罚处罚的，可以免除或者减轻处罚。”该条只规定在外国受到刑事处罚的可以作为减免刑事处罚的理由，而并非对在我国领域外的中国公民犯罪不再予以受理。这种矛盾有损我国法律的统一和尊严，也将给我国法律的实际运行带来麻烦。

二、刑法实施中的矛盾

行为人在境外因毒品犯罪被判刑在我国境内又犯运输毒品罪的，是否构成毒品再犯，是我国1985年和1989年先后批准加入《麻醉品单一公约》、《精神药物公约》和《联合国禁止非法贩运麻醉药品和精神药品公约》后出现的一个新情况。对此问题，我国刑法中没有明确规定，理论界和实务界也鲜有论及。笔者认为，行为人在境外因毒品犯罪被判刑，在境内又犯运输毒品罪的，可以构成我国《刑法》第356条规定的毒品再犯。

（一）我国参与缔结或加入并已对我国生效的国际条约，与国内法没有冲突的，可作为裁判依据使用

国际条约是由两个或两个以上国家缔结或加入并生效的关于政治、经济、贸易、法律、文化和军事等方面的相互间权利与义务的规范性文件，是国际法的重要形式，除条约外，还有公约、协定、议定书、宪章、盟约、换文等。条约签订并生效后，根据“条约必须遵守”的国际惯例，除了保留条款外，对各缔约或加入国家的国家机关和公民具有法律上的效力。经1972年3月25日议定书修正的1961年3月20日《麻醉品单一公约》第36条第2款第1项第3目和1971年2月21日《精神药物公约》第22条第2款第1项第3目均规定：“（毒品）犯罪行为在外国判定有案者应予计及，以确定是否累犯。”这表明，上述两个公约均要求各缔约国在不违背本国宪法及相关国内法的情况下，对在国外实施毒品犯罪受到处罚而又在本国实施毒品犯罪的，应确定为累犯。我国已于1985年和1989年先后批准加入《麻醉品单一公约》、《精神药物公约》和1988年12月19日《联合国禁止非法贩运麻醉药品和精神药品公约》，故上述公约中关于累犯的规定，对我国司法实践亦具有法律效力。当然，在适用时，判断是否构成累犯（毒品再犯）以及如何适用法律条款，应当依照我国刑法的规定处理，并引用我国刑法的法律条文。

（二）同时构成累犯和毒品再犯应单独适用毒品再犯条款

在我国刑法中，累犯分为一般累犯和特别累犯两种。所谓一般累犯即刑法第65条规定的，被判处有期徒刑以上刑罚的犯罪分子，刑罚执行完毕或者赦免以后，在五年以内再犯应当判处有期徒刑以上刑罚之罪的情况。所谓特别累犯是指对虽不符合上述一般累犯的构成要

件，但刑法特别规定为累犯的情形。毒品再犯是我国特别累犯的一种。所谓毒品再犯是指因走私、贩卖、运输、制造、非法持有毒品罪被判刑，又犯刑法第 347 条至第 357 条规定之罪的情形。可以构成毒品再犯的共涉及 12 个罪名。刑法关于毒品再犯规定，比《刑法》第 61 条关于累犯的规定更为严厉。主要体现在：一方面，构成毒品再犯的前罪和后罪之间没有期限限制，无论经过多长时间，只要符合法定条件都构成毒品再犯；而一般累犯则必须是在前罪刑罚执行完毕或者赦免以后“五年以内再犯罪”，超过五年则不构成一般累犯。另一方面，毒品再犯对前罪和后罪所判处的刑种没有限制，而一般累犯则必须是前罪和后罪都必须“被判处有期徒刑以上刑罚”。可以看出，毒品再犯制度充分体现了我国严厉打击毒品犯罪的刑事政策。

司法实践中，对行为人同时构成累犯和毒品再犯是否应同时适用累犯和毒品再犯条款，做法并不统一。笔者认为，在这种情况下，应当直接适用毒品再犯条款，而不能同时引用累犯条款。累犯是刑法总则规定的普通条款，对刑法分则中的所有罪名是普遍适用的，而毒品再犯则属于特别条款，仅适用《刑法》第 6 章第 7 节的走私、贩卖、运输、制造毒品罪及相关罪名。按照特别条款优于一般条款的原则，应直接适用毒品再犯条款。从另外一个角度而言，无论是累犯条款还是毒品再犯条款，其本质都是同一的，都是对再次犯罪的人予以从重处罚的规定。对同一被告人的同一行为同时适用两个从重处罚条款，有重复评价之嫌。对此，最高人民法院 2000 年 4 月 4 日《关于全国法院审理毒品犯罪案件工作座谈会纪要》提出，对依法同时构成再犯和累犯的被告人，一律适用刑法第 356 条规定的再犯条款从重处罚，不再援引刑法关于累犯的条款。但是，这只是针对毒品犯罪的评价改进，我国还需要将该做法推广到其他跨国犯罪的惩治活动中去。

第四节　控制下交付的法律缺位

一、程序法的缺位

法律的缺失造成控制下交付在实践中的适用不规范，极易侵犯犯罪嫌疑人的权利。目前，控制下交付是由公安机关内部的操作规则予以规范的，其侦查手段是否实施，完全由侦查机关自行决定把握，其启动和执行均由公安机关自行决定，不纳入刑事诉讼法调整的范围之内，外部中立的司法机关（法官或检察官）不能介入，缺乏有效的监督制约机制，从启动、执行到结束，整个过程呈高度封闭状态，这就很容易导致公安机关为了侦破案件，不顾侦查比例（适度）原则的限制，主动扩张自身的权力，动辄采用监听、搜查等秘密侦查措施。与此同时，也就大大增加了侵犯犯罪嫌疑人权利的可能性。

在控制下交付过程中，采用秘密力量、秘密技术、秘密行动、秘密据点等方法手段获取的情报能否成为诉讼证据，与法律有关非法证据排除规则的规定有着直接的联系；① 有关线人、卧底侦查人员的庭外证言能否成为诉讼证据，与传闻证据规则的规定有直接关系。然而在我国，排除规则的设置还处于起步阶段，没有任何特权规则。因此，应在《刑事诉讼法》有关证据规定的基础上，建立、完善一系列的证据规则，为控制下交付侦查中情报向证据的转换提供法律依据。

---

① 任克勤、艾明：《论毒品犯罪侦查中的控制下交付手段》，载《政法学刊》2003 年第 1 期。

二、法律后果缺位

侦查人员或特情的行为必须仅仅限于给犯罪嫌疑人提供贩毒的机会，让犯罪嫌疑人在其自身原有的行动轨迹上继续发展，而不能促成其形成犯意，导致控制下交付的违法。因此，我国法律应该对违法控制下交付的法律后果作出明确的规定，否则程序再完善也很难得到有效的执行，受到侵害的公民的合法权利也很难得到有效的救济。借鉴国外在立法中所确立的司法救济原则，我国应在刑事诉讼法中明确规定被侦查对象应享有对有关文书进行审查和提出异议的权利、对秘密侦查所获得的非法证据享有请求排除权、辩护方享有秘密侦查所获得信息的使用权和对非法秘密侦查行为的赔偿求偿权。

控制下交付的法律规制，实际上既是对侦查部门的授权，又是对它的限权，形成一对矛盾的作用力。这一对反向作用力存在的目的就是维持侦查部门权力扩张与规制的平衡，即达到打击犯罪与保障人权的双重目的。

第四章　对惩治毒品犯罪刑事司法协助的建议

从前三章内容可以看出，惩治毒品犯罪是惩治跨国有组织犯罪的一个重点核心内容，国际社会各方面力量一直致力于该项事业。从国际条约到双边协定、从合作机制到固定机构、从国际组织到NGO、从各组织总部到各国中心局，无一不是为了更好地禁毒，维护社会和平与稳定。作为一个长期事业，禁毒工作不可能没有不足：供应地国的监管缺失；消费国的打击不到位；具体协助中的不配合；等等。这些都是需要引起关注并得到支持的地方。但是国际合作是一个博弈的结果，不可能奢求每一个国家都按照集体意志来参与，所以本章从中国角度出发寻求合适的对策。

第一节　尽快制定《中国刑事司法协助法》

一、制定《中国刑事司法协助法》的必要性

改革开放三十多年来，我国全方位地开展国际司法合作，国际刑事司法协助得到了迅猛的发展。制定《中国刑事司法协助法》的时机已经成熟，所以，尽早制定出该法是非常必要的。从国际司法合作的角度来讲，制定该法具有现实的紧迫性。我国作为一个大国，在国际事务中负有重要的使命。我国有责任通过国际刑事司法协助的途径和手段来履行我国所承担的国际义务。目前，我国尚没有单行的国际刑事司法协助法，这无疑会给我国正确而积极地开展国际刑事司法协助带来诸多不便。当我国作为请求国时，我国有关机关无法可依，而难以理直气壮地进行这种经常性的活动。当我国作为被请求国时，外国很难判明我国有关法律，进而也会影响到各有关当事国的判断，妨碍外国与我国积极开展国际刑事司法协助。如果我国制定出这样的法律，将会极大地方便我国开展国际司法合作，也会为各有关国家与我国开展此类活动提供法律保障。我国与许多国家缔结了双边司法协助条约，为我国制定国际刑事协助法奠定了坚实的基础，这些条约对我国制定相关的国内法具有促进意义。

为了规范和便利国际刑事司法协助活动，仅仅依靠国际条约是不够的，还需要有调整国内执行程序的立法。2000 年 12 月我国颁布了《引渡法》，结合中国的特定情况创设了独具特色的引渡案件司法审查和行政审查制度，同时还独立于《刑事诉讼法》引进了专门适用于引渡合作的刑事强制措施体系，即引渡拘留、引渡逮捕和引渡监视居住；它是中国法制走向现代化、国际化和对人权高度尊重的重要标志和体现。但是，在文书送达、调查取证、赃款赃物的追缴、相互承认和执行刑事裁决（包括被判刑人移管）以及刑事诉讼移管等方面，我们的国内立法还处于空白状态。特别是随着《联合国反腐败公约》对我国的生效，刑事司法协助国内立法的缺位已经影响到我国对公约项下国际义务的切实履行，比如，我国主管机关目前很难通过承认和执行外国法院“没收令”或者罚金判决的方式，协助外国主管机关追缴在中国境内发现的资产并且向请求方实行返还。

二、对《中国刑事司法协助法》的具体设想

在许多方面，我国国际刑事协助法可以直接援引条约内容作为其条款，使之成为国内法的组成部分。从另一个角度讲，制定出该法将直接为我国履行这些条约义务提供国内法依据。此外，我国加入或缔结了许多具有刑事司法协助条款的国际公约，这使我国承担了必须履行的相应的国际义务。这就要求我国必须采取行动来切实保障各该公约的顺利进行。我国已于 1987 年 6 月 6 日通过了《中华人民共和国对于其缔结或参加的国际条约所规定的罪行行使刑事管辖权的决议》，这一决议为中国对违犯国际法罪行和普通犯罪进行管辖奠定了法律基础，也为我国制定单行的国际刑事司法协助的国内法提供了前提和条件，因此，制定《中国刑事司法协助法》乃是我国解决履行这些国际条约义务程序性问题的实际步骤。

（一）原则性条款需要变通

在与国际条约义务相悖之处需要进行调和。“信守国际条约”、“一罪不再罚” 等一些在国际司法合作领域至关紧要的重要原则仍有待于通过国内立法在刑事领域得到确立和强化。在毒品犯罪方面，最高人民法院《关于全国法院审理毒品犯罪案件工作座谈会纪要》提出，对依法同时构成再犯和累犯的被告人，一律适用刑法第 356 条规定的再犯条款从重处罚，不再援引刑法关于累犯的条款。但是这只是针对毒品犯罪的评价改进，我国还是需要从整体上对刑事司法协助的原则进行让步。

（二）限制性的条款合理减少

《反腐败公约》等较近的国际刑事法公约较之《联合国刑事案件互助示范条约》对刑事司法协助的限制明显减少。例如，在拒绝提供司法协助的理由中，“被请求国认为该罪行属政治性罪行” 与 “有充分理由确信，提出协助请求是因为某人的种族、性别、宗教、国籍、族裔本源或政治见解等原因而欲对其进行起诉，或确信其地位会因而受到损害”，不再被确定为拒绝协助的法定理由。这无疑为各国和我们开展协助工作减少了障碍，为我国制定《中国刑事司法协助法》提供了一个参考模式。

（三）程序规定应当更具体化

之前的《联合国刑事案件互助示范条约》虽然也对司法协助程序作了规定，但却是比较原则性的，在实践中不太好把握。而《打击跨国有组织犯罪公约》和《反腐败公约》则对执行程序提出了明确要求。例如，《联合国刑事案件互助示范条约》第 3 条规定：“缔约国应各自指定并相互通报应由其提出或接受为本条约目的而做成的请求书当局。”之后的两公约分别在第 18 条第 13 款、第 46 条第 13 款规定，“各缔约国均应指定一个中央机关，使其负责和有权接受司法协助请求并执行请求或将请求转交主管机关执行。如果缔约国有实行单独司法协助制度的特区或领域，可以另行指定一个对该特区或区域具有同样职能的中央机关。中央机关应当确保收到的请求迅速而有效地执行或转交。” 我们制定刑事司法协助法在很大程度上就是为了指导我们的实践活动，所以对程序规定的具体化是合理的要求。

第二节　制定“控制下交付”相关法律

一、构建目的

构建“控制下交付”的合作机制，是国际社会在打击跨国境毒品犯罪斗争中创设并逐步发展起来的特殊侦查合作手段。这一新概念的提出，始于 1988 年维也纳国际大会通过的

《联合国禁止非法贩运麻醉药品和精神药品公约》；随后，在1990年联合国第十七届特别会议上通过的《全球行动纲领》和1998年联合国第二十届特别会议上通过的《加强国际合作以处理世界性毒品问题的措施》中得到进一步完善和提升。为有效打击跨国犯罪，目前“控制下交付”被规定为“应当”采用的方式之一。① 而我国《刑事诉讼法》并未明确规定这些特殊侦查手段。例如，关于电子或者其他监视形式和特工行动主要涉及秘密拍照、录音、录像，监听通讯，以及秘密侦查或诱惑侦查证据材料是否准用的问题，虽然我国《刑事诉讼法》没有规定，但在司法实践中，这些手段在一定范围内已被有关部门运用。这说明我国具备进行相关立法的实践基础。

在国际间不断强化合作、密切经贸联系和提升司法协助规格的今天，建立确保社会稳定和经济安全运行的司法协助新机制尤为必要，各国需要认真总结国际社会对贩运中的毒品实施控制下交付的成功经验，探索将这一侦查手段引入刑事司法协助中，并在借鉴国际规范和司法实践的基础上，把对毒品控制下交付的侦查合作方式扩大运用于跨境犯罪的广泛领域。

二、具体设想

（一）控制下交付的适用原则

控制下交付措施必须是考虑到犯罪的高度隐蔽性、有组织性等特点，采用常规侦查手段无法或很难查清案件事实时才能采用。因此，必须强调控制下交付在适用上的必要性和比例性原则。两个原则对控制下交付的要求在于：首先，控制下交付的选用必须视侦查行动是否需要、是否与案件的重要性相适应；其次，控制下交付应作为“最后手段”加以运用；最后，在实施控制下交付时，应尽量采用侵害强度较小的侦查手段。禁止不合理地侵扰被追究者的合法权利，以至于侦查效益不足以平衡权利侵害的损失。

（二）控制下交付的实施主体

我国法律将侦查权仅赋予了侦查部门，根据我国《刑事诉讼法》的规定，行使侦查权的机构只有公安机关、人民检察院、国家安全机关、军队保卫部门和监狱。任何未被赋予侦查权力的国家机关、团体和个人不得使用侦查手段。因此，控制下交付作为一种特殊的侦查手段，其实施主体只能是侦查人员。② 虽然在遇到控制下交付的特殊情况时侦查人员可以根据实际需要让非侦查人员配合，但是，控制下交付仍然应该由侦查人员主持，非侦查人员不可以自行进行控制下交付的侦查，否则会发生某些人不择手段去诱人犯罪的恶果，影响社会的安定。

（三）控制下交付的程序规制

控制下交付措施的许可权主体、适用程序必须由法律作出明确规定并严格执行：首先，由具有法定侦查权的机关提出适用控制下交付措施的申请，申请应当采用书面形式，具体载明采用控制下交付的理由、范围、内容和方式等内容；其次，控制下交付的审批应当纳入司法审查机制，由司法官员进行，实行许可令状，载明犯罪嫌疑人个人的基本情况，监控的场所、方法、内容、期限等；最后，由于我国对控制下交付缺少必要的监督机制，在实施过程

---

① 《联合国反腐败公约》、《打击跨国有组织犯罪公约》确认了三种特殊侦查手段即控制下交付、特工行动、电子或其他监视形式的必要性。

② 我国《刑事诉讼法》第82条第（一）项规定，侦查是指公安机关、人民检察院在办理案件过程中，依照法律进行的专门调查工作和有关的强制性措施。

中极易侵犯公民权利，应建立审查监督机制，确保控制下交付这一包含巨大侵权风险的侦查手段始终运行在合理的限度之内。

（四）控制下交付的证据规则之完善

在控制下交付过程中，采用秘密力量、秘密技术、秘密行动、秘密据点等方法手段获取的情报能否成为诉讼证据，与法律有关非法证据排除规则的规定有着直接的联系；① 有关线人、卧底侦查人员的庭外证言能否成为诉讼证据，与传闻证据规则的规定有直接关系。然而在我国，排除规则的设置还处于起步阶段，没有任何特权规则。因此，应在《刑事诉讼法》有关证据规定的基础上，增加关于允许法庭采信由特殊侦查手段产生的证据内容。

所以，笔者认为要想使证据规则完善必须做到以下几点：首先，应吸收公约相关规定，将秘密侦查措施合法化，将秘密侦查措施与常规侦查措施并列在《刑事诉讼法》“侦查”编中加以规定，明确适用的范围和审批程序，具体细节可授权侦查机关制定。其次，秘密侦查措施的运用应坚持最后手段原则。只有在各类预防措施无效、常规侦查手段难以奏效的情况下，才能考虑使用秘密侦查措施。最后，秘密侦查措施的采用应有严格的审批程序和责任追究制度。证据规则完善的优点：其一，可以保证国内法与我国所负国际义务的接轨，除去我国在与他国进行合作时本国无相关法律依据的尴尬；其二，严格的侦查条件的确立有助于侦查人员进行合作时更加严谨，排除控制下交付的滥用，也可确保侦查人员的权益；② 其三，严格的责任追究制度是对侦查人员权力的约束，能确保犯罪嫌疑人的基本权利。

第三节 统一办案和审理程序

各刑事司法协助方面的效能已经建立了针对引渡请求的域内审查和办理程序，但是放眼整个刑事司法协助制度，可以根据协助事项的不同而制定不同的域内审查和办理程序，以求公正和效率相统一。

一、我国域内审查和办理程序

引渡、有关人员出国作证、诉讼转移管辖、在押人员的移交等协助事项适用引渡法所确立的“行政审查—司法审查—行政决定”的审查程序。因为这些协助事项都涉及对证人、鉴定人、被害人、犯罪嫌疑人、被告人和被判刑人的人身处置，关系到其参与或交付法庭审判以及所获刑法的执行，因而属于重大的协助事项，适用的审查程序也应当更为严谨和慎重。对于此类协助事项，有必要采取外交部门初步行政审查，法院以合议庭的方式开庭或书面进行司法审查，国务院作为最高行政机关作出最终决定的审查程序。另外，检察机关在现有的审查制度下发挥的作用极其有限，为使审查程序更为公正，应当引入检察监督机制，发挥检察机关的监督职能。③ 具体来说，最高人民法院在对协助案件进行司法审查时，同级人民检察院应当参与审查。如果开庭审查，检察机关应当派员到庭，发表审查意见，人民法院

---

① 任克勤、艾明：《论毒品犯罪侦查中的控制下交付手段》，载《政法学刊》2003 年第 1 期。

② 任何侦查活动都具有一定的危险性，而作为秘密侦查中的控制下交付手段，给侦查人员带来较大压力。不受约束的侦查手段滥用在惩治犯罪的时候会伤害到侦查人员的权益，一则能挫伤侦查人员的积极性，二则违反了比例原则。

③ 赵永琛：《涉外刑事司法解析》，吉林人民出版社 2001 年版，第 234 页。

应当同时听取检察机关和协助请求对象的发言。公安机关对协助案件的执行也应当接受检察机关的依法监督。

二、简化流程建议

委托调查取证，送达司法文书，搜查、查封和扣押等协助事项，适用“行政审查—司法审查”的审查程序。此类协助事项不涉及对人身的处置，没有必要由国家最高行政机关国务院作出行政决定，司法部作为为此类协助事项的中央机关，负责接受协助请求，同时对收到的协助请求进行行政审查。审查通过的，根据不同的协助事项分别转交公安部、最高人民检察院、最高人民法院等司法机关进行司法审查，裁决通过即可直接交付执行，不必报请国务院决定。

特殊审查程序对于国际刑警组织等已经建立完善协助体系的政府间国际组织提出的请求在不违背我国重大利益的情况下，可以直接按照该组织的内部规则提供协助。我国在加入此类组织时已经签订协议或作出承诺的，应当严格遵行协议和承诺的内容，不要设置其他的行政或司法审查程序，变相增加协助的障碍，影响我国在国际刑事司法协助领域的形象。

三、统一主管机关

统一审理和办案手续都是为了能够提高刑事司法协助效能，而仅仅进行统一审理和办案手续是远远不够的。笔者认为，在统一主管机关方面还需继续努力。一方面，综观我国目前已经签订的协助条约，大部分由司法部部长签署，因此司法部作为统一的主管机关代表我国对外签订协助条约既遵循了惯例，又可以有效解决各类条约中我方签字不一致的缺陷。① 另一方面，较之外交部、最高人民法院和最高人民检察院，司法部作为中央机关收到其他国家提出的协助请求时，既能发挥业务优势进行初步审查，又能及时作出是否同意提供协助的行政决定，提高审查效率。

具体而言，应将现有的司法部刑事司法协助外事司进行拆分，组建独立的刑事司法协助司，赋予其更多的职能，包括：组织参加联合国预防犯罪和刑事司法领域的活动，承办联合国有关对口部门的往来业务；以司法部名义，作为目前已经生效的刑事司法协助条约指定的中国“中央机关”接收、发送、办理、审查各类刑事司法协助案件；根据《中华人民共和国缔结条约程序法》的有关规定，参与由外交部主持的各类刑事司法协助条约谈判和缔约工作；跟踪国际刑事司法协助理论和实践发展趋势；根据条约和法律的规定，从事与刑事司法协助理论和实践，特别是“中央机关”职能有关的法律应用性研究；根据请求向政府等单位提供与刑事司法协助工作有关的法律咨询意见和建议；完成中央政府交办的重大、有影响的涉外刑事司法协助个案。

---

① 我国与61国签订司法协助条约新闻，搜狐新闻：http：//news. sohu. com/20090105/n261568054. shtml，2011年3月13日访问。

第四节　建立和加强对犯罪资产的追缴协助机制

一、建立通知制度与退还保证制度

在关于追缴犯罪所得的国际司法合作中，我国公安机关和人民检察院均有权根据国际条约或者按照互惠原则并且应外国的请求对有关的财物实行扣押、冻结或者查封；对于请求国需要作为物证在自己的刑事诉讼中使用的物品以及能够证明属于境外被害人合法所有的物品，公安机关和人民检察院可以采用简易处置的方式应外国的请求及时决定实行返还。为了确保这种返还不会对善意第三人的权益造成损害，笔者建议建立相应的通知制度和退还保证制度，即：

第一，如果主管机关认为或者发现存在与被返还的物品有直接利益关系或者有可能提出权利主张的人员，则应当在返还前向上述人员发出通知并且为其提出异议保留一定的时间。这种异议既可向处置有关物品的司法机关提出，也可直接向有管辖权的人民法院提出。第二，在实行返还前要求请求方提供书面保证或者提供物的担保，以便保障在错误发还的情况下请求方能够将有关物品退还我国司法机关。

二、建立裁定返还制度

应当建立人民法院裁定返还的制度，在下列情况下，应当将返还有关财物的外国请求提交人民法院裁决：被请求返还的财物属于存放在银行、证券公司、保险公司等金融机构的资金或有价证券；被请求返还的财物属于不动产或者其他受到物权保护制度保护的物品；第三人或者关系人就公安机关或者人民检察院在简易处置程序中拟作出的发还决定向人民法院提出了异议。

根据目前的我国审判管辖分工，建议参照我国《引渡法》就移交与案件有关财物问题确立的审判模式，将此类审判的权限集中在高级人民法院。高级人民法院在审理上述请求时作出的裁定在报请最高人民法院复核后生效。对于高级人民法院作出的返还或者不返还裁决，有关当事人或者提出返还请求的外国主管机关一般通过中国政府的主管机关可以在规定的期限内向最高人民法院提出意见。

结　论

国际刑事司法协助作为国家间合作的一种重要形式，在打击跨国毒品犯罪方面发挥了重要作用。近年来，国际刑事司法协助受到了国际社会越来越多的关注，西方各国签订了多个区域性的国际刑事司法协助公约，亚洲各国在区域刑事司法协助领域的合作也蓬勃开展。特别是“9·11”恐怖事件发生后，世界各国更加真切地意识到打击恐怖主义犯罪和国际刑事犯罪仅仅依靠单个国家的力量远远不够，国家之间必须联合起来，从各个方面扩大国际刑事司法合作的范围。我国作为一个负责任的大国，近年来积极、广泛地参加各类国际刑事司法协助活动，与多个国家签订了引渡和刑事司法协助的条约。但是仅有《引渡法》和各类刑事司法协助条约远远不能满足我国对刑事司法协助体系的构建需求，尤其在惩治毒品犯罪方面，甚至还存在法律规制空白。如何寻找适应我国国情和法制现状，又顺应刑事司法协助发展趋势的最佳解决途径一直是我国学者和立法机关探求的焦点。本文从国际刑事司法协助的基本概念着手，分析我国惩治毒品犯罪的国际刑事司法协助的现状和存在的不足，如现阶段出现的法律规制空白、协助机制不畅、国内法规尚有矛盾等困境。通过分析原因尽力为有关立法部门今后在签订有关条约和制定有关国内法律时能够弥补缺陷，为今后构建国际刑事司法协助体系提供一定的参考意见。如尽快制定《中国刑事司法协助法》，进一步地简化刑事司法协助流程和确定对口主管机关，制定“控制下交付”相关法规，以及修改国内法律配合资产追缴机制生效等。希望通过本文能够使人们加深对毒品犯罪中国际刑事司法协助的认识和了解，由于笔者笔力难及，匆就此文，不当之处请指正。

参考文献

一、中文部分

（一）著作类

1. 朱恩涛：《国际刑警与红色通缉令》，中国人民公安大学出版社2006年版。
2. 向党：《涉外警务》，中国人民公安大学出版社2004年版。
3. ［日］森下忠：《国际刑法入门》，阮齐林译，中国人民公安大学出版社2004年版。
4. ［日］大谷实：《刑法总论》，黎宏译，法律出版社2003年版。
5. 卢国学：《国际刑警组织》，社会科学文献出版社2003年版。
6. 高铭暄、马克昌：《刑法学》，北京大学出版社、高等教育出版社2002年版。
7. 邵沙平：《现代国际刑法教程》，武汉大学出版社1993年版。
8. 赵永琛：《涉外刑事司法解析》，吉林人民出版社2001年版。
9. 马呈元：《国际犯罪与责任》，中国政法大学出版社2001年版。
10. 赵秉志：《欧盟刑事司法协助研究暨相关文献中英文本》，中国人民公安大学出版社2003年版。
11. 赵永琛：《跨国犯罪对策》，吉林人民出版社2000年版。
12. 甘雨沛：《国际刑法学新体系》，北京大学出版社2000年版。
13. 任克勤：《新型毒品犯罪问题研究》，中国人民公安大学出版社2004年版。
14. 黄风：《国际刑事司法合作的规则与实践》，北京大学出版社2008年版。
15. 马进保：《国际犯罪与国际刑事司法协助》，法律出版社1999年版。
16. 周道鸾：《刑法的修改与适用》，人民法院出版社1997年版。
17. 王大伟：《热点、改革与启迪——英美警察科学》，中国人民公安大学出版社1995年版。
18. 王铁崖：《国际法》，法律出版社1995年版。
19. 刘亚平：《国际刑法学》，中国政法大学出版社1992年版。
20. 许细燕、谢庭坚：《侦查学教程》，中国人民公安大学出版社2005年版。

（二）论文类

1. 纪成坤：《全球化背景下我国打击跨国犯罪的国际警务合作研究》，吉林大学2008年硕士学位论文。
2. 张筱薇：《涉外犯罪与跨国犯罪、国际犯罪的比较研究》，载《华东政法学院学报》2006年第1期。
3. 徐燕：《全球化时代的跨国犯罪与国际警务合作》，暨南大学2005年硕士论文。
4. 王欣峰：《控制下交付问题研究——以毒品犯罪为视角》，西南政法大学2009年硕士论文。
5. 任克勤、艾明：《论毒品犯罪侦查中的控制下交付手段》，载《政法学刊》2003年第

1 期。
6. 黄风：《关于追缴犯罪所得的国际刑事司法合作问题研究》，载《政治与法律》2002 年第 5 期。
7. 李欣：《追缴犯罪所得的国际司法合作研究》，吉林大学 2005 年硕士学位论文。

二、外文部分

1. Michael Niemeier, *After the Treaty of Lisbon*: *the police cooperation in the EU*, ERA Forum (2010) 11: 197 - 206.
2. Ruth Judson and Richard Porter: Estimating the Volume of Counterfeit U. S. Currency in Circulation Worldwide: Data and Extrapolation federal reserve bank of chiago, feb 2010.
3. Nicholas Dorn & Tom Vander Beken, Saidabad, Pretoria, Sarajevo, The Hague, Brussels: conflicts and cooperation in security and policing, Crime Law Soc Change (2009) 51: 205 - 209.
4. Elrena Van der Spuy, Police cooperation in the Southern African region: politics and practicalities, Crime Law Soc Change (2009) 51: 243 - 259.
5. Charles Elsen: From Maastricht to The Hague: the politics of judicial and police cooperation BY ERA Forum (2007) 8: 13 - 26.
6. Julie Berg: Police Accountability in Southern African Commonwealth Countries, Institute of Criminology, University of Cape Town 2005.
7. Paul de Hert and Luc Vandamme: European Police and Judicial Information - sharing Cooperation: Incorporation into the Community, Bypassing and Extension of Schengen, "EU Information Systemsand the Protection of Personal Data under the ThirdPillar" in Trier. 3 - 4 June 2004.
8. Roderic Broadhurst: Bridging the GAP—A Global Alliance Perspective on Transnational Organised Crime, 2002.

三、国际公约

1.《联合国打击跨国有组织犯罪公约》
2.《禁止非法贩运麻醉药品和精神药物公约》
3.《联合国刑事事件互助示范条约》
4. 德国《国际刑事司法协助法》
5. 瑞士《联邦国际刑事协助法》

四、国际组织文件

1. EU. Questions and Answers: The protection of EU financial interests and the fight against fraud, MEMO/10/332, Brussels.
2. Technological Innovation and Central Banks, Speech at the Graduate School of Economics of Nagoya University, Bank of Japan.
3. Report on the Saprcco Policing Violence against Women and Children Trainers' course Maputo, Mozambique.
4. Law enforcement on combating drug trafficking and transnational organizedcrime, http: //

www. unodc. org/unodc/en/organized – crime/law – enforcement. htmlref = menuside.
5. EU，Protection of the EURO Against Fraud and Counterfeiting，Operational & Policy.
6. 联合国报告：《成为非洲安全与发展障碍的犯罪与毒品》非洲圆桌会议材料，http：//www. africa – union. org/summit/jan2005/Executive%20Council20 Decisions. pdf.
7. World Grug Report 2010.
8. World Grug Report 2009.
9. UN crime and drug office Bi – Annual seizure report.

五、互联网站

1. 国际刑警组织：http：//www. interpol. int.
2. 欧洲警察合作组织：http：//europa. eu.
3. 联合国文件中心：http：//www. unodc. org.
4. 中华人民共和国外交部网站：http：//www. fmprc. gov. cn.
5. 联合国麻醉药品委员会：www. incb. org.
6. 网易新闻：http：//news. 163. com.

专题七

加拿大有组织犯罪立法是否符合其应履行的《打击跨国有组织犯罪公约》和《打击贩卖人口、走私移民议定书》框架下的国际义务*

Eileen Skinnider** 著

王水明　龙加燊 刘亚辉*** 译

* 本文为加拿大刑法改革和刑事政策国际中心执行中加刑事司法项目之国际标准而准备，受加拿大国际发展署资助。

** Eileen Skinnider：加拿大刑法与刑事政策国际中心人权研究部主管。

*** 王水明，华南师范大学犯罪研究中心副主任,加拿大维多利亚大学法学院访问学者，广东省犯罪学研究会秘书长、常务理事。

龙加燊，广东顺德龙江镇妇联维权专干，华南师大硕士研究生。

刘亚辉，江西省景德镇市第一中学高级英语教师、教导处主任。

一、绪　论

过去20年，有组织犯罪业已发展成为复杂的社会现象，其犯罪网络繁杂，行为涉足数国，合法与非法混合经营，时刻利用公开市场及政府部门的低效能准备着抗争。[①] 犯罪组织在不同地区和部门扩展其犯罪范围，具有跨国性、犯罪的特定性等特质；当今的犯罪组织具有洲际、多元的发展态势，全球化是其不可或缺之部分。

在国际层面，有组织犯罪的跨国性是指犯罪人、被害人及犯罪行为位于或跨越数个管辖区，因此，专注于地方层面的传统执法方式已受到挑战。[②]《联合国打击跨国有组织犯罪公约》(2000年通过，2003年生效)（以下简称《公约》）是国际社会对打击有组织犯罪的国际合作和有效执法作出的集体反应。[③]《公约》集中规制那些协助有组织犯罪集团通过其行为获得非法利益的犯罪，而《公约》的三个议定书则对更多的特定犯罪作了规定:[④] (1)《关于预防、禁止和惩治贩卖人口特别是妇女和儿童行为的补充议定书》(2003年生效)（以下简称《贩卖人口议定书》；(2)《关于打击陆、海、空偷运移民的补充议定书》(2004年生效)（以下简称《移民议定书》)；(3)《打击非法制造和贩运枪支及其零部件和弹药的议定书》（以下简称《枪支议定书》）(2005年生效)。

《公约》及其《议定书》均承认成员国间存在不同的立法和执法体制，规定成员国以其国内标准执行《公约》及其《议定书》，其宗旨是为了更加有效地实施集体和国际措施，打击此类犯罪。

近年加拿大已通过有组织犯罪相关法律，这为全面打击有组织犯罪、调查犯罪组织提供了执法依据。[⑤] 自1997年起，加拿大已立法成立打击洗钱犯罪之机构，[⑥] 并对新的有组织犯罪[⑦]及其他犯罪作了规定，如新增为犯罪组织实施犯罪的行为；扩大执法权限，没收用于犯罪的财产，并启动罚没程序。[⑧] 加拿大是《公约》及两个《议定书》的成员国。[⑨]

---

① 2004年10月8日联合国毒品与犯罪办公室执行主任 Antonio Maria Costa 在联合国大会第三次委员会上的讲话。

② 刑法改革或刑事政策国际中心和国际犯罪预防中心，“执行联合国打击跨国有组织犯罪公约立法指南”(2003年3月，温哥华)，第6页。

③ www. unodc. org/unodc/en/crime_ cicp_ signatures. html.

④ www. unodc. org/unodc/en/crime_ cicp_ signatures. html.

⑤ Tomas Gabor，“有组织犯罪控制策略的效力评估：文献回顾”（加拿大司法部研究与统计司：2003年)。

⑥ http：//laws. justice. gc. ca/en/P –24. 501/text. html.

⑦ C –95 法案——《修改刑法典（犯罪组织）及其他相关法案法 1997》。

⑧ www. parl. gc. ca/37/1/parlbus/chambus/house/bills/government/C –24/C –24 –4/C –24TOCE/html.

⑨ 加拿大未批准《枪支议定书》。

本文是中加执行刑事司法国际标准研究项目之一部分。[①] 中国批准了《联合国打击跨国有组织犯罪公约》和《枪支议定书》，但还未签署其他两个《议定书》。为解答中国同事提出的特定问题，本文重点论述加拿大立法框架内对有组织犯罪的惩治，并对《公约》和两个《议定书》下的义务作比较。本文第二部分对联合国公约下的犯罪定义予以阐述，而两个《议定书》与加拿大立法之比较将放在第三部分进行。第四部分简要概括近年加拿大立法规制有组织犯罪所适用的刑事程序问题。第五部分审视联合国公约和加拿大立法对证人和被害人的保护问题。第六部分介绍加拿大主要的惩治有组织犯罪的机构。

① 本文为加拿大刑法改革或刑事政策国际中心执行中加刑事司法项目国际标准而准备，受加拿大国际发展署资助。

二、 联合国公约下的犯罪及其两个议定书

《联合国打击跨国有组织犯罪公约》及其《议定书》为致力于全球控制有组织犯罪的国家提供了最低的标准。为了更明确、有效地合作，文件对不同国家过去对这些条款所作的不同解释和适用予以重新界定并标准化。文件基本规定了国内法须予以犯罪化，采取适当制裁措施予以处罚，且符合引渡、司法协助及其他形式的协助与合作的各类犯罪行为。文件也对保护被害人和证人，没收犯罪收益，国际合作与培训，研究和信息共享以及预防等方面作了规定。本文集中论述成员国在确立该类犯罪方面应履行的义务。

作为实体法的刑法应对以下行为予以犯罪化：（1）参加有组织犯罪集团（第5条）；（2）掩饰、隐瞒犯罪收益之洗钱（第6条）；（3）腐败（第8条）以及（4）妨碍司法（第23条）。"犯罪化"之规定为国家有关部门组织侦查、起诉和预防该类犯罪以及国际合作提供了法律根据。值得注意的是，为了与《公约》及国际合作的要求一致，此类罪行应具跨国性和有组织犯罪性。但是，《公约》强调这两因素均不应成为国内犯罪之要件。《贩卖人口议定书》将贩卖人口犯罪化（第3条和第5条），《移民议定书》将走私移民及与走私有关的行为犯罪化（第3条、第5条和第6条）。

1. 第5条——参加犯罪组织罪

《公约》第5条规定，成员国必须确定至少两项与参加犯罪组织有关的犯罪，[①] 该罪可以是以下行为之部分或全部：（1）与为了经济利益或其他物质利益实施严重犯罪的人达成协议；（2）明知犯罪组织的目的及其基本犯罪行为，或明知其实施犯罪的意图而积极参加该组织的犯罪活动或其他活动，且明知其行为有助于达到该犯罪组织之目的。

之所以作出以上规定，是为了处理有的国家规定了共谋犯，而有的国家没有规定这样一种现状。第二种情况并未要求未规定"共谋犯"法律概念的成员国设定"共谋犯"。[②]

因此，可能对不构成犯罪但对该组织的犯罪行为起支持作用的其他行为犯罪化。成员国必须确定的其他犯罪是指组织、指挥、帮助、教唆、推动或为犯罪组织的严重犯罪行为提供参谋的行为。该罪主观要件均为"故意"，即应知该组织的犯罪性质或至少知道其犯罪行为之一或其目的。在参加非犯罪的但对犯罪起支持作用的行为中，对明知附加了一个条件：即明知其参加会有助于该组织犯罪目的的实现。

《公约》将"犯罪组织"界定为组织结构上为三人以上，成员行动一致，具有时间上的持续性，为了获取直接或间接经济或其他物质利益实施严重犯罪行为的组织。[③]《公约》尽

---

① 第5条规定的要件摘自"执行联合国打击跨国有组织犯罪公约立法指南"，第20—26页。

② 一般来说，普通法国家使用共谋犯，而民法法系国家一般不允许将仅仅是实施犯罪的协议行为犯罪化。

③《联合国打击跨国有组织犯罪公约》第2条（a）项。

管不要求组织必须是正规类型的组织，但必须比为即时实施犯罪而临时拼凑的组织要正规。① 严重的犯罪是指可能被判处 4 年以上监禁的犯罪。②《公约》对该罪规定了一个有意思的要素，即包括协助或推动犯罪组织实施严重犯罪的人，尽管他们可能并没有直接实施所有的犯罪，这是为了确保采取更有效的行动打击此类组织。我们可以看出，《公约》规制的重点在于犯罪组织而非个人的行为。这可能是《公约》不要求成员国将特定犯罪组织成员犯罪化的缘故吧。法人，如公司，也可被指控构成此罪，其承担的责任可以包括刑事的、民事的或行政的。③

2. 第 6 条——掩饰、隐瞒犯罪收益之洗钱罪

第 6 条规定成员国应根据其国内法将四项与洗钱有关的行为规定为犯罪。④ 第一项是转化或转移“犯罪收益”罪，其主观要件是故意，即被告在转化或转移时主观上必须明知该财产是犯罪收益。该行为的实施必须是为了掩饰、隐瞒其犯罪来源，或帮助他人逃避因其犯罪所致的刑事责任。第二项是掩饰或隐瞒“犯罪收益”的性质、来源、所处位置，处置、转移情况或所有权罪，该罪主观方面也是故意，即被告行为时一定知道该财产是犯罪收益。但是，该罪没有第一项罪要求得那么严格，即必须证明掩饰或隐瞒的目的是阻碍对该财产的追踪。第三项是取得、占有或使用“犯罪收益”罪，其主观要件是故意取得、占有或使用犯罪收益，且明知该财产是犯罪收益。第四项是参加、联络、共谋实施、预备实施、帮助、教唆、推动及为实施上述任何行为提供参谋罪。成员国必须根据其国内法的基本概念将第三项和第四项行为犯罪化。

《公约》界定的“犯罪收益”是指直接或间接来自或取自实施该罪的任何财产，⑤ 包括物质的和非物质的，移动的或固定的，有形的或无形的，以及证明对该财产具有权利或利益的法律文书或文件。⑥

为了履行将掩饰、隐瞒犯罪收益犯罪化的义务，各成员国应将洗钱犯罪的适用范围扩大至所有的上游犯罪，至少应包括《公约》和《议定书》确定的犯罪和严重犯罪。⑦ 上游犯罪是指因该罪而产生收益，并对洗钱犯罪起主导作用的任何犯罪。⑧ 成员国必须将在其他辖区实施的行为犯罪化，就像成员国适用《公约》一样，如果该行为在实施地属于犯罪行为。但是《公约》也承认，有些国家不允许同时起诉上游犯罪和因该罪而实施的洗钱犯罪。

第 7 条规定了一些强制性和选择性的预防洗钱犯罪的措施。成员国必须建立全面的国内立法和监督机制，以遏制洗钱犯罪，并确保任何惩治洗钱犯罪的机构能够在国际和国内层面进行合作与交换信息。成员国可以对该机制的细节和性质作出规定，同时应考虑执行跨国现金流动的监控措施。《公约》提示成员国应考虑建立金融情报机构国际中心，负责搜集、分

---

① 《联合国打击跨国有组织犯罪公约》第 2 条（c）项。

② 《联合国打击跨国有组织犯罪公约》第 2 条（b）项。

③ 《联合国打击跨国有组织犯罪公约》第 10 条（2）款。

④ 第 6 条规定的要件摘自“执行联合国打击跨国有组织犯罪公约立法指南”，第 38—54 页。

⑤ 《联合国打击跨国有组织犯罪公约》第 2 条（e）项。

⑥ 《联合国打击跨国有组织犯罪公约》第 2 条（d）项。

⑦ 有些成员国将上游犯罪限定为毒品交易罪；而其他成员国则详细列出上游犯罪，其中有成员国规定所有的犯罪均可作为上游犯罪，也有成员国规定为所有的严重犯罪，或者为犯罪规定一定的处罚标准。

⑧ 《联合国打击跨国有组织犯罪公约》第 2 条（h）项。

析和分发与潜在洗钱相关的情报。

3. 第8条——腐败犯罪

第8条规定成员国应确立三项与腐败有关的犯罪。[①]第一项为“积极的”腐败罪，是指允诺、提供或给与公职人员不正当利益，致使其实施或不实施与其职责相关的行为。不正当利益可以是有形的，也可以是无形的，且不要求该利益即刻或直接被给予该公职人员。其主观要件是故意，成员国必须说明在给予或提供利益和诱导该公职人员实施或不实施与其职责相关的行为之间具有联系。第二项为“消极的”腐败罪，是指公职人员请求或接受不正当利益，以换取其实施或不实施与其职责相关的行为，主观要件是意欲请求或接受不正当利益，以换取其改变职务行为。第三项为参加腐败活动罪，如积极或消极腐败中的共谋行为。

除上述三项强制性规定的犯罪外，《公约》也要求成员国“考虑”规定涉及外国官员或国际组织官员的犯罪及其他的腐败犯罪。“公职人员”由成员国界定。《公约》涉及的强制性犯罪仅限于国内官员的腐败，不涉及私营部门的腐败问题。

第9条规定了反腐败政策方面的基本措施。起草该规定时，已知涉及更广的《联合国反腐败公约》正在磋商讨论中。[②] 这些措施旨在促进反腐败措施的完整性，预防、侦查和惩治公职人员的腐败行为，其范围与国内法律制度一致。为反腐败机构排除不正当干扰，确保其完全独立是官员有效行动的方法之一。

4. 第23条——妨碍司法罪

第23条要求成员国确立两项犯罪。[③] 第一项罪是使用身体暴力、威胁、胁迫、许诺提供或给予不正当利益，诉讼中涉及《公约》规定的犯罪包括劝诱虚假证言或干扰证人提供证言或证据，劝诱包括消极的（胁迫）和积极的（腐败）的两方面。“诉讼中”应作广义理解，包括审判前对暴力、胁迫或劝诱的使用，其主观要件是故意。第二项罪是使用身体暴力，威胁或胁迫干预法官或执法官履行《公约》规定的职责。本罪不需要第8条腐败犯罪所需的腐败因素。

5.《贩卖人口议定书》第3条和第5条规定之罪

第5条规定，《贩卖人口议定书》成员国应对贩卖人口行为予以犯罪化。[④]议定书第3条第一次将贩卖人口的主观罪过界定为故意。贩卖人口犯罪化须具备以下三个基本要件：(1) 行为：对人口的招募、运输、转移、窝藏或接收；(2) 手段：威胁或使用暴力或其他形式的胁迫，诱拐、欺骗、隐瞒、滥用权力或地位，给予或接受支付或利益，对已控制他人的人作出允诺；(3) 剥削包括最低限度地剥削他人卖淫，或实施其他形式的性剥削，强迫劳动或服务，奴役或与奴役类似的行为。必须注意的是，贩卖包括一组行为，而非独立行为本身。成员国也必须将共谋、组织或指挥他人实施犯罪的参与行为犯罪化，预备行为也应被犯罪化，但必须符合各成员国法律体系的“基本概念”，因为有些成员国并未将预备行为规

---

① 第8条规定的要件摘自“执行联合国打击跨国有组织犯罪公约立法指南”，第73—80页。

② 《联合国反腐败公约（A/58/422）》2003年10月获通过，2005年12月14日开始生效，（2006年2月14日）已获46国批准，140国签署。加拿大已签署，但未批准该公约，2006年1月13日中国成为该《公约》成员国。

③ 第23条规定的要件摘自“执行联合国打击跨国有组织犯罪公约立法指南”，第20—26页。

④ 《贩卖人口议定书》下的犯罪化义务概要摘自“执行《关于预防、禁止和惩治贩卖人口特别是妇女和儿童行为的补充议定书》及《联合国打击跨国有组织犯罪公约的补充规定》立法指南”(2003年)。

定为犯罪。

责任包括自然人的责任和法人的责任，而法人要承担刑事的、民事的或行政的责任。一旦确定使用了威胁、暴力或其他形式的胁迫等手段，同意不能作为有效的辩护理由。如果被害人是儿童，就没有必要确定威胁、暴力或胁迫的手段，因为此时的同意是无关紧要的。本案中，如果被害人是未成年人，检察官仅需证明招募或运输未成年人是为了剥削即可。

6.《移民议定书》第3条、第5条及第6条规定之罪

《移民议定书》第6条规定，各成员国应将数行为犯罪化。①这些罪的主观方面必须是故意，且其目的是获得经济或其他物质利益，其主要行为包括第3条规定的走私移民以取得因某成员国非国民或永久居民进入该国应获得的物质利益。本条应与第5条规定的移民不应被提起刑事诉讼联系起来看，很明显，成员国需要将走私他人赢利的行为规定为犯罪，如果仅仅是自己非法入境或因非获利的原因致使他人非法入境的，不得视为犯罪。

成员国也必须就以下行为予以犯罪化：（1）为走私移民，制作、生产、提供或持有虚假的旅行或身份文件；（2）通过非法手段致使非本国合法居民或公民不遵守合法逗留的规定在本国逗留。此外，对于组织或指挥上述犯罪，以及预备或共谋实施上诉犯罪的，各成员国可根据其法制的基本观念决定是否予以犯罪化。此外，成员国必须对该罪的加重情节作出规定，如可能危及或已经危及移民或受到非人道或屈辱待遇等。

① 《走私移民议定书》下的犯罪化义务概要摘自“执行《关于打击陆、海、空偷运移民的补充议定书》和《联合国打击跨国有组织犯罪公约的补充规定》立法指南”(2003年)。

三、加拿大法律规定的犯罪

1997年加拿大刑法典作了修正，规定了大量打击有组织犯罪的措施。[①] 修正的主要背景是在联邦选举前日，议会必须对魁北克总检察长的请求作出回应，即制定措施处理魁北克两个摩托车帮派地狱天使和摇滚机器之间的暴力争斗。在介绍新的法案时，加拿大司法部部长和总检察长将C－95法案描绘成"打击黑帮刑事犯罪活动的强有力的新举措"，随后"加拿大警察机关的广泛对话"以及为期两天的加拿大有组织犯罪问题全国论坛对该举措作了发展。[②] 同在1997年，C－22法案确立了反洗钱机构。[③]

2000年联邦选举前日，议会再次检讨有组织犯罪问题，呼吁对日益增多的有组织犯罪采取更加严厉的打击措施，其起因源于一位披露有组织犯罪的记者被谋杀。C－24法案（2001）包括多达90页的复杂的刑法及其他联邦法修正案。[④] 该法案规定了三项有组织犯罪和打击有组织犯罪新的侦查措施，包括特别治安保证、没收犯罪收益的新权力，如使用所得税信息，更广泛适用的电子监控权以及对被控犯有此项罪行的人适用的新的保释举证责任倒置原则。

1. 参加犯罪组织活动罪

（1）刑法典规定的犯罪

当规制有组织犯罪的法案C－95法案于1997年通过时，其立法重心是确立一项新罪，即"参加犯罪组织罪"，将该组织成员犯罪化。当时所谓的"犯罪组织"是指5人以上，正式的或非正式的，任何组织、协会或其他实体，且符合以下两个条件：a. 其主要活动之一是实施本法或其他议会立法规定的，最高刑为5年以上监禁的可诉罪；b. 在前五年，实施该系列犯罪的任何成员。2001年C－24法案对犯罪组织的定义作了修正。加拿大政府解释，正在起草重新界定犯罪组织，以应对警察和检察官的关注，认为现行的定义"范围太复杂、太狭窄"。[⑤] 现定义的范围在以下三方面作了扩大：第一，将犯罪组织的组成人员从5人减少至3人；第二，删除成员之一至少在5年内为该组织实施过犯罪；第三，将有组织犯罪的范围扩大至所有严重的犯罪，之前仅限于被判处5年以上的可诉罪。

规定犯罪组织必须符合两个要件，无论其是如何组织的：a. 由加拿大境内或境外的3人以上组成；b. 其主要目的或主要行为之一是推动或实施其中一项或数项严重犯罪，且该罪一旦实施，可能导致该组织或其成员直接或间接接受物质利益，包括经济利益。[⑥] 加拿大

---

① C－95法案——《修改刑法典（犯罪组织）及其他相关法案法》（1997）。

② 加拿大司法部"C－95法案情况说明书——全国反黑帮措施"（1997）。

③ C－22法案，又名《犯罪收益（洗钱）和恐怖资助法》。

④ C－24法案，是一系列刑法修正案中的一项。

⑤ 司法部记者招待会"有组织犯罪法概要"，2001年4月发布。

⑥《加拿大刑法典》第467.1条第（1）款。

刑法典明确规定犯罪组织不是指为实施某单一犯罪，临时纠集在一起的一群人。“严重的犯罪”是指议会法律规定的最高刑为5年以上监禁的犯罪或者由其他法律规定的犯罪。推动犯罪不要求实际知道特定的犯罪或犯罪实际已发生。C－24法案重点界定了三项参加犯罪组织罪。第467.11条规定了最轻微的参加犯罪组织罪，将为提升犯罪组织推动或实施可诉罪的能力而参加或帮助犯罪组织的任何行为规定为犯罪，并规定了起诉中不需证明的事实：a. 该犯罪组织实际推动或实施了可诉罪；b. 被告的参加或帮助实际上提升了该组织推动或实施可诉罪的能力；c. 被告知道该犯罪组织实施的可诉罪的特定性质；d. 被告知道该犯罪组织成员的身份。本条也规定了一些证据类型，法院可在决定该行为是否构成犯罪时予以考虑，如使用与犯罪组织有关的名字、文字或信号，或经常与该组织的其他成员联络。

第467.12条确定了三项特别的犯罪组织罪中的一项，即为犯罪组织的利益，在犯罪组织的指挥下，或与犯罪组织勾结实施可诉罪。本罪也规定了检察官为查清犯罪而无须证明的情形，如无须证明被告知道该组织任何成员的身份。第467.13条规定了这三项罪中最严重的犯罪，显然是针对犯罪组织的首要分子。根据第467.14条的规定参加犯罪组织又实施犯罪的，给予强制性连续量刑，承担双重刑事责任。

值得注意的是，犯罪组织的成员资格不视为犯罪。当议会通过1997年和2001年法案时，时任司法部部长对此作了特别说明，解释该罪很难证明，且易受到宪法的挑战。司法和人权常委会审议2001年议案时，司法部部长解释通过考察世界其他国家法律，似乎仅有一国将犯罪组织中的单个成员犯罪化。① 部长担忧将单个成员犯罪化会导致对法律的滥用。

（2）判例法中涉及的犯罪

1997年第一次将参加犯罪组织的行为认定为犯罪，但直到2001年2月才出现第一批对参加犯罪组织的行为定罪的情形。② 有四人均因摇滚机器赛车帮派运作毒品网络而被定罪。其余四人被宣判构成较轻微的犯罪，如与毒品有关的犯罪，但不构成帮派犯罪。法官审查1997年的规定是否违反合法性原则，因为刑事立法一般是不能溯及既往的。被告辩称违反了该原则，因为主要证据表明该犯罪组织中的一些成员是在前5年实施这些可诉罪的，而本案将1997年的立法也算入其中。法院没有接受该辩解，认为本案所指的可诉罪与其实施的可诉罪不同。法官认为依据本条所定的罪和先前的犯罪没有违反多重犯罪的凯尔纳普规则。③ 相反，他认为，留意到魁北克高级法院在R诉卡利尔一案中对贩卖非法物质和参加犯罪组织活动的定罪，如贩卖相同物质，就符合本法的规定。④

魁北克高级法院法官在R诉卡利尔一案中，就刑法典第467.1条的合宪性问题作了说明。⑤ 被告及该赛车队的其他成员辩称，本条过于宽泛且含糊不清，法院根据被告不良人品这一证据定罪，且被告可能因一罪被判罚两次，因此，违反被告的公平审判权。值得注意的是，参加犯罪组织罪的刑事责任范围被扩大至从犯或共谋犯，这样，不仅适用于那些有组织

---

① 加拿大司法部部长Anne McLellan在司法与人权常务委员会上的讲话（2001年5月8日）。

② 判例：R v Leclerc [2001] Q. J. No. 426 (February 15, 2001)。

③ 判例：Kienapple规则是指一人不能因为一行为受两次处罚。See Kienapple v The Queen [1975] 1 S. C. R. 729。

④ 判例：R v LeClerc, supra note 38。

⑤ 判例：R v Carrier et al [2001] J. Q. no. 224, R. J. Q. 628 (C. S. Q.)。

架构的犯罪组织，如黑手党和地狱天使，也可能将那些与三人以上的松散组织有联系人以及从未使用暴力的人作犯罪处理。法院认为本条不制裁该帮派成员，相反，其目的是制裁参加该帮派活动的人。定罪必须确立两项原则，即成为该组织成员和进一步实施犯罪活动。法官认为“参加犯罪组织活动”、“对犯罪组织活动产生实质影响”以及“一系列可诉罪行”并不含混或过于宽泛。① 立法已对这些认定要件作了明确说明。1997 年的规定避免了另两起宪法挑战。②

2005 年 7 月 30 日，林德舍和博纳诉女王一案是检验联邦政府 2001 年反黑帮法的第一案，该案将为犯罪组织利益实施的严重行为犯罪化。③ 安大略最高法院法官认为，地狱天使赛车帮派是犯罪组织。法官福尔斯特超出合理怀疑确信，地狱天使的主要目的或行为之一是推动其成员收受经济利益，特别是毒品交易所生利益。④ 她进一步阐述，第 467.1 条第（1）款“推动”这一概念比具体实施犯罪的范围要广。⑤ 像共谋概念一样，其不要求具体实施犯罪行为。这是法官第一次将组织而非个人认定为犯罪。

林德舍和博纳被指控企图敲诈一商人 75 000 加元，并可以确定其与一犯罪组织有联系，即地狱天使。⑥ 法官认为被告具有敲诈罪的主观意图，且实施了与犯罪组织相联系的行为。“联系”这个要件可以通过证明被告选择其自己的表现方式得以确立，如穿戴的夹克上印有地狱天使的标志等。⑦ 他们不以个人身份表现自己，而是以以暴力和威胁著称的犯罪组织成员的身份表现自己。

原确定宣判日期为 2005 年 7 月 15 日，但被推迟。⑧值得注意的是，按照新的反黑帮法被定罪的人可能面临多达 14 年的监禁刑。该判决将可能一直上诉至加拿大最高法院。2004 年 2 月的判决中，同案的同一法官审理了被告提出的界定犯罪组织合法性的质疑。⑨ 被告对刑法典第 467.1 条、第 467.12 条和第 467.14 条的合宪性提出质疑，但法官驳回了被告的请求。

被告辩称这些规定在三方面违反了权利和自由宪章：⑩ 第一，“犯罪组织”的定义太过宽泛。尽管有立法背后合法的国家目的，但用于完成该目的的手段太过宽泛，超出必要。对犯罪组织的界定不包括行为类型要件，也不局限于公司组织，结果显得立法撒网太宽。第二，第 467.1 条和第 467.12 条将与犯罪组织“有联系”作为构成可诉罪的要件是含混不清的。第三，起诉证明被告知道该组织成员身份，或具有实施增进犯罪组织利益的特定犯罪意图缺乏必要性。

---

① 判例：R v Carrier et al［2001］J. Q. no. 224，R. J. Q. 628（C. S. Q.）。

② 判例：R v Beauchamp（11 February 2002），Montreal 500 - 01 - 003088 - 017，Boilard J.（C. S. Q.）；［2002］R. J. Q. 3086，Beliveau J.（C. S. Q.）and R v Doucet（2003），18 C. R.（6th）103（C. S. Q.）。

③ 判例：Re Lindsay and Bonner v The Queen［2005］O. J. No. 2870（June 30，2005）。

④ 判例：Re Lindsay and Bonner v The Queen［2005］O. J. No. 2870（June 30，2005），第 1079 段。

⑤ 判例：Re Lindsay and Bonner v The Queen［2005］O. J. No. 2870（June 30，2005），第 947—948 段。

⑥ http：//www. yorku. ca/nathanson/CurrentEvents/Oct - Dec04. htm.

⑦ Re Lindsay 和 Bonner 诉 The Queen，第 1082—1087 段。

⑧ www. straight. com/content. cfm？id = 11731.

⑨ 判例：Re Lindsay and Bonner v The Queen（2004）182 C. C. C.（3d）301（Ont SC）（Feb 2004）。

⑩ 宪章第 7 条规定：人人有生命、自由和安全的权利，除非依照司法的基本原则，其权力不被剥夺。

被告也辩解第467.14条规定的量刑与任何其他的因同一行为或相同行为所判处的其他刑罚相比显得残酷和不正常。法官认为那时讨论这一问题还不成熟，因为2004年被告还未被定罪。①

法院认为立法并不太宽泛。② 问题在于国家在寻求合法目的时使用的手段是否比完成该目的所需的手段要宽泛。如果回答是肯定的，那么司法基本原则将被侵犯，因为个人权利将被非合理地限制。③ 法院解释法律的原则之一是解释制定法，使其符合加拿大参加的国际协议。C－24法案制定之目的不仅是惩治被控实施暴力犯罪的组织，如所谓的非法赛车帮派，而且也是为了打击渗透经济和追求有组织犯罪利润的帮派。④ 对犯罪组织的界定要求该组织的主要目的或主要行为是推动或实施"严重犯罪"，而不仅仅是禁止该组织的活动。对"严重犯罪"的界定基本符合联合国《打击跨国有组织犯罪公约》的规定，该界定合并了联邦立法下的而非刑法典下的犯罪这一事实被证明是正当的。

法院进一步认定"犯罪组织"一词不含糊，⑤ 其在立法中均有体现，包括规定最低的人数及共同的目标，即主要目标或行为。立法中使用的其他用词如"实施"、"推动"和"严重犯罪"均有其固定的含义，并没有过分含糊。至于含糊，如果"没有为合法争议提供足够的基础"，那么立法规定就是含糊违宪的，因为我们理解"通过对适用法律标准的合理分析"，不能得出含糊违宪的结论。相反，如果其"为刑事制裁描绘危险地带"，那么法律就足够精准了。含糊的法律在两方面违反了司法的基本原则。它阻碍了市民了解其面对刑事制裁的危险，这会使得遵守法律变得困难，也会将太多的自由裁量权交给执法官员。加拿大最高法院已意识到在立法中采取灵活规定的必要，即对立法规定作出司法解释。当法律被制定后，立法者不可能预见将来适用法律时可能出现的所有情形，不可能要求议会做到绝对的确定。

法院也认为第467.12条没有不符合宪法上的主观要件。⑥ 加拿大最高法院强调道德谴责是刑事责任的必要组成部分，该原则符合宪章第7条的司法的基本原则。⑦ 林德舍和博纳一案具有实质的主观要件。为了确定被告构成本罪，检察官必须证明被告具有实施该特定犯罪的意图，且为了该犯罪组织的利益或在其指挥下或与其有联系。法院认为有一个默示要件，即为了其明知的犯罪组织的利益或在其指挥下或与其有联系而实施特定犯罪的被告是该组织的成员之一，尽管被告无须知道该组织其他成员的身份。

2005年12月8日，英属哥伦比亚省最高法院法官在审理一起案件时，认定第467.13条将犯罪组织成员指挥他人实施犯罪的行为规定为犯罪是违反宪章的。⑧ 在R诉被告一号一案中，法官认为该法太宽泛、太含糊，违反了宪章。法官霍尔摩斯指出，对犯罪组织成员的最

---

① Re Lindsay 和 Bonner 诉 The Queen。

② Re Lindsay 和 Bonner 诉 The Queen，第37—50段。

③ 判例：see R v Heywood（1994）3. S. C. R. 761（S. C. C.）。

④ 判例：see R v Beauchamp（2002）（Que SC），see supra note 43。

⑤ 判例：Re Lindsay and Bonner v The Queen，第51—60段。

⑥ 判例：Re Lindsay and Bonner v The Queen，第61—65页。

⑦ 判例：R v Ruzic（2001）1 S. C. R. 687。

⑧ 判例：R v Accused No. 1［2005］B. C. J. No. 2702；2005 BCSC 1727；2005 B. C. C. LEXIS 3414（BC-SC）。

高刑罚处以终身监禁的规定过于含糊。[①] 她认为“议会有宪法义务制定清晰的法律”来认定他人是否为犯罪组织成员，而第 467. 13 条没有明确规定谁是或不是该组织成员。[②] 尽管第 467. 13 条规定的犯罪其含糊与第 467. 1（1）条对犯罪组织的界定有关，但法官认为没有理由否定对该条的界定，因为这也是第 467. 11 条和第 467. 12 条所指犯罪的基础。[③] 这些罪并不要求被告是犯罪组织成员，因此，宪法的缺陷与其没有关系。尽管该判决没有在其他省份受到挑战，但是该判决可以被加拿大其他法官引用，并可能引起上诉，直至上诉至加拿大最高法院。

值得注意的是，界定“犯罪组织”并不要求该组织的特征与该组织所实施的严重犯罪之间有关联。法官暗示，如果真是这样，根据现行法律的表述，一名为某帮派成员上课的武术教练可能会被认定为该帮派成员。[④] 该案法官指出了加拿大立法与联合国《打击跨国有组织犯罪公约》之间的区别，联合国公约规定的犯罪组织的行为应与“实施一个或多个严重犯罪之目的”相呼应。[⑤] 换句话说，联合国公约规定，该组织的目的是实施严重犯罪，而加拿大立法没有规定该组织成员应具有特定的或共同的目的。

（3）与联合国国际公约之比较

首先剖析“犯罪组织”这一定义，联合国公约和加拿大立法都力求避免将犯罪组织内基于个人目的实施的犯罪涵盖其中。2001 年 C－24 法案对犯罪组织的定义比 1997 年的更符合联合国公约的要求。它将犯罪组织的人数从 5 人减少至 3 人，这是联合国公约规定的人数。但是，在最近讨论的 R 诉一号一案中，联合国公约明确要求在该组织与该组织实施的一个或数个目的之间要有联系。而加拿大法律界定“犯罪组织”并不要求有此联系。加拿大所作的定义也比联合国公约规定得宽泛，即该组织的目的不仅是实施严重的犯罪，还包括推动该犯罪的实施。两者均要求实施犯罪是为了直接或间接获得物质利益。加拿大新的规定也将“即时起意的实施单一犯罪的临时组织”排除在该组织之外。

根据加拿大多数地区实施的普通法刑事司法制度，刑法典规定了共谋罪（第 465 条）和类似犯罪，如形成共同的故意去实施非法的目的（第 21 条），帮助和教唆（第 21 条）以及为他人实施犯罪提供参谋（第 22 条）。刑法典规定的此类犯罪应与三项新的犯罪组织罪联系起来对待。

加拿大为了提高犯罪组织推动或实施可诉罪的能力而参与或帮助的行为所作的界定包括参加非犯罪但起支持作用的行为，这和联合国公约的规定一致。《公约》规定的主观要件与第 467. 11 条和第 467. 13 条的规定一致，即必须故意以作为或不作为的方式帮助实施犯罪行

---

① 判例：R v Accused No. 1［2005］B. C. J. No. 2702；2005 BCSC 1727；2005 B. C. C. LEXIS 3414（BCSC），第 152 页。

② 判例：R v Accused No. 1［2005］B. C. J. No. 2702；2005 BCSC 1727；2005 B. C. C. LEXIS 3414（BCSC），第 148 页。

③ 判例：R v Accused No. 1［2005］B. C. J. No. 2702；2005 BCSC 1727；2005 B. C. C. LEXIS 3414（BCSC），第 151—152 页。

④ 判例：R v Accused No. 1［2005］B. C. J. No. 2702；2005 BCSC 1727；2005 B. C. C. LEXIS 3414（BCSC），第 111 页。

⑤ 《联合国打击跨国有组织犯罪公约》第 2 条。

为。尽管第 467. 12 条没有对犯罪意图作出明确规定，但法院在林德舍和博纳诉女王一案中，认定该条存在推定的主观要件，就是说起诉必须证明在实施特定犯罪时不仅具有犯罪意图，而且具有帮助犯罪组织的意图。

2. 掩饰、隐瞒犯罪收益之洗钱罪

（1）刑法典规定的犯罪

加拿大现已采取强硬立法措施，打击洗钱或掩饰、隐瞒犯罪收益罪。刑法典第七章第二节规定了与犯罪收益有关的条款。第 462. 31 条对洗钱犯罪作了广义的规定。明知或相信该财产或收益全部或部分，直接或间接取自或来自“犯罪收益”定义中所指的，为了隐瞒或转移该财产，以任何方式或手段处置的，即构成犯罪。犯罪收益是指直接或间接取自或来自在加拿大境内实施的上游犯罪所生的任何财产、利益或有利条件。① 上游犯罪是指本法或其他议会法下的可诉罪，而不是法规规定的可诉罪，或共谋或预备行为，也不是犯罪事实发生后的从犯行为或参谋行为。②

该条款也明确规定，治安官或根据治安官指示行事的人，如果其行为是为了调查或履行职责，不构成犯罪。③ 刑法典规定的特别措施包括搜查、查封、限制或没收犯罪收益。笔者将在本文的“刑事程序”一节中作简要阐述。2005 年年底通过的 C－53 法案最新的变化是对有组织犯罪的非法收益条款作了修正，④ 规定了“举证责任倒置”条款，即一旦犯罪人被判定构成犯罪组织罪或《控制毒品和物质法》下的犯罪，法院有权命令没收该犯罪人的财产，除非根据平衡可能性原则证明该财产不是犯罪收益。起诉必须根据平衡可能性原则首先证明该犯罪人为了获得物质利益而实施了某一犯罪行为，或其合法收入不能合理归入该犯罪分子所有的财产中。⑤

（2）判例法中涉及的犯罪

加拿大最高法院在 R 诉道斯特 ⑥一案中审查了“转移占有”的主观意图及其含义。作为调查售卖盗窃物品的大型行动之一，警察机关使用卧底警官售卖物品至二手店主，向店主暗示该物品是偷盗来的。店主及其雇员被指控构成第 462 条第 31 款规定的明知该财产是因实施犯罪所得，为了掩饰或隐瞒其性质而转移财产的占有的行为。

初审法院判决其有罪，上诉法院驳回其上诉，而加拿大最高法院又接受其上诉。加拿大最高法院认为第 462 条第 31 款规定的数行为均涉及同一人，也就是说，原来占有该物品的人也是寻求处置的人。⑦ 购买或接收财物，或类似接受或获得财物的行为并不构成掩饰、隐瞒犯罪收益之洗钱罪所指的行为。

掩饰、隐瞒犯罪收益之洗钱罪其主观方面有两个要件：①意图隐藏或掩饰财产或犯罪收益；②明知或相信该财产或收益来自共同犯罪或上游犯罪。“转化”一词无须掩饰的意图。

---

① 《加拿大刑法典》第 462. 3 条（1）款。

② 《加拿大刑法典》第 462. 3 条（1）款。

③ 《加拿大刑法典》第 462. 31 条（3）款。

④ Bill C－53, S. C. 2005 c. 44.

⑤ 类似的立法在许多省份均存在，如萨斯喀彻温省的《没收犯罪财产法》，安大略省和马尼托巴省也有类似规定。

⑥ 判例：R v Daoust（2004）180 C. C. C.（3d）449（S. C. C.）。

⑦ 判例：R v Daoust（2004）180 C. C. C.（3d）449（S. C. C.）。

“转化”和“掩饰”在意思上是有明显区别的，不能相提并论。掩饰确实有隐藏的意思，但转化其含义要宽泛得多，包括改变或转换。这说明该定义具有变化的意义，这点在加拿大刑法典的英文版和法文版本中均有说明。法文版界定的范围窄得多，不包括英语版本中相应的“或以任何方式、任何手段处置财产或收益的行为”。根据上下文的解释，法院应采纳两版本中的共同含义，即采纳狭义的法语版本。

（3）与联合国国际公约之比较

加拿大刑法典对犯罪收益作了广义的界定，包括财产、利益和有利条件，明显包含了联合国公约对财产的界定：财产，物质的或非物质的，可移动的或固定的，有形的或无形的以及证明拥有该财产权利或利益的法律文件或文书。对洗钱罪，其同义词掩饰、隐瞒犯罪收益罪，加拿大刑法典作了广义的界定，以任何方式、任何手段处置财产或财产收益似乎包含了联合国公约规定的四项犯罪，涉及非法收益的提供者以及取得、占用或使用该财产的人。但是由于刑法典英法版本对此界定有出入，故只能作狭义的理解，这样似乎仅包括非法利益提供者，而不包括取得和占有财产者。加拿大法律规定其主观上必须具有掩饰或转化的意图，且明知或相信该财产或收益源自犯罪行为，这与联合国《公约》规定的主观故意要件是一致的。

加拿大立法使用了“上游犯罪”（predicate offence）这一概念，包括严重的可诉罪（包括与犯罪组织有关联的犯罪），还使用了与“上游犯罪”相对应的“特定犯罪”，这符合联合国公约的要求，即洗钱犯罪适用于“最广泛的上游犯罪”。此外，加拿大法律界定特定犯罪时包括作为和作为，如该行为发生在加拿大，就构成特定犯罪。这符合联合国公约的规定，成员国应对其他辖区内实施的犯罪作出规定，假定该行为在适用公约的成员国境内也构成犯罪（双重犯罪标准）。

3. 腐败犯罪

（1）刑法典规定的腐败犯罪

加拿大于1998年12月17日批准了“经济合作与发展组织”通过的《禁止在国际商业交易中贿赂外国公职人员公约》。①《外国公职人员腐败法案》也就是C－21法案，以法律形式落实了加拿大签署经济合作与发展组织《禁止在国际商业交易中贿赂外国公职人员公约》应承担的义务。②如果加拿大希望签署附加的惩治腐败的国际刑法公约，如其在2003年签署的《联合国反腐败公约》，就应对本法案作出一定的修正。

该法案对刑法典作了修正，规定了贿赂外国公职人员罪，③但没有明确规定特别的主观要件，寄希望于根据普通法犯罪原则来理解其主观要件，由法院解读其犯罪意图。该行为要件较为复杂，不必涉及身体越过国、边境的行为。法案也将直接或通过第三者或机构行贿的行为视为犯罪，第三者或机构包括家庭成员或政党成员。该罪适用任何人，无论是否加拿大人，也包括共同行为，只要该犯罪行为部分或全部发生在加拿大。如果该犯罪行为与加拿大之间存在真实、实际的联系，法院就存在充分的管辖权基础。在法院作出评估前，必须考虑

---

① www. oecd. org.

② 《外国公职人员腐败法案》，Bill C－21，S. C. 1998，c. 34。

③ C－21法案规定了三项新罪：（i）贿赂外国公职人员罪；（ii）掩饰和隐瞒财产和收益罪；（iii）拥有财产和收益罪。

在加拿大实施的所有相关事实，以便可以合法赋予加拿大当局起诉该犯罪的权力。

法案对该新的贿赂犯罪规定了三种例外情形或辩护理由。第3条第（3）款规定，如果被告能证明该货款、报酬、有利条件或利益在该外国是合法的，可以作为辩护理由。还有一种例外就是如果给付的是该公职人员或其代表善意发生的合理费用，且直接与提升产品说明或解释该产品或服务或在该人与外国政府之间因该官员履行职责而执行或履行合同有关。根据第3条第（4）款和第（5）款的规定，并不是所有的支付都计入公职人员行贿数额。该法规定的“推动支付”是指加速或保证外国公职人员履行其职责的任何“例行公事的行为”。

在制定本法前，20世纪60年代以来国内的腐败由联邦立法、议会规则及行政法规所禁止。刑法规定禁止向法官、议员或省立法议员行贿（第119条）；禁止向警察或其他执法官员行贿；禁止向因与政府官员经商而具有影响力的人行贿（第121条）；公职人员欺诈和背信属于刑法典第124条规定的犯罪。其他罪还包括市政腐败（第123条），买官、卖官（第124条），影响或商讨职权任命或交易（第125条）。① 加拿大所得税法第67.5条第（1）款禁止将贿赂或其他非法支付作为营业开支。

（2）与联合国国际公约之比较

联合国公约与《加拿大打击有组织犯罪法》均承认，如果不能有效铲除腐败的腐蚀影响，惩治有组织犯罪不可能实现。加拿大法律规定的腐败犯罪，既包括“积极”的腐败，如给予贿赂，也包括“消极”的腐败，如接受贿赂，还包括“参与腐败”。加拿大刑法典对联合国的提议作出回应，规定了其他形式的腐败，如涉及外国公职人员的腐败。

联合国公约把对公职人员的定义权留给各成员国。刑法典第118条将“公职人员”界定为任职或被任命履行某种公共职责的人。腐败犯罪的确定，也就特别意味着公职人员范围的确定，如司法官员、国会议员、省立法会议员、警察总长、治安官员或少年法庭官员。

加拿大法律规定的腐败犯罪的主观要件给予、接受或请求行为必须具有腐败因素，且必须企图影响该官员履行其职责。这和联合国公约的表达相似，即要求该行为是故意的，且在给予有利条件和引诱或限制该官员在其履行职责过程中的行为之间建立联系。

4. 妨碍司法罪

（1）刑法典规定的妨碍司法罪

刑法典第139条规定构成该罪的要件是企图妨碍司法。第一组犯罪涉及保证人，即禁止任何人赔偿或同意赔偿因作为保证人而遭受的任何损失，也禁止保证人接受或同意接受因其行为而提供的费用。② 检察官必须表明被告在司法程序中企图妨碍、扰乱或挫败司法程序。第二组犯罪涉及第一组以外的任何形式的妨碍、扰乱或挫败司法程序的行为，但没有全部列出行为特征，包括采用威胁、贿赂或其他腐败方式劝阻或企图劝阻他人提供证据；采用威胁、贿赂或其他腐败方式影响或企图影响履行陪审员职责的人；接受或取得，同意接受或企图取得贿赂或其他腐败报酬，以便逃避提供证据，或逃避作为陪审员应履行的任何职责。司法过程包括调查阶段，也包括该程序之外的司法程序。③

---

① 有关加拿大腐败犯罪的详情，见 Gerry Ferguson 为加拿大—中国检察改革合作项目撰写的论文“加拿大腐败和贿赂立法框架”，2004年11月29日，温哥华，英属哥伦比亚。

② http：//legal – dictionary. thefreedictionary. com/surety.

③ 判例：R v Spezzano（1977），34 C. C. C.（2d）87（Ont C. A.）。

第423条规定了胁迫罪，如意图强迫他人不去为其该为之行为，或为其不该为之行为。未经授权，实施以下行为之一的，构成本罪：a. 对该人或其配偶或子女使用暴力或威胁使用暴力，或毁坏其财物的；b. 以暴力或毁坏财物相威胁，胁迫或企图胁迫该人或其亲属的；c. 持续跟踪该人的；d. 隐藏或剥夺该人使用其财产的；e. 和他人一起以异常的方式在高速公路上跟踪该人的；f. 观察或困扰该人所在的住所、公众场所或其他地点的；g. 封堵高速公路的。

2001年C-24法案规定了新的胁迫罪，即第423.1条将威胁司法参与者或正在调查犯罪组织的记者的行为规定为犯罪。该规定列出了一些禁止行为，如使用暴力或对他人的财产造成损害或威胁实施该行为；坚持反复跟踪他人或认识他们的人，包括以异常的方式在高速公路上跟踪；直接或间接地反复与他人或任何认识他们的人联系；或在他人的居住地、营业地或就读学校对其进行盯梢。

（2）与联合国国际公约之比较

2001年刑法典修正案已明确承认，如果法官、陪审员，证人或律师受到胁迫、威胁或腐败干扰，那将没有司法公正可言。刑法典界定“司法系统参与者”包括议会议员、省议员、检察官、律师、法官、大法官、陪审员、举报人、预期证人、传票证人以及执法官。① 与联合国公约类似，加拿大规定的犯罪也包括两种情形：一种涉及预期证人作证或提供证据，另一种涉及正在行使职责的司法或执法官员。加拿大刑法典第139条、第423条以及第423.1条规定了联合国公约已规定的情节，即禁止使用身体暴力、威胁或胁迫。与被动诱导情节相对应的是主动诱导，刑法典第139条为此规定了腐败或贿赂证人罪，本条规定的胁迫公职人员罪并未涉及加拿大国内公职人员腐败犯罪中所指的腐败。对正在调查有组织犯罪的记者而言，加拿大的立法范围要宽泛一些。

5. 贩卖人口罪

（1）刑法典规定的贩卖人口罪

最近刑法典作了修正，强化了加拿大法律体制，建立了国际、国内惩治贩卖人口机制。② C-49法案对刑法典（贩卖人口）作了修正，规定了三项新罪：a. 第279.01条——禁止贩卖人口罪，包括转移或控制、招募和运输人口，以便对其进行剥削。该罪的最高刑为终身监禁，如涉及绑架、加重的袭击、性侵犯或致人死亡的。b. 第279.02条——禁止贩卖人口取得经济或其他物质利益罪，此罪的最高刑为10年监禁。c. 第279.03条——禁止为实施或推动实施贩卖人口扣交或毁损证件罪，如身份、移民或旅行文件，该罪的最高刑为5年监禁。

剥削是指迫使他人提供劳动或服务，如性服务，其方式是通过行为致使被害人有理由担心如果不照办，其本人或认识的人的安全会受到威胁。③ 剥削也可以通过使用暴力、胁迫、欺骗摘除其身体器官或身体组织的方式实施，即便被害人同意也成立本罪。④

法案也对儿童被害人、证人以及能够表达，但因精神、身体上的缺陷表达有困难的证人

---

① 《加拿大刑法典》第2条。

② www.parl.gc.ca/legisinfo.

③ 《加拿大刑法典》第279.04条。

④ 《加拿大刑法典》第279.01条（2）款。

的保护作了规定。[①] 法院可以下令允许证人在法庭外或在屏幕或其他设备背后作证。法院也可以发布赔偿令，要求被告赔偿因被害人所受的伤害而造成的经济损失，包括失去收入或抚养。在最近一次刑法典修正之前，与贩卖人口相关的行为由刑法典规定，包括绑架、暴力监禁、勒索、袭击、性侵犯、卖淫以及有组织犯罪。此外，2002 年 6 月 28 日《移民与难民保护法》正式生效，对贩卖人口的特殊犯罪作了规定。第 118 条贩卖人口罪规定：a. 不得使用绑架、隐瞒、欺骗、暴力威胁或强迫手段，故意组织一人或多人进入加拿大；b. 对于 a 项所指的组织，就人口而言，包括招募或运输，以及这些人口进入加拿大后对其接收或庇护。对该罪的处罚非常严厉，其刑罚从可判罚 1 百万加元直至终身监禁。

刑法典涉及的其他相关犯罪还包括伪造并使用或持有护照罪，[②] 欺诈使用归化或公民证书罪以及明知或希望他人欺骗使用其公民或归化证书而放弃该证书罪。[③]《移民和难民保护法》还规定了以下犯罪，故意组织、引诱、帮助或教唆没有签证、护照或其他类似证件的人进入加拿大罪，[④] 为了引诱、帮助或教唆他人入境加拿大而让其在海上登陆罪[⑤]以及帮助其虚假陈述罪。[⑥] 第 121 条规定了加重情节，法院在量刑时应予以考虑。这些加重情节包括以“以羞辱或贬低人格的方式对待他人”。

（2）判例法中涉及的贩卖人口罪

根据美国国务院的报告，2003 年加拿大司法部至少起诉了 40 位贩卖人口罪的嫌疑人，其中 16 名被告被定罪。[⑦] 2004 年 19 名被告被定罪。[⑧] 但不清楚其指控所适用的加拿大刑法法条。

2005 年 4 月，迈克·因格成为第一位被指控触犯《移民和难民保护法》第 118 条规定的人。2004 年 10 月有关当局在搜索一处普通卖淫场所时发现了被告。[⑨] 原预定在 2006 年 3 月审判被告，但被告主张审前宪法权利，辩称其行为不符合《移民和难民保护法》第 118 条之规定，因为该条含混不清，是违宪的。[⑩] 其辩称的主要理由是故意隐瞒和欺诈组织他人进入加拿大显得非常含混，因为这可以被用于“起诉组织到温哥华旅行的旅行社，对游客假称该城市冬天的阳光多好啊”，[⑪] 该条文缺失的是没有对因欺骗而被剥削的人作出明确的规定。这类用词无论是在加拿大刑法典规定的新罪中，还是在联合国议定书规定的犯罪中都曾被使用。

（3）与联合国国际公约之比较

与《打击走私移民议定书》不同，《打击贩卖人口议定书》仅要求对贩卖人口的行为犯罪

---

① 《加拿大刑法典》第 486 条（1.1）款 h 和第 486 条（2.1）款。

② 《加拿大刑法典》第 57 条。

③ 《加拿大刑法典》第 58 条。

④ 《移民和难民保护法》第 117 条。

⑤ 《移民和难民保护法》第 119 条。

⑥ 《移民和难民保护法》第 126 条。

⑦ www.state.gov/g/tip/rls/tiprpt/2004.

⑧ “保护被害人免受贩卖及暴力 2000 法案：贩卖人口报告”（2005 年 6 月：美国国务院）。

⑨ www.rcmp-bcmedia.ca.

⑩ www.cbc.ca/bc/story/bc_ ng20060203.html.

⑪ www.cbc.ca/bc/story/bc_ ng20060203.html.

化，并不涉及其他行为，如促使非法居留，或伪造旅行或身份证明等。其义务是将贩卖行为作为整体予以犯罪化（行为、手段及目的），而不是对具体行为本身。尽管使用袭击或性袭击方式绑架或诱拐行为属于贩卖人口罪的要件，但这可能并不满足议定书所指的犯罪化义务。

2002年《移民和难民保护法》创建的贩卖人口罪其范围不足以涵盖联合国议定书规定的贩卖人口罪，该法没有像联合国议定书那样使用“剥削”一词，其范围被限定在被卷入有组织非法越境进入加拿大的人。刑法典新近规定的犯罪确立了无论贩卖人口采取何种形式，或其在加拿大实施是基于何种目的，现均已包括人口的境内及跨境移动，意味着新法将影响贩卖行为的国际和加拿大跨境移动，即接收国、东道国或过境国均可以处理加拿大境内的贩卖行为。

这类犯罪，特别是禁止他人通过贩卖人口取得经济或其他物质利益罪广泛地涵盖了整个贩卖人口行为以及组织、指挥和共谋行为。涉及毁损特定文件的第三项罪名承认被害人所遭受的现实以及因没有身份证件所遇到的困难。就像“立法指南”所评价的：“根据贩卖人口罪及其他形式的跨国有组织犯罪的性质及其复杂性，一般来讲，简单将该定义及其犯罪要件纳入国内法还不够。”①加拿大法案中涉及的保护和有助于被害人的证据和证人条款反映出调查和起诉贩卖人口的复杂性。

加拿大C－49法案规定一旦剥削被认定，被害人的同意即无关紧要，不能作为辩护理由，这点与联合国议定书相似。但是，C－49法案对儿童成为因被剥削而招募或运输的被害人这点还不明确。为此，议定书明确规定没必要确定不适当的方式来证明贩卖儿童的行为。

6. 走私移民罪

（1）刑法典规定的走私移民罪

加拿大刑法典和《移民和难民保护法》对与走私有关的行为，如制作、取得、提供或持有虚假的旅游或身份证件，通过非法手段致使他人逗留在加拿大境内的行为作了禁止性规定。刑法典第57条将制作伪造的护照及随后使用或持有的行为规定为犯罪。第58条规定欺诈使用入籍证明或居民证明的可诉罪，也禁止明知或希望入籍或居民证明被欺诈使用而放弃的行为。

《移民和难民保护法》第三章规定贩卖和走私人口方面的犯罪，如故意组织、引诱、帮助或教唆没有签证、护照或其他类似证件的人进入加拿大罪，② 为了引诱、帮助或教唆他人入境加拿大而让其在海上登陆罪③以及帮助其虚假陈述罪。④

（2）与联合国国际公约之比较

加拿大立法框架似乎符合与走私有关的行为犯罪化所需的要件，包括致使非法居留的行为，如该居民缺乏必要的法律地位或授权，以及走私行为（指获得非法入境）。为了明确走私及非法居留，加拿大法律也将骗取旅行或身份证明的行为犯罪化（刑法典第57条和第58条），议定书对此也作了规定。《移民和难民保护法》进一步规定该罪的加重情节，即可能危及或确实危及该移民受到非人道或羞辱待遇的。⑤

---

① 《走私移民议定书》下的犯罪化义务概要摘自“执行《打击途经陆路、海路和空中走私移民议定书》和《联合国打击跨国有组织犯罪公约的补充规定》立法指南”(2003年)。

② 《移民和难民保护法》第117条。

③ 《移民和难民保护法》第119条。

④ 《移民和难民保护法》第126条。

⑤ 《移民和难民保护法》第121条。

议定书对非法移民是否为犯罪主体未作明确规定。议定书并不要求成员国将非法进入其领土的移民作犯罪处理，也不限制成员国依其处理非法移民的国内法将该行为定罪的权力。加拿大立法机制规定对进入加拿大因被起诉构成犯罪而提交难民请求的人延缓起诉，这些罪名包括《移民和难民保护法》规定的持有旅行证件罪、伪造旅行证件罪或销毁证件罪。①

① 《移民和难民保护法》第133条。

四、所涉加拿大刑事程序问题

《打击跨国有组织犯罪公约》第 20 条规定，如果国内法基本原则许可，成员国应采取必要措施规定特殊侦查技术，如电子监控和卧底行动。一般来说，有组织犯罪所适用的程序与其他犯罪所适用的程序在侦查、起诉和证据标准上没有真正的区别。两个有组织犯罪法案（C－96 和 C－24）作了新的规定，授予警察更大的权力调查和惩治有组织犯罪，但这些新的规定和权力不限于有组织犯罪。

1. 警察免责制度

加拿大刑法典规定了复杂而广泛的警察免责制度，一般称之为“卧底”，即实施某类犯罪行为作为其侦查犯罪之部分。尽管警察豁免制度在大量的犯罪中被适用，不论该罪是否与有组织犯罪有关，但该条款均出自有组织犯罪立法（C－24 法案）。加拿大政府认可侦查犯罪，如贩卖人口罪、走私人口罪以及毒品犯罪，可使用多种侦查手段，包括实施犯罪渗透、动摇和解除犯罪行动等。① 甚至法院也认为侦查犯罪组织最有效的方法之一就是使用卧底探员或雇用该犯罪组织中的成员作为线人。② 在侦查程序中，有必要让探员或线人犯罪，如贩卖毒品案件中，线人参与犯罪目标而继续隐瞒身份。首席大法官雷柯是这样评述的，侦查犯罪和发现“精明且通常复杂”的犯罪人“不是政府根据公平竞争规则操控的一场游戏”。③

刑法典第 25.1 条至第 25.2 条规定，执法官及其指挥下的人在履行法律规定的侦查权和执法权过程中实施的某些行为，尤其是非法行为可获得有限制的免除刑事责任的保护。由加拿大总检察长或省总检察长行使宣布授权，交由指定的警官根据其一般职责具体行使，而非将任何特定的调查权交由高级官员行使。对授权的真正唯一限制是不允许实施故意或过失的身体伤害，不允许实施故意妨碍司法和侵犯他人性的完整性的行为。

C－24 法案规定的免责机制是对 1999 加拿大最高法在 R 诉坎贝尔和西罗斯一案中所作的反应。④ 在该案中，法院认为警察也必须遵守法制，其在调查期间实施犯罪行为不免予刑事责任，除非得到议会的立法授权。⑤ 有人对此予以批评，认为很难预想警察免责机制对法制有多大的破坏，⑥ 警察不能在法律之上。认为该机制的授权结构在很大程度上缺乏政府控制，因为其本质上忽略各种警察力量的管理政策，仅受可疑的平衡标准的限制。⑦ 该机制也允许实施一些非授权的行为。实质上对于允许市民违反拘束所有人的法律而言，该允许必须

---

① 加拿大司法部记者招待会“皇家批准 C－24 法案有组织犯罪的立法”（2001 年 12 月）。

② 判例：R v Campbell and Shirose［1999］1 S. C. R. 565（SCC）。

③ 判例：Rothman v R［1981］1 S. C. R. 640（SCC）。

④ 判例：R v Campbell and Shirose，supra note 101。

⑤ Justice Binnie speaking for the SCC.

⑥ www. parl. gc. ca/infoComDocs/3//1/JUST/Meetings/Evidence/justevi2－ehtm.

⑦ Kenneth Swan“执法和刑事责任白皮书”（2000 年 12 月：加拿大公民自由协会）。

具有特别的狭义的正当性。另外还有一些其他的关注，包括削弱诱捕的辩护理由及授权使用暴力。但还有人认为，这些规定并没有对警察的任何行为一律免责。① 还指出了一些保护性条款，如规定合格警官在维持治安中的作用；排除一些类型行为；对年报的要求等。刑法典第25.1条至第25.2条还没有在司法上受到质疑或受到宪法的挑战。

2. 特别治安保证措施

C－95法案确立了特别治安保证措施，旨在打击黑帮领导层，致使犯罪组织很难实施犯罪行为。治安保证被视为对可根据刑法典执行的守法、保持良好行为及遵守所有其他条款和条件的预防性措施和承诺。第810.01条规定，经总检察长同意，允许任何人向省法院法官提出缔结缴纳保释金的协议，以保证守法和良好行为。法官必须有合理的根据确信他人可能实施这些犯罪。治安保证可以规定条件，如禁止该人拥有武器、军火、爆炸物以及禁止他人与某人联络。这一措施是为了打破犯罪联系链，以确保缔结保障协议的人不能够相互交谈或实施计划。②也就是说，该目标是预防性的，尽管其最初目标似乎是为了建立对黑帮以及恐怖分子嫌疑人的预防权，但是第810.01条将任何可能实施有组织犯罪的人作为规制目标已远远超出其最初目标。如果大法官而非举报人认为有合理根据担心该人将会实施“有组织犯罪”，其可能被迫接受最长达12个月的治安保证措施。如果该人拒绝或没有遵守规定的条件，可能被处高达20个月的监禁。

“治安保证”这一概念在普通法中已存在了数百年，早在1892年，加拿大刑法典第810条即对此作了规定。在修正案确立第810.01条规定之前，曾有一个规制恋童癖者的修正案。③该条已被安大略上诉法院在布德欧一案中确定为合宪。④

在两个修正案之前存在的治安保证仅限于非常狭义的文件上，起源于某个特定的人相信其受到某人的威胁，申请法院令该人远离他。第810.01条允许法院对某人的自由及其与外界的交流能力作了更重要的限制，即使他们没有被定罪或被指控实施该罪，也可以对其实施治安保证措施，一位评论家称之为“透过千里眼处罚”。⑤

其他评论认为，该条款对证明实施犯罪前的权利限制会引起重大的宪章问题，⑥ 但可以抑制不同政治意见，如美国对有组织犯罪所作的立法，现已被用来反对堕胎抗议者。⑦

尽管在布德欧一案中，第810.01条还未受到宪法挑战和司法审查，但是我们想到会引起相同的宪章关注。在该案中，争论的问题是治安保证措施违反了宪章第7条，即除非符合司法的基本原则，保证自由权不被剥夺。其辩护理由如下：第810.01条规定的犯罪过于宽泛、含糊而无效。但是，法院并不认为该规定违反宪章，认为治安保证措施是预防性的，是

---

① 司法部“执法和刑事责任白皮书”(2000年6月)。

② 加拿大司法部政策司刑事政策处总顾问Yvan Roy在法律与宪法事务常务参议委员会会议上发表的意见（1996—1997加拿大参议院第35次届议会第2次会议：1997年4月24日，第63发布号）。

③ 《加拿大刑法典》第810.1条。

④ 判例：R v Budreo (1996) 104 C. C. C. (3d) 245 (Ont. Ct. (Gen. Div.), affld 142 C. C. C. (3d) 225 (Ont. C. A.), leave to appeal to S. C. C. refused 153 C. C. C. (3d) vi。

⑤ 加拿大公民自由协会总顾问，Alan Borovoy在法律与宪法事务常务参议委员会会议上发表的意见。

⑥ 加拿大公民自由协会总顾问，Alan Borovoy在法律与宪法事务常务参议委员会会议上发表的意见。

⑦ 加拿大公民自由协会总顾问，Alan Borovoy在法律与宪法事务常务参议委员会会议上发表的意见。

为了防止逮捕或羁押，且对被告自由的限制与重要的社会利益相比是适当的。[①] 他们进一步认为该保证措施是充分的。

3. 保释中的举止责任倒置

1971年《保释改革法》确立的基本原则是国家必须说明审前拘留的理由，也就是说任何对公众不构成危险的人包括出庭受审的人不应被羁押。刑法典规定了若干种情形，由被告承担举证责任，证明其应当审前被释放的理由。C－95法案规定新的情形，即被告承担举证责任倒置的责任。刑法典第515条第（6）款（a）项将被指控犯有有组织犯罪的人列入举证责任倒置这种例外情形之中。

某评论认为C－95法案中新的举证责任倒置规定可能与宪章第11条（e）项规定的反对无正当理由的合理羁押相冲突。但是在1997年刑法修正案之前加拿大最高法院的判例法认为举证责任倒置的例外范围很狭窄，可以构建第11条（e）项所指的正当理由，因此，是合宪的。[②]法院确定让犯有《控制毒品和物质法》下的严重罪行的被告承担举证责任是合理的，因为这样可以要求被告提供其最能提供的信息。需要说明的是，这些特别的规则可以有力打击审前累犯和通常发生在高度复杂商业情形下的系统毒品交易行为。[③]

4. 搜查证和窃听装置

对于大法官签发命令拒绝提供取得搜查令所需的信息，C－95法案规定新的基本条款（该规定在2004年作了修正）。刑法典第487.3条规定，仅在大法官的司法目的披露而被挫败或该信息可能被用于不适当的目的，且法官确信这些理由适中时，方可签发命令。刑法典进一步列举了司法目的披露而被挫败的理由：（1）危及秘密举报人的身份；（2）危及正在进行的调查的性质和范围；（3）危及实施特别情报技术并因此危害使用该情报进行调查的人；（4）危害无辜者的利益。法官也可以参照任何其他充足的理由。

一直存在争论的是第487.3条规定的阻止被告获得与搜查证相关的信息的权力似乎违反了宪章第7条赋予被告的知情权。但是与保护举报者身份有关的条款应免予宪章的审查，如加拿大最高法院在R诉雷帕特一案中所作的判决，警察举报人享有特权的唯一例外是无辜者正处在危险中。[④] 有评论认为“很难说一个规定会更偏好执法利益”。这是一个最有争议、也是最难处理的问题，公众的知情权、隐私、被告的知情权必须与执法利益，包括保护卧底人员的需要相权衡。

至于窃听装置和电子监视，C－95法案删除了电子监视作为最后诉诸的手段。第185条第（1.1）款和第186条第（1.1）款并没有规定法官确信已采取其他的侦查措施失败，或其他的侦查措施不可能成功，或紧急情况下采取其他侦查措施不实际。这可以适用有组织犯罪，也可以适用恐怖组织犯罪。第186.1条对涉及有组织犯罪和恐怖犯罪的授权时间从60日延长至1年。

有评论认为，从未听到警察抱怨获准对黑帮使用电子窃听器有任何的困难。鉴于授权时间从60日延长至1年，该评论认为这样规定仅仅是为了减少警察机关的责任，并坚持认为

---

① 判例：R v Budreo，supra note 111。

② 判例：R v Morales［1992］3 S. C. R. 711。

③ 判例：R v Pearson［1992］3. S. C. R. 665。

④ 判例：R v Leipert［1997］1 S. C. R. 281。

正是因为这一重要原因，此安全措施已被列入电子窃听立法。很久以前就认可电子窃听的普遍渗透不可避免地侵犯无辜者的隐私。即使针对的目标是犯罪嫌疑人，但是该技术的截听效果远比简单的对话要好，这就是它最初作为最后手段的原因，称为持续的司法审查。

5. 披露

起诉、审判有组织犯罪会遇到许多挑战，如高费用，法官和陪审团的负担，披露和管理证据的负担。由于检察官迟延披露大量的信息导致一些大案的审判失败，司法部部长在2004年发布通知，要求司法官员起草修正案，以便更有效地执行宪章规定的披露所有相关信息的起诉强制义务。[①]

司法部提出披露制度改革的质询报告，寻求在复杂的刑事审判中处理诉讼中遇到的披露问题，[②] 但不局限于对有组织犯罪的审判。需要调查的问题包括：（1）加速辩护材料的电子披露；（2）确保获得所有相关信息的辩护权，明确提交作为证据的核心材料，减少披露中的管理费用；（3）建立特别法庭，规定披露的方式和相关性的认定；（4）建立披露管理程序，明确与披露有关的义务，包括披露期限；（5）处理对被披露信息的任何不当使用。

司法部已提出一些立法修正案，处理披露中的难题。[③] 其中包括检察官传送电子材料必须符合特定的标准，这被视为对该材料的适当披露形式，除非法院为了公平起见，作出例外决定。已注意到尽管电子披露没有被刑事司法完全接受，但也没有被拒绝。进一步建议在没有减少提供披露义务的前提下，立法修正案为辩护提供合理的披露材料及复印件的机会，以完成该义务，但会被限制在“不适当的情形下”，这些情形一般可能是较大的复杂案件，需披露的材料通常卷宗巨大。

司法部认为，修正案规定特别法庭程序可以允许通过快速审判及审前的灵活程序快速审查披露动机，[④] 特别提到的审判方式包括仅书面提交的程序，没有支持材料和动议记录的口头程序，书面陈述或口头证据程序，电话或录像会议程序，会议程序和秘密程序及片面程序。最后，在处理披露的材料被滥用问题时，建议必须在刑法典中明确规定取得被披露信息的人包括第三者有法律义务不得为非正当的目的或间接目的使用该信息。此外，法官有权就其认为合适的被披露材料发布命令。该命令可以基于司法正义的考虑，也可以基于保护受该程序影响的人的隐私考虑，但必须符合被告完整的回答权和辩护权。建议设立滥用披露材料罪。

6. 新的没收犯罪收益权和罚没权

为了协助执法机关打击有组织犯罪，没收犯罪收益和罚没条款已成为十分有效的、满意的手段。C－95法案首先修正刑法典条款，将没收犯罪收益的权力适用于新的参加犯罪组织罪及判处5年以上的联邦犯罪。C－24法案扩大了犯罪收益条款的适用范围，除一些例外，[⑤] 将其适用范围扩大到刑法典和其他议会法下的可诉罪。也将该条款中涉及的与财产相

---

① R诉Chan一案中，（2004年12月）初审法院命令延期审理，表示存在无理的拖延，违反了宪章第11条（b）项。

② 加拿大司法部“披露改革：咨询报告”（加拿大司法部：2004年11月）。

③ 加拿大司法部“披露改革：咨询报告”（加拿大司法部：2004年11月）。

④ 加拿大司法部“披露改革：咨询报告”（加拿大司法部：2004年11月）。

⑤《加拿大刑法典》第七章第2条。

关的犯罪的适用范围扩大到刑法典所指的可诉罪。2000 年《犯罪收益（洗钱）法》实质上已把其适用范围扩大到查封、冻结、没收大多数可诉罪的犯罪收益，而不是前面列举的“公司犯罪”。C－24 法案也修正了《刑事事务法》中的相互司法协助，允许在加拿大执行域外的搜查令、限制令和没收令。尽管对犯罪收益的适用不局限于有组织犯罪，但与打击该类犯罪有特别的关系。

2000 年《犯罪收益（洗钱）法》代替了现有的具有相同名称的 1998 年制定的法律。该法的目标是为了部分执行特定的反洗钱侦查和预防措施，促进对洗钱犯罪的调查和起诉。该法和法规扩大了对某些交易的汇报范围和记录要求。要求金融机构及其中介机构汇报可疑交易，执行客户身份和记录。该法也建立了加拿大财务交易和汇报分析中心（FINTRAC），这是一个新的独立机构，负责搜集、分析和披露信息，以协助预防和打击洗钱犯罪。

最近，刑法典对没收犯罪收益的规定作了修正。修正之前，必须根据联邦法律确定构成可诉罪后方可起诉申请没收令。检察官不得不根据平衡可能性原则证明该财产属于犯罪收益，且该财产与该人被认定的罪行有关系。如果犯罪与财产之间没有关系，但法院超出合理怀疑确认该财产是犯罪收益的，可以发布没收令。经验表明，有组织犯罪可能与收益没有关系，如谋杀。但是，通常情况下不得不依赖超出合理怀疑标准起诉。议会最近制定的 C－53 法案便利了检察官没收与有组织犯罪或毒品交易罪有关的犯罪收益。C－53 法案对构成有组织犯罪或毒品交易犯罪的人采用举证责任倒置原则，由被定罪人根据平衡可能性原则证明其财产非犯罪收益。为了适用举证责任倒置原则，检察官必须首先根据平衡可能性原则证明犯罪人为了取得物质利益实施一定类型的犯罪，或证明犯罪人的合法收入不能合理说明其全部财产。①

在安大略省、马尼托巴省和阿尔贝塔省也通过立法，允许法院发布民事令没收与犯罪活动有关的财产。最近在安大略省审理的一个案件，被没收现金的人是否有责任证明该现金来源的合法性或者检察官根据安大略省法律申请没收犯罪收益的合法性，法院认为检察官有责任证明该现金是“非法行为的收益”。②

有人已经察觉，尽管控制犯罪的整个理念表面上是吸引人的，但是在逻辑上或实践中没有证据证明其确实有效。③ 有充足的证据证明这可能对市民的自由以及市民对警察力量的控制产生威胁。其方式也涉及警察侵入已经在历史上属于税收当局的禁地，并且可能严重危及基于机密和自评建立起来的税收系统的完整性。

---

① 加拿大司法部记者招待会“犯罪收益法概要”（2005 年 5 月）。

② See Ontario (Attorney General) v Wheeler [2005] O. J. No. 97.

③ Beare，M 和 Naylor，R. T，“与有组织犯罪有关的主要问题：在经济关系语境内”（Nathanson 有组织犯罪和腐败研究中心：1999）。

五、对证人及被害人的保护

《联合国打击跨国有组织犯罪公约》各缔约国应为证人提供力所能及的有效保护，包括提供证据。① 成员国也应当在程序上协助被害人主张补偿和赔偿，应当按照国内法赋予被害人在刑事诉讼中发表意见和接受关注的机会。

为了提高对有组织犯罪的调查，《公约》要求成员国采取适当的措施鼓励参加犯罪组织的人提供信息，以便调查和取证。② 建议成员国考虑对那些提供实质合作的被告减轻处罚，甚至免予起诉。

《贩卖人口议定书》也对被害人的协助和保护作了规定。《贩卖人口议定书》规定被贩卖的人口有一定程度的保密权。第6条要求缔约国应根据其国内法尽可能保护被害人的隐私和身份。③ 应给予被害人获悉有关处理贩卖者的法律程序方面的信息，给予其发表意见、尊重其意见的机会。④ 成员国必须努力为被害人提供基本的安全，并制定措施允许被害人因受伤害获得赔偿的可能。⑤ 一些有选择的协助和支持被害人的规定包括支持措施，减少对被害人的痛苦和伤害，协助其康复和回归的措施。《贩卖人口议定书》明确规定在考虑这些措施时需要考虑儿童的特别需要。⑥

加拿大刑事司法制度承认被害人、证人的需要及保护。联邦法律和省法律均有涉及被害人的条款。加拿大刑法典规定了发布禁令，除外法令及帮助被害人提供证词，但不限于有组织犯罪。省和地区也制定了被害人法，规定在一些辖区对被害人提供服务、协助和补偿。

本文论述的焦点集中在联邦法律和刑法典层面。刑法典一直承认，对于一些特别易受伤害的证人来说，刑事诉讼中的证明可能比其他诉讼中的证明更紧迫。刑法典作了许多规定协助被害人和证人在法庭作证，以确保法院能够获得最有可能的、最完整的证据。最近刑法典修正案对其程序条款作了修正，以便满足易受伤害的原告和证人的需要，特别是在起诉性犯罪过程中。⑦（1）对证人的支持。第486.1条规定法官应为一些易受伤害，需要支持的证人发布法令。⑧ 法院的权力现在被扩大至允许为任何年龄段的证人的利益发布法令，如果法官

---

① 《联合国打击跨国有组织犯罪公约》第24条和第25条。

② 《联合国打击跨国有组织犯罪公约》第26条。

③ 《贩卖人口议定书》第1条(1) 款。

④ 《贩卖人口议定书》第1条(2) 款。

⑤ 《贩卖人口议定书》第6条(5) 款和(6) 款。

⑥ 《贩卖人口议定书》第6条(4) 款。

⑦ Bill C-2 法案《修改刑法典法案（保护儿童和其他易受伤害群体）和加拿大证据法法案》，2005年7月21日获皇家批准。

⑧ 《加拿大刑法典》第486.1条第(1) 款。

认为该法令能够取得完整而公正的证言。① 在发布法令前，法院应考虑证人的年龄、精神或身体缺陷是否存在，犯罪性质、证人与被告关系的性质以及任何其他应考虑的相关因素。②（2）远程或屏蔽证言。第486.2条第（1）款规定法院必须发布命令，要求任何18周岁以下或精神或身体有缺陷表达困难的证人证言必须经法庭外或屏幕或设备后证实。新的第486.2条第（2）款规定，如果法官认为有必要取得证人全面而公正的证言，为了证人的利益，可以发布命令。（3）被告间交叉质问。第486.3条第（1）款禁止被告在任何程序中质问18周岁以下的证人，除非法官根据适当司法原则认为需要质问。（4）发布身份信息。第486.4条第（1）款允许法院在某些程序中禁止发布证人的身份信息。（5）录像证据。第715.1条和第715.2条规定18周岁以下的被害人和证人以录像的方式提供证据，如果该录像在被控犯罪后的合理时间内录制。如法官认为有必要，有权允许证人在任何程序中提供录像证据。

第738条授权发布法令，要求被告在财产损失或身体伤害案件中予以赔偿。赔偿仅限于因伤害导致的经济损失，包括失去收入或抚养。C－49法案修正了刑法典中的贩卖人口罪，增加了身体伤害条款。③

《1996证人保护计划法案》规定了正式的国家计划，以保护冒着生命危险协助警察调查的人。该计划由加拿大皇家骑警大队专员（RCMP）执行。④ 该法案与省级或市级执法机构执行的证人保护计划没有关系；但是皇家骑警大队可以与其他执法机构达成协议，保护证人。证人是指提供或同意提供信息或证据，或参加或同意参加与调查或起诉该罪有关的程序，并被给予保护的人。⑤ 保护包括重新定居、重新安置、改变身份以及为了确保证人安全或促进证人重新建立自给自足的能力，提供咨询和经济支持。⑥ 被列入该计划的证人可以终身享受该待遇。

该法案确定了证人保护计划的标准。执法机构有必要推荐候选人。⑦第7条规定由加拿大皇家骑警队审查的一栏事实，包括证人安全风险性质；如果证人被纳入该计划，对社区所带来的风险；调查或起诉的性质以及证人在该案中的重要性；信息或证据的价值；证人适应计划的可能性；费用以及可替代的保护方法。如果候选人适合的，必须与皇家骑警大队达成保护协议。皇家骑警大队可以终止协议，如果证人不遵守协议规定的主要义务，如出庭提供证据。为了透明起见，皇家骑警大队通过副检察长向议会提交年报，但是，为了对受该计划保护的人保密，该年报仅提供统计数据。

2004年通过的C－13法案规定了一些与资本市场诈骗有关的告密条款。⑧ 刑法典第425.1条规定，雇主、代表雇主的人或对雇员起支配地位的人采取或威胁采取纪律处分，降级、终止雇佣关系，或影响对雇员的雇佣等手段，迫使该雇员不向执法官员提供有关其雇

---

① 《加拿大刑法典》第486.1条第（2）款。

② 《加拿大刑法典》第486.1条第（6）款。

③ C－49法案。

④ 《1996证人保护计划法案》第4条。

⑤ 《1996证人保护计划法案》第2条。

⑥ 《1996证人保护计划法案》第2条。

⑦ 《1996证人保护计划法案》第2条。

⑧ C－13法案，《加拿大刑法典修正法案（资本市场的欺诈和证据收集）》，S. C. 2004 c. 3.

主、官员、雇员或雇主的主管犯罪信息的，构成犯罪。

在魁北克、阿尔贝塔和马尼托巴，已建立特别法庭审判大案，包括审判成员众多的有组织犯罪案件。为了防止胁迫，法庭备有特别的安全设备。①

① 加拿大公共安全与紧急预备局“合作打击有组织犯罪：全国打击有组织犯罪议程下的公共行动计划”（2004）。

六、 惩治有组织犯罪中的执法组织

皇家骑警大队在打击有组织犯罪中起主导作用。① 其内部设有商业犯罪、移民、走私、犯罪收益、刑事情报、国际刑警海外人口走私等不同的部门。

加拿大打击有组织犯罪的其他部门包括：（1）加拿大情报局（CISC），负责协调加拿大执法部门间的涉及打击有组织犯罪的情报。②（2）加拿大公共安全和紧急预备局，包括出版加拿大政府资助的警察刊物以及发布《全国打击有组织犯罪法》下的行动报告。③（3）跨境犯罪与安全局，加拿大—美国合作机制，为加拿大和美国联合打击跨境犯罪提供信息。（4）加拿大海关执法机构。（5）司法部。（6）加拿大审计总长，已完成联邦政府毒品控制政策和执法的评估，已就联邦政府打击洗钱和恐怖资助目标提交报告。她说，尽管新措施的制定是为了符合国际标准，但必须与隐私权相平衡。一些批评家抱怨加拿大太看重隐私权，致使跟踪企图再使用洗钱犯罪利润的罪犯困难重重。④

2000 年《犯罪收益（洗钱）法》设立加拿大金融交易和报告分析中心（FINTRAC）。该中心是负责遏制和侦查洗钱犯罪的联邦金融情报机构。⑤ 其任务是为执法和情报机构收集、分析、评估以及根据需要披露信息，协助对洗钱犯罪以及资助恐怖活动犯罪的侦查、预防和遏制。该中心在 2001 年秋季开始运作。《犯罪收益和恐怖资助法》要求金融机构，包括银行、保险公司、证券经销商和外汇交易机构向加拿大金融交易和报告分析中心报告大型或可疑交易。至此，加拿大金融交易和报告分析中心已披露近 20 亿加元的被怀疑洗钱或资助恐怖活动的资金。加拿大金融交易和报告分析中心的年报已提交议会。⑥ 除了这些年报中的数字外，加拿大金融交易和报告分析中心很少提供新的涉及侦查的信息。在其向议会提交的有关执行全国打击洗钱计划的报告中，加拿大金融交易和报告分析中心的效力受到严格的信息分享立法以及发展困难的阻碍。

全国有以下综合警察反应队伍：（1）IMETs 成立于 2003 年的综合市场执法队伍，其任务是侦查、起诉和遏制严重的资本市场欺诈，由加拿大皇家骑警队的侦查人员、全国主要金融中心的会计师和律师组成。温哥华的 IMETs 在 2003 年 12 月开始运作。（2）IPOC 是以加拿大皇家骑警队为主的执行犯罪收益的机构。该机构包括加拿大皇家骑警队和其他警察服务机构，如公诉律师、海关官员、会计师、税务调查员和资产经理。（3）IROC 是分布在各省的打击有组织犯罪的机构。如在阿尔贝塔，有打击有组织犯罪的综合机构（IROC），成立于

① www. rcmp. ca.

② www. cisc. gc. ca.

③ www. psepc - sppcc. gc. ca/policing/organized_ crime/index_ e. asp.

④ www. yorku. ca/nathanson.

⑤ www. fintrac. gc. ca.

⑥ 加拿大金融交易和报告分析中心，2005 年年报，渥太华。

2003 年，由加拿大皇家骑警队、凯尔加里和埃德蒙顿具有犯罪侦查、窃听和地下活动经验的警察服务机构组成。①该机构的打击重点是犯罪组织及其实施的犯罪行为，包括毒品、市场投机、洗钱、信用卡诈骗、盗窃机动车、贩运违禁品（如香烟）、卖淫、勒索、贩运武器和非法赌博。（4）IBETS 是综合跨境执法机构，主要负责履行 2001 年加拿大美国斯马特边境宣言。② IBETS 是跨机构的执法队伍，强调和谐兼用加拿大和美国的力量，打击跨境犯罪活动。1996 年其发展初期是作为打击加拿大 BC 省和美国华盛顿地区之间国际陆地和海域的跨国有组织犯罪，IBETS 瓦解走私犯罪链，没收毒品及非法的武器、酒精、烟草、汽车，实施逮捕。IBETS 也截取企图在边境走私非法移民的刑事犯罪网络，由 6 个核心伙伴机构组成：加拿大皇家骑警队、加拿大海关和税务署、加拿大公民和移民局、美国海关和边境巡逻队、美国移民和海关执行局、美国海岸警卫队，此外还包括国家、省市的执法机构。

省级和市级警察机构也有特别的部门。如大多伦多地区综合警察特别执法部队是个多边执法机构，其任务是致力于在大多伦多地区打击高度危险的有组织犯罪。③ 也有一些组织，如英属哥伦比亚有组织犯罪署，其任务是瓦解和打击干扰英属哥伦比亚人的有组织犯罪，④该机构于 2000 年 2 月开始运作。

---

① www. yorku. ca/nathanson/CurrentEvents/Jan – March05. htm.

② www. yorku. ca/nathanson/CurrentEvents/Oct – Dec03. htm.

③ www. cfseu. org.

④ www. ocabc. org/publications/2000review1. htm.

七、结　论

本文的标题提出一个问题，即加拿大有组织犯罪立法是否符合其应履行的《打击跨国有组织犯罪公约》和《打击贩运人口、走私移民议定书》框架下的国际义务？答案很简单：是的。一般来说，公约的立法框架是为了确保成员国主管当局调查和起诉以下罪行：(1) 参加犯罪组织罪；(2) 洗钱罪；(3) 腐败罪；(4) 妨碍司法罪；(5) 贩卖人口罪；(6) 走私移民及与走私有关的犯罪。至于加拿大刑法典界定犯罪是否太宽泛，会遇到一些宪法的挑战。尽管有些罪已经得到省法院的支持（如第467.11条），但其他的罪却没有得到法院认可（第467.13条规定），依然受到挑战（《移民和难民保护法》第118条）。因此，在加拿大最高法院有机会审查这些条款的合宪性前还需假以时日。联合国公约也号召各成员国采取必要的措施，采取特别的调查措施，打击有组织犯罪，确保有效保护证人和被害人。在过去数年，加拿大已对刑法典作了一些改革，修改了调查措施，扩大了警察调查权（C－95法案和C－24法案）。而最近的C－2法案承认刑事司法中被害人和证人的需要及保护，以确保在更大的范围内保护被害人和证人。

图书在版编目（CIP）数据

国际犯罪专题探索．1/黄立，王水明，龙加燊主编．—北京：中国检察出版社，2012．2
ISBN 978－7－5102－0620－7

Ⅰ．①国… Ⅱ．①黄… ②王…③龙… Ⅲ．①国际刑法－研究 Ⅳ．①D997．9

中国版本图书馆 CIP 数据核字（2012）第 004774 号

国际犯罪专题探索（一）

黄　立　王水明　龙加燊　主编

出版发行： 中国检察出版社
社　　址： 北京市石景山区鲁谷东街 5 号（100040）
网　　址： 中国检察出版社（www．zgjccbs．com）
电　　话： （010）68639243（编辑）　68650015（发行）　68636518（门市）
经　　销： 新华书店
印　　刷： 三河市西华印务有限公司
开　　本： 787mm×1092mm　16 开
印　　张： 17 印张　　插页 4
字　　数： 421 千字
版　　次： 2012 年 2 月第一版　　2012 年 2 月第一次印刷
书　　号： ISBN 978－7－5102－0620－7
定　　价： 50．00 元